I0752234

SOCIÉTÉ : DES : ANCIENS : TEXTES : FRANÇAIS
MDCCC LXXV

SOCIÉTÉ

DES

ANCIENS TEXTES FRANÇAIS

ŒUVRES POÉTIQUES

DE

BEAUMANOIR

I

Le Puy, typographie de Marchessou fils, boulevard Saint-Laurent, 23

ŒUVRES POÉTIQUES

DE

PHILIPPE DE REMI
SIRE DE BEAUMANOIR

PUBLIÉES

PAR

HERMANN SUCHIER

TOME I

PARIS
LIBRAIRIE DE FIRMIN DIDOT ET Cie
56, RUE JACOB, 56

MDCCCLXXXIV

Publication proposée à la Société le 25 janvier 1882.

Approuvée par le Conseil le 22 février 1882, sur le rapport d'une commission composée de MM. Meyer, Paris et Raynaud.

Commissaire responsable :

M. G. Paris.

A MESSIEURS

GASTON PARIS

ET

GASTON RAYNAUD

HOMMAGE D'AFFECTION ET DE RECONNAISSANCE

H. S.

INTRODUCTION

INTRODUCTION

L'Éloge de Beaumanoir comme jurisconsulte n'est plus à faire : il est généralement reconnu que dans ses *Coutumes* où il promet seulement d'enseigner *le droit uzé et accoustumé en le conté de Clermont* il a su établir les fondements généraux du droit coutumier français, exposer ses idées avec une supériorité d'esprit et une étendue de vues peu communes de son temps, et discuter les plus difficiles questions avec une clarté et une concision dont la langue française n'avait pas encore fait preuve.

Peut-être le nom de Beaumanoir suffirait-il pour recommander les œuvres poétiques qu'il nous a laissées. Mais celles-ci captiveraient notre intérêt quand même elles ne seraient pas dues à cette illustre plume. Les romans de Beaumanoir ont joui pendant des siècles d'une popularité qu'ils doivent peut-être plutôt au choix heureux des sujets qu'à des qualités de forme ou de style, mais qui n'en est pas moins méritée. Nous espérons que le petit cercle choisi pour lequel renaît aujourd'hui la littérature française du moyen âge nous saura gré d'avoir réuni pour la première fois dans cette édition ces œuvres poétiques qui ne sont pas moins remarquables par leur intérêt propre que par l'importance du poète.

I

Vie de Beaumanoir.

Avant de rapporter ce qu'on sait sur la famille de Remi et sur son plus célèbre rejeton, je déclare tout d'abord que j'ai puisé la plupart de mes renseignements dans l'ouvrage de M. H. Bordier, publié à Paris chez Techener en deux parties, en 1869 et en 1873, et intitulé : *Philippe de Remi, sire de Beaumanoir, jurisconsulte et poète national du Beauvaisis, 1246-96* (de 422 pages). Dans cet ouvrage, fruit de longues et pénibles recherches, M. Bordier nous décrit *de visu* les contrées habitées par son héros, il met au jour des renseignements importants sur la famille de Remi et sur la vie de Beaumanoir, il énumère les documents qui s'y rapportent, il ajoute une reproduction des sceaux des Remi, un dessin de la maison qu'il suppose avoir été la dernière habitation de Beaumanoir, une carte du comté de Clermont et de nombreuses pièces justificatives. L'auteur, par quantité de petits détails intéressants, fait preuve d'une profonde connaissance des institutions publiques et de la vie privée dans l'ancienne France. Bref, d'après un juge compétent (M. Gaston Paris, qui en a rendu compte dans la *Revue critique* du 31 octobre 1874), cette étude biographique est un modèle du genre. Le peu que des travaux récents ont ajouté aux recherches de M. Bordier se réduit à trois chartes relatives à Beaumanoir ou à son père [1].

La famille *de Remi* ou *de Remin* tirait son nom du village de Remy, qui existe encore [2]. Cependant le village ne lui appartenait pas; il faisait partie du territoire du comte de Clermont, et le châtelain ou prévôt du comte résidait dans le château fort dont, à Remy, on voyait encore les ruines il y a peu d'années. Au moyen âge il n'y a pas de différence entre le nom de la famille et celui du village : l'un et l'autre, du XIIe au XIVe siècle, sont indifféremment écrits tantôt *Remi* tantôt *Remin* (parfois *Remim*). La première mention de cette famille beauvaisine nous est

1. Une mine où l'on a pu espérer trouver des richesses inconnues ne contenait pas sans doute ce qu'on en attendait. Les archives de la famille de Bove (voyez Bordier, p. 9) ont été vendues, après la mort de M. le comte de Béarn, à un libraire. M. de Beauvillé en a acquis la meilleure partie, et il ne résulte pas de ses publications (*Recueil de documents inédits concernant la Picardie*, 5 vol. in-4°) qu'il y ait rien trouvé concernant Beaumanoir.

2. Arr. de Compiègne, canton d'Estrées-Saint-Denis, 928 habitants, d'après le *Dictionnaire géographique de la France* par Joanne, 1872. On trouve des renseignements historiques sur le village de Remy dans les *Recherches historiques et critiques sur l'ancien comté et les comtes de Clermont en Beauvaisis*, par M. Eug. de Lépinois, Beauvais, 1877, p. 107-112.

fournie par une charte de l'évêque de Noyon, de 1159, où paraissent comme témoins les frères *Petrus* et *Odo de Remeio*, mais dont les relations aux Remi du XIIIe siècle restent obscures. Les ancêtres du poète ne nous sont connus que depuis le commencement du XIIIe siècle.

Un chevalier, *Petrus de Remin*, se distingua à la bataille de Bouvines, à ce que nous apprend Guillaume le Breton dans sa *Chronique* et en deux endroits de sa *Philippide*.

Voici d'abord le texte en prose (d'après les *Monumenta Germaniae historica. Scriptores*. T. XXVI, 1882, p. 310) :

Superveniente Petro de Remi et illis qui in eadem acie erant Galterus de Guistella et Buridanus per vim capti ducti sunt [1].

Le premier passage de la *Philippide* se trouve au livre X, v. 465-8 (*ib.*, p. 357) :

Hugo Marolides [2] cum fratre Johanne, Petrusque
Reminii rector pagi cum pene ducentis
Militibus, quales Campanicus educat axis,
Efficiunt animis scalam concorditer unam.

L'autre au livre XI, v. 111-3 (*ib.*, p. 369) :

Hugo Malaunites [3] accurrit Reminidesque

1. Le texte de la chronique de Saint-Denis cité par M. Bordier, p. 16, n'est que la simple traduction de ce passage.
2. de Mareuil.
3. de Malaunay.

Petrus, quos sequitur acies Campana comesque
Bellimontensis [1] cum Sacrocesariensi [2].

D'après un acte du mois de mars 1222 Pierre de Remi tenait en fief de l'abbaye de Saint-Denis un domaine appelé la *Terre de Bernart*, qui alors ne comprenait que des champs. Cette terre était située à trois quarts d'heure au nord du village de Remy, sur la rive gauche de la petite rivière d'Aronde.

Pierre mourut probablement au commencement de l'année 1239. Un titre de juin 1239 contient un aveu et dénombrement rendu à l'abbé de Saint-Denis par le chevalier *Philippe de Remi* comme tenancier de la Terre de Bernart. Ce titre nous apprend pour la première fois l'existence d'une maison construite sur la Terre de Bernart. Nous supposons avec M. Bordier que Philippe était le fils aîné de Pierre, et que cet aveu et dénombrement avait été motivé, comme d'ordinaire, par la mort du propriétaire précédent.

Lorsque Robert, le plus jeune frère de saint Louis, arriva à l'âge d'être armé chevalier, c'est-à-dire lorsqu'il atteignit, en 1237, ses vingt et un ans, il obtint du roi son frère le comté d'Artois et la terre du Gâtinais. La donation de cette dernière eut lieu à Compiègne au mois de juin 1237, et en même temps (ce qui résulte d'un *Olim* cité par M. Bordier, p. 361) Philippe de Remi fut nommé bailli du Gâtinais. Il

1. Jean comte de Beaumont.
2. Étienne de Sancerre.

y exerça les fonctions de bailli jusqu'en 1249 et peut-être encore quelques années de plus.

Une charte du mois de mai 1249 nous fait connaître pour la première fois une maison appelée *Beaumanoir*, bâtie sur la Terre de Bernart et renfermant une chapelle; c'est peut-être la même maison que mentionnait déjà la charte de juin 1239. Au mois de mars 1256 (la date est 1255, d'après l'ancienne manière de compter), Philippe s'intitule chevalier et sire de Beaumanoir.

L'année suivante nous le rencontrons comme chevalier de la cour de la comtesse d'Artois, où il figure comme arbitre dans une sentence arbitrale rendue le 10 ou 11 janvier 1257 entre Guillaume de Hesdigneul et la maison de Haute-Avesnes [1]. La confiance, ajoute M. Tardif (*Bibliothèque de l'Ecole des Chartes*, XL, p. 470), que les parties accordent à Philippe, en le choisissant pour unique arbitre de leur différend, témoigne de la considération dont jouissait le père et, très vraisemblablement, le seul maître du plus grand jurisconsulte du moyen âge. Nous retrouvons Philippe à la cour d'Arras dans un texte du 3 juin 1259 [2].

Philippe se maria deux fois. Sa première épouse, dont nous ne connaissons que le prénom, Marie, par

1. Elle a été publiée par le comte d'Héricourt parmi les *Titres de la Commanderie de Haute-Avesnes antérieurs à 1312* [Extrait des *Mémoires de l'Acad. d'Arras*, t. X]. Arras, 1878, p. 44.

2. Publié par M. Léopold Delisle dans les *Mémoires de la Société des Antiquaires de France*. Quatrième série, tome I, 1869, p. 254.

la charte précitée de mai 1249, lui donna trois enfants : Girard, Philippe et Peronelle. Son autre épouse, Alice de Bailleul (village proche de Remy et d'Estrées), est mentionnée en 1262 et 1267, ce qui prouve qu'elle survécut à son mari.

Les trois enfants de Philippe sont nommés pour la première fois dans un acte du 27 décembre 1262. Girard, le fils aîné, y est qualifié de chevalier. Philippe est simplement nommé; c'est celui dont nous publions ici les œuvres poétiques, le célèbre auteur des *Coutumes du Beauvaisis*. Peronelle y est appelée la femme de Jehan L'Eschaus (ou Li Eschaus).

Philippe est probablement né vers 1250. Son frère aîné est encore mineur le 7 novembre 1267 où il est mentionné comme seigneur d'une maison à Pompoing [1], appelée *le Moncel*. Il faut donc qu'alors Girard, et à plus forte raison Philippe, n'eût pas encore accompli sa vingtième année (*Cout.* 15, 30). M. Bordier incline à rapporter sa naissance à l'un des derniers mois de l'année 1246 ou des premiers de 1247. Cependant, sa belle-mère, en 1267, prenait la minorité de son frère comme motif d'un refus d'accepter le litige, et elle n'aurait eu qu'un faible avantage à le faire, si son beau-fils avait eu déjà près de vingt ans.

D'après deux phrases dont Philippe se sert dans le Prologue de ses *Coutumes* (*por ce que noz sommes d'iceli païs*.. et *por ce que noz devons avoir mix en memoire ce que noz avons veü uzer et jugier de nos-*

1. C'est l'ancienne orthographe justifiée par les formes latines du XIIe siècle et préférable à l'orthographe moderne (Pontpoint).

tre enfance en nostre paÿs — le pays en question est *le conté de Clermont en Biauvoisis*) on a cru qu'il était né dans le Beauvaisis. Les paroles ne sont pourtant pas tout à fait concluantes, et il se pourrait fort bien qu'il fût né à Lorris en Gâtinais, où, lors de sa naissance, son père était bailli du comte Robert.

Nous ne savons pas quand il perdit sa mère. En 1262 nous trouvons son père remarié et qualifié d'ancien bailli du Gâtinais : il a donc quitté sa charge, et il s'est retiré à Remy; au mois de février 1266 il n'est plus en vie.

Il laissa son fief à son fils aîné Girard, qui le céda plus tard à son frère Philippe. La première pièce où Philippe soit nommé *sire de Beaumanoir* est son compte de l'Ascension 1280.

Je ne crois pas qu'avant la cession de Beaumanoir Philippe ait été bailli ou prévôt de Nanteuil-le-Haudouin. M. Bordier (p. 26, 33, 39) déduit d'une phrase, employée par l'abbé Carlier dans son *Histoire du duché de Valois*, II, p. 141 (1764), l'existence d'un acte où Philippe était qualifié de prévôt de Nanteuil-le-Haudouin, seigneurie qui appartenait à l'évêque de Beauvais, Renaud de Nanteuil. La phrase de Carlier se trouve dans la partie qu'il consacre à l'histoire des seigneurs de Nanteuil-le-Haudouin, où, en citant Beaumanoir, il l'appelle « ancien Bailly de Senlis, qui avoit aussi pris part au gouvernement de la terre de Nanteuil-le-Haudouin ». Carlier, à mon avis, dit ici tout simplement qu'en sa qualité de bailli de Senlis Philippe a dû avoir aussi des relations avec la ville de Nanteuil-le-Haudouin. La remarque de Carlier est juste, car « de l'ancien ressort du bailliage de Senlis est le duché de Vallois, en ce que consistoit le comté dudit Vallois, auparavant qu'il fust erigé en duché », ce qui eut lieu en 1406. (*Coutumier général* de Bourdot de Richebourg, II, 709.) En plus d'un endroit (comme p. 156, 161) Carlier parle des droits juridiques du bailli de Senlis dans le comté de Valois. Il affirme, p. 136, en termes exprès que « les Seigneurs de Nanteuil n'avoient ni Baillis ni Prevôts ». S'il avait su que « l'illustre Beaumanoir » (c'est ainsi qu'il l'appelle) eût été prévôt de Nanteuil, il n'aurait pas passé sous silence un fait d'une telle importance, comme il n'omet pas de nous dire (p. 132) qu'en 1283 l'évêque Renaud « nomma exécuteurs de ses derniers sentimens le Doyen de Rouen et l'illustre Philippe de Beaumanoir », ni de citer une quittance du mois de mars 1296 où il est appelé « Messire Philippe de Beaumanoir, jadis Chevalier, Bailly de Senlis. » M. Bordier mentionne ce texte (p. 44) sans citer le témoignage de Carlier.

C'est avant la cession de Beaumanoir que Philippe doit avoir composé ses deux grands romans, car il s'y appelle tout simplement *Phelippe de Remi*. Le *Salut d'amour* où il s'appelle *Phelippe de Biaumanoir* est par cela même postérieur à la cession. Ces indications nous permettent d'attribuer ses œuvres poétiques aux années 1270 à 1280. Nous aimerions y trouver des allusions à sa jeunesse passée dans le Gâtinais, à sa mère qu'il perdit avant d'atteindre l'âge de virilité, aux domaines de son père à Compiègne et à Pont-Sainte-Maxence, etc. Il n'en est rien. Il s'est borné à nous révéler son nom, et aucun des événements de sa vie ne s'y reflète.

Un seul fait a été, par M. Bordier, déduit des romans de Philippe, encore est-il loin d'être assuré; mais c'est une conjecture assez vraisemblable. M. Bordier suppose que, dans l'intervalle des années 1261 à 1265, Philippe était en Angleterre en qualité de page pour apprendre la vie élégante et le métier des armes. En effet, la scène de ses romans est en Écosse et en Angleterre. Deux textes antérieurs qui racontent la fable de la Manekine sont d'origine anglaise; c'est en Angleterre qu'il aura appris cette touchante histoire. Dans *Jehan et Blonde* il se moque de la manière dont les Anglais écorchent la langue française, et au commencement de ce même roman il recommande aux jeunes gens de voyager pour *aquerre honneur et amis et richece :*

Quant povres jentiex hom demeure
En son païs une seule heure,
On li devroit les iex crever.

Si Philippe n'avait jamais quitté la maison paternelle, il n'aurait pas pu parler en ces termes sans tomber dans le ridicule. Il est donc bien possible qu'il soit parti pour l'Angleterre à la suite de Simon de Montfort ou de quelqu'un de ses officiers et qu'il soit revenu après la mort du comte (le 4 août 1265). Il est d'ailleurs prouvé que les Montfort étaient les seigneurs du village de Remy en 1282 ; ils le possédaient encore en 1352 (De Lépinois, *Recherches*, p. 109), et en 1282 nous voyons un membre de la famille de Montfort, Amaury chanoine de Rouen, octroyer un don à Philippe *pour l'amour de li et pour son bon serviche.*

Du 11 mai 1279 au 7 mai 1282 Philippe fut au service du comte Robert de Clermont, le sixième fils de saint Louis, comme bailli de Clermont [1]. C'est là qu'il doit avoir composé la plus grande partie des *Coutumes*, achevées en 1283. De là il venait souvent assister aux audiences du parlement de Paris (30, 20. 61, 71); car à plusieurs reprises il dit dans les *Coutumes : noz veïsmes en le cort le roy,* ou *noz avons veü... trois fois en l'ostel le roi, anchois que noz feïssions cest livre* (13, 19. 30, 102. 32, 30. 61, 41. 70, 10).

En 1283 ou 1284 il entra au service du roi, qui le fit sénéchal de Poitou (de novembre 1284 à février 1288) et sénéchal de Saintonge (1287 et 1288, il reparaît en cette qualité en 1292 [2]), ensuite, dans les années 1289 et 1290, bailli du Vermandois.

En 1289 le roi l'envoya en mission à Rome. Nous n'avons pas d'autre information à cet égard que ces deux lignes publiées par La Thaumassière, p. VIII : *Le conte Phelippe de Biaumanoir, chevalier, baillif de Vermandois, fait dou voyage de Rome l'an 1289.*

1. Sur l'office du bailli Philippe nous renseigne lui-même dans le premier chapitre de ses *Coutumes*. Comp. aussi Bordier, p. 384; De Lépinois *Recherches,* p. 306; Brussel, *Nouvel examen de l'usage général des fiefs*. Table, art. *Baillis ;* Du Cange, *Gloss.* art. *Ballivus*.

2. M. Paul Viollet croit erronée cette date qui se trouve dans Maichin, *Hist. de Saintonge,* p. 97. Mais ne pourrait-il pas avoir administré cette charge pendant qu'il était bailli de Touraine?

En 1290, le 6 janvier, il préside l'assise du bailli à Saint-Quentin, et à la Pentecôte il siège au parlement de Paris (*Hist. litt.* XX, 407). En 1291 il est à Saint-Quentin pour prendre part à l'organisation de l'armée qui devait envahir le Hainaut.

En janvier, mai et août 1292 il paraît comme bailli de Touraine [1]. Ensuite nous le trouvons bailli de Senlis depuis février 1293 [2] jusqu'à sa mort, arrivée le 7 janvier 1296. Comme bailli de Senlis, Beaumanoir habitait au Moncel, manoir situé à la porte de Pont-Sainte-Maxence, mais appartenant à la commune de Pompoing. C'est très vraisemblablement là qu'il mourut. Il avait ordonné par son testament la fondation, sur le terrain du Moncel, d'une chapelle en l'honneur de saint Jacques. En 1309 la chapelle fut transformée par le roi de France, alors propriétaire du Moncel, en une splendide abbaye.

Philippe fut enterré à côté de sa première femme

1. La première de ces chartes a été publiée par M. Paul Viollet dans les *Notices et documents publiés pour la Société de l'histoire de France à l'occasion du cinquantième anniversaire de sa fondation*. Paris, 1884, p. 177.

2. Nous tirons cette date d'un compte qu'a publié La Thaumassière. D'après M. Bordier, p. 39 et 41, Philippe aurait été bailli de Senlis à la première des deux dates du compte (*ad Candelosam 1291*, = le 2 février 1292). Cependant il me semble que ce compte, qui comprend deux sommes correspondant à deux années, ne peut avoir été rédigé qu'à la seconde date et que par conséquent nous n'avons pas le droit de rapporter la qualité de bailli de Senlis à une autre date qu'au 2 février de 1293, ou même plus tard, car d'après l'*Histoire littéraire de la France*, t. XX, p. 360, Beaumanoir n'aurait rendu ce compte qu'à la Toussaint 1293.

dans l'église des Dominicains de Compiègne, où le bénédictin dom Gillesson (mort en 1666) voyait encore son tombeau. Sur la dalle funéraire il était représenté en costume de guerre, avec son écu portant trois quintefeuilles. A sa droite et à sa gauche étaient inhumées ses deux femmes. Gillesson nous a conservé [1] les inscriptions des tombeaux de Philippe et de Mabille.

.. .. *gist Ph..... Biaumanoir, chev*r, etc., entre ses deux femmes, *qui trepassa en l'an de grace* M. CC. IIIIxx *et quinze l'endemain de l'Epiphanie. Priez pour s'ame.*

Ci gist..... femme jadis monseigneur Phelippe de Biaumanoir, chevalier le roy de la ballie de Senlis, qui trepassa en l'an de l'incarnation N. S. mil ccc. et quatre.

Des deux femmes de Beaumanoir la première nous est tout à fait inconnue. En secondes noces il avait épousé Mabille de Bove, fille d'Enguerrand de Bove. Nous ne connaissons pas la date de ce mariage ; tout ce que nous en savons, c'est que Mabille est appelée dame de Beaumanoir dans une charte d'avril 1291. Elle avait des possessions à Fouencamps et à Héricourt. M. Bordier la suppose la dernière héritière directe de la race des sires de Bove, branche cadette de la maison des comtes d'Artois [2].

Nous pouvons conclure d'un arrêt de parlement où

1. Ms. fr. 24066 (anc. Comp. 754) f° 168.

2. M. Bordier, qui parle, p. 61, de la fille unique de Robert III, sire de Bove, laisse inexpliquée cette contradiction entre les noms du père.

il est question du fils aîné de Philippe de Beaumanoir que celui-ci avait plusieurs fils. Peut-être il est permis de regarder comme ses fils du premier lit les suivants : *Raoul de Remin*, qui dans une charte de 1295 se qualifie de chanoine de Soissons et se trouve alors au Moncel comme secrétaire de Philippe; *Jean* et *Gilles de Remin*, frères, clercs du roi et chanoines de la cathédrale de Noyon, de 1300 à 1316.

Le frère aîné de Philippe, Girard de Remi, avait épousé Béatrice d'Ypres, dont il eut une fille qui se maria au seigneur d'Estrées. Or, comme dans une charte de 1308 publiée par M. Bordier, p. 368, paraît une dame d'Estrées appelée Joïe, il est très vraisemblable que cette Joïe était la fille de Girard et qu'elle eut pour marraine l'héroïne de la *Manekine*, achevée sans doute peu de temps avant sa naissance.

II

Le manuscrit des œuvres poétiques.

Le seul manuscrit qui nous ait conservé les œuvres poétiques de Beaumanoir appartient à la Bibliothèque nationale (fonds français 1588, anc. 7609²). Il a été décrit par M. Francisque Michel dans son édition de la *Manekine*, p. IV-XVIII, dans le *Catalogue des manuscrits français*. I. Ancien fonds 1858, p. 259, et par M. Bordier, p. 157-161.

C'est un petit in-folio, haut de 29 centim., large de 21, écrit sur vélin vers le commencement du XIVe siècle [1]. Avec le 10e feuillet commence une seconde main, moins élégante que la première. Le texte est écrit sur deux colonnes dont chacune, d'une hauteur de 22 centim., contient quarante lignes. Le manuscrit se compose de 143 feuillets foliotés au crayon ; la moitié environ du dernier feuillet a été déchirée de haut en bas. Le manuscrit est relié en veau fauve, à dos de maroquin, aux N couronnés du premier empire.

Le premier feuillet avait autrefois servi de feuillet de garde ; il contient deux pièces écrites d'une main du XIIIe siècle. L'une, intitulée *le Riuhote du monde*, a été publiée par M. Fr. Michel avant *la Manekine* p. VI-XII ; l'autre, *li Ver de la char*, par M. Bordier p. 160-161, et d'après d'autres manuscrits par M. Scheler dans les *Dits et contes de Baudouin de Condé*, I, 147.

Le volume est orné, outre une miniature plus grande, de trente miniatures, savoir quinze disséminées dans le texte de la *Manekine*, six dans le texte de *Jehan et Blonde*, et le reste de façon à ce que les petites pièces aient chacune au moins une image. Le roman du *Ham*, au contraire, qui forme le complément du volume, n'en a aucune. « Ces petites peintures, tracées rapidement au pinceau, et reprises à l'encre par-dessus la couleur au moyen d'une plume extrêmement fine, étaient de pur gothique, maigre et grimaçant, agréable toutefois par les gestes,

1. Au XIIIe siècle, d'après le Cat. des mss. fr.

les costumes et par les intentions marquées de l'artiste; mais elles ont beaucoup souffert du temps, et leur état de détérioration, souvent même d'effacement, annonce à lui seul que le volume a été beaucoup feuilleté par des amateurs de poésie et beaucoup lu » (Bordier). On trouve la description détaillée des 31 miniatures chez M. Bordier, p. 353-360, qui a reproduit en fac-simile chromolithographique la plus importante de toutes.

Le manuscrit contient :

I. Les œuvres poétiques de Beaumanoir.

f. 2^{a} *La Manekine* [1].
f. 57^{a} *Jehan et Blonde*.
f. 97^{a} *Salut d'amour*.
f. 103^{d} *Conte d'amour*.
f. 107^{a} *Conte de fole larguece*.
f. 109^{d} Fatrasie : *En grant esveil*.
f. 110^{d} *Lai*.
f. 112^{d} *Ave Maria*.
f. 113^{c} Fatrasie : *Li chan d'une raine*.
f. 114^{c} *Salut à refrains*.

II. f. 115^{a} Le Roman *du Ham* composé par Sarrazin et publié par M. Francisque Michel, après l'*Histoire des Ducs de Normandie*, pour la Société de l'histoire de France, Paris 1840.

Il manque un feuillet entre le f. 105 et le f. 106 et un autre entre le f. 114 et le f. 115. Celui-ci conte-

1. Ces différentes pièces n'ont pas de rubriques dans le manuscrit. Pour les titres de trois de ces pièces on peut se référer aux *Explicit*, f. 56^{1}, 96^{b} et 109^{d}.

nait la fin des œuvres poétiques de Philippe et le commencement du Roman *du Ham.* L'autre nous a dérobé une partie du *Conte d'amour.*

Des lecteurs ont inséré dans le manuscrit plusieurs remarques. On lit f. 2ᵃ *De le Manecine vns des boins con sache.* f. 18ᵇ, au bas : *Mar maues au cuer naure | Bele boine bñ amee.* f. 50ʳ, au bas : *Cest estoire fist Jakes de M...eneuille* [1] *sans aidant | demourans...* f. 56ʳ, au bas *Mamie bien...* (un mot gratté) *la courtoise tout en tour li a une toise | na se courtoisie non blans dens fourcele le menton | qⁱ vne fois seroit acoles de ses bras q̄ ele a si blans | ia mais naroit logemens (?) si bons (?).* f. 75ᶜ : *Jehan de Hedin* (?). f. 76ᵃ : *Jehan du.....* (?). f. 96ᵛ : Quelques vers d'une branche de Renart ; je les ai communiqués à M. Ernest Martin. f. 103ᵃ : Des remarques de trois mains différentes. f. 112ᵛ, au bas : *Amours a uous cudoie plaire*, f. 113 ᵇ, au bas : *li enfes...* f. 114ᵇ : Des mots effacés. f. 143, au bas : *Euxplicit le Romant du Han, a sauoir un des estoires a chi en cest roumant. il i est proumiers li Romans de le Mankine et dou conte de Damartin.*

On lit encore sur la marge inférieure du recto du f. 1 : *Cest le Romant du Hen apparten. a monseigneur Charles | de Croy, prince de Chimay, sgr dAuesnes Waurin Lillers.* Et d'une main du XVIIIᵉ siècle : *Donné a la Bibliothᵉ du Roy par*

1. Il y a trois lieux du nom de Moyenneville : l'un près d'Arras, l'autre près d'Abbeville, le troisième tout près de Clermont et de Remy (De Lépinois, *Recherches*, p. 106).

Mr Watcans | Chanoine de Tournay le 26 janvier 1715. N. P. Watcant, qui mourut à Tournai en 1751, avait une bibliothèque riche en manuscrits, d'après Le Glay qui a fait sa biographie (Tournai, 1839), mais qui a ignoré le don fait à la Bibliothèque du roi.

Charles de Croy était le fils de Philippe de Croy, qui protégea les poètes et mourut à Bruges en 1482, et le petit-fils de Jean de Croy qui déjà semble avoir eu en sa possession ce même manuscrit. Charles fut armé chevalier en 1479 à la bataille de Guinegate, il fut fait *prince de Chimai* par l'empereur Maximilien en 1486, il tint Charles-Quint sur les fonts de baptême et mourut en 1521 [1]. (*Chronologie historique des ducs de Croy*. Grenoble, 1790, p. 158.) Il avait acheté les terres de Waurain (ou *Waurin*), *Lillers* et Saint-Venant, et il avait épousé en 1495 [2] Louise d'Albret, sœur du roi de Navarre, vicomtesse de Limoges, dame d'*Avesnes* et de Landrecies. Sur un poème que le poète Estées dédia à cette dame en 1512 on peut voir Méon, *Blasons*, p. III-IV.

Le dialecte du ms. aussi bien que son contenu rendent probable qu'il a été exécuté dans l'Amiénois ou dans le Vermandois. Le *Roman du Ham* ne se rap-

1. en 1527 d'après Zedler, *Universallexikon*, et M. H. Bordier, p. 157. On peut voir sur Charles de Croy un article du baron de Reiffenberg dans les *Archives historiques et littéraires du Nord de la France et du Midi de la Belgique*, IIIe série, t. I (1850), p. 101 et 157.

2. en 1497 suivant le ccxcie chapitre des *Chroniques* de Jean Molinet (p. p. J.-A. Buchon, Paris 1828).

porte pas à la ville de Ham, comme l'avait cru Fr. Michel (p. XLV de son édition), mais à la commune de Hem-Monacu, entre Bray-sur-Somme et Péronne (d'après Peigné-Delacourt, *Analyse du Roman du Hem*, Arras 1854). Il est possible que le manuscrit ait été exécuté pour les seigneurs de Crouy et de Guyencourt, ancêtres des ducs de Croy, lesquels habitaient dans l'Amiénois à quelques lieues de Boves, et qui ont pu connaître la veuve de Beaumanoir, Mabille de Bove, dont le père est mentionné dans le *Roman du Ham* (p. 345). L'intérêt particulier que les Croy prenaient au roman de la *Manekine*, dont l'héroïne est la fille d'un roi de Hongrie, tient à leur descendance des rois de Hongrie, contestée par quelques-uns, mais confirmée par des chartes du XIIIe siècle [1].

1. Dans la famille de Croy le goût des lettres était héréditaire. On trouve des renseignements sur leur bibliothèque, à laquelle appartint aussi le manuscrit des poésies de Beaumanoir, dans Kervyn de Lettenhove, *Chroniques de Froissart*, t. I, parties II et III, p. 190; De Reiffenberg, *Bull. de l'Académie royale de Bruxelles*, t. XI, n° 12, p. 23 note; Pinchart, *Bull. des commissions d'art et d'archéologie*, Bruxelles 1865, p. 487; Laserna-Santander, *Mémoire historique sur la Bibliothèque dite de Bourgogne*, Bruxelles 1809, p. 19-20; S. Berger, *La Bible française au moyen âge*, p. 119, 163 et aux passages mentionnés dans l'art. *Croy* de l'index.

III

Date de la composition. Éditions antérieures

J'ai déjà classé par ordre chronologique les trois ouvrages principaux de Philippe (p. IX). La *Manekine* fut son début; car il dit au v. 33 :

onques mais rime ne fis.

Après la *Manekine* il composa *Jehan et Blonde ;* car dans les deux romans il s'appelle *Phelippe de Remi*, d'où nous concluons avec M. Bordier qu'ils sont antérieurs à l'époque où son frère Girard lui céda le patrimoine de Beaumanoir (avant 1280). Le dernier, enfin, c'est le *Salut d'amour* où il se présente comme *Phelippe de Biaumanoir*.

Quant aux sept pièces qui suivent, il est difficile de leur assigner une date précise. Je pencherais à les attribuer à l'époque où il composa les romans plutôt qu'à l'époque suivante, où il était déjà en train de recueillir les matériaux pour ses *Coutumes du Beauvaisis*. Il aura de temps en temps interrompu la composition des romans par celle d'une petite pièce.

Les Fatrasies ne peuvent être regardées comme l'œuvre d'un âge mûr. L'*Ave Maria* rappelle vivement la prière du roi d'Écosse (*Manekine* v. 5545-

5772). C'est pourquoi j'incline à regarder la composition de ces pièces comme contemporaine de la rédaction de la *Manekine*. Dans le conte de *Folle largesse* il s'appelle *Phelippe* tout court ; dans une pièce aussi courte il n'a pas cru important de se nommer par son nom complet. Ce conte rappelle d'assez près un paragraphe des *Coutumes du Beauvaisis* (Chap. 1, § 7 : *Cil est faus larges qui le sien despend folement* etc.), d'où je n'oserais pourtant pas conclure que le conte soit postérieur aux autres poésies de Philippe. La question de date n'est pas plus élucidée pour les trois pièces amoureuses.

Il sera permis de limiter la carrière poétique de Philippe par les années 1270 et 1280.

Depuis Sainte-Palaye on n'ignorait pas que le manuscrit de Croy nous a conservé quelques petites pièces en vers dues à la plume de Beaumanoir, mais on ignorait l'identité de Beaumanoir avec ce Philippe de Remi, auteur des deux romans que contient le même manuscrit. Cette importante découverte est due à M. Bordier, qui la publia pour la première fois en 1853 dans l'*Athenæum français,* p. 932. Auparavant tout le monde, depuis l'abbé de la Rue jusqu'aux éditeurs des romans de Philippe, avait compté le poète Philippe de Remi (ou de Reim) parmi les auteurs anglo-normands. Dernièrement, M. Edouard Schwan, dans les *Romanische Studien herausgegeben von Eduard Bœhmer* IV. 351, a discuté l'identité de l'auteur des petites poésies avec celui des *Coutumes,* et l'a confirmée par des preuves nouvelles.

Aucune des pièces de Philippe n'est inédite. On les

a publiées dans l'ordre qu'elles occupent dans le manuscrit : d'abord la *Manekine*, puis *Jehan et Blonde*, enfin les autres pièces. Voici les livres qui ont le mérite d'avoir, pour la première fois, tiré du fond de la Bibliothèque nationale les œuvres poétiques d'un des plus illustres écrivains du moyen âge français.

Roman de la Manekine, par Philippe de Reimes, trouvère du treizième siècle, publié par Francisque Michel. Imprimé à Paris pour le Bannatyne Club par Maulde et Renou, 1840, gr. in-4° de 294, XIX p. [1]).

The Romance of Blonde of Oxford and Jehan of Dammartin by Philippe de Reimes, a trouvère of the thirteenth century. Edited from the unique ms. in the Imperial Library in Paris, by M. Le Roux de Lincy. Printed for the Camden Society. 1858, pet. in-4° (de 214, XXVII p.)

Philippe de Remi, sire de Beaumanoir, jurisconsulte et poète national du Beauvaisis, 1246-96. *Par H.-L. Bordier*. Paris, librairie Techener 1869 et 1873, in-8°, p. 267-315.

L'édition de M. Michel est faite avec beaucoup de soin et avec une bonne intelligence de l'ancienne langue. Celle de Le Roux de Lincy est la plus mauvaise

1. M. le comte de Douhet se trompe quand il dit : « Le roman de la Manekine a été édité à Bruxelles par M. le baron de Reiffenberg (*Dict. des légendes* col. 804) », et M. Isembart, quand il attribue à Sainte-Palaye une édition des poésies de Beaumanoir (dans la *Nouvelle biographie gén*. de Didot, art. *Beaumanoir*). Comp. l'*Hist. litt.* XX, 394.

des trois : çà et là elle omet des vers, souvent elle défigure le texte, au lieu de 6262 vers elle en compte, par méprise, 7145. M. Bordier, qui n'est pas toujours heureux dans le commentaire philologique qu'il a cru devoir ajouter à son édition, n'a pas réussi à déchiffrer deux passages qui, en effet, dans le manuscrit sont presque illisibles (f. 107[a] et 110[d]). Dans l'un, au commencement du conte de *Folle largesse*, il remplace par des points les mots illisibles ; dans l'autre, au commencement du *Lai*, il donne un texte complet, mais il ne le donne pas tel qu'il était dans le manuscrit.

Les omissions de Le Roux de Lincy et les deux passages dont je viens de parler, dans le texte de M. Bordier, me procurent le petit mérite d'être le premier qui ait lu et fait imprimer tout ce qui nous reste des œuvres poétiques de Beaumanoir.

IV

La Manekine.

L'histoire de la Manekine est un des sujets favoris de la littérature populaire. Les événements qui se retrouvent dans toutes les versions complètes sont les suivants : Un empereur (roi), après la mort de sa femme, s'éprend de sa fille unique. Il la veut épouser (ou posséder). La fille s'y refuse. Elle est exposée

(Elle s'enfuit) dans la forêt (sur la mer). Elle parvient chez un roi qui en fait son épouse contre la volonté de sa mère. Pendant l'absence du mari elle accouche d'un fils (de deux fils). La belle-mère substitue à la lettre qui aurait dû annoncer au roi cette heureuse nouvelle une autre qui lui apprend la naissance d'un monstre (d'une bête). Le roi répond qu'il faut bien garder jusqu'à son retour la reine et ce qu'elle a mis au monde. Une seconde fois la belle-mère échange la lettre contre une fausse qui ordonne de tuer la jeune reine avec sa progéniture. Une seconde fois l'héroïne est exposée dans la forêt (sur la mer). Ayant appris ce qui s'est passé, le roi punit sa coupable mère, et à la fin il retrouve sa famille. — Dans un groupe de récits l'héroïne se coupe la main pour se soustraire aux importunités du père (ou on la prive des deux mains). La main, ou les mains, lui sont restituées par un miracle.

Les versions de ce conte se divisent en deux types que j'appelle celui de l'ermite et celui du sénateur. Dans celles du premier type l'héroïne a deux fils; deux fois elle est conduite dans la forêt; la seconde fois elle est recueillie par un ermite, et c'est chez lui qu'à la fin elle est retrouvée par son mari. Dans celles de l'autre type elle n'a qu'un fils; deux fois elle est abandonnée à la mer; la seconde fois elle parvient à Rome, où elle trouve un refuge chez un sénateur, chez lequel à la fin elle est retrouvée par son mari.

Ces deux traditions, qui primitivement n'en font qu'une, ont existé a côté l'une de l'autre dans l'Angleterre septentrionale avant la fin du douzième siècle.

Plus tard on trouve des versions mixtes où elle se sont plus ou moins confondues. On peut cependant distinguer les deux types encore après des siècles.

L'ordre chronologique devant être le point de départ d'une telle recherche, c'est selon cet ordre que je vais énumérer les versions que je connais. Je dois la connaissance de la plupart de ces versions aux savants dont les livres seront cités dans le cours de mon travail : à MM. Grimm, Bæckstrœm, Von der Hagen, d'Ancona, Wesselofsky, Merzdorf, Luzel, De Puymaigre, Wollner, F. Liebrecht, G. Paris, et R. Kœhler.

Pour les contes modernes je suis redevable de la connaissance des riches matériaux dont je dispose au savant que je viens de nommer en dernier lieu, M. Reinhold Kœhler de Weimar, qui, pareil à l'enchanteur Merlin, par cette feuille détachée de son érudition, nous fait juger de l'étendue de la forêt. M. Wollner, auteur de *Recherches sur l'épopée populaire des Grand-Russiens* (1879), a bien voulu me fournir la traduction des contes slaves, que je publierai à la suite de quelques versions inédites du moyen-âge. M. Gaston Paris m'a secondé ici comme partout ailleurs; c'est lui qui m'a indiqué l'existence du conte roumain.

1. Le texte le plus ancien que nous connaissions est la *Vita Offae primi*, publiée à la suite de *Matthaei Paris Historia major* par Wats (Londres 1640), et reproduite d'après Wats, sans que l'on ait mis a profit les manuscrits du Musée britannique

(Hardy, *Descr. Cat.* 1,499), dans les *Originals and Analogues of some of Chaucer's Canterbury Tales.* Part I. (Chaucer Society, Londres 1872). Ce texte, qui est la première partie des *Vitae duorum Offarum*, n'est pas dû à Matthieu Paris. Il est cité dans les *Chronica majora* rédigés par Jean de la Celle, abbé de Saint-Albans de 1195 à 1214, à qui M. Luard (*Matthaei Parisiensis Chronica Majora* I, XXXII) voudrait attribuer aussi les *Vitae Offarum*. Quoi qu'il en soit, nous sommes fondés à les croire écrites à Saint-Albans vers la fin du XIIe siècle. Ici notre tradition est attachée au nom d'Offa I, roi des *Angli occidentales*, ce qu'il faut probablement corriger, avec Wats, en *Angli orientales*, nom d'une tribu anglo-saxonne dont le premier roi s'appela Uffa, auteur de la race des Uffings.

Chassant dans le plus épais d'une forêt, Offa rencontre une belle fille royalement habillée. Il apprend d'elle que son père, roi d'York, après avoir vainement tâché de la séduire, l'a abandonnée au désert, et il l'emmène à sa cour. Sollicité par ses barons de se marier, Offa refuse longtemps; enfin, après plusieurs années, il choisit pour épouse la belle qu'il avait trouvée dans la forêt. Par ce mariage Offa devient père de plusieurs enfants. Après un long espace de temps le roi des *Northamhumbri* demande la main de la fille d'Offa et en même temps le secours du roi contre les habitants païens de l'Ecosse. Offa lui accorde l'un et l'autre, et ayant défait les ennemis, il envoie une lettre destinée à annoncer sa victoire à la reine. Mais le gendre d'Offa opère un changement de lettre, et la fausse lettre annonce qu'Offa est vaincu et qu'il ordonne d'exposer au désert la reine avec ses enfants et de leur couper les mains et les pieds. On conduit dans la forêt la famille royale, mais on ne fait souffrir qu'aux enfants le cruel supplice. Les malheureux sont trouvés par un ermite, dont la prière rend aux enfants les membres coupés. De retour après une absence de deux mois, Offa apprend ce qui s'est passé. Pour se distraire dans sa douleur il va chasser dans la forêt, où il retrouve sa famille. Le roi promet à l'ermite de fonder à cet endroit un monastère, promesse qui ne fut dégagée que par Pinered, descendant d'Offa, qui y bâtit le monastère de Saint-Albans.

C'est la seule version où la belle-mère soit remplacée par le gendre et où le nombre des enfants ne soit pas déterminé.

2. Il me semble incontestable que le roman en alexandrins de la *Belle Hélène de Constantinople* appartient au XIIIe siècle. Comme dans les passages imprimés *é* et *ié* ne se confondent pas à la rime, on peut même supposer qu'il est antérieur à la Manekine. Je ne sais pas pourquoi Barrois, dans l'Index de sa *Bibl. protyp.*, p. 20, l'attribue aux années 1271-73. On connaît plusieurs manuscrits de ce roman : un à Lyon, Bibl. de la ville 685, du milieu du XVe siècle; un à Arras (voir G. Paris, *Vie de saint Alexis*, p. 337), de 1472. J'ai publié dans les *Romanische Studien* de Bœhmer, I, 590-3, le fragment d'un troisième manuscrit, aussi du XVe siècle, sans savoir alors qu'il appartenait à la *Belle Hélène*, ce que j'ai constaté de-

puis [1]. D'autres manuscrits sont mentionnés dans la *Bibl. des Romans* de Gordon de Percel, II, 246, et par Gœrres, *Die Teutschen Volksbücher*, p. 145. Une note à la fin du manuscrit de Lyon *(Alexandri manu propria)* avait suggéré à Galland l'idée d'attribuer ce roman à Alexandre de Bernay. L'auteur, quel qu'il soit, montre un attachement particulier à la ville de Tours et à saint Martin, et il connaît des localités de Flandre, comme Courtrai et Douai (Douhet, col. 567, si ces mentions ne sont pas dues au rédacteur de la prose).

Ce roman a été mis en prose par Wauquelin en 1448 (voir le chap. VII de cette Introduction). Une mise en prose, autre que celle de Wauquelin [2], imprimée comme livre populaire, a eu une vogue immense dans la littérature populaire de toute l'Europe. Des analyses ont été publiées par Frocheur, *Messager des sciences hist.*, Gand, 1846, p. 192-207; par le marquis de Paulmy, *Mélanges tirés d'une grande bibliothèque* H, p. 182; par Douhet, *Dict. des mystères,*

1. Il correspond au récit de p. 204 dans l'analyse de Frocheur, de col. 558-9 dans celle de Douhet. On voit que le *Anth.* du fragment signifie *Anthoine* père d'Hélène. La ville de Castres, ou Piacenza en Italie, se retrouve chez Frocheur; elle est appelée Grasse chez Douhet, Graffes chez de Paulmy et dans les romans suédois et hollandais

2. Il y a des divergences entre Wauquelin et les éditions. Ludiene, épouse de Brice, est sœur d'un roi, appelé Gamanus roi d'Ecosse et assiégé à Antonne d'après Wauquelin, mais appelé Gamault ou Gramaux et assiégé à Narbonne d'après les éditions. Les romans allemands, suédois et hollandais reproduisent la version des imprimés, appelant Clarissa la suivante d'Hélène que Wauquelin appelle Béatrix.

col. 523-576; par Nisard, *Hist. des livres pop.* 2e éd. T. II, p. 415, et par Merzdorf, *Des Bühelers Kœnigstochter von Frankreich*, p. 15-18. Je me sers surtout de l'analyse de Frocheur, qui se base sur Wauquelin, tandis que les autres suivent le texte des vieilles éditions.

L'auteur connaît quantité de légendes et de romans, comme la *Vie de saint Alexis* (Hélène demeure sous l'escalier du palais papal), l'*Histoire d'Eustache-Placidas* (un loup et un lion emportent les enfants), des chansons de geste qui racontent le siège de Rome par les Sarrazins, la *reine Sibille*, d'où semble provenir l'empereur Richier, etc. Il a juxtaposé plutôt que confondu les éléments qu'il utilise, et il est facile de dégager de cet amas d'aventures les quatre morceaux qui forment notre tradition (analyse de Frocheur, p. 192-193, l. 27; p. 194, l. 22-197, l. 12; 198, l. 7-199, l. 3; 207, l. 5 jusqu'à la fin).

Antoine, empereur de Constantinople, devient amoureux de sa fille Hélène. Il obtient du pape son frère la permission de l'épouser, mais elle s'enfuit avec ses trésors en bateau, d'abord à la côte de Flandre, où elle entre dans un couvent; ensuite, ayant quitté ce refuge pour échapper aux sollicitations du roi païen, elle arrive à la côte d'Angleterre près de Neufchastel (Newcastle on Tyne), où le roi Henri à la chasse la rencontre. Il l'emmène, et contre la volonté de sa mère il la fait reine d'Angleterre. Sur ces entrefaites Butor, roi des Sarrazins, est venu mettre le siège devant Rome, et le saint père demande le secours du roi d'Angleterre. Celui-ci, après avoir nommé régent du royaume le duc de Gloucester, part avec une flotte redoutable. Peu de jours après son départ, Hélène accouche de deux beaux garçons. Aussitôt cette bonne nouvelle est expédiée au roi, mais la reine-mère, qui réside à Douvres, substitue une autre lettre qui annonce au roi que son épouse est mère de deux chiens. Ayant reçu cette fatale dépêche, le roi commande par lettre que la reine et ses enfants soient gardés à vue jusqu'à son retour. Encore une fois la reine-mère substitue une autre lettre, qui contient l'ordre de brûler la reine avec ses deux enfants. La lettre arrive. Hélène, pour constater son innocence, se fait couper la main droite où se trouve l'anneau nuptial, afin de la faire montrer au roi à son retour. Le duc de Gloucester fait brûler en place de la reine et des deux enfants sa propre nièce, à qui on coupe aussi le bras, et deux figures de paille de forme humaine. Entre temps il conduit la reine au port avec ses deux fils, et il attache au cou du plus jeune la main de sa mère enfermée dans une boîte Il place les trois personnes dans une barque sans pilote ni rameur, et il les laisse aller au cours de l'eau.

Après avoir délivré la ville de Rome des Sarrazins, Henri retourne chez lui. Tout s'éclaircit. La vieille reine est décapitée, et le roi se met en quête de sa malheureuse famille. Suivent mille aventures. Dans les forêts de la Petite-Bretagne, où la barque a abordé, les deux enfants sont enlevés par un lion et un loup, sauvés par l'ermite Alexis et appelés Lyon et Bras, parce que ce dernier porte toujours à son cou le bras de sa mère. Henri rencontre l'empereur son beau-père, et Hélène sait échapper aux efforts unis des deux princes pour la retrouver. Les deux fils sont baptisés par l'évêque d'Amiens, qui change leurs noms en Martin et Brice. Saint Martin, archevêque de Tours, les engage à son service. A la fin tout le monde se retrouve à Tours, où la prière de Martin rejoint la main coupée au bras d'Hélène. Puis on se rend à Rome, où Constantin, roi de Bordeaux, est couronné empereur. Antoine, pour se faire ermite, abdique ses états en faveur de Brice. Henri et Hélène se fixent à Rome où ils meurent; leurs corps reposent dans l'église de Saint-Pierre. Martin devient le successeur de l'archevêque de Tours, et le duc de Gloucester est créé souverain de toute l'Angleterre.

D'après le roman, une partie de la France est païenne, tandis que les villes de Tours et d'Amiens sont déjà converties au christianisme. Le commencement du roman se répète dans un épisode (Douhet, col. 535 : une idole d'airain dit à Grambaut, roi de Bavière, d'épouser sa fille; celle-ci s'enfuit sur un cheval).

Ce roman a joui d'une telle popularité qu'il y a des contes qui en dérivent tout à fait. D'après un de ces contes, recueilli par Grimm dans la Hesse et analysé dans ses *Kinder-und Hausmærchen* III, p. 59, on coupe à la reine deux doigts que l'on attache aux enfants qui, après, sont enlevés par deux bêtes. Un autre récit, qui se trouve dans un ouvrage écrit au xve siècle en dialecte de Cologne et intitulé *Der Seelen Trost*, dont on connaît aussi de vieilles éditions, a été publié d'après un manuscrit par Pfeiffer dans *Die Deutschen Mundarten, Monatsschrift von*

Frommann II, p. 6. Cette histoire commence par la trahison des lettres, opérée ici par le beau-frère. L'héroïne se coupe d'elle-même une main, et elle met la main et l'enfant dans une caisse qu'elle jette à l'eau. La caisse est trouvée par saint Martin, qui rapporte l'enfant à son père et raccommode le bras coupé. Schleicher, à Kurschen près Pilkallen (régence de Gumbinnen), a recueilli un troisième conte en lituanien qu'il a publié dans son *Litauisches Lesebuch*, p. 132, et traduit en allemand dans ses *Litauische Mærchen*, p. 20. Ici un loup enlève les deux enfants, dont l'un porte la main de sa mère attachée à son épaule. Ils sont élevés chez un paysan, et ils parviennent chez le roi leur père, qui reconnaît la main de sa femme à l'anneau nuptial qui s'y trouve.

3. Le roman allemand de *Mai und Beaflor* (Leipzig 1848) est attribué au temps des dernières croisades (p. XVII). L'auteur déclare (3, 16) avoir reçu son histoire d'un chevalier qui l'avait lue dans une chronique en prose.

Beaflor est fille de l'empereur Telion et de Sabie son épouse. Son père veut la séduire. Elle s'enfuit richement vêtue, la couronne en tête, dans un bateau fermé où l'on ne peut entrer qu'en ouvrant une porte. Elle aborde près de Griffun en Morée, château de Mei comte de Meienland en Grèce. Le comte l'épouse. Pendant qu'il est en campagne (il aide son oncle le roi de Castille contre le roi païen Kobar ou Kobor de Marsiljis), elle est délivrée d'un fils. Falsification des deux lettres par la belle-mère (Eliacha, résidant à Klaremunt). Seconde exposition avec le même appareil et dans le même bateau, qui arrive le septième jour à l'embouchure du Tibre. Elle est recueillie chez le sénateur Roboal et Benigna sa femme. Après huit ans son mari arrive à Rome (passant par Nerden et Morlup 207.208, = Narni et Morlupo), on se reconnaît et l'empereur transfère la couronne de l'empire à son gendre.

Comme la Manekine, Beaflor a dix ans quand elle perd sa mère. Elle en a quinze à sa première fuite. Elle passe à Rome huit ans.

4. C'est le tour de la *Manekine*, composée vers 1270 par Beaumanoir.

Un roi de Hongrie a promis à sa femme mourante qu'il ne se remariera qu'à une femme semblable à elle. Pressé par ses barons de se remarier, il refuse, alléguant cette promesse. En vain on cherche par tout le monde une femme semblable : la seule qui réponde aux conditions, c'est Joïe, la propre fille du roi et de la reine, qui est la vraie ressemblance de sa mère. Les barons, ne voyant pas d'autre expédient, proposent au roi d'épouser sa fille. Il refuse, mais peu à peu il s'habitue à cette idée, et, sollicité par le clergé qui est sûr de l'approbation du pape, il cède. Joïe est révoltée d'une pareille proposition, et poussée à bout elle recourt à un moyen extrême : elle se coupe le poing gauche, qui tombe dans le fleuve appelé Yse. Le roi ordonne qu'on la brûle vive. Le sénéchal ému de pitié dresse un bûcher qu'il allume, et il abandonne la pauvre fille sur une barque sans mât ni gouvernail, qu'emportent les vagues de la mer. Le neuvième jour la nacelle arrive sur les côtes d'Ecosse, le roi d'Ecosse recueille Joïe, et il l'épouse malgré la résistance de sa mère, qui le jour même des noces quitte la ville de Dondieu pour se retirer à Evoluic. Quelques mois après le mariage, le roi se rend à Ressons près Compiègne pour participer à un tournoi proclamé par le roi de France. Pendant son absence la reine, qui a dissimulé son nom et son origine et qu'on appelle la Manekine parce qu'elle n'a qu'une main [1], est délivrée d'un fils. La lettre qui aurait dû annoncer au roi l'heureux accouchement de son épouse est échangée par la vieille reine contre une autre portant que la Manekine a mis au monde un monstre. Le roi, quoique très affligé, ordonne de bien garder la mère avec l'enfant jusqu'à son arrivée. Au retour du messager la même fraude se répète et le sénéchal reçoit une lettre falsifiée qui lui ordonne de brûler vive la reine avec son fils. Le sénéchal brûle deux images, et encore une fois la malheureuse est abandonnée sur la même barque, qui le neuvième jour arrive à l'embouchure du Tibre. Un sénateur les recueille. Le roi d'Ecosse, de retour, fait emmurer sa mère, et il se met en quête de sa femme. Au bout de sept ans il parvient à Rome, où l'anneau nuptial amène la reconnaissance. On y retrouve aussi le père de Joïe qui, tourmenté de remords,

1. Philippe rattache sans doute le nom de *Manekine* au latin *manca*, comme Wauquelin. Mieux vaut pourtant le dériver du mot de *mannequin*. Dans les mystères, à l'exécution des tortures, on substituait à celui qui jouait un saint une poupée habillée comme le personnage et qu'on appelait un mannequin.

est venu chercher auprès du pape le pardon de ses péchés. Par un miracle le poing coupé reparaît dans une fontaine, et la prière du pape le rejoint au bras mutilé.

La Manekine a dix ans quand elle perd sa mère; elle en a seize au commencement du récit qui embrasse l'espace de douze ans. An I : les messagers sont en quête d'une femme semblable à la feue reine. Ils sont partis à Noël, ils reviennent à Noël. An II : à la Chandeleur le roi veut épouser sa fille; le 5 février elle est exposée en bateau, le 13 — c'est le dimanche des Brandons [1] — elle aborde en Ecosse. An III : à la Pentecôte, noces du roi d'Ecosse avec la Manekine. An IV : à Pâques, elle conçoit. Vers le mois de septembre le roi part pour le tournoi de Ressons. An V : au mois de janvier, elle accouche d'un fils. Au commencement du carême le roi se met au retour. De retour, il apprend que l'on vient d'exposer la Manekine. Celle-c aborde près de Rome le neuvième jour après son départ. Elle y demeure sept ans (V-XII). An XII : le jour de Pâques fleuries, le roi d'Ecosse arrive à Rome où il retrouve sa femme et son fils. — Il résulte de là qu'au vers 7510 il faudrait dix ans au lieu de neuf, erreur que nous imputerons plutôt au scribe qu'au poète.

5. Jansen Enikel, viennois, écrivit sa *Chronique universelle* vers la fin du XIIIe siècle (après 1277, voir Strauch dans la *Zeitschrift für Deutsches Alter-*

1. Le jour de Pâques fut donc le 27 mars, cas rare qui n'est pas arrivé une seule fois entre 1257 et 1300.

thum, XXVIII, 47). Il y raconte l'histoire de la fille du roi de Russie, publiée par Von der Hagen, *Gesammtabenteuer*, II, 595.

Un texte qu'à première vue on pourrait prendre pour une mise en prose du poème d'Enikel a été imprimé, d'après un manuscrit du xve siècle, dans *Mai und Beaflor*, p. ix.

Le roi de Russie fait vainement chercher (*Enikel :* par une ambassade) une femme qui soit pareille à sa fille (*Prose :* à sa femme). Il se décide à épouser sa fille, et il obtient le consentement du pape. La fille coupe ses cheveux courts, se gratte le visage et se défigure (*Prose :* de manière à sembler ladre). On l'enferme avec sa robe nuptiale dans un tonneau que l'on jette à la mer. Après un séjour de six mois (*Prose :* d'un an) à la cour de Grèce, elle devient l'épouse du roi. Il la quitte pour combattre contre les païens. Ayant appris par la fausse lettre qu'elle est accouchée d'un diable, il ordonne de l'enfermer encore une fois dans le tonneau et de jeter ce tonneau dans la mer. Elle aborde à l'embouchure du Tibre, et elle est recueillie chez un vieux Romain. Son mari fait emmurer sa méchante mère, et il part pour Rome pour expier ses crimes. (*Enikel :* Après cinq ans) l'empereur y arrive aussi.

Dans *Enikel*, c'est le maréchal qui emmène la belle-mère (dans la *Prose* elle part d'elle-même). Le nom de Constantinus que la *Prose* donne au fils manque dans le poème. Il est impossible de découvrir dans la *Prose* la moindre trace des rimes d'Enikel. Cela me porte à croire que la *Prose*, sauf quelques changements qu'elle a subis dans la version du manuscrit unique, est antérieure au poème.

6. Le roman de la *Comtesse d'Anjou*, composé en 1316 (De la Rue, *Essais*, I, p. 190) par Jehan Alart [1], est analysé par P. Paris, *Manuscrits français*, VI, p. 40. Je me sers, en outre, de la copie de mon ami G. Grœber, qui en prépare une édition. Plus exact que tel éditeur moderne, Jehan nous avertit que l'histoire qu'il met en rime lui avait été racontée par un seigneur de Viarmes (près Pontoise) et de Chambly (près Senlis), qui mourut pendant la composition du roman. Il suit le récit qu'il avait entendu si fidèlement qu'il n'a pas même osé y introduire des noms propres (*De nul d'eux je ne sçay le nom*, v. 85).

Le comte d'Anjou devient amoureux de sa fille. Elle s'enfuit avec sa chambrière d'abord à Orléans, ensuite à Lorris où elle fait des ouvrages en or et en soie. Le comte de Bourges la trouve et la choisit pour épouse. Pendant l'absence du comte, sa tante, la comtesse de Chartres, opère la trahison des lettres et ordonne de la précipiter dans un puits. Les exécuteurs la laissent échapper avec son enfant, et elle parvient à Orléans où son mari la retrouve. Elle avoue le secret

1. Voici les deux vers où le poète a caché son nom et son surnom :

> *Je* n'ay pas *han*té telle chose,
> Ains pesché *a l'art* qui enclose
> N'est pas en moy...

Je crois donc plus juste la solution du problème proposée par De la Rue (*Jeanins Alart*) que celle de P. Paris (*Alart Peschotte*).

de sa naissance à l'évêque d'Orléans, son oncle, qui lui apprend la mort de son frère le comte d'Anjou, et le comte de Bourges entre en possession de l'héritage de son épouse.

7. L'histoire de Constance, dans la *Chronique anglo-normande* de Nicolas Trivet écrite entre 1334 et 1347 [1], a été découverte par Bæckstrœm, *Svenska Folkbœcker*, I, 220-230, et publiée par M. Edmund Brock dans les *Originals and Analogues of some of Chaucer's Canterbury Tales*, part I (Chaucer Society, 1872, Second series, VII), p. 1. Une traduction anglaise faite vers 1430-40 a été imprimée dans la même collection, part III, 1876, p. 222. C'est dans Trivet que Gower et Chaucer ont puisé la matière de leurs poèmes de Constance (voir Sandras, *Etude sur Chaucer*, p. 203-214). Aux six manuscrits anglo-normands énumérés par M. Brock on peut ajouter celui de la Société royale 55 (F. Michel, *Havelok*, p. XLV).

Constance est fille de l'empereur Thiberie Constantin et d'Ytalie son épouse. Elle épouse le sultan, qui se fait baptiser pour lui plaire. Mais sa mère, indignée de l'apostasie de son fils, fait assassiner tous les chrétiens à la cour et exposer Constance avec sa riche dot sur une barque sans voile ni rame, laquelle, après avoir flotté sur la mer pendant trois ans et huit mois, arrive la veille de Noël en Northumbrie. Elda ou Olda, connétable du roi, et Hermyngild la recueillent chez

1. Vers 1315 pour Marie, fille d'Edouard I, d'après Ward, *Catalogue of romances*, I, p. 418.

eux. Ensuite le roi Alle se laisse convertir par Constance et il l'épouse. Pendant qu'il est absent pour combattre les Ecossais, Constance met au monde un fils qui est appelé Maurice. A Knaresburgh (près d'York) Domilde, la vieille reine, opère le changement des lettres. Constance est abandonnée sur une barque sans voile ni gouvernail avec ses trésors et son fils âgé de dix semaines. Après un voyage de cinq ans, elle arrive à Rome, où pendant l'espace de douze ans elle trouve un refuge chez le sénateur Arsemius ou Arcenius et Heleyne sa femme. Le roi son mari l'y retrouve. L'empereur arrive aussi et institue Maurice son corégent et son successeur. Après leur mort Thiberie et Constance sont enterrés dans l'église de Saint-Pierre. Elda meurt à Tours, où il est enterré dans l'église de Saint-Martin. Le roi Alle est enseveli à Winchester.

Dans cette analyse j'ai passé deux épisodes qui proviennent d'une tradition semblable, de celle de Florence-Crescentia, qui est aussi exposée deux fois soit par terre soit par mer.

La version de Trivet est la seule où l'héroïne de notre tradition se trouve identifiée avec un personnage historique. Constantina, fille de l'empereur byzantin Tibère Constantin († 582), mourut en 605 (en 584 d'après Trivet). D'après l'histoire Mauricius successeur de Tibère († 600) fut son époux, d'après Trivet il fut le fils de Constance et d'Alle *le secund roi de Northumbre* (l'Alla de l'histoire, qui est mort en 588). Trivet n'ignore pas que Constantina fut épouse de Maurice; mais il a puisé cette histoire qui la représentait comme mère de Maurice dans *lez aun-*

ciene cronikes de Sessounz ou l'*estoire de Sessouns*. Comme une fois Trivet emploie une phrase anglaise (p. 19). on peut juger qu'il avait devant les yeux un manuscrit de la *Chronique anglo-saxonne* lequel intercalait l'histoire de Constance dans l'histoire de l'empereur Mauricius. Si ce n'était que dans la version de Trivet le bras coupé fait défaut, le nom historique de la mère de Constantina (Anastasie) pourrait nous rappeller cette Anastasie qui à la naissance de Jésus-Christ perd sa main, ou ses mains, qu'elle recouvre en touchant l'enfant Jésus (Reinsch, *Die Pseudoevangelien von Jesu und Maria's Kindheit* p. 51.91).

Quelques traits de l'histoire de Constance nous rappellent celle d'Hélène, sans que je puisse précisément déterminer la relation qu'il y a entre les deux romans : la mère est décapitée; l'héroïne est ensevelie à Rome ; le fils de Constance qui devient empereur de Rome comme successeur de Constantin s'appelle Morice; un fils d'Hélène, celui qui succède à Constantinople à son grand-père, a le nom de Brice. Si cette dernière ressemblance peut être fortuite — car le nom de Brice appartient d'ailleurs à un saint —, il y en a une autre de plus de poids : c'est que le sénéchal Elda meurt à Tours et y est enterré dans l'église de Saint-Martin, trait qui pourrait dériver d'une source commune des deux traditions et servir à nous expliquer le rôle attribué par l'auteur d'*Hélène* à la ville de Tours et à saint Martin.

Suivent quatre versions qui forment un groupe à

part : 8, 9, 11 et 13. Ce groupe ne sait rien du bras coupé. Il rattache (13 seul fait exception) la tradition à l'histoire des pays de France et d'Angleterre. La fille est exposée deux fois en bateau (seulement la seconde fois dans 8). Elle s'échappe habillée en homme (8, 9, 11). Elle gagne sa vie comme brodeuse (8, 11, 13), trait évidemment étranger à la fille aux bras coupés. La méchante belle-mère est brûlée (8, 11, 13). Le fils est élevé (Les fils sont élevés 8, 9) chez un cardinal (8) ou chez le pape (9, 11).

8. *Ystoria regis Franchorum et filie in qua adulterium comitere voluit*, à Paris, ms. latin 8701 f° 142, écrit en 1370 (Ritson, *Romanceës* 3,324). Ce texte est le premier où l'héroïne soit fille du roi de France. Elle épouse un comte dans le royaume de son père. Elle a deux enfants. Son mari part pour participer à une fête à la cour du roi. La première lettre n'est pas changée. La comtesse parvient à « Mavorcia, Roma alio nomine nomcupata, » où un cardinal élève les deux garçons dont l'un sera roi d'Angleterre, l'autre succèdera à son père dans le comté.

9. Ser Giovanni Fiorentino écrivit son *Pecorone* en 1378 à Dovadola. Dans une nouvelle (X, 1) il nous transmet une version qui rappelle surtout le récit du Büheler. L'héroïne est fille du roi de France. Elle s'enfuit en habit de pèlerin, parce que son père veut la marier à un vieux seigneur allemand. Elle se réfugie dans un couvent. Elle devient reine d'Angleterre. De ses deux garçons l'un s'appelle

Lionetto. Ils sont élevés à Rome à la cour du pape.

Le couvent, les deux garçons et surtout le nom de Lionetto semblent dériver de l'histoire de la Belle Hélène.

10. *Historia del rey de Hungria,* conte catalan de la fin du XIVe siècle, publié par Bofarull, *Documentos literarios en antigua lengua catalana.* Barcelona 1857, p. 53.

L'héroïne est fille du roi de Hongrie. Son père l'aime surtout pour la beauté de ses mains; c'est pour cela qu'elle les fait couper, mettre sur un plat d'argent et couvrir d'un drap [1]. Exposée en bateau elle parvient à Marseille où elle devient l'épouse du comte Pierre de Provence. Devenu père d'un fils, le comte s'absente pour aller voir son beau-père. Comme Offa il envoie un messager, et la lettre est interceptée et échangée contre une fausse par la mère du comte, laquelle demeure à Eres (? Arles ou Aix), à une journée de Marseille. Exposée en bateau encore une fois, la comtesse se réfugie dans un couvent, où elle occupe le poste de portière. Par la grâce de Dieu et de la sainte vierge elle recouvre ses mains. Sept ans écou-

1. Ce trait nous rappelle l'histoire de la nonne qui envoya à un chevalier l'œil qui l'avait rendu amoureux. Wauquelin, dans le XIVe chap. de sa *Manekine*, fait allusion à cette histoire, qui provient de la légende de sainte Lucie (Ozanam, *Dante* p. 305), et qui se retrouve dans le XLVIIIe des *Miracoli della Madonna* (Urbino 1855). Voir aussi Imbriani, *Novellaja fiorentina* p. 112 et la légende de sainte Brigide dans les *AA. SS. Febr.* I, 177. D'autres renvois se trouvent dans *Li Romans de Carité et Miserere du Renclus de Moilens* p. p. Van Hamel p. 352.

lés, son mari la retrouve. Lui voyant ses deux mains, il ne peut croire qu'elle soit sa femme avant d'avoir appris son histoire. Les quatre filles du comte deviennent reines, l'une d'Aragon, l'autre de France, la troisième de Castille et la quatrième d'Angleterre. (Selon l'histoire, c'est Raymond-Bérenger IV, comte de Provence, qui maria ses quatre filles à quatre princes, parmi lesquels un roi de France et un roi d'Angleterre.)

Par la mention de la Hongrie et par les sept ans du second exil, ce conte trahit un certaine influence du roman de Beaumanoir, à qui la Hongrie aura été suggérée soit par l'histoire de Berthe aux grands pieds soit par celle de sainte Elisabeth (que Beaumanoir nomme au v. 5693, probablement d'après le poème de Rustebuef).

11. *La fille du roi de France,* roman allemand composé au mois de février 1401 par un poète d'origine alsacienne, mais demeurant à Poppelsdorf près Bonn, appelé der Büheler (ou Hans von Bühel). Ce roman a été publié à Strasbourg en 1500 et en 1508, et à Oldenbourg en 1867 (par Merzdorf). Le poète ne savait pas lire (4251). Il semble avoir employé le même mètre que l'auteur anglo-normand du *Saint Brandan* (tous les vers, de terminaison masculine ou féminine, ont huit syllabes). Le dernier chapitre a été ajouté par l'éditeur de Strasbourg. Le Büheler est le premier qui rattache l'origine de la Guerre de Cent Ans aux événements de notre tradition. Son récit se base sur une tradition ancienne et originale. Il raconte l'ambassade au pape que nous n'avons rencontrée jusqu'à présent

que dans la Manekine et chez Enikel. Arrivée en Angleterre, la fille demeure d'abord chez de pauvres gens où elle soigne les bestiaux. Ensuite elle est recueillie à Londres chez le maréchal du roi. C'est là que le roi fait sa connaissance. Tout cela nous rappelle le séjour de Constance chez Elda et Hermyngild. Le roi, comme Offa et Alle, part pour faire la guerre aux Ecossais. On brûle au lieu de la reine deux veaux, un grand et un petit, et on l'expose dans le même bateau dont elle s'était servie à la première fuite. A Rome, c'est la confession du père qui amène la reconnaissance, comme dans la *Manekine* et chez Enikel. — Sur un texte latin qui peut-être se base sur le poème du Büheler et dont l'auteur s'appelle Justinus Gobler (+ 1567), voir Von der Hagen, *Briefe in die Heimat*, IV, 18, et l'*Archiv* de Pertz, XII, 286 [1].

12. *Novella della figlia del re di Dacia*, publiée par M. Wesselofsky, Pisa, 1866. Comparer les comptes-rendus par F. Liebrecht, *Gœtt. Gel. Anzeigen*, 1867, N. 15, et par G. Paris, *Revue crit.*, 1868, I, p. 10. Le manuscrit unique de cette nouvelle est du XVe siècle, mais le texte appartient (d'après d'Ancona, *Sacre rappresentazioni*, III, 236) au XIVe. On y lit à la fin :

1. Le R. P. le docteur Jean Bollig a bien voulu me communiquer quelques lignes de ce texte d'après le ms. de Rome Christin. 507; il commence : « Regem fuisse Galliarum Aliermum nomine accepimus, magnitudine animi potentiaque per id tempus ceteris omnibus regibus praestantem, cui uxor Dilia, singulari pulcritudine fæmina ac moribus honestissimis prædita, filiam Panthemiam omnibus formæ ingeniique dotibus ornatam pepererat. »

Questa è una storia tratta delle antiche storie di Roma.

Tradition assez défigurée. Dacia, pays voisin de la Hongrie, nous rappelle la *Manekine*. L'histoire est localisée en Italie et en Allemagne. L'héroïne se coupe la main dont elle a touché son père *nel disonesto loco* et l'enterre. Elle s'enfuit avec sa nourrice et parvient à Rome où elle fait la connaissance de son mari futur, Apardo, duc d'Autriche (*Starlic* ou *Altorichi*). Elle recouvre sa main à la bénédiction du mariage. La suite comme partout ailleurs. Seulement pour la ville de Rome il y a eu déplacement : comme elle parvient à Rome à la première fuite, ce n'est pas là qu'elle est retrouvée par son mari, mais en Allemagne où elle s'est engagée comme nourrice chez un comte Marco. Son fils est d'abord élevé en Autriche dans une maison solitaire, mais elle l'enlève pour le retenir chez elle.

13. *Emaré,* poème anglais que nous a transmis un manuscrit unique du xve siècle (Cotton, Caligula A II). Il a été publié par Ritson, *Ancient Engleish metrical romanceës,* Londres, 1802, II, p. 204. Le poète dit à la fin : *Men callys playn the garye* (1032), ce que je traduis par : On l'appelle simplement la Garie (ou l'Egarée?). Le poète appelle son histoire un lai breton (1030); sa source était composée *in romans* (216) et chantée par les ménestrels (319).

L'héroïne s'appelle Emaré (= *esmarrie* l'affligée), et comme Joïe elle change son nom, s'appelant pendant l'exil Egaré ou Egarye (= *esgaree* l'égarée). Ces noms français nous engagent à supposer que le poème appartient au milieu du XIVe siècle, temps où le français était encore populaire en Angleterre. Elle est fille de l'empereur Artyus et de l'impératrice Erayne. C'est peut-être par pur hasard que ces noms ressemblent à ceux du sénateur Arsemius et d'Heleyne sa femme dans l'histoire de Constance. Egaré devient l'épouse du roi de Galice. Pendant le second exil, elle demeure à Rome chez le marchand Jurdan.

14. *Historia de la regina Oliva,* en *ottave rime.* La plus ancienne version, due peut-être à *Joannes Florentinus,* de 119 octaves, se trouve à Florence dans la *Biblioteca Palatina* (d'Ancona, *Due farse del secolo XVI.* Bologna, 1882, p. 161-5) et dans la Bibliothèque Landau (texte qui se dit *stampato in Fiorenza allato a Sant' Apollinari,* s. a., in-4°, 8 ff., 2 grav. sur bois, d'après une notice de M. Franz Rœdiger). Elle a été réduite à 97 octaves dans l'édition de Modène qui est à Wolfenbüttel. Je dois des extraits à l'obligeance des directeurs de ces bibliothèques.

C'est d'après ce poème que notre histoire a été dramatisée sous le titre de *Rappresentazione di santa Uliva* (publiée par d'Ancona à part, Pisa, 1863, et dans le tome III de ses *Sacre rappresentazioni,* Florence, 1872, p. 250). De ce drame on ne connaît pas d'édition antérieure à celle de 1568, qui pourtant s'annonce comme une réimpression. Des imitations de ce drame se jouent encore (d'Ancona, *Origini del teatro,* II, 325); j'ai devant les yeux le *Maggio di S. Uliva regina di Castiglia,* Volterra, 1882, qui, tout en changeant la forme, suit fidèlement la *Rappresentazione,* seulement que l'empereur Julien a cédé sa place à l'em pereur Guillaume.

L'autre version du poème comprend 104 octaves dans l'édition imprimée à Milan chez Tamburini. On en connaît beaucoup d'éditions, qui plus ou moins abrègent le texte. Celle de Bologne, de 1815 et de 1875 (voir Imbriani, *Novellaja fiorentina,* p. 111), compte 77 octaves; elle est tellement abrégée qu'Oliva y recouvre les mains sans les avoir perdues.

M. d'Ancona a fait remarquer que deux strophes de notre *Rappresentazione* ont passé dans celle de *Stella.* J'ajoute à cette observation que quelques strophes de la première version se retrouvent dans la seconde, et que d'autres strophes de la première se retrouvent dans la *Rappresentazione* (comme p. 266, l. 23-30).

Oliva, fille de l'empereur romain Giuliano, subit quatre supplices : deux fois elle est conduite dans la forêt, deux fois elle est enfermée dans une caisse et jetée dans la mer. Quand son père lui parle de la beauté de ses mains et qu'elle les fait couper pour les lui envoyer enveloppées dans un drap, il y a analogie évidente avec la nouvelle catalane. Comme dans la *Figlia del re di Dacia,* Oliva recouvre ses mains avant le mariage, et au dernier supplice on brûle au lieu d'elle une pauvre femme avec son enfant. Nous retrouvons ici à la fois les deux ambassades, celle qui cherche une belle femme et celle qui obtient l'approbation du pape, comme chez Beaumanoir et chez Enenkel. Le roi assiège le château de sa mère, il le prend et la fait brûler : c'est comme dans le roman de Jehan Alart et dans celui du Büheler. Il va à Rome pour expier ce crime : c'est comme chez Enikel et le Büheler. La caisse où Oliva est enfermée nous rappelle le tonneau de la *Fille du roi de Russie*. Le premier roi qui rencontre Oliva dans la forêt est roi de Catalogne dans les poèmes épiques, mais roi de Bretagne dans les drames.

Voir aussi F. Liebrecht dans les *Gœtt. Gel. Anzeigen*, 1867, N. 45.

15. Bartolomeo Fazio, secrétaire d'Alphonse I, roi de Naples, est né à la Spezia et mourut en 1457. Sa nouvelle latine, intitulée *De origine inter Gallos et Britannos belli historia*, a été publiée par Camusat, *Bibliotheca Ciaconii*, Paris, 1731, col. 884. On trouve la description d'un manuscrit, transcrit à Naples en 1469 d'après l'exemplaire de l'auteur, dans Morelli, *Codices ms. latini Bibl. Nanianae*, p. 83-4. Le texte de Fazio a été traduit en italien assez fidèlement par Jacopo di Poggio Bracciolini entre 1468 et 1470, plus librement par Molza († 1544). Voir, pour la bibliographie, Wesselofsky, *Novella della figlia del re di Dacia*, p. CVI-CXII, d'Ancona, *acre rappr.*, III, 249, et Neri dans le *Propugnatore*, VII, 129.

Fazio déclare avoir connu plusieurs versions orales (eam rem... alii aliter narrant, prout ab his aut illis sine certo auctore acceperunt) et une version écrite en italien (dum tibi latinam historiam illam redderem quae ab indocto homine, nescio quo, inepte atque incondite litteris tradita fuerat). Ses paroles : « *correxi inter scribendum quae mihi aut* (? corr. haud) *verissima videbantur* » font voir qu'il les a combinées les unes avec les autres. Je constate qu'il a connu et mis à profit les trois versions italiennes qui existaient avant lui. Le couvent (à Vienne) où le dauphin de France fait la connaissance de l'héroïne pourrait dériver du *Pecorone*. Fazio explique par notre tradition l'origine de la Guerre de Cent Ans, mais il intervertit les rôles : son héroïne est fille du roi d'Angleterre et elle devient reine de France. De la *Figlia del re di Dacia* il adopte des traits qu'on ne trouve nulle part ailleurs : au départ, le mari recommande son épouse à la garde de quatre confidents ; après sa seconde fuite, elle se loue comme nourrice. Le commencement du récit de Fazio rapportant les deux ambassades correspond à *Oliva*, où il a pris aussi le siège du château de la belle-mère.

16. Une version incomplète nous est transmise dans *le Victorial, chronique de Don Pedro Niño, comte de Buelna, par Gutierre Diaz de Gamez, son alferez (1379-1449), traduit de l'espagnol par le comte de Circourt et le comte de Puymaigre*, Paris 1867, Livre II, ch. 26, p. 258. Le texte espagnol a été publié par L. Lemcke, *Bruchstücke aus den noch ungedruckten Theilen des Vitorial von Gutierre Diez de Games*, Marburg 1865, p. 20. Le Victorial a été commencé avant 1435 et achevé après 1449.

Ce que Gutierre nous raconte du père qui veut épouser sa fille, de la fille qui se fait couper les mains qu'avait baisées le père amoureux, du servant qui les met sur un plat d'argent et les couvre d'un drap, tout cela nous rappelle la nouvelle catalane. La fille est exposée dans un bateau où l'on met aussi sa dot et les mains saignantes. Dans une vision la sainte Vierge lui apparaît et lui restitue ses mains. Le frère du roi d'Angleterre rencontre la barque, et la fugitive devient son épouse. La suite manque tout à fait. Le père de la jeune fille est duc de Guienne; sa mère est fille du roi de France. L'histoire, destinée à expliquer comment le duché de Guienne, qui jadis faisait partie de la France, a pu passer sous la domination anglaise, se base probablement sur une réminiscence d'Éléonore de Guienne, épouse de Henri II, que des bruits accusaient d'avoir eu des relations trop intimes avec le père de son époux. Gutierre ne laisse pas voir de quel parti il se met dans cette guerre terrible. Pour le Büheler et pour Fazio il est clair que celui-là défend les prétentions des Anglais, tandis que celui-ci prend part pour le roi de France, dont il prouve la suzeraineté sur le roi d'Angleterre.

17. Chap. XI des *Miraculi de la gloriosa verzene Maria,* Vicenza 1475. J'ai aussi en mains le texte de Trivisi 1479 et un autre reproduit sous une forme rajeunie à Parme 1841 et à Urbino 1855 d'après une édition d'entre 1482 et 1495. J'ai aussi la copie d'un manuscrit du XVe siècle mentionné par Morelli dans *I codici ms. volgari della libreria Naniana,* Cod. LXVII, n. IX; un autre appartenait à Marcello Adriani, mort à Florence en 1604 (*Vocabolario della Crusca,* 1717, p. 27). Une traduction grecque de ce miracle se trouve dans le *Salut des pécheurs* (ἡ τῶν ἁμαρτωλῶν σωτηρία) publié à Venise en 1641 par Agapios, moine du mont Athos (Athanasios Landos de Crète). Voir

Gidel, *Études sur la littérature grecque moderne* 1866, p. 289. La Νεοελληνικὴ φιλολογία d'A. Π. Βρετός, I. 171. 27. II. 239, et celle de Σαθας, p. 133. Legrand, *Recueil de contes populaires grecs traduits*. Paris 1881 p. 241 [1]. C'est à M. Wollner que je dois le renvoi à un conte russe du xviie siècle qui rattache les événements du *Miracolo* à des noms historiques; voir Wesselofsky dans l'*Histoire de la littérature russe* de Galachov, p. 449, et P. Petrov, *Ueber den Einfluss der Westeuropäischen Litteraturen auf die Altrussische*, dans les publications de l'Académie cléricale de Kiev, 1872, n. VIII, p. 758 s.

Le miracle italien a été dramatisé dans la *Rappresentazione di Stella,* publiée par Emiliani-Giudici, *Storia del teatro in Italia,* I, p. 311 et par d'Ancona dans le tome III des *Sacre rappresentazioni* (Florence 1872) p. 319. La première édition appartient à la fin du xve siècle. La *rappresentazione* suit pas à pas le récit du *Miracolo.* Elle appelle l'empereur Frédéric, l'héroïne Stella, et le beau-père de Stella y est qualifié de duc de Bourgogne.

Cette légende, malgré son commencement (*Leggesi in una certa cronicha che...*), ressemble tout à fait à un conte populaire. Je ne doute pas qu'elle n'ait été recueillie d'après la tradition orale. Ici le père, qui est empereur de France et de Rome, au lieu d'aimer sa fille et de la persécuter, prend une seconde femme,

1. M. Legrand m'écrit que les deux contes qu'il avait recueillis (p. xviii) et qu'il n'a plus entre les mains procèdent certainement du texte d'Agapios : l'un lui avait été raconté dans la petite île de Léros, l'autre par un vieux Maniote à Athènes.

et celle-ci, jalouse de la beauté de sa belle-fille, la fait conduire dans la forêt et ordonne qu'on lui rapporte les deux mains de la malheureuse. Le fils d'un duc la trouve (*Stella :* à la chasse), la soigne, l'épouse. Il suit l'invitation de l'empereur à un tournoi, et un messager lui annonce la naissance de deux garçons. Au retour du messager la méchante impératrice change la lettre, et on reçoit l'ordre de tuer la duchesse et ses deux enfants. On les conduit dans la forêt, où ils sont recueillis par un ermite. La vierge Marie apporte à la pauvre duchesse deux mains célestes. Le duc, de retour, demandant sa femme, on lui explique son absence. Il la cherche dans la forêt, et il réussit à la trouver. La méchante belle-mère est brûlée [1].

18. *La Penta manomozza,* N. 22 du *Pentamerone* de Basile, écrit avant 1637 en dialecte napolitain. Une traduction allemande a été publiée par F. Liebrecht, Breslau 1846, I, p. 276.

Ce conte, qui, sauf le style, est un véritable conte populaire, est apparenté avec l'un des éléments dont se compose l'histoire d'Oliva. Penta se fait couper les mains et les envoie à son frère qui est amoureux d'elle. Elle est enfermée dans une caisse goudronnée qui flotte sur la mer jusqu'à ce qu'elle soit trouvée par un roi.

1. Deux autre chapitres des *Miraculi* (XXXIII et XXXVI) nous racontent l'histoire d'un prêtre qui, célébrant la messe, éprouvait une tentation et se coupa la main, que lui restitua un prodige. Voir M. de Puymaigre dans la *Revue de l'histoire des religions*, X, 208 et un miracle pareil dans Brewer, *Dictionary of miracles* p. 224.

Ce roi est marié, mais après la mort de sa femme il épouse Penta en secondes noces. Pendant qu'il est en voyage, elle accouche d'un fils. Tout cela est pareil au récit d'*Oliva*. Ajoutons encore à ces traits communs la scène finale où le fils de Penta se présente à son père et à son oncle. La seconde fois Penta s'enfuit par terre, et elle parvient chez un sorcier, chez qui elle recouvre ses mains, ce qui nous induit à supposer qu'ici le sorcier se trouve à la place de l'ermite du *Miracolo*. Une certaine Nuccia, par sa jalousie et par la manière dont elle apprend par le messager que sa reine n'a pas de mains, nous rappelle la belle-mère du *Miracolo* [1].

19. M. Reinhold Kœhler a bien voulu me signaler un ouvrage d'art figuré dans l'*Antiquité expliquée* de Montfaucon, t. III, partie I, pl. CXCIV, et datant probablement du XIVe siècle. Ce sont quatre tableaux sculptés en bas-reliefs sur les couvertures en ivoire de tablettes de cire, qui appartenaient à Saint-Germain-des-Prés. Pour deux de ces tableaux M. Kœhler me renvoie à Legrand d'Aussy, *Fabliaux ou Contes*, dans les notes d'*Hippocrate*, et à Von der Hagen, *Gesammtabenteuer* I, p. LXXIX et III, p. CXLV : ce sont Virgile dans la corbeille, et Aristote promenant sur son dos la maîtresse d'Alexandre. Le troisième représenterait, d'après M. Kœhler à l'avis duquel je me range, une

1. Les romans que nous venons de passer en revue sont écrits en latin l, 8, 15, en anglais 13, en français 2, 4, 6, 7, en allemand 3, 5, 11, en italien 9, 12, 14, 17, 18, en catalan 10, en espagnol 16.

version de la *Fille sans main.* On voit la servante qui lui a coupé la main et qui d'ailleurs ne paraît que dans les versions où l'héroïne perd les deux mains, le père qui tient la main coupée, l'héroïne même qui, ayant ôté son gant, fait voir qu'elle a recouvré sa main (avant le mariage, comme dans les versions 12, 14, 16). Sur le quatrième tableau, je crois reconnaître Florence-Crescentia cherchant des herbes médicinales, et son beau-frère dont l'état lépreux est marqué par le chaperon qu'il porte et par la cliquette qu'il tient. Les tableaux sont des pendants : deux femmes trompeuses et deux femmes fidèles.

Ayant passé en revue ces versions, examinons comment elles se rapportent aux deux types que nous avons distingués de prime abord. Il n'y a que deux représentants purs du type de l'ermite : *Offa* et le *Miracolo.* Ce type prévaut aussi dans *Hélène* (le roi la trouve à la chasse; elle a deux fils élevés chez un ermite), où l'on constate pourtant une fusion avec des traits qui appartiennent au type du sénateur. Le caractère mixte est encore plus marqué dans l'histoire d'*Oliva* qui est exposée deux fois dans la forêt et deux fois sur la mer. L'*Ystoria regis Franchorum* et le conte de Basile sont aussi des versions mixtes : l'héroïne de celle-là s'enfuit la première fois par terre, la seconde fois par mer, et Penta le fait *vice versa.* Cela nous fait supposer que dans la fin l'*Ystoria* suit le type du sénateur et *Penta* le type de l'ermite. Cette supposition est confirmée par plusieurs traits que j'ai déjà signalés. Dans l'*Ystoria* ce sont les deux fils dont elle accouche, l'absence du mari motivée par une fête à la cour de son beau-père et le manque du premier changement de lettres qui rattachent cette version au type de l'ermite. Dans *Penta* c'est, outre la fin, le rôle de Nuccia qui rappelle ce même type; mais le commencement, l'exposition par mer et l'accouchement d'un seul enfant sont de l'autre.

Toutes les versions qui restent appartiennent au groupe du sénateur (3. 4. 7), qui est remplacé dans 5 par un Romain, dans 8 par un cardinal, dans 9 par le pape, dans 11 par un Romain et le pape, dans 12 par une veuve, dans 13 par un marchand, dans 14 par deux vieilles femmes, dans 15 par un couvent; 6 reste à part. 9 est la seule parmi ces versions à donner à l'héroïne deux fils, trait où il est permis de voir l'influence de la *Belle Hélène*.

Si nous poursuivons quelques autres traits dans toutes les versions, nous constatons que le roi qui cherche une femme pareille à celle qu'il a perdue revient dans 4. 5. 10. 14. 15. 16.

L'ambassade pour trouver une telle femme se trouve dans 4. 5. 10. 11. 14. 15.

Le père (frère 18) veut épouser sa fille (sœur) : 2. 4. 5. 6. 10. 11. 13. 14. 15. 16. D'après 1. 3. 8. 12 il veut la séduire.

Il est question de l'approbation du pape dans 2. 4. 5. 13. 14. 15.

Un trait important est celui de la main coupée. Il manque dans 3. 6. 7 (pourtant Constance, arrivée en Angleterre, ne laisse pas de celer son origine, sans que l'on sache pourquoi), et dans cinq versions (8. 9. 11. 13. 15) qui ont une certaine parenté entre elles. Dans 5 l'héroïne se coupe les cheveux et s'égratigne la figure.

Dans 1 et 2 la mutilation est exécutée au second supplice, dans les autres au premier. Dans *Offa* l'ordre de couper les mains et les pieds n'est exécuté que sur les enfants. A Hélène on coupe la main portant l'anneau nuptial comme preuve de son exécution. Avant la première fuite Hélène déclare qu'elle se laisserait plutôt trancher les membres que d'épouser son père, et elle saisit un couteau pour se tuer quand sa suivante Clarice l'en empêche. La Manekine se coupe la main gauche pour éviter les noces funestes. Il est donc sûr qu'à l'origine il était question d'une mutilation; mais je ne saurais décider laquelle des versions citées représente le mieux la version originale. — Dans 10. 14. 16. 18 l'héroïne se fait couper les deux mains dont la beauté a rendu amoureux le père (frère). Dans 17 la belle-mère, par jalousie, lui fait couper les deux mains.

La main est recouvrée : après que l'héroïne est retrouvée par le mari (4, changement opéré par Beaumanoir pour relever l'éclat du miracle), pendant le second exil (1. 2. 10. 17. 18), avant le mariage (12. 14. 16).

L'instrument de l'exposition par mer est un bateau (un tonneau 5, un bateau fermé 3, une caisse 18. 14). Le même bateau sert à la première fuite et à la seconde : dans 3 et 11. Les riches habits ou les trésors qu'elle emporte sont mentionnés à la première fuite dans 1. 2. 5. 6. 15. 16, à la seconde dans 4. 8. 14. (9), à l'une et à l'autre dans 3. 7. 13.

Au lieu d'elle et de son enfant (ou de ses enfants) on brûle une femme et deux figures de paille (2), deux images (4), deux veaux (11), une femme et un enfant 12. 14.

Elle est trouvée par le roi même 1. 2. 5. 6. 10. 17, le sénéchal (connétable, *steward*) du roi 4. 7. 13, des gens 3, un paysan 11, le frère du roi 16, des marins 14.

Elle demeure dans une famille avant d'être remarquée par le roi : 6. 7. 8 (dans un couvent 9. 15). 11. 12. (14. 18.)

L'absence du mari est motivée par une guerre 3. 5. 6. 9. 12. 13. 14 (contre les Ecossais 1. 7. 11. — 2.), un voyage 18, un tournoi 4, une fête à la cour royale 8, un tournoi à la cour de l'empereur 17, un voyage à la cour du beau-père 10.

La première permutation des lettres manque dans 1. 8. 10. 17, la seconde dans 5.

La belle-mère est assiégée dans son château 6. 11. 14. 15. Elle est emmurée 4. 5, brûlée 6. 8. (10). 11. 13. 14. 17. 18, décapitée 2. 7, tuée 9. 15, percée d'un coup de glaive 3.

La confession du père amène la reconnaissance : 3. 4. (5.) 11.

A la fin le fils du roi le sert à table sans être reconnu de son père : 3. 7. 11. 13. 15.

L'anneau nuptial qui est reconnu comme sien par le roi d'Écosse est propre à la *Manekine*, où il est sans doute dû à l'invention du poète.

Les derniers textes de notre série, le *Miracolo* et le conte du *Pentamerone,* nous amènent aux contes populaires encore vivants. Je vais les énumérer aussi, indiquant pour chacune des versions le pays (et quelquefois le temps) où elle a été recueillie, l'ouvrage où elle est imprimée, le titre du conte, qui ordinairement est dû à l'éditeur. J'ai déjà dit qu'ici je dois la presque-totalité des versions que je cite à M. Reinhold Kœhler, soit à ses notes dans les *Sicilianische Mærchen* de Gonzenbach, II, p. 220 soit à ses renseignements personnels.

1. Langue celtique.

a Conte gaëlique recueilli à Polchar inn, en 1860, par J. F. Campbell, *Popular tales of the West Highlands*. Vol. III, Edinburgh 1862, p. 421.

2. Langue allemande.

b L'Oberharz. Heinrich Prœhle, *Kinder-und Volksmärchen*. Leipzig 1853. N. 36 *Die schœne Magdalene*.

c Zwehren près Kassel. Grimm, *Kinder-und Hausmærchen*, 1812. Tome I, N. 31 *Das Mædchen ohne Hænde*. Voir les variantes dans le t. III (p. 57 de la troisième édition), où Grimm cite deux traits divergents d'après une version presque identique recueillie près de Paderborn.

d Hesse. Même ouvrage.

e Meklenburg. Même ouvrage. C'est une version incomplète se rapprochant du conte d'*Allerleirauh*.

f Odrau dans la Silésie autrichienne. Anton Peter,

Volksthümliches aus Œsterreichisch - Schlesien. Troppau 1867. T. II, p. 197. *Die hl. drei Kœnige.*

g Pays de Baden. Bernhard Baader, *Neugesammelte Volkssagen aus dem Lande Baden.* Karlsruhe 1859, N. 131 *Tochter dem Teufel verschrieben.*

h Meran. Zingerle frères, *Tirols Volksdichtungen und Volksgebrœuche. Zweites Bœndchen. Kinder-und Hausmærchen aus Süddeutschland.* Regensburg 1854, p. 124. *Die schœne Wirtstochter.*

3. Langue française.

i La Hague (Manche). Jean Fleury, *Littérature orale de la Basse-Normandie.* Paris 1883, p. 151. *La fille sans mains.*

j Cornouailles (Finistère), conté vers 1852-5. Mlle Marguerite de Belz, *la Clef des champs ou les Enfants parisiens en province.* Paris (1872), chez Ducrocq, p. 62. L'ouvrage avait paru précédemment en livraisons dans *la Semaine des Enfants*, chez Lahure.

k Pluzunet (Côtes du Nord), nov. 1869. Luzel, *Légendes chrétiennes de la Basse-Bretagne.* Paris 1881, t. II, p. 244.

l Saint-Cast (Côtes du Nord). Paul Sébillot, *Contes pop. de la Haute-Bretagne.* Paris 1880, chez G. Charpentier, p. 105. N. 15 *La fille aux bras coupés* [1].

1. M. Sébillot a bien voulu me communiquer la version inédite qui lui avait été racontée dans l'Ille-et-Vilaine en 1879 par un homme d'Ercé : ce n'est rien que la version *m* sous une forme très écourtée. En même temps M. Sébillot me signale une statue aux bras coupés qu'il a vue dans la chapelle de Kermaria an Isquit, commune de Plouha (Côtes du Nord). Elle est du XVIIe siècle et a

m Saint-Glen (Côtes du Nord), 1880. Paul Sébillot, *Contes populaires de la Haute-Bretagne,* 2e série. *Contes des paysans et des pêcheurs.* Paris 1881, chez G. Charpentier. N. 39 p. 213. *La fille aux bras coupés.*

4. *n* version gasconne de Terraube près Lectoure (Gers). Bladé, *Contes et proverbes populaires recueillis en Armagnac.* Paris 1867, p. 55. *La damayseleto.*

5. Langue catalane.

o Maspons y Labrós, *lo Rondallayre* I, 60 *Lo castell de irás y no hi veurás.* La suite correspond à l'*Uccello bel-verde.*

6. Langue italienne.

p Tirol. Schneller, *Mærchen und Sagen aus Wælschtirol.* Innsbruck 1867. N. 50 *Quella dai brazzi mozzi* (traduction allemande).

q r s t Quatre versions de Montale, environs de Pistoja, publiées par Nerucci, *Sessanta novelle popolari montalesi.* Firenze 1880. N. 6 *La bella ostessina.* Le même conte se trouve dans Imbriani, *Novellaja fiorentina,* p. 239; il est entré en composition avec une version de *Sneewittchen* (Grimm. N. 53 *Sicil.*

sur le socle l'inscription : *Ste Brette.* Il croit se rappeler que, lorsqu'il la vit la première fois, on lui dit que le diable avait coupé les bras à cette sainte. M. Sébillot, qui a visité la chapelle il y a vingt ans bientôt, ne me donne ces renseignements que sous bénéfice d'inventaire.

Mærchen de Gonzenbach N. 3. 4.). N. 17 *La bella Giuditta*. N. 39 *Uliva*. N. 42 *La Rosina per il mare*.

u Calcinaja près Pisa. De Gubernatis, *Novelline di Santo Stefano*. Torino 1869, p. 37. N. 15 *I cagnuolini*. Ce même conte, qui ne contient que la seconde partie de l'histoire, a été recueilli aussi, sous une forme un peu affaiblie, à Florence par Pitrè, *Archivio per lo studio delle tradizioni popolari*. Palerme 1882, I, 524.

v Pratovecchio près Arezzo. Pitrè dans le même ouvrage, p. 520. *La madre Oliva*.

w Spoleto. Prato, *Quattro novelline popolari Livornesi*. Spoleto 1880, p. 92-4. *L'ostessa gelosa della figliastra*.

x Sicile. Laura Gonzenbach, *Sicilianische Mærchen, mit Anmerkungen Reinhold Kœhler's und einer Einleitung von Otto Hartwig*. Leipzig 1870, t. I. N. 24 *Von der schœnen Wirtstochter*.

7. Langue réto-romane.

y conte en dialecte de la Surselva, recueilli à Zigniau ou Rinkenberg près Trons par Decurtins et publié dans les *Romanische Studien* de Böhmer II, 106. *La matta senza bratscha*. Traduction allemande dans Jecklin, *Volksthümliches aus Graubünden*, Zurich 1874, p. 111.

8. Langue roumaine.

z conte dit par un vieillard de Grid près Broos. P. Ispirescu, *Basme snóve și glume adunate din gura popuruluĭ*. Craiova 1883. N. 1 *Împĕratulŭ cel fără-de-lege*.

9 Langue lituanienne.

α version lituanienne contée à Pojess par une femme de Rozelen. A. Leskien et K. Brugman, *Litauische Volkslieder und Mærchen aus dem Preussischen und dem Russischen Litauen. Mit Anmerkungen von W. Wollner*. Strassburg 1882, p. 266, 505, 576. *Von der heiligen Margareta* [1].

10. Langue russe.

β gouvernement de Grodno. A. N. Afanasiéva *Narodnyia rousskiia skazki* (Contes populaires russes). Moscou 1861-63. III. N. 6, p. 26 *La femme sans mains*. De ce conte ont publié des analyses M. Gustave Chavannes dans le t. IX de *Die Wissenschaften im 19. Jahrhundert*, p. 116-9, et M. Wesselofsky dans la *Figlia del re di Dacia*, p. xxi note.

γ gouv. d'Orel. Même ouvrage III. N. 13, p. 53. *La manchote*.

δ version analysée par Afanasiev dans les notes de N. 6 et 13. III, p. 113, par Chavannes p. 117, par Wesselofsky p. xix.

ε version publiée par Afanasiev dans la sixième livraison de son ouvrage N. 68 *e*, p. 355.

ζ gouv. de Riazan. J. A. Chudiakova *Velikoruss-*

1. M. Wollner m'indique qu'il faut supprimer p. 576 l. 5 d'en bas après *Grodno* : '*7 S. 28 ebenfalls*' et ajouter après *Orel* : '*VI 68 e S. 355*'.

kija skazki (Contes grand-russiens), t. I. Moscou 1860. N. 22, p. 94.

11. Langue serbe.

η chanson bosniaque qui m'a été signalée et traduite par M. Wollner. Petranović, *Sprske narodne pjesme iz Bosne i Hercegovine* (Contes populaires serbes de la Bosnie et de l'Herzégovine). Belgrad 1867, N. 14, p. 117. *Le mariage du vizir Lazar* (celui qui fut tué dans la bataille sur l'Amselfeld),

θ conte serbe. Vuk Karadzic, *Srpske pripovijetka* N. 33. Traduit en allemand dans les *Volksmærchen der Serben herausgegeben von Wuk Stephanowitsch Karadschitsch und ins Deutsche übersetzt von dessen Tochter Wilhelmine. Mit einer Vorrede von Jacob Grimm.* Berlin 1854. N. 33 *Die bœse Stiefmutter.*

12. Langue grecque.

ι conte grec de l'île de Zante. Bernhard Schmidt, *Griechische Mœrchen Sagen und Volkslieder.* Leipzig 1877, N. 17 p. 110, *Maroula und die Mutter des Érotas* (= Ἔρως).

13. Langue finnoise [1].

κ Vuokkiniemi dans la Carélie russe, gouv. Archan-

1. M. Krohn, lecteur à l'université de Helsingfors, a bien voulu faire pour moi l'analyse des deux contes finnois ; il ajoute la nouvelle que la Société de littérature finnoise a encore recueilli des variantes du même récit dans la Carélie russe (dans cinq paroisses du gouv. Archangel, dans quatre du gouv. Olonetz), dans la Carélie finnoise (dans six paroisses) et dans l'Ingermanland (deux variantes).

gel. Rudbeck (Eero Salmelainen), *Suomen Kansan Satuja ja Tarinoita.* Helsingissä 1852, t. I, p. 140 (éd. de 1871, p. 108). *La fille sans mains.*

λ Lieksa ou Pielisjæroi dans la Carélie finnoise, gouv. Kuopio. Même ouvrage p. 150 (éd. de 1871, p. 116).

14. Langue tatare.

μ conte tatare. W. Radloff, *Proben der Volkslitteratur der Türkischen Stæmme Südsibiriens. Zweiter Theil. Die Abakan-Dialecte* etc. Saint-Pétersbourg 1868 (= W. Radloff, *Die Sprachen der Türkischen Stæmme Südsibiriens.* I. Abtheilung II. Theil), p. 540-583, N. XVI *Epopée de Kan Mergæn et d'Aï Mergæn.* Le conte emploie quelques mots russes (p. IX). Voir R. Kœhler dans le *Lit. Centralblatt* 1869, p. 73.

ν conte kirghise qui mentionne le lac Schalkar. Même ouvrage. T. III, p. 372-87. *Dudar Kys.*

ξ conte de Kalmaklar près Tjumen, S. O. de Tobolsk. Même ouvr. T. IV, p. 408-11. *Die Almosenspenderin.*

15. Langue arabe.

ο conte arabe dans *Mille et une nuit.* Traduction allemande par Gustave Weil. Troisième édition, 1872. T. IV, p. 41. *Geschichte der unglücklichen Frau mit dem Bettler* (conte intercalé après coup et qui manque dans les vieux manuscrits).

Toutes ces versions ne se trouvant que chez des populations de confession grecque, M. Krohn conclut que l'histoire est arrivée de Russie.

16. Langue swahili.

π conte swahili de l'île de Zanzibar. E. Steere, *Swahili tales*. Londres 1870, p. 393, analysé par M. Cosquin dans la *Romania* X, 550 [1].

Je distingue :

des contes relativement *purs* et *complets ;*

des contes *fragmentaires :* il ne reste plus que le commencement θ ; il ne reste plus que la suite *u ;*

des contes *juxtaposés,* où deux et plusieurs contes sont rapportés aux mêmes personnages : dans *h* les deux fils de la Fille sans mains deviennent les deux frères du conte de Grimm N. 60 ; dans *k* la sœur du Petit Poucet devient la Fille sans mains ;

des contes *composés,* dont le commencement et la suite sont des fragments de contes différents : le commencement de *o* correspond à la *Fille sans mains,* et la suite à l'*Uccello bel-verde ; q* et ι sont composés avec *Sneewittchen : q* a emprunté le commencement à la *Fille sans mains,* ι y a emprunté la suite ;

1. Dans cette liste je n'ai pas admis quelques contes très affaiblis ou mixtes. Une romance portugaise traduite par M. de Puymaigre dans la *Revue de l'hist. des religions,* X, 206, ne rappelle la *Manekine* que par l'exposition dans un bateau sans voiles et sans rames.— Le commencement de l'*Uccello bel-verde* dans Imbriani, *Novellaja fiorentina,* p. 104, pourrait provenir de notre histoire ; l'héroïne est fille du roi d'Angleterre et devient reine de France. — Il n'est pas certain que le nôtre ait fourni des traits à un conte recueilli à Montiers sur Saulx par M. Cosquin (*Romania,* X, 548). — Je ne peux pas vérifier si un conte piémontais *(la Mare gelosa dla fija),* qui est inédit, est en relation avec le nôtre (Pitrè, *Fiabe* I, p. 333).

des contes *mixtes*, où l'on a enté sur un conte des traits importants d'un autre : dans *b* paraît le lion de la Belle Florence, dans *c* le fils de l'héroïne s'appelle Schmerzenreich, comme celui de Géneviève; dans *f* les trois fils de l'héroïne sont les rois mages ; dans *ajkl* le traître (ou la traîtresse) est puni, comme le beau-frère de Crescentia, par une maladie dont l'héroïne seule est capable de le guérir ; la peau d'ours dans *z* provient de Peau d'âne (*Pentamerone* N. 16);

des contes *affaiblis*, où des traits importants sont perdus *(λ)*, de manière que souvent on ne peut plus distinguer à quel conte le récit avait appartenu *(a e u)*.

On s'aperçoit que l'une de ces qualités n'exclut pas nécessairement l'autre.

Quant on poursuit un trait quelconque dans toutes les versions, on s'aperçoit qu'il peut ou se maintenir, ou se perdre, ou se changer. S'il y a changement, ou il s'affaiblit (devient vague), ou il se défigure, ou il est remplacé par un autre trait semblable ou divers. Les traits remplaçants sont empruntés à d'autres contes ; parfois ils sont inventés pour suppléer à une lacune. Tous ces changements s'opèrent involontairement, par faiblesse de mémoire.

Comme il y a des traits qui se perdent, il y en a aussi qui naissent. Dans la plupart des contes, depuis la fin du XIVe siècle, la fille perd les deux mains. Cette circonstance a soulevé la question d'un interlocuteur : Comment a-t-elle pu manger? et la réponse du conteur : En cueillant avec la bouche les fruits pendant des arbres. Cette explication n'avait nulle valeur pour la marche du récit; elle n'était qu'accessoire; mais les auditeurs — car c'est surtout en société que l'on dit des contes, pour passer le temps — l'ont prise pour essentielle, et ils ont répété l'histoire enrichie de l'épisode, répandu aujourd'hui par toute l'Europe, du jardin où elle mange des fruits.

Un autre trait ajouté par les conteurs modernes et qui se trouve dans sept versions (*bhpqrwx*), c'est que la mère (ou la marâtre) de l'héroïne tient une auberge. Ce trait singulier doit son origine à une réflexion toute naturelle. Dans la plupart de ces versions (*brwx*), comme dans le *Miracolo*, la mère ou la marâtre cause les deux expositions de l'héroïne, dont la seconde est amenée par le changement des lettres, et on a inféré de ce que le messager loge chez elle pendant qu'elle opère ce changement qu'elle devait être aubergiste.

Un trait commun aux contes modernes c'est qu'elle recouvre ses mains en trempant ses bras dans l'eau d'une fontaine. Un trait semblable se trouve dans une seule version du moyen âge : dans la *Manekine*. On peut demander si les contes modernes ne sont pas de simples échos du vieux roman, comme ceux qui dérivent d'*Hélène* (p. XXXI) ou du *Miracolo* (p. LI). Il faut répondre négativement ; car Beaumanoir, pour finir son roman par l'éclat du miracle, a transposé le miracle et l'arrivée du mari, tandis que l'ordre primitif de ces événements a été maintenu dans tous les contes modernes. Il suit de là que ceux-ci proviennent par tradition directe des contes du moyen âge, bien qu'ils aient éprouvé des changements de tout genre et que parfois la tradition ait subi l'influence des versions littéraires, comme dans *r* où l'héroïne épouse le fils du roi de France, trait emprunté au *Miracolo,* et dans *v* où l'héroïne s'appelle Oliva, où elle se coupe elle-même les mains dont son père est amoureux, et où elle les lui envoie sur un plat d'or. Dans la même version elle change son nom : elle prétend s'appeler *Felicina,* mais les gens l'appellent *la Trovatella.* Il y a d'autres traits qui nous empêchent de dériver le conte *v* tout entier du poème ou du *maggio* d'Oliva, dont l'influence est pourtant évidente.

Une fusion entre plusieurs contes est presque la règle pour ceux de notre cycle. Il y avait dès le moyen âge trop de versions analogues pour que l'un de ces contes, dit dans une société, n'ait pas provoqué l'étalage de variantes qui, avec le premier conte, ont dû se fusionner dans l'esprit des auditeurs et produire une version nouvelle.

Selon leur commencement on peut diviser les quarante-deux versions de notre conte en trois groupes qui se subdivisent en neuf :

A^1 le père veut épouser sa fille *c z*.

A^2 le père veut empêcher sa fille de prier Dieu *e s*, de faire l'aumône ξ (o).

A^3 le père vend sa fille au diable *d g m o y*.

A^4 la marâtre accuse la fille auprès du père *a n l* (combinaison avec B^1).

B^1 la fille est persécutée par la marâtre *l w* θ.

B^2 la fille est persécutée par la mère *b h i p q r x* η, qui tient une auberge (*i* η seuls font exception). Dans *w* c'est la marâtre qui tient l'auberge. Dans *r* il y a combinaison avec A^1.

C^1 le frère veut épouser la sœur : *Penta manomozza* (p. LII).

C^2 elle est accusée auprès du frère λ μ, auprès du mari β, par la belle-sœur β λ μ, par la marâtre (combinaison avec B^1) α.

C^3 la belle-sœur commet trois crimes pour mettre le tort sur l'héroïne *j k* γ δ ε ζ χ.

Je n'ai pas compris dans cette division six contes : le commencement manque dans *f u* ; il a été remplacé dans *v* par celui d'*Oliva,* dans ι par celui de *Sneewittchen* , dans ν et π par d'autres traditions.

La division précédente fait voir comment je me représente le développement de notre conte. A^1 a été le point de départ de A^2 A^3 A^4, B^1 celui de B^2, C^1 celui de C^2 C^3. Le groupe A existait dès le XIIe siècle : la plupart des versions médiévales lui appartiennent. Le plus ancien représentant du groupe B est le *Miracolo* qui date du XVe siècle ; il a emprunté son commencement a un conte analogue à *Sneewittchen.* Le groupe C s'est détaché de A^1 avant 1637, car les contes du *Pentamerone* sont antérieurs à cette année. Le changement que notre conte a subi en passant de C^1 à C^2 l'a rapproché du conte slave des *Belles-Sœurs,* qui se trouve à part dans une chanson serbe (Vuk, *Pjesme* II, p. 14 et Talvj, *Volkslieder der Serben,* 1853, I, 283), et dans trois chansons bulgares citées par M. Wollner. Ce groupe, dont l'origine slave ne peut être mise en doute, se retrouve en Bretagne *(jk),* où il sera parvenu soit par des matelots bretons fréquentant les ports de Russie soit par des soldats qui l'avaient entendu en campagne.

La comparaison minutieuse des autres traits n'ajoute presque rien à ces conclusions tirées des variations du commencement.

L'héroïne n'a qu'un fils dans *b c d x z* α β γ δ ε ζ κ λ μ ν ο π ; dans les autres elle a deux enfants (trois *a f*, aucun θ ξ, un enfant qui n'est pas le sien *n*). Ce sont par conséquent surtout les versions des groupes A et C qui ne lui donnent qu'un fils, ce qui permet la supposition qu'elles continuent le type du sénateur, tandis que les versions du groupe B, qui, presque toutes, lui donnent deux enfants, dérivent certainement du type de l'ermite et surtout du récit extrêmement populaire du *Miracolo,* qui n'a pas laissé d'influer plus ou moins aussi sur les versions des groupes A et C.

L'héroïne perd partout les deux mains ; dans *a e n t* ξ π elle n'en perd qu'une. C'est partout avant le premier supplice qu'elle est mutilée (seulement dans *x* ε ι — et dans *v* par distraction—avant le second, comme dans *Offa* et dans *Hélène*). Ce n'est que dans *g* qu'elle consent à ce qu'on la prive des mains. Dans *f* elle n'a pas de doigts dès l'abord, et l'on rapporte la langue et les yeux d'un sanglier. Dans *q* l'ordre de lui couper les mains n'est pas exécuté. Dans *r,* la mère demande le cœur, les yeux et les habits de la fille. La perte des mains fait défaut dans *u* κ μ ν.

La seconde fuite (qui manque dans *a e n* θ) est amenée par la trahison qu'opère la belle-mère par un changement de lettres (qui ne se trouve pas dans *f h j p s u* α ι ξ ο π). Un pareil changement se retrouve dans d'autres contes, voir Prato, p. 108. La moitié de tous les contes a simplifié l'histoire, chargeant des deux crimes une seule personne : la mère *b r x* η, la marâtre *w* α (et le *Miracolo*), la belle-sœur *k* γ δ ε ζ κ λ μ (dans δ le mari la prend comme épouse contre le gré de sa mère), le père ζ, le frère π, le diable *d g o*.

Dans *b*, quand le messager lui parle de la reine sans mains, elle conclut, comme dans le *Miracolo*, que c'est sa fille. La belle-mère est remplacée par les parents du mari *m*, une sorcière *y*, la mère de l'homme-loup, premier mari de Dudar Kys ν.

L'exposition sur la mer est rare dans les contes. A la première exposition l'héroïne entre dans un bateau *r*, à la seconde elle est enfermée avec ses enfants dans une caisse *r u t*, dans un tonneau de fer κ. Dans *c h* (η) elle franchit une eau, ce qui pourrait être une réminiscence du passage de la mer ; à la fin, quand son mari la retrouve, il lui faut passer un lac qui entoure la maison *h* ν.

J'ai déjà mentionné le trait nouveau du jardin où elle mange des fruits ; il se rencontre dans *b c g h i s* ζ α (δ dans l'analyse de Chavannes) ζ κ λ. Dans les autres versions le roi la trouve dans la forêt, où elle vit dans un arbre creux *k m p* δ ε, dans une grotte *o p* η, sur un arbre *j l* π. Son mari la retrouve dans une grotte anciennement habitée par un ermite *l*.

Un animal lui apporte de la nourriture : un chien *j k m*, des chiens *(e) o*, une pie *l*. Voir sur ce trait légendaire Brewer, *Dictionary of miracles*, p. 128.

Dans les romans on substitue à la reine condamnée au bûcher des images, des gens pauvres, des veaux ; ce trait a survécu dans plusieurs contes : dans *l*, avant de conduire Euphrosyne dans la forêt, on enterre une bûche pour faire croire qu'elle est morte ; dans *s* on enterre (dans *r t* on brûle) trois poupées de cire [1].

Dans plusieurs contes on tue un animal pour lui arracher le cœur ou les yeux et pour les présenter à la belle-mère : une biche *c*, un chien *h i p*, un agneau *q r w* et *Novellaja fiorentina*, p. 98, un sanglier *f*, un chevreuil et un oiseau μ ; trait commun à plusieurs récits de femmes innocentes persécutées.

Dans la plupart des contes modernes elle recouvre ses mains en trempant ses moignons dans l'eau d'un fleuve ou d'une fontaine, de la mer κ ou d'un lac π. Elles lui recroissent sans cela dans *c d t x* η θ ι (dans ξ elle apporte de l'eau) et point du tout dans *f*.

Elle (son fils γ δ ε ζ ι, ses fils η) reçoit des mains d'or *w* θ, ou d'argent *c h*. Ce trait ne se trouve parmi les versions du moyen âge que dans celle de Harpin de Bourges (voir chap. v).

Le mari s'étonne que des enfants qu'il ne connaît pas le traitent de père *c f h k p x t u* ζ β (*g m* ι), et comme leur mère a ses deux mains, il ne croit pas voir sa femme *c g j l p s* ζ β. Ces traits, qui manquent dans *Offa* et dans le *Miracolo*, se trouvent légèrement variés dans

1. Influence d'*Oliva* dont les éditions nouvelles ont remplacé le *fanciullo* par un *fantoccio*. Dans un conte de Milan (publié par Imbriani dans la *Novellaja fiorentina*, p. 97) l'héroïne est persécutée par la belle-mère qui ordonne de lui couper la langue et qui fait enterrer un cercueil vide. Le fils de l'héroïne est élevé chez un meunier, ce qui nous rappelle l'*Uccello bel-verde* (voir notre version *o*), et l'histoire de Tyro (*Sacre Rappr.* par d'Ancona, III, 319) ou la première nouvelle de la première décade des *Ecatommiti* de Giraldi Cinthio.

la nouvelle catalane, dans *Oliva* et dans le *Pentamerone*.

A la fin l'héroïne révèle son origine et raconte son histoire : à ses enfants *s v w z*, à une assemblée α γ δ ζ κ ; c'est son fils qui la raconte β ε κ (elle et son fils ι).

Notre tradition, répandue aujourd'hui sur presque toute l'Europe, ne paraît au XIIe siècle qu'en Angleterre. Les récits les plus anciens s'accordent encore à placer la scène dans l'Angleterre septentrionale. Le père de la femme d'Offa I est roi d'York. Hélène aborde près de Newcastle on Tyne, où elle rencontre le roi Henri qui chasse. Chez Philippe, la méchante belle-mère habite *Evoluic*, où nous reconnaissons sans peine l'*Everwic* de Benoît et de Fantosme correspondant à la forme *Eoforwic*, par laquelle les Anglo-Saxons se sont rendu intelligible l'*Eboracum* celtique. Chez Trivet, elle habite Knaresburgh, ville voisine d'York. Chez le Büheler et dans d'autres versions il n'est plus question que de l'Angleterre en général.

Aucun pays n'a donc autant de droits à s'attribuer l'origine de cette légende que l'Angleterre septentrionale. Dans un travail où préalablement j'avais traité de ce même sujet (dans Paul und Braune, *Beitræge zur Geschichte der Deutschen Sprache und Literatur*, IV, p. 512-521, 1877), mais sans connaître alors l'ouvrage de Bæckstrœm qui plaide aussi (*Svenska Folkbœcker*, p. v et 184) pour l'origine anglo-saxonne, j'ai supposé qu'un poète, angle plutôt que saxon, avait composé sur notre histoire un poème qui aurait donné naissance aux versions du type demi-savant qui représente l'héroïne comme fille d'un empereur romain, et qui lui fait trouver un asile chez un sénateur. Plus tard, la substitution d'un roi de France à l'empereur a suggéré l'idée d'expliquer par notre histoire les commencements de la Guerre de Cent Ans.

Si cette supposition était fondée, Trivet, qui donne aux personnages les noms anglo-saxons de Constance (*Custe : quar issint l'apellerent lez Sessoneys,* p. 41), Alle, Domilde, Elda ou Olda et Hermyngild (ags. *Eormengild*), nous aurait transmis un récit très proche de l'original. Comme dans *Hélène,* l'époque est celle de l'introduction du christianisme, et, à l'origine, le roi converti par l'héroïne de l'histoire combattait contre les Écossais païens. Cet état de choses a été gardé dans *Constance,* dans *Offa* et chez le Büheler. Dans *Hélène,* le roi va en Italie combattre les païens, mais ce changement n'a pas empêché l'auteur de laisser subsister la guerre contre les Écossais. Le mari de la Manekine participe à un tournoi proclamé par le roi de France, invention du poète qui a choisi comme scène de ce tournoi son cher Beauvaisis. Il résulte de là que dans la tradition originale le roi partait pour faire la guerre aux Écossais, qu'il se dirigeait vers le nord, et non vers le midi (*Hélène, Manekine*).

Dans le récit de la *Vita Offæ*, où le caractère populaire est très marqué, on s'étonne de trouver à la place de la belle-mère le gendre du roi. Est-il possible de mettre en rapport cette circonstance avec les événements historiques de la vie d'Ælla? Ce dernier était fils d'un Uffa ou Yffi, et son gendre, Ædilfrith, roi de Bernicia, ennemi du christianisme, persécuta Eádwin, jeune fils d'Ælla, qui se réfugia chez Cadvom roi de Gwynedh. La fille d'Ælla, épouse d'Ædilfrith, s'appelait Acha; le nom de sa femme nous est inconnu (Lappenberg, *Geschichte von England*, I, 144).

Wackernagel (*Geschichte der Deutschen Literatur*, p. 186), comme Du Méril avant lui (*Floire*, p. LXXVI), a attribué à notre tradition une origine byzantine, parce que Beaflor et la fille du roi de Russie épousent un comte ou un roi de Grèce. Il aurait pu faire valoir encore les rapports de quelques versions avec Constantin et Constantinople [1], et la ressemblance de l'histoire avec celle d'Apollonius de Tyr, où un père aime sa fille d'un amour illicite et où une femme est enfermée dans une caisse et jetée à l'eau. Il est pourtant peu vraisemblable que les récits allemands soient plus originaux que les récits anglais, qui ont gardé des traits propres à la vie anglo-saxonne (*Beitræge* de Paul et Braune, IV, p. 520) et qui, sur le sol anglais, ont pu subir l'influence du roman d'Apollonius, dont on connaît une traduction anglo-saxonne (publiée par Thorpe, Londres 1834).

Je n'ai pas encore mentionné une légende bretonne à laquelle a renvoyé M. Liebrecht (*Gœtt. Gel. Anz.*

1. Suivant la prose allemande c'est le fils de l'héroïne qui s'appelle Constantin, suivant Trivet c'est le père, et suivant *Hélène* c'est le successeur du père dans l'empire. Dans le premier de ces textes ce nom doit provenir d'une tradition sur la jeunesse de Constantin le Grand qui, avec sa mère, est retrouvé à Rome dans des circonstances pareilles (voir Graf, *Roma*, II, 46 s.).

1867 p. 1799, 1869 p. 534, et 1868 p. 1915). Ce texte est le seul que l'on puisse croire antérieur aux traditions anglaises du XIIe siècle, malheureusement ses relations avec notre cycle de contes sont bien loin d'être claires.

La légende de sainte Azénor se trouve en prose latine dans le *Bréviaire de Léon*, imprimé à Paris en 1516 (où elle est intercalée dans la vie de saint Budoc, de même que dans le ms. franç. 22321, anc. fonds des Blancs-Manteaux, vol. XXXVIII, f. 716), et en vers latins dans le *Missel de Léon*, par Alanus Quefurus, de Léon, publié à Paris en 1526. Ces deux textes sont les sources où a puisé Albert Le Grand, auteur des *Vies des saints de la Bretagne armoricaine* (Rennes 1659 et 1680, Brest 1837, voir Brunet, *Manuel*, III, 946; la légende n'est pas dans l'*editio princeps* de 1637). La popularité de cette légende est attestée par une chanson bretonne dont deux versions ont été publiées par M. Luzel dans *Gwerziou Breiz-Izel, Chants populaires de la Basse-Bretagne*, I, p. 160 *Sainte Henori* [1]).

1. M. Luzel a bien voulu me renseigner sur les livres rares que je cite et me fournir des extraits de ces textes. Il m'écrit qu'une vieille tour du château de Brest porte toujours le nom de Tour d'Azénor, parce que, dit-on, la princesse Azénor y fut renfermée par son père sur la demande de son mari, qui la croyait infidèle. M. Luzel est d'avis que le nom d'Henori (que M. de Puymaigre change en Honorine et que M. de la Villemarqué, *Barzaz Breiz*, VIIIe éd., p. 498, explique par re-honneur ou honneur retrouvé), Henora, ou Azénor, est le même nom qu'Éléonore, et que notre sainte n'a rien à faire avec Honora, la femme de saint Efflam, venu d'Irlande en Bretagne au VIe siècle (*Barzaz Breiz*, p. 483). — La

D'après cette chanson, le roi de Brest était atteint d'une maladie. Les prophètes lui dirent qu'il serait guéri s'il buvait le lait du sein vierge d'une de ses filles. Deux filles refusèrent; la troisième, Henori, se prêta au désir du père, mais son sein fut mordu, ou coupé, par un serpent. Ce commencement manque dans les textes de la légende, avec laquelle la chanson s'accorde en général pour la suite du récit.

Even, roi de Brest et de Lesnéven, donna la main de sa fille Azénor au fils aîné de Thunnire, comte de Goëlo, et elle accompagna l'époux dans son château de Châtel-Audren. Ils y vécurent heureux pendant un an. Au bout de ce temps la mère d'Azénor mourut, et son père se remaria. La nouvelle reine fut une vraie marâtre; jalouse de la beauté et des vertus d'Azénor, elle résolut de la perdre et l'accusa d'infidélité envers son mari. Reconduite à son père, elle fut jugée par la cour de justice « d'estre bruslée vive et ses cendres jetées en la mer ». Comme elle se déclara grosse de quatre mois, on la condamna « d'estre renfermée vive dans un tonneau de bois et jetée en pleine mer ». Cette sentence fut exécutée. Un ange lui apporta tous les jours des vivres à foison, et au bout de cinq mois elle accoucha d'un fils. Le tonneau aborda à l'abbaye de Beauport en Irlande. L'abbé les recueillit, et l'enfant fut baptisé et appelé Beuzec, en latin *Budocus* (ce qui signifie *mari mersus*). La marâtre, avant sa mort,

Tour d'Armor, dans le *Barzaz Breiz*, p. 490, est une pièce entièrement fabriquée par l'éditeur, d'après M. Luzel, *De l'authenticité des chants du Barzaz Breiz*, p. 39.

découvrit elle-même sa trahison, et le comte partit sur un navire à la recherche de sa femme. Après avoir visité les côtes de la Bretagne, de l'Angleterre et de l'Irlande, il aborda à l'abbaye de Beauport où il la trouva et où il mourut peu après. La comtesse refusa alors de revenir en Bretagne et mourut aussi en Irlande dans la plus humble des conditions, embrassée volontairement, celle de lavandière, dit-on. Budoc fut peu après nommé abbé de l'abbaye de Beauport; il vint plus tard en Bretagne, et il mourut archevêque de Dol.

A côté de ressemblances avec les récits de la Fille sans mains on remarque dans cette légende des différences assez fortes. Le désir impur du père, qui se trouve dans la chanson, n'est pas dans les vieux textes. Henori, contraire à la Manekine, se prête volontiers à la demande du père. Le sein coupé par le serpent a une assez faible analogie avec la main coupée. Le mari ne s'oppose point à la punition de sa femme, et comme il n'est pas absent, on ne peut pas écrire les lettres fausses. Il n'est pas question de la première exposition, et l'héroïne accouche pendant la seconde dans le tonneau.

En fin de compte, je n'ose rien affirmer sur la parenté de la légende avec les contes. On peut voir l'influence de celle-là dans plusieurs traits de ceux-ci, par exemple quand l'héroïne de la nouvelle catalane demeure dans un couvent où elle est retrouvée par son mari, ou quand c'est une marâtre qui persécute sa belle-fille, comme dans le *Miracolo;* mais il serait téméraire de supposer que notre cycle tout entier ne fût rien qu'un développement de la légende bretonne.

Quant à l'origine mythique de notre cycle, je ne la crois pas démontrée. Voir Wilhelm Müller, *Die Sage vom Schwanritter* dans la *Germania,* I, 435; Wesselofsky, *Novella della figlia del re di Dacia,* p. XXXI; de Gubernatis, *Die Thiere in der Indogermanischen Mythologie,* p. 353, 361-3 et *Novelline di Santo Stefano,* p. 8 note et p. 10-14; Schwartz, *Die poetischen Naturanschauungen der Griechen, Ræmer und Deutschen,* I, 179, 181, 202, 235; J. W. Wolf, *Beitræge zur Deutschen Mythologie,* II, 127. MM. d'Ancona, *Sacre rappr.,* III, 319 et Liebrecht *Gœtt. Gel. Anz.,* 1867, p. 1799 et 1868, p. 1915) renvoient à des mythes grecs de Tyro (voir p. LXXII), Danaé [1] etc. Tout ce que j'oserais supposer sur l'origine de notre tradition, c'est qu'elle s'est formée par la soudure de deux contes : du conte de *Peau d'âne* ou d'*Allerleirauh*[2], et d'un conte du çycle des femmes innocentes persécutées (voir Grundtvig, *Danmarks gamle folkeviser,* I, 177-204, et Massmann dans l'édition de la *Kaiserchronik,* III, p. 893-917). Peau d'âne échappe aux désirs d'un père incestueux, et

1. Je signale en passant, dans Radloff, *Proben der Volkslitt. der Türkischen Stämme,* III, p. 82, le récit de la naissance de Schyngys Kan, qui reproduit très fidèlement le mythe de Danaé.

2. Voir Grimm, N. 65, *Romania,* VI, 573, R. Kœhler dans l'*Archiv für Slavische Philologie,* II, 624, *Archivio per le trad. pop.,* I, 199, Brueyre, *Contes pop. de la Grande-Bretagne,* p. 44. Molière a cité *Peau d'âne* dans son *Mal. im.* II 11. Une version remarquable vient d'être publiée par M. David Brauns dans ses *Japanische Mærchen.* Leipzig 1885, p. 167.

remplit chez un prince les fonctions les plus viles; mais les qualités de sa noble origine se font jour et elle finit par épouser le prince. Je fais remarquer que, d'après la *Vita Offæ*, la belle demeure des années entières à la cour du roi avant de devenir son épouse, que Constance est longtemps chez Offa et Hermyngild, et que le récit du Büheler se rapproche de *Peau d'âne* encore davantage.

Beaumanoir a développé notre simple histoire en un roman de 8590 vers. C'est que son style, bien que facile et clair, est d'une prolixité quelquefois ennuyeuse. N'oublions pas que nous avons affaire au début d'un jeune écrivain qui, ayant reçu une bonne éducation, ayant appris le maniement des armes et la connaissance des lettres, avait trouvé dans la lecture des romans célèbres de la littérature française l'impulsion à s'y essayer lui-même. Cet essai n'est pas exempt de défauts : les transitions sont lourdes, les caractères vagues, il y a des redites, surtout à la fin, où la fable entière du roman est racontée autant de fois qu'il reste un personnage qui ne l'a pas apprise (6367-87, 7239-99, 8247-8300). Nous nous passerions bien des longues prières que prononcent la Manekine (1084-1160, 4601-4738) et son mari (5545-5772), des monologues amoureux du roi d'Écosse (1529-1665) et de sa bien-aimée (1683-1736, 1754-90), mais nullement des descriptions détaillées de noces (2029-2360) et de tournois (2665-2931), où notre poète fait preuve d'une riche imagination et d'une bonne connaissance de la vie courtoise, ni de la peinture du conflit de devoirs qui se produit dans les âmes du roi de Hongrie (433), du roi d'Écosse (1529) et des deux sénéchaux (887.3740), laquelle ne manque pas de vérité psychologique.

V

La Manekine *transformée en chanson de geste.*

Un des derniers événements qui ont fait naître des chansons de geste est la réunion de la vicomté de Bourges à la couronne de France. Ce fut en 1098 qu'Eudes Harpin, vicomte de Bourges par son mariage avec Mahaut, nièce et héritière du vicomte Etienne, au moment de partir pour la Terre-Sainte, vendit sa vicomté à Philippe I. Harpin mourut, après 1109, dans l'abbaye de Cluni. Les Berrichons, qui voyaient expirer avec regret leur autonomie féodale, formèrent une tradition, selon laquelle leur dernier maître, Harpin, qui se fit moine à son retour de la croisade, aurait eu un fils, Lion ; ce fils devait venir un jour réclamer son héritage, et il prouverait qu'il était le vrai héritier du fief en sonnant le cor merveilleux que l'on voyait figuré sur l'un des murs du palais de Bourges.

Cette histoire, que je crois un rejeton de l'histoire de Haveloc le Danois, nous est transmise dans une chanson d'environ 55000 vers alexandrins, sur laquelle on peut voir P. Paris *Mss. franç.* III, 1, Græsse *Sagenkreise* p. 379, W. Fœrster *Richars li biaus*, p. XXVI, de Reiffenberg *Chevalier au Cygne* II, p. LV, F. Liebrecht dans les *Gœttinger Gelehrte Anzeigen* 1867, p. 1799. M. Liebrecht fait remarquer qu'un épisode du roman d'Herpin appartient au cycle de la *Fille sans mains*. Ajoutons à son observation que cet épisode a été calqué sur le roman de la *Manekine*. Comme la chanson d'Herpin est inédite, je me sers du *Volksbuch* allemand (dans Simrock, *Deutsche Volksbücher*, XI, 408 suiv.).

D'après ce texte, un roi de Chypre, appelé Herpin comme le duc de Bourges, a promis à sa femme mourante de ne se remarier qu'avec une femme semblable à elle. Les princes du pays, désirant le second mariage du roi, envoient dans douze royaumes des messagers, qui ne réussissent pas à trouver une femme qui remplisse cette condition. Alors on s'aperçoit que la princesse Joyeuse [1] est tout le portrait de sa défunte mère. Joyeuse refuse le mariage, et quand on obtient la permission du pape, poussée au désespoir, elle saisit un couteau de cuisine et se tranche la main gauche, qui tombe dans la mer. Le roi ordonne de brûler la malheureuse, mais, fléchi par les prières de ses barons, il consent à l'exiler sous la garde de l'écuyer Thierry. Ils entrent dans un bateau, qui les conduit en Lombardie. Thierry travaille de ses

1. Le *Volksbuch* l'appelle d'abord « Frœhlich », puis « Betrübniss ». Les noms français sont ceux de la chanson de geste (ms. de la B.N. fr. 22555).

mains, tandis que Joyeuse va demander l'aumône.

Des deux fils de Lion de Bourges, l'un, Guillaume, est duc de Bourges, et l'autre, Olivier, est roi d'Espagne. Ce dernier, avec le vacher Elie et Béatrix sa femme, qui l'avaient trouvé dans la forêt et élevé comme leur fils, habite la ville de Caphas. Un jour il voit sur la côte d'Espagne arriver une embarcation qui amène Thierry et Joyeuse. Elle dit qu'elle est fille d'un pêcheur et qu'elle s'appelle Tristouse. Malgré la résistance de Béatrix le roi prend Tristouse en mariage et il lui fait faire une main d'or. Bientôt après il part pour secourir son frère Guillaume, qui a été surpris et emprisonné à Bourges par des traîtres. Pendant l'absence d'Olivier, Tristouse devient mère d'un fils et d'une fille. Cet événement est annoncé au roi, mais au retour du messager la vieille Béatrix le retient pour le régaler de bon vin et, profitant de son ivresse, change la réponse du roi contre une lettre où le roi est censé ordonner de brûler Tristouse avec ses enfants. On brûle une vache et un fourbe appelé Gerny au lieu des malheureux, que l'on expose en bateau. Le fidèle Thierry se jette à l'eau pour suivre la barque et se noie. Le bateau parvient à Rome, où la reine d'Espagne est recueillie avec ses enfants par un bourgeois, chez qui ils demeurent pendant un an.

Après la délivrance de Guillaume et après que l'on a retrouvé le cor que les traîtres avaient enterré, Olivier revient à Caphas. Il soupçonne la trahison et il la fait avouer dans un combat singulier à celui qui avait fabriqué la fausse lettre. Béatrix est emmurée en punition de son crime. Olivier se met en quête de sa famille. En Sicile il fait la connaissance du roi de Chypre son beau-père. Les deux rois se rendent à Rome où ils se logent dans la maison qu'habite Joyeuse-Tristouse. Celle-ci n'ose pourtant pas se montrer, de peur que son mari ou son père ne la poursuive. Pendant le dîner, Olivier voit le petit Herpin jouer avec un anneau d'or qu'il reconnaît pour son anneau nuptial. Scène de reconnaissance. On informe le pape de ce qui est arrivé, et il se fait un miracle : le cuisinier, habillant un grand poisson, y trouve la main de Joyeuse, que la prière du pape rejoint au moignon.

Le fils de Joyeuse, appelé Herpin comme le roi de Chypre et comme son bisaïeul du côté paternel, devient père de cet Herpin qui prit la croix avec Godefroi de Bouillon.

La chanson telle quelle est sûrement du XIVe siècle (elle n'emploie plus le nom de Bourges que comme dissyllabe); mais elle peut résulter de la contamination d'un remaniement d'une chanson plus ancienne sur Herpin et Lion avec la *Manekine*.

VI

La Manekine *dramatisée.*

La *Manekine* mise en drame fait partie de la collection des quarante *Miracles de Nostre Dame par personnages,* et a été publiée d'abord par Monmerqué et Michel dans leur *Théâtre français au moyen âge* (1839), p. 481, et nouvellement par G. Paris et U. Robert dans l'édition complète de la collection (XXIXe Miracle, 1880, p. 1 du tome V : *Miracle de la fille du roy de Hongrie*). Le manuscrit unique qui contient cette collection a été écrit au commencement du xve siècle. Tous ces miracles ont été composés par, ou pour, un « Puy Nostre Dame », comme il y en avait plusieurs au xive siècle. Magnin place l'origine de la collection entre 1345 et 1380 (*Journal des sav.*, 1847, p. 50).

Le roman de Philippe était assez propre à la mise en scène : on y parle beaucoup; l'*acteur* inconnu aurait pu adopter, ou adapter, de longs discours pour son Miracle. Néanmoins il a dédaigné une imitation aussi servile, il a même pris à tâche de s'éloigner des expressions de Philippe. Les quelques expressions du roman que l'on retrouve dans le drame [1] sont de si faibles échos de l'original qu'un poète traitant un pareil sujet d'après une autre source aurait aussi bien pu les employer.

Le remanieur ne s'en est pas tenu là. Il a gardé, il est vrai, les noms géographiques comme la Hongrie, l'Écosse, Rome, Beruïc (1538), Senlis (893) [2]. Quant

1. *mestier* Roman 2292 = Miracle 859; *hideuse creature* R. 3121 = Mir. 1276; *la roue de la Fortune* R. 4639.4663 = Mir. 1729; la rime *seille : merveille* R. 7453 = Mir. 2426.

2. Sur le vers 893 du Miracle (*Lez Senliz le tournay sera*) Magnin a fondé l'opinion (que d'autres ont répétée après lui) que non seulement notre Miracle, mais la collection entière est de provenance senlisienne. Le seul fait que dans le roman de la Ma-

à *Gort* (2317) au lieu de *Pert* (Roman 1379), c'est plutôt une erreur commise par le scribe de l'exemplaire du roman que l'*acteur* avait sous les yeux qu'un changement voulu. Mais les noms de personnes, c'est évidemment à dessein qu'il les a altérés. Il appelle la Manekine *la Bethequine* (763. 793. 1501), ce qui rappelle le diminutif flamand d'*Elisabeth;* une fois on lit *Berthequine* (689), comme si c'était un dérivé de *Berthe.* Mais si l'héroïne est appelée une fois *Jouye* (559), une fois la *Manequine* (1519), ce ne peuvent être que des souvenirs du roman que le poète a laissé échapper malgré lui.

L'action est restée la même. Pour la partie psychologique le dramatiste se montre bien inférieur au romancier : il a retranché les parties lyriques; les personnages agissent avec une sorte de hâte, comme si le poète avait moins voulu captiver notre intérêt que nous faire connaître le plus promptement possible les principaux événements de la fable.

La scène représentait dix *mansions* ou *estages :* I la cour du roi de Hongrie; II celle du roi d'Écosse; III la demeure de la mère du roi d'Écosse; IV Senlis; V la haute mer; VI le rivage près de Rome; VII, VIII et IX dans la ville de Rome : la cour du pape, la maison du sénateur, l'église de Saint-Pierre; X le ciel.

nekine Senlis est déjà mentionné dans les mêmes circonstances (3177-8 *Demande ou li tournois est pris : Droit entre Creel et Saint-Lis Doit estre*) suffit pour détruire cette hypothèse.

Pour faciliter la comparaison avec le roman je divise le Miracle en dix-sept parties.

I v. 1-43 (Mansion I). Refus du roi de Hongrie d'épouser une dame qui ne soit pas semblable à sa première femme (Temps)[1].

= Roman v. 49-238.

II v. 44-162 (même scène). Les messagers reviennent sans résultat. Le roi veut épouser sa fille, s'il obtient la permission du pape.

= Roman v. 239-366.

III v. 163-263 (Voyage de mansion I à mansion VII). L'envoyé du roi va à Rome et il obtient la permission du pape.

= Roman v. 339-340.

IV v. 264-619 (mansion I). La fille du roi se tranche la main ; elle est condamnée à périr par le feu, mais ses bourreaux brûlent des bûches et ils exposent la malheureuse dans un bateau. (Temps.)

= Roman v. 608-1062.

V v. 620-887 (mansion II). Le bateau arrive en Écosse. Le roi épouse la jeune fille contre la volonté de sa mère. (Temps.)

= Roman v. 1169-2456.

VI v. 888-989 (même scène). Un héraut proclame un tournoi qui aura lieu à Senlis. Le roi veut y aller. Il laisse sa femme en état de grossesse. (Temps.)

= Roman v. 2457-2599.

1. Cela veut dire qu'il faut admettre un certain laps de temps, avant que l'action se continue.

VII v. 990-1079 (même scène). Accouchement de la reine d'Écosse.

= Roman v. 2935-79.

VIII v. 1080-1322 (voyage aux mansions III et IV). Envoi d'un messager. Première falsification d'une lettre.

= Roman v. 2980-96. 3013-96. 2997-3012. 3103-98.

IX v. 1323-76 (mansion IV). Le roi reçoit la fausse lettre; il répond par une autre lettre.

= Roman v. 3199-3294. 3307-44.

X v. 1377-1536 (Voyage aux mansions III et II). Retour du messager. Nouvelle falsification.

= Roman v. 3345-3432. 3295-3306. 3433-79.

XI v. 1537-1721 (mansion II). La fausse lettre arrive. La reine et son fils sont exposés dans un bateau.

= Roman v. 3480-3795. 3809-70.

XII v. 1722-1842 (mansions V et X). Le bateau flotte sur la mer. Notre Dame vient au secours.

= Roman 4589-4758.

XIII v. 1843-1942 (mansion VI). Arrivée à Rome elle trouve un asile chez le sénateur.

= Roman 4759-63. 5097-5193. 5237-5327.

XIV v. 1943-2122 (mansion II). Retour du roi. Il interroge ses gens. Punition de la reine-mère. Le roi veut partir pour Rome pour prier Dieu et pour chercher son épouse.

= Roman 4079-4214. 4379-4560. 4215-31. 4571-84.

XV v. 2123-52 (mansion I). Résolution du roi de Hongrie d'aller à Rome se confesser au pape.

= Roman v. 6697-6776.

XVI v. 2153-2350 (mansion VIII). Le roi d'Écosse retrouve son épouse et son fils chez le sénateur.

= Roman v. 5799-6593. 6647-55.

XVII v. 2351-2535 (mansion IX). Dernière scène dans l'église de Saint-Pierre.

= Roman 6829-90. 7397-7415. 7125-7222.
7416-7579. 7621-34.

Outre quelques changements qu'apprendra un coup d'œil sur la table précédente, l'*acteur* s'est permis les suivants.

Dans le roman le roi demande un répit jusqu'à la Chandeleur (371). Dans le miracle, au lieu de cela on envoie un messager au pape (III).

A la seconde punition de la fille l'*acteur* a omis le bûcher qui est mentionné dans le roman (3796-3808).

Le roi d'Écosse, ayant appris que sa femme n'a pas été brûlée, part directement pour Rome (2115), où il la trouve. Malgré ce changement, il trouve son fils déjà parlant (2239), et à la fin du miracle on apprend que l'action entière s'est passée en sept ans (2462). Sans ce renseignement, on pourrait croire que de la première exposition de la fille à la scène finale il ne se s'est écoulé qu'à peu près un an.

Le miracle omet les pêcheurs de Rome (XIII), il ajoute la scène au ciel (XII).

La *mulete de l'esturgeon* (Roman v. 7601) n'est

mentionnée que dans la rubrique du miracle; on s'attend vainement à la rencontrer dans la pièce.

L'auteur d'une thèse allemande (Ludwig Voigt, *Die Mirakel der Pariser Handschrift 819, welche epische Stoffe behandeln, auf ihre Quellen untersucht*, Leipzig 1883), après avoir comparé notre miracle avec le roman, fait remarquer (p. 57) que deux autres miracles de la même collection rappellent par plusieurs détails le *Miracle de la fille du roy de Hongrie*. C'est le *Miracle du roy Thierry* (XXXII) et le *Miracle de la fille d'un roy qui se parti d'avec son pere pour ce que il la vouloit espouser* (XXXVII) [1]. Ce dernier surtout s'accorde littéralement dans quelques passages avec le XXIXe miracle.

VII

La Manekine *mise en prose.*

Le roman en prose que nous joignons à notre édition est dû à la plume de Jehan Wauquelin. C'est ainsi qu'il orthographie son nom dans les acrostiches de son *Alexandre* et de la *Belle Hélène*. Dans le manuscrit unique de sa *Manekine* il est appelé « Jehan

1. Sur un roman en vers qui peut avoir été la source de ce Miracle voir Wesselofsky, *Novella della figlia del re di Dacia*, p. LXVI-LXVII *note*.

Waquelin », variété de prononciation qui se retrouve ailleurs (*Souvenirs de la Flandre wallonne,* XIX, p. 146, et *Wacquelin* dans De Ram, *Chronique de Dynter,* I, p. cv).

Il était *translateur et escripvaing de livres* au service du duc Philippe le Bon de Bourgogne. Il s'appelle *natif du pays de Picardie,* et il qualifie son langage de *notre langaige maternel que nous disons wallet* (Var. *walecq* [1]) *ou françoys* (*Girard de Roussillon,* p. 24). Il est remarquable que le duc contrôlait ou revoyait le langage de son traducteur : un courrier porta *à mons*[r] *le duc à Bruges pluiseurs quayers du livre Gerart de Roussillon, que mon dit seigneur le duc avoit fait translater à Mons de latin en franchoix, car il volloit veir les dits quayers pour le langaige, avant qu'il fuissent en parcemin* (*Souvenirs* etc. p. 144-5).

Wauquelin habita Mons depuis 1445 jusqu'à sa mort, qui le surprit le 7 septembre 1452, probablement à Gand, où il était tombé malade.

Nous avons de lui : 1, une *Histoire d'Alexandre le Grand,* mise en prose d'après le roman en vers alexandrins et écrite avant 1446 (d'après Paulin Paris) en Picardie, pour Jean de Bourgogne, comte d'Étampes, gouverneur de la Picardie et cousin germain du duc Philippe ; — 2, la traduction de l'*Historia regum Britanniae* de Galfrid de Monmouth, 1445 ;

1. Gillon le Muisit appelle aussi son dialecte qui est le wallon « le walesc ». Ce mot provient du pays allemand adjacent, où l'on appelait la langue française le *walisc,* plus tard *wælsch.*

— 3, la traduction des *Annales Hannoniae* de Jacques de Guyse; Wauquelin termina la première partie en 1446 et la seconde en 1448 ; la traduction parut à Paris en 1531 sous le titre : *Illustrations de la Gaulle Belgique* (voir Brunet, *Manuel* II 1836) ; — 4, celle des *Chronica ducum Lotharingiae et Brabantiae* de Dynter, contemporain du traducteur, vers 1447, publiée par De Ram dans la *Coll. des Chroniques belges ;* — 5, un *Girard de Roussillon,* mis en prose d'après le roman français en vers alexandrins et achevé le 16 juin 1447, publié par De Montille (Paris 1880) ; — 6, le roman en prose de la *Belle Hélène de Constantinople,* 1448 ;—7, la traduction du *Gouvernement des princes* de Gilles de Rome, 1450 ; — 8, le roman en prose de la *Manekine.* Les nos 3-7 (et peut-être le no 2) furent commandés par le duc Philippe [1].

On a plusieurs manuscrits que l'on croit écrits de la main de Wauquelin : un manuscrit de Jacques de Guyse, à la Bibliothèque royale de Bourgogne 9244; un autre manuscrit, corrigé de la main du traducteur, à la Bibliothèque de Mons 290 (anc. 122); un volume dépareillé de la traduction de Dynter, livres V et VI, à Bruxelles 10229; un exemplaire de la *Belle Hélène, ib.* 9967; la traduction de Gilles de Rome, *ib.*

1. Pour plus de détails je renvoie aux ouvrages suivants : De Ram, Introduction de son édition de la *Chronique de Dynter.* Bruxelles, 1860, I, p. XCIX-CXVI. *Souvenirs de la Flandre wallonne,* XIX, 1879, p. 139-155. Paul Meyer, *Girart de Roussillon.* Paris, 1884, p. CXLII suiv. Barrois, *Bibliothèque protypographique,* Paris, 1830. Oskar Richter, *Die Franzœsische Literatur am Hofe der Herzœge von Burgund* [Thèse de Halle], 1882, p, 29-30.

9043. Je ne peux pas vérifier si le Froissart copié par Wauquelin se trouve parmi les manuscrits connus.

Deux des volumes précités représentent Wauquelin faisant hommage de ses œuvres au duc de Bourgogne. Ces miniatures ont été reproduites dans le *Messager des sciences historiques,* à Gand, année 1825 p. 301, et année 1846 p. 169. Au-dessous d'une autre miniature du ms. 9967 (*Messager* de 1846, p. 195) on peut voir quelques lignes de l'écriture de Wauquelin. En les confrontant avec le fac-similé du manuscrit viennois de *Girart de Roussillon,* publié par M. de Montille, p. 530, je crois constater la même main. Une miniature de ce manuscrit, qui représente le duc Philippe acceptant l'hommage de Wauquelin, nous offre un troisième portrait du traducteur.

Le manuscrit unique de la *Manekine en prose* est à la Bibliothèque de l'Université de Turin (L. IV 5, anc. gall. g I 2). Il a été décrit par Pasini, *Codices manuscripti bibl. regii Taurinensis Athenaei.* Taurini, 1749, II, 462, et par Stengel, *Mittheilungen aus Franzœsischen Handschriften der Turiner Universitætsbibliothek.* Marburg, 1873, p. 39. M. Gaston Paris fut le premier à soupçonner, à l'occasion de la publication de Stengel, que notre texte n'était autre chose qu'une version en prose de la *Manekine* (*Romania* III, 110). Malheureusement, le texte n'est pas complet : une main barbare a déchiré le papier du manuscrit pour s'approprier les miniatures. Le manuscrit semble exécuté à Mons avant la fin du xve siècle. Toutefois, des fautes comme *comment soller* pour *consoller* (chap. LIV) nous empêchent de le regarder comme l'original du roman de Wauquelin. Il contient une vie de saint Druon, ou Drogon, de Sebourg (Nord), † 1186, traduite du texte latin des *Acta Sanctorum,* Apr. II, 443, et une vie de sainte Vaudru, patronne de la ville de Mons, *Waldetrudis* en latin, † 686. Cette dernière traduction se rapproche moins du texte des *Acta Sanctorum,* Apr. I, 829, que du texte édité par Philippe Herving.

Wauquelin était assez voisin du temps de Philippe pour pouvoir le comprendre. Une fois il a pris *eus* pour *les yeux* au lieu du pronom *eux* (chap. XXV. = v. 1433), ce qui ne change rien au sens. Il suit pas à pas le poème, dont il reproduit jusqu'aux réflexions du poète sans nous cacher qu'il les y a trouvées (chap. XXV *L'escripture nous ensaigne et aprent que amours est...*). Le seul changement, ou plutôt enrichissement, du récit de son original qu'il se soit permis, c'est qu'il l'a rattaché à l'histoire. Dans le chap. II il identifie le roi de Hongrie avec le roi Salomon de Hongrie (régnant de 1063 à 1074) qui épousa Gisle, fille de l'empereur Henri d'Allemagne, tandis que selon Philippe la reine de Hongrie est la fille du roi d'Arménie. Ce changement en a occasionné un autre au chap. LXIII, où l'Arménie revient à la Manekine, non parce qu'elle est la fille du roi d'Arménie, mais comme héritage de sa grand-mère. Dans le chap. XXXIII Wauquelin appelle le roi de France Philippe (il s'agit de Philippe I), et celui d'Écosse *Cononus, en Franchois Conon* [1]. Dans le chapitre suivant il appelle le comte

1. Ce nom est peut-être une réminiscence de Conan, prince

de Flandres Robert le Frison († 1093), et il énumère les seigneurs qui participèrent au tournoi de Ressons. Il ajoute une remarque sur la première croisade. Dans le chap. LX il donne des renseignements sur le pape Urbain (Urbain II).

Wauquelin ne nous dissimule pas que son histoire a été *jadis composee en rime par ung nommé Phelippe de Fini* (chap. II). Cette étrange défiguration du nom de Remi paraît provenir de l'unique manuscrit du roman en vers, où le scribe a écrit : *Phelíppes de Rím* (voir les fac-similé chez M. Bordier, p. 156 et 214). Le *R* a pu passer pour un *F*, et une petite égratignure au-dessus du dernier jambage du mot pour l'accent d'un *í*. Wauquelin reproduit d'autres erreurs. Dans le manuscrit du roman en vers, le nom du château d'*Evoluic* a été défiguré de plusieurs manières. La première fois il est écrit *Euolint* (v. 2400), ce qui est fidèlement reproduit par Wauquelin (chap. XXXII). Wauquelin ne répète ce nom obscur qu'une fois, où il l'écrit *Eluint* (chap. XXXV), ce qui correspond à *Eluic* (v. 3029) rapproché par Wauquelin de la première orthographe.

Ce qui confirme la supposition que Wauquelin a travaillé sur le même manuscrit de la *Manekine* que nous avons encore, c'est que, d'après le chap. LXV où il renvoie à un autre passage, qui est sans doute le commencement perdu, Wauquelin a écrit son roman pour Jean de Croy, et que nous savons que l'unique

d'Albanie et premier duc de Bretagne. Comp. *Jacques de Guyse*, éd. Fortia d'Urban VI, 72.

manuscrit des poésies de Beaumanoir avait appartenu à Charles de Croy, petit-fils de Jean.

Jean II de Croy fut élu en 1431 chevalier de la Toison d'or, et créé comte de Chimai en 1473 par Charles le Téméraire; il épousa Marie de Lalaing, dame de Quievrain, et après avoir été gouverneur du duché de Luxembourg, il devint capitaine-général et grand-bailli de Hainaut. Voir la *Chronologie historique des ducs de Croy*, p. 157 et *Œuvres de Froissart*, publiées par Kervyn de Lettenhove. *Chroniques*. T. I. Parties II et III, p. 190.

VIII

Jehan et Blonde.

Ce roman est sans doute le meilleur des ouvrages poétiques de Beaumanoir. La fable générale, surtout le récit de la fuite des deux amants, nous rappelle la belle épopée germanique de Walthari et Hiltgunt. Il est, comme celle-ci, plein d'une charmante fraîcheur, et il a comme elle ce mélange de grâce et de vigueur qui est le propre de la jeunesse.

Notre poète commence par la réflexion qu'un jeune gentilhomme ne doit pas rester chez lui, qu'il fait mieux d'aller à l'étranger chercher fortune, comme le fit le héros de cette histoire. C'est Jehan, fils aîné d'un brave chevalier qui, avec ses deux filles et ses quatre fils, habite Dantmartin. Ayant atteint sa vingtième année Jehan se met en chemin pour l'Angleterre monté sur son cheval et accompagné de Robin son valet. Sur le sol anglais il rencontre le comte d'Osenefort, à qui il offre ses services. Le comte le retient comme écuyer de son hôtel, et à Osenefort il le charge de servir sa belle fille Blonde comme écuyer tranchant. Jehan s'éprend d'elle jusqu'à tomber malade [1]. Compatissant à son mal elle lui en demande la cause, et après lui avoir arraché le secret de son inclination, elle lui promet, après sa guérison, de devenir son amie. Sur cette promesse Jehan est bientôt guéri. Mais vainement attend-il que son amie lui donne la moindre preuve d'amitié ou d'amour. A la fin il prend courage et lui rappelle sa promesse. « Ce n'est que pour vous remettre en santé, » répond-elle, « que je l'avais faite. Ne vous imaginez pas que je vous puisse jamais donner mon cœur : ce serait trop m'abaisser. » Voilà Jehan grièvement retombé. Cette fois elle est touchée et elle le guérit par un baiser de « sa douce bouche ». Dès lors Jehan est un amant enviable. Blonde vient toutes les nuits secrètement dans sa chambre, où ils s'entre-tiennent et s'entre-baisent en toute honnêteté. Ainsi s'écoulent deux heureuses années; mais un jour il arrive un messager de France : la mère de Jehan

1. Un jour l'amoureux Jehan, tranchant la viande, se blesse à la main. Voir sur ce trait l'article de M. R. Kœhler dans la *Germania* XXVIII, p. 11-14. — La gorge de Blonde est si blanche que l'on peut y voir couler le vin rouge v. 328. Voir *Jahrbuch für Rom. und Engl. Lit. VI.* 350, *Germania XIX* 349, Rambaud *La Russie épique* p. 415.

n'est plus en vie, son père est mourant; il faut que Jehan revienne pour faire hommage de son fief au roi de France. La tristesse qui s'empare de Jehan pour la mort de sa mère n'est que *rosée* auprès de sa douleur qu'il éprouve à se séparer de Blonde. Celle-ci lui promet de l'attendre fidèlement pendant un an, et lorsqu'il viendra la chercher, de le suivre en France. Jehan arrive à Dantmartin, et ses affaires arrangées il se prépare à repartir pour l'Angleterre avec Robin et avec un palefroi qui est garni de la meilleure selle de dame que Jehan ait pu trouver à Paris. En attendant, Blonde n'oublie pas son amant, et quand le comte de Clocestre, un des plus riches seigneurs d'Angleterre, vient la demander en mariage, et que le vieux comte voudrait la lui accorder, elle obtient un premier délai; et enfin, obéissant à la nécessité, elle déclare qu'après quatre mois révolus elle consentira au mariage.

Jehan passe *le ruisseau* [1]. A Douvre il donne dix livres au marinier qui l'attendra pendant huit jours pour le ramener en France. Jehan arrive un mardi à Londres, où il rencontre le cortège du comte de Clocestre, son rival, qui attend avec impatience le jeudi prochain, que le père de la fiancée a fixé pour le mariage, pendant que celle-ci, avec la même impatience, attend le retour de son amant qui a promis de l'emmener.

Le lendemain à la pointe du jour, quand le cortège du comte se met en marche, Jehan s'y mêle, et le

1. La Manche.

comte lui demande son nom dans un français qui sent fortement le sol anglais. Jehan répond : « Je m'appelle Gautier de Mondidier. » « A quel prix me vendrez-vous ce *palefroi*-là? » « Je vous le vendrai volontiers, si vous me permettez de prendre tant du vôtre que j'en désire. » Le comte, cela s'entend, ne consent pas à un marché si peu favorable (v. *2639-62*). — Vers prime il tombe une pluie qui mouille le cendal vert dont le comte est vêtu. Jehan rit, et le comte veut savoir pourquoi. Jehan répond : « Si j'étais aussi riche que vous êtes, je porterais toujours avec moi ma *maison* pour m'abriter contre la pluie. » Les Anglais éclatent de rire, se moquant de ce *sot Francis* (v. *2673-2705*). — On approche d'une rivière que le comte veut passer à la nage. Le courant l'entraîne, et il va se noyer, quand un batelier survient et lui sauve la vie. Pour oublier sa mésaventure il recommence à plaisanter avec Jehan. « Si je menais un tel cortège, » lui dit ce dernier, « je porterais toujours avec moi un *pont* pour passer les rivières en toute sûreté », ce qui fait encore beaucoup rire les Anglais (v. *2711-88*). — A la nuit tombante ils approchent d'Osenefort. Jehan prend congé du comte : il a jeté *des rets pour attraper un épervier*, et il veut voir s'il l'a pris (v. *2814-46*).

Ce même soir Blonde est en grande inquiétude : si son amant ne vient pas l'emmener, il faudra épouser le comte bon gré mal gré. Avec un coffre rempli de joyaux elle attend Jehan sous le poirier du jardin. Le voilà qui entre par le guichet ; il la met sur le palefroi et, sans oublier le coffre, se dirige avec elle vers

Douvre. Ils chevauchent la nuit par les sentiers des bois ; le jour ils se reposent sous la ramée, où Robin leur apporte du pain et des pâtés.

Arrivé à Osenefort, le comte de Clocestre raconte à son beau-père les plaisanteries de son compagnon de voyage. On s'aperçoit que Blonde a disparu, et son père devine ce qui s'est passé. Il l'explique au comte de Clocestre. « Votre compagnon était sans doute Jehan, un écuyer français qui en ce moment emmène ma fille sur ce même *palefroi* qu'il ne voulait vous vendre qu'à condition de pouvoir prendre du vôtre à son désir (v. *3255-62*). La *maison* pour vous abriter contre la pluie, c'est un manteau ou une housse (v. *3263-76*), et le *pont* signifie qu'il faudrait envoyer quelqu'un de vos gens sonder le fleuve, avant de le passer (v. *3277-96*). Le *filet* c'est l'amour, l'*épervier* c'est ma fille (v. *3297-3319*). Tâchez donc de les surprendre et de vous emparer de votre fiancée. »

Le lendemain le comte accompagné de cent chevaliers se met à la poursuite des fugitifs. A marches forcées ils gagnent le rivage, où l'on fait surveiller chacun des ports par quatre espions. Le comte se loge à Douvre. Jehan s'arrête devant la ville, et il envoie Robin, qui est déguisé, en avant pour avertir le bon marinier, pour se procurer des armes et pour reconnaître la situation. Le marinier lui fournit des armes, et il en garde assez pour armer encore les vingt marins qui servent les avirons du bateau.

Arrivant à Douvre, nos trois fugitifs sont attaqués par les quatre espions, qui, par un signal de cor, appellent le comte, qui accourt à la tête de ses chevaliers. Jehan le combat, le désarçonne et s'empare de son destrier. Suit une mêlée où un moment Blonde est prise par les gens du comte, mais bientôt délivrée par son amant, qui, avec elle, réussit à gagner le bateau.

Tout ce qui suit, quoique longuement développé par Philippe, s'entend de soi-même. Jehan épouse Blonde. Le roi Louis l'élève à la dignité comtale, lui donne les seigneuries de Plailli et de Montmeliant, et se charge de le réconcilier avec le vieux comte d'Osenefort. A la Pentecôte une grande fête réunit à Dantmartin chez le nouveau comte la reine de France, le roi, qui arme chevaliers Jehan et ses trois frères, et le père de Blonde. Celui-ci ne veut plus quitter sa fille, à qui il laisse le choix d'habiter dorénavant avec lui et son mari soit le comté d'Osenefort soit celui de Dantmartin.

Ce roman nous reflète fidèlement la vie chevaleresque de l'époque; il ne contient rien de surnaturel ni d'invraisemblable, et il nous peint, mieux peut-être que de savantes dissertations, les détails de la vie privée au XIIIe siècle. Il est supérieur à la *Manekine* par ses descriptions, qui sont moins vagues et mieux colorées, et par un développement plus accentué de l'élément psychologique.

L'auteur y a mis à profit quelques relations historiques. Les comtes de Dammartin existaient de son temps. Ils étaient alliés avec les comtes de Saint-Paul (comme dans le roman v. *6113*), qui avaient eu la seigneurie de Remy jusqu'à 1245 (de Lépinois, *Re-*

cherches, p. 108). Les comtes de Dammartin avaient eu des relations avec l'Angleterre. Renaut I épousa vers 1190 une petite-fille du roi Etienne (Ide de Boulogne, qui avait eu trois maris avant Renaut). Il s'attacha à la ligue formée par Jean Sans-Terre contre le roi de France, et il fut un des chefs de l'armée anglaise à la bataille de Bouvines. [1] Le premier comte du nom de Jean paraît dans les chartes de 1274 à 1298, ce qui nous porte à présumer que le roman de Jehan et Blonde n'est pas antérieur à 1274 [2].

Quant à la fable de *Jehan et Blonde*, M. Gaston Paris, dans un de ses savants articles de la *Revue critique* (1867 N. 36), a élucidé son origine. C'est lui aussi qui dans la *Romania* x. 580 a signalé le roman de *Horn*, qui, par un passage, nous rappelle d'assez près le récit de Beaumanoir [3].

Quand Horn, banni par Hunlaf du royaume de Bretagne, prend congé de Rimel sa fiancée, elle lui promet de lui rester fidèle pendant sept ans ; si Horn n'est pas revenu au bout de la septième année, elle

1. La pièce curieuse intitulée *Du plait Renart de Dammartin conte Vairon son roncin* et publiée par Jubinal, *Nouv. Rec.* II. 23, ne serait-elle pas une satire dirigée contre le comte Renaut fait prisonnier à Bouvines et privé de ses biens par suite de sa révolte ?

2. Voir l'histoire des comtes de Dammartin dans l'*Art de vérifier les dates*, in-8°, t. XI, p. 434, et le travail de M. Léop. Delisle, *Recherches sur les comtes de Dammartin au* XIIIe *siècle* (*Mém. de la Soc. des Ant. de France*. Quatrième série. T. I. Paris 1869, p. 189-258).

3. Je m'aperçois que dans l'*Hist. litt.* XXII, 565, on avait déjà confronté le passage de *Horn* avec le « roman de Dampmartin ».

est libre de se marier avec un autre (éd. Stengel, v. 2042 suiv.). Les sept années sont presque écoulées quand Horn apprend par un messager que Modin, roi de Fenie, a demandé et obtenu la main de Rimel. Horn se rend en Bretagne. Il change d'habits avec un pèlerin, et il conte à Modin, qu'il rencontre, qu'un jour il a mis dans l'eau un filet pour prendre des poissons : il y a presque sept ans qu'il n'est pas revenu le voir ; à présent il vient examiner le filet : s'il a pris des poissons, il n'aura plus son amour ; s'il en est autrement, il emportera le filet. Entendant ces discours de Horn, Modin et les siens le croient fou. Pendant le repas de noces où Rimel sert à boire, le pèlerin jette dans la corne qu'elle lui présente l'anneau qu'un jour Rimel lui avait donné. Horn lui raconte qu'élevé dans ce pays il avait obtenu pour prix de son service un autour qu'il a mis en mue il y a presque sept ans, avant de l'avoir apprivoisé. A présent il vient le revoir : s'il est en bon état, il l'emportera ; s'il ne l'est plus ou qu'on lui ait brisé les plumes, il ne le regardera plus comme sien. Alors Rimel est certaine de l'identité du pèlerin avec Horn (v. 4045 suiv.).

Dans le poème anglais (éd. Wissmann, v. 1156-65) il n'est question que du filet dont Horn déguisé en pèlerin parle à sa fiancée. Mais le poème anglais ajoute que Rymenhild, avant le premier départ de Horn, avait rêvé d'un filet, et d'un grand poisson qui y entrait malgré elle et qui le déchirait.

Dans une ballade postérieure, le roi Mojoun dit à Horn Childe, qui a saisi la bride de son cheval :

« Laisse aller ma bride, et je te donnerai tout ce que tu voudras me demander. » Horn répond : « Alors je ne te demande rien que la belle Rimnild. » Ce gab nous rappelle celui du cheval dans *Jehan et Blonde*. Pour le gab du filet, *Horn Childe* est en parfait accord avec le *Horn* français, mais la parabole de l'autour y manque.

Une version qui s'approche de *Jehan et Blonde* encore davantage a été signalée par Gœrres, *Die Teutschen Volksbücher*, p. 143. Elle se trouve dans les différentes rédactions du grand répertoire de contes moralisés connu sous le nom des *Gesta Romanorum*. La première rédaction de cet ouvrage paraît être celle que représentent les manuscrits d'Angleterre, et dont la composition remonte à la fin du XIIIe siècle. Cette rédaction qui est inédite a été imitée en Allemagne dans une collection publiée par M. Hermann Oesterley (*Gesta Romanorum*. Berlin 1872), lequel a enrichi son édition de la description détaillée de presque tous les manuscrits qui existent. Cette description nous apprend l'existence de trois versions, que j'appelle A, B, C, ou d'après le premier mot de chacune, les versions *Pollentius*, *Herodes*, *Imperator*. Cette dernière n'est qu'un abrégé de la seconde, où les noms de personnes sont supprimés.

A

Version *Pollentius*.

On en connaît six manuscrits : 1-4 à Londres, Harl. 206 N. 18 (p. 187)[1], Harl. 2270 N. 18 (p. 188), Harl. 5259 N. 18 (p. 192), Harl. 5369 N. 14 (p. 193); 5-6 à Oxford : Bodl. 123 N. 14 (p. 195), Bodl. 837 N. 14 (p. 195), auxquels il faut probablement ajouter la plupart des vingt-quatre autres manuscrits qu'énumère Herrtage, p. XXVII.

Ce texte est inédit, mais on en a trois traductions anglaises qui sont accessibles :

a, celle du manuscrit Harl. 7333, écrit vers 1440. Elle a été publiée par Sir Frederick Madden pour le *Roxburghe Club* en 1838, et par M. Herrtage pour la *Early English Text Society* en 1879 *(the Early English versions of the Gesta Romanorum.* N. XII).

b, celle qui a été publiée par Wynkyn de Worde vers 1510-5, N. XIV. L'unique exemplaire de cette édition se trouve à Cambridge dans la bibliothèque du *St. John's College.* Ce texte, dont une copie m'a été fournie par l'obligeant bibliothécaire du *College*, a été reproduit, d'après une édition modernisée de 1648, répétée en 1703, par Charles Swan, *Gesta Ro-*

1. Renvoi à l'ouvrage d'Oesterley.

manorum or entertaining moral stories ... translated from the Latin. Londres, 1824. I, p. LXV-LXXII, N. XVIII.

Malgré ce qu'on lit à la p. XXII de l'ouvrage de Herrtage, la traduction *b* ne peut guère dériver de la traduction *a*. Pour notre conte, du moins, il est certain que ce sont deux traductions indépendantes.

Un récit gaëlique, recueilli en 1859-60 par Campbell *Popular tales of the West Highlands*, vol. I, p. 281, et analysé par M. R. Kœhler dans *Orient und Occident*, II, 302, provient sans doute de la traduction *b* que l'on n'a pas cessé de réimprimer pendant les XVIe et XVIIe siècles.

c, l'analyse de Douce dans ses *Illustrations of Shakspeare*. Londres, 1807, II, p. 368-370, d'après un manuscrit latin en la possession de l'auteur.

B

Version *Herodes*.

On en connaît vingt-trois manuscrits : 1. à Ratisbonne 47 N. 61, à présent à Munich lat. 26623 (p. 61); 2. à Würzburg M. ch. 89 N. 23 (p. 63); 3. à Tubingen Wilhelmstift X 14 N. 51 (p. 71); 4. à Stuttgard theol. et philos. 184 N. 52 (p. 93); 5. à Fulda B 12 N. 44 (p. 118); 6-8 à Wallerstein b. 6 N. 63 (p. 120), II lat. 8 N. 52 (p. 121), II lat. 23 N. 19 (p. 122); 9-20 à Munich lat. 447

N. 51 (p. 145), lat. 3861 N. 19 (p. 147), lat. 4691 N. 151 (p. 154), lat. 4721 N. 62 (p. 160), lat. 5865 N. 15 (p. 161), lat. 7759 N. 151 (p. 162), lat. 7841[a] N. 151 (p. 162), lat. 8497 N. 19 (p. 163), lat. 9716 N. 63 (p. 168), lat. 18,377 N. 63 (p. 174), lat. 18,786 N. 142 (p. 174), lat. 8484 N. 52 (p. 174); 21. à Colmar Issenhem. 10 N. 23 (p. 176); 22. à Prag. bibl. Fürstenberg. I a 37 N. 63 (?) (p. 181); 23. à Innsbruck lat. 310 N. 151 (p. 750).

a, Cette version a été publiée par M. Oesterley N. 193.

b, On en a une traduction allemande dont on connaît trois manuscrits : 1. à Berlin, ms. de Grimm 81 N. 37 (p. 229); 2. à Zurich C 113 N. 104 (p. 211); 3. à Londres add. 10, 291 N. 104 (p. 213). Cette traduction a été publiée, d'après le manuscrit de Grimm, par Græsse, qui en a rajeuni le langage, dans *Das ælteste Mæhrchen- und Legendenbuch des christlichen Mittelalters oder die Gesta Romanorum.* Dresden 1847, Appendice N. IX.

c, Une ancienne édition de cette traduction a paru à Augsbourg en 1489 N. 59 (p. 243). C'est ce texte qui forme la base du récit de Simrock, *Deutsche Mærchen.* Stuttgart 1864. N. 43.

C

Version *Imperator*.

On en connaît cinq manuscrits : 1. à Gœttingen Luneburg 46 N. 28 (p. 17); 2-4. à Wolfenbüttel 495. 4. N. 28 (p. 39), Helmstad. 353 N. 27 (p. 48), Helmstad. 693 N. 28 (p. 52); 5. à Stuttgard theol. N., 20 N. 30 (p. 96).

Je me propose de publier ces trois pièces latines dans le second volume de cette édition, à la suite des poésies de Beaumanoir.

La comparaison de ces textes avec les deux romans est simplifiée par le fait que les versions des *Gesta* sont tout à fait concordantes, sauf les noms propres et quelques détails insignifiants.

Il était une fois un empereur nommé Pollentius [1], qui régnait à Rome [2], et qui avait une belle fille du nom d'Aglaes [3]. Un des chevaliers de la cour, qui l'aimait, vient un jour lui déclarer son amour. Il ajoute qu'il est sur le point de partir pour la Terre-Sainte [4]: si après sept ans révolus il ne revient pas, elle pourra

1. B Herodes, C ne le nomme pas.
2. manque B a (se trouve dans B b c).
3. manque B C.
4. Bb dans le pays d'Hispania, Bc vers Jaspin.

se marier à qui elle voudra. Mais si elle veut lui rester fidèle durant les sept ans, il espère pouvoir revenir et l'épouser. Elle consent à cette proposition, et le chevalier [1] s'en va.

Peu de temps après, le roi de Hongrie [2] vient demander la main de la jeune fille, qui déclare avoir fait le vœu de rester vierge pendant sept ans. Le roi consent à différer le mariage jusqu'au bout de ce terme.

Au bout de sept ans, le jour même où ils allaient expirer, le roi de Hongrie, richement vêtu de pourpre et de *paile* [3], et accompagné d'un grand cortège, se met en route vers Rome. En chemin il rencontre le chevalier, qui est vêtu d'un manteau et d'un capuchon. Le roi lui demande d'où il vient. Il répond : « De la Terre-Sainte. » Après, quand il commence à pleuvoir, de sorte que le roi est tout mouillé, le chevalier lui dit : « Si vous portiez sur vous votre maison, vous ne vous seriez pas mouillé. » Le roi réplique : « Tu es fou. Ma maison est bâtie de pierre ; comment la pourrais-je porter sur moi ? » — Ils arrivent à un endroit marécageux. Le roi le passe à cheval tout droit, et il en sort entièrement souillé, tandis que le chevalier tourne le marais sans se salir le moins du monde. Il rejoint le roi en disant : « Si vous aviez votre pont sur vous, vous ne vous seriez pas souillé de la sorte. » Le roi objecte : « Mon pont est construit de pierre, il a un demi-mille de longueur ; comment le

1. B a seul ajoute : la baise et
2. B C Apulia (= B c Bülen).
3. Ces mots manquent dans B b c.

pourrais-je porter sur moi? Tu es fou. » — Quand il est temps de dîner, le chevalier régale le roi d'un bon dîner [1], après quoi il dit au roi : « Vous devriez toujours mener avec vous vos père et mère. » Le roi objecte : « Mon père est mort et ma mère est vieille [2]. Tu es fou. » — Quand ils approchent de la ville de Rome, le chevalier prend congé du roi. « Il y a aujourd'hui sept ans, lui dit-il, j'ai tendu un filet [3], et je m'en vais voir en quel état il est. Si je le trouve entier, je l'emporterai et je le garderai. Mais s'il est déchiré, je l'abandonnerai. »

Le chevalier par un sentier détourné parvient au palais, d'où il réussit à emmener la princesse. Le roi n'arrive que le lendemain [4].

[5] Quand il est à table avec l'empereur, il lui raconte les plaisants discours de son compagnon : d'abord celui de la maison. « De quoi était-il vêtu ? » demande l'empereur. « D'un manteau. » « Il était sage, car ce manteau était la maison qui l'abritait contre la pluie. » Suit l'histoire du pont. « Cela signifie, » dit l'empereur, « que tu aurais dû faire examiner l'endroit par ton écuyer, avant de t'y hasarder. » Ensuite nous apprenons que père et mère signifient du pain et du

1. B a de pain et de vin, B b c de fromage et de pain et de boisson.

2. B a *Pater meus mortuus est et mater mea bene sexaginta annos habent in etate*, B c mon père est vieux, ma mère est morte, C *Pater meus jam mortuus est et mater sexagenaria est.*

3. B b j'ai été pris dans un filet.

4. le lendemain B a C] manque A B b c.

5. A ajoute : le roi change d'habits.

vin [1], et que le filet [2] désigne la fille de l'empereur, laquelle, comme alors on le découvre, s'est esquivée avec le chevalier.

L'explication allégorique qui suit est différente dans BC et dans A.

Je crois que notre tradition s'est développée de la manière suivante. Le roman français de *Horn,* auquel, contrairement à l'opinion de M. Ward, *Catalogue of romances,* I, p. 456, j'attribue plus d'originalité qu'aux poèmes anglais, contient le germe d'où est venu le récit populaire du treizième siècle. De ce récit nous connaissons deux versions : celle des *Gesta* où un roi rencontre un chevalier habillé en pèlerin, et où a été gardée à peu près la forme originale de la parabole du filet, et celle qui, sous une forme développée et altérée, nous est transmise par Beaumanoir. La situation des prétendants est partout la même : un puissant seigneur qui va prendre une jeune épouse rencontre un chevalier à qui elle s'était secrètement fiancée. Comme le chevalier est plus prudent que le roi et qu'il porte un simple habit de pèlerin, protégeant mieux contre la pluie et moins gâté par la fange que les habits de noces de l'autre, l'idée se présentait d'elle-même d'exposer les deux prétendants à la pluie et de leur faire passer une rivière pour occasionner les deux *gabs* de la maison et du pont.

1. C *cibum et potum.*

2. Ici Ba seul a la leçon : *Si vero piscem accepit,* ce qui correspond parfaitement avec le roman de Horn v. 4051 (*Si el peissuns ad pris*). Faut-il pour cela intervertir les rôles des versions *Pollentius* et *Herodes,* et regarder celle-ci comme l'original de celle-là ?

A ces *gabs* la version des *Gesta* a ajouté celui de père et mère signifiant du pain et du vin, et la version de Beaumanoir l'entretien sur le cheval que Jehan ne vendra qu'à condition de pouvoir prendre sur le bien de l'autre tant qu'il voudra [1].

IX

Jehan et Blonde *transformé en livre populaire.*

M. Gaston Paris a le premier confronté le roman de Jehan et Blonde (*Revue critique* 1867, N. 36) avec celui de Jehan de Paris qui, en effet, en reproduit tous les traits principaux, et qui, par conséquent, en dérive, malgré l'assertion contraire de l'auteur, qui prétend l'avoir *translaté d'espaignol en langue françoise* (éd. par M. de Montaiglon de 1867, simplement reproduite en 1875, p. 125). L'analyse suivante fera voir que les fiançailles publiques contrecarrées par une promesse secrète de la prétendue, le voyage commun des deux rivaux et jusqu'aux discours énigmatiques de Jehan s'y retrouvent.

Le roi de France vient au secours du roi d'Espagne

1. La phrase *Ensi comme je truis en conte JBl.* 4386 n'est sans doute qu'une cheville, qui équivaut à cette phrase de la *Manekine* v. 8520 : *si cum je sui lisans.* Je ne crois pas que Philippe se soit servi d'une source écrite.

menacé d'une insurrection de son peuple. Il réussit à rétablir la paix, et quand il se dispose à partir, le roi et la reine d'Espagne le prient de vouloir bien prendre soin de leur fille encore au berceau. Le roi de France les rassure : elle n'aura d'autre mari que son fils unique Jehan, âgé alors de trois ans.

Le roi de France meurt bientôt après, et la reine gouverne le royaume. Lorsque son fils vient sur ses dix-huit à vingt ans, et la fillette sur ses quinze, le roi d'Angleterre, vieux et veuf, envoie le comte de Lancastre la demander en mariage. Elle lui est accordée, et le roi se met en route pour l'Espagne. Il séjourne d'abord à Paris, avec une suite de quatre-vingts chevaux seulement. La visite du roi chez la reine-mère rappelle à celle-ci l'ancienne convention avec le roi d'Espagne; elle envoie secrètement chercher son fils qui chasse le sanglier à Vincennes. Après avoir accueilli avec enthousiasme le projet de son mariage avec la princesse espagnole, il trace un plan qui lui permettra de s'approcher d'elle et de la voir avant de se décider pour ou contre. Pendant les huit jours que le roi d'Angleterre passe à Paris, Jehan fait en secret tous ses préparatifs ; il évite le roi si bien que ce dernier ne l'a pas même vu quand Jehan, un peu avant le départ du roi, quitte secrètement la ville. Le roi s'étonne fort lorsqu'il apprend qu'il a devant lui une grande compagnie de gens fort bien accoutrés. [1] Son héraut qu'il envoie aux informations lui rapporte que ceux qu'il a vus devant lui ne sont que des suivants ;

1. J'emprunte la phrase suivante à l'analyse de M. de Montaiglon.

que leur maître, Jehan de Paris, est en avant d'eux, habillé comme les autres, reconnaissable seulement à un petit bâton blanc qu'il tient à la main et escorté de deux cents cavaliers sur des chevaux tous d'un poil. Le roi, désireux de parler au maître de toutes ces merveilles, le rejoint et lui demande son état et le but de son voyage. Jehan répond : « Je suis le fils d'un riche bourgeois de Paris qui trépassa il y a longtemps et me laissa beaucoup de biens. *J'ay deliberé d'aller jusques à Bourdeaux, et ailleurs si le courage le me conseille.* » A Artenay, le roi pour son souper ne trouve plus rien de bon, tout ayant été enlevé par les fourriers de Jehan. Le roi aurait eu un maigre souper si Jehan ne lui avait envoyé dans de la vaisselle d'or toutes sortes des meilleurs plats du monde. A la messe du lendemain Jehan offre au roi une place dans son pavillon.

Un jour qu'il tombe de la pluie, Jehan et ses gens mettent leurs manteaux et leurs chaperons à gorge, tandis que les Anglais, qui ne connaissent pas cette sorte de vêtements, n'ont rien pour se couvrir. Jehan se moque d'eux en disant au roi : « Vous qui êtes roi d'Angleterre, vous devriez faire porter à vos gens des maisons pour les couvrir contre la pluie. » « Il faudrait des éléphants, » réplique le roi, « à porter tant de maisons. » (p. 50-52). — Derrière Bayonne ils arrivent à une rivière. Au passage des Anglais, qui sont mal montés, il y en a soixante ou quatre-vingts de noyés, tandis que Jehan et les siens, qui sont bien montés, passent la rivière sans danger. Comme le roi s'étonne que Jehan n'ait perdu aucun de ses hommes, celui-ci répond : « Vous devriez faire porter un pont pour passer vos gens. » Le roi se met à rire et dit : « Vous me donnez là de bons conseils. Or sus, car je suis fort mouillé. » (p. 53-54). — Un autre jour le roi désire savoir de Jehan quelle affaire le mène en Espagne. « Il y a environ quinze ans, » répond Jehan, « que feu mon père tendit un petit lacs à une cane, et je viens voir si la cane est prise. » « Si elle était prise, » objecte le roi, « elle serait pourrie et mangée des vers. » « Vous ne savez pas, » réplique Jehan, « que les canes de ce pays ne ressemblent point aux vôtres : car elles se gardent longtemps sans pourrir. » (p. 55).

Près de la ville de Burgues (= Burgos), Jehan demeure en arrière. Le roi fait son entrée; il est honorablement reçu du roi d'Espagne.

Pendant qu'on est à table, deux hérauts arrivent avec cinq cents chevaucheurs pour demander au roi d'Espagne un logis pour Jehan de Paris. Ce Jehan de Paris est inconnu en Espagne, mais le roi d'Angleterre s'empresse de renseigner les Espagnols sur ce bourgeois de Paris, qui mène le train le plus fastueux que jamais homme ait mené. Seulement il doit être un peu fou, ajoute le roi, racontant ses conseils absurdes sur les maisons et le pont, et l'histoire du lacs et de la cane dont Jehan l'avait régalé en chemin (p. 61-3).

Le roi d'Espagne cède aux Parisiens un quart de la ville pour s'y installer avec leurs dix mille chevaux, leurs chariots chargés de tapisseries, de vaisselle etc. La princesse et toute la cour voient passer devant le palais cette procession interminable. Enfin on aperçoit Jehan de Paris qui porte un petit bâton blanc à la main et un collier d'or au col. Au premier coup d'œil il s'éprend de la princesse et elle de lui. Elle le salue avec un *couvrechef de plaisance;* il fait sauter son cheval et saisit l'objet, la remerciant gracieusement.

Ensuite, quand Jehan de Paris est à table avec les rois d'Espagne et d'Angleterre, et qu'il a donné l'explication des maisons, qui signifient des manteaux et des chaperons à gorge (p. 109), et du pont, qui signifie de bons chevaux (p. 110), on lui demande celle de la troisième énigme. Alors Jehan de Paris dit : « Il y a environ quinze ans que le roi de France, feu mon père, vint en Espagne pour pacifier ce royaume, et quand il se disposait à partir, vous lui donnâtes votre fille pour la marier où bon lui semblerait. Il vous répondit que ce serait avec moi. *C'est le lasson, et veez cy la canne que je suis venu veoir si elle est prinse.* » (p. 111). Ayant prononcé ces paroles, Jehan rebrasse ses manches, et il fait voir du velours bleu semé de fleurs de lis d'or. Le roi et la reine d'Espagne se jettent aux pieds du roi de France. La princesse préfère sans hésiter le jeune roi au vieux, qui se retire tout penaud. Jehan épouse la princesse, qui lui donna deux fils, dont l'aîné, après la mort de son père, devint roi de France, et l'autre, après la mort de son grand-père, roi d'Espagne.

La comparaison de ce récit avec celui de Beaumanoir nous fait voir quelques divergences : des quatre remarques paraboliques de Jehan, il manque la première (Jehan ne vendra son palefroi qu'à condition qu'il pourra prendre du bien du comte tant qu'il voudra). La maison, qui chez Philippe signifie une *houce ou chape* (que Jehan pourtant ne possède pas), reçoit la signification de manteaux, que portent Jehan de Paris et ses gens. Le pont, qui chez Philippe désigne un valet précédant pour sonder l'eau, indique de bons chevaux. L'auteur oublie de nous conter qu'en passant le fleuve le roi d'Angleterre tombe dans l'eau, et pourtant il lui fait dire dans la suite qu'il est fort mouillé (p. 54). En revanche, il nous raconte que des gens du roi *il y eut de trois à quatre vings de noyez* (p. 53). La *boresche* tendue à l'épervier est remplacée par un petit lacs tendu à une cane.

Malgré ces divergences on peut, de la concordance de plusieurs détails, conclure d'une manière incontestable que le roman du xve siècle dérive de celui du xiiie : le héros de l'un et l'autre s'appelle Jehan ; celui qui est la dupe est Anglais ; le terme fixé par le père de la fille est de quatre mois (v. 2367, *Jehan de Paris* p. 25).

Remarquons encore que dans les contes latins le récit d'un *gab* est toujours immédiatement suivi de l'explication qu'en donne l'empereur, tandis que dans *Jehan de Paris* comme dans *Jehan et Blonde* l'explication n'est donnée qu'après l'achèvement du récit entier.

Je regarde donc toutes les divergences entre les deux romans français comme des altérations opérées par l'auteur de *Jehan de Paris,* ou peut-être par sa source directe; car probablement le roman du xve siècle provient du roman en vers par l'intermédiaire d'une mise en prose du xive siècle. Cependant je penche à attribuer au dernier remanieur les altérations les plus marquantes : ce n'est sans doute que par lui que Jehan de Dantmartin s'est transformé en roi de France, le comte qu'il évince en roi d'Angleterre, Blonde en princesse espagnole. Le premier de ces changements a induit l'auteur à entourer son héros de ce faste interminable, pour lequel on a déjà renvoyé au récit du moine de Saint-Gall [1].

X

Petites poésies.

Le manuscrit ne leur donne pas de rubriques. On peut inférer le nom de *Salu d'amours* de l'avant-

1. La popularité de *Jehan de Paris* est attestée par les passages recueillis par Bauquier, *A travers la langue d'oc* (Montpellier 1879) p. 15, et par un conte populaire communiqué par M. Cosquin dans la *Romania* X 559. M. Reinhold Kœhler me signale un conte russe publié par Afanasiev V. 49 et analysé par Ralston dans *The Folk-Lore Record* I p. 92 ; comme il y est question de la cane, ce récit ne peut provenir que de *Jean de Paris*. Le même savant me renvoie encore à un conte ossète publié et traduit par Schiefner dans le *Bull. de l'Ac. de Saint-Pétersbourg* t. XII 1868 p. 199, où se retrouve la parabole du pont. — M. Vinson, dans la *Revue de l'histoire des religions* I. 139, mentionne un drame basque sur l'histoire de Jean de Paris.

dernier vers du poème, celui de *Conte d'amours* des expressions du commencement, celui de *Conte de Fole Larguece* du commencement et de l'*Explicit.*

I. Salu d'amours (f. 97 [a]).

Sous la forme d'une lettre, Philippe promet à la blonde dame qu'il aime de lui raconter comment dame Amour lui a ravi son cœur, comment elle l'a mené en prison et confié à la garde de sa bien-aimée, à qui Philippe fait la prière de vouloir bien lui remettre les dix peines qui lui ont été infligées suivant la charte de Trahison.

Un jour qu'il se trouve à une danse, Philippe se sent blessé par une flèche que du gent corps de sa dame Amour lui a lancée droit à l'œil. Cette flèche figure la beauté de la dame, le pennon sa belle tête et le fer son regard. Amour envoie Orgueil, Cointise et Trahison le sommer de se rendre. Il se laisse conduire chez Amour sans résistance. Orgueil l'accuse d'un grave délit : d'avoir pris par le doigt la dame qu'il aime. Amour lui promet un jugement équitable; en attendant Philippe lui laissera son cœur en gage. On le jette dans une prison qui s'appelle Pensée et qui est sous la garde du geôlier Espoir. — Amour mande ses vassaux. Les bons, pour le malheur de l'accusé, font défaut. Ceux qui comparaissent sans *contremander* sont Orgueil, Cointise, Envie, Médisance, Trahison. Loyauté envoie son messager, Sens ou Sapience, qui déclare que son maître est retenu par des affaires urgentes et qu'il prie Amour d'accepter ce *contremant*. Pour ne pas être contrarié par Loyauté, les perfides barons de la cour veulent hâter la décision, et Philippe, cédant aux instances de Trahison, lui laisse le jugement. Quand il est couché par écrit, Philippe est requis de le signer et de le munir de son sceau. La teneur inflige au délinquant ces dix peines : de rester toujours dans la prison de Pensée, de soupirer, de douter, de veiller, de s'étendre, de désirer, de porter dans son cœur l'image de sa dame, d'être jaloux, d'avoir tantôt chaud et tantôt froid, de se désespérer. La lecture de la charte est à peine achevée, que Loyauté arrive avec cinq de ses gens (Franchise, Débonnaireté, Sens ou Sapience, Pitié, Espérance), ce qui cause un tel ennui à Orgueil, à Médisance et à Envie, qu'aussitôt ils partent sans prendre congé. Ils s'en vont à la cour de France où ils sont bien accueillis et aimés; et *se je le roi ne doutaisse, de ceste matere parlaisse,* ajoute le poète. — Philippe s'agenouille devant Loyauté, et il lui lit les cruelles peines que Trahison vient de lui infliger. Émus de pitié les barons s'agenouillent devant dame Amour. Celle-ci ne veut pas casser le jugement de Trahison, mais elle veut bien consentir à une diminution de peine : elle change les peines perpétuelles en temporaires; elles devront cesser aussitôt qu'il plaira à celle « qui peut donner des joies les souveraines ». Philippe devra adresser à sa dame des *ditiés* et des chansons, et lui envoyer rimée l'histoire de son procès. Il tient sa promesse en composant notre poème.

Seule parmi les poésies de Philippe, celle-ci nous

révèle en lui l'homme de loi. Cependant son bon goût et la *mesure* qui lui est propre l'ont préservé de suivre trop exactement les règles du procès criminel. Ce plaid à la cour d'Amour aurait pu être représenté aussi bien par une personne étrangère à la jurisprudence. Le seul passage où un renvoi aux *Coutumes du Beauvaisis* ne paraît pas déplacé, c'est le *contremant* de Loyauté (v. 273 suiv. 354), qui nous rappelle le § 31 du IIIe chapitre, qui traite du *contremant* par messager.

Remarquons que tous les alinéas du poème (sauf le premier alinéa, qui sert de préambule) commencent par le même couplet :

A tant, bele tresdouce amee,
Cent mile fois douce clamee.

Au commencement du troisième alinéa *A tant* est remplacé par *Saciés*.

J'ai à peine besoin de signaler ici l'influence du *Roman de la Rose*, et le goût pour les moralités et les procès allégoriques qui se prépare et qui dominera pendant le XIVe siècle.

2. CONTE D'AMOURS (f. 103 ^d^).

On avait appelé cette pièce « Complainte d'amour ». Cependant au commencement elle annonce un conte et à la fin elle n'a rien de plaintif.

Le poète nous raconte comment il est repoussé par

sa bien-aimée, qui ne peut pas même souffrir sa présence. Pourtant, ayant renouvelé sa prière, grâce à l'intercession de Pitié, il est mieux accueilli et récompensé d'un baiser.

Après 30, 3 il manque un feuillet du manuscrit qui doit avoir contenu, outre huit vers de la strophe 30 et onze vers de la strophe 31, dix strophes dont il ne reste plus rien du tout. Les strophes perdues racontaient que Philippe, se promenant dans le bois pour soulager son chagrin, eut un songe : Pitié lui apparaissait, l'encourageait à renouveler sa prière (31, 11 et 32, 1-12), et lui promettait de vouloir intercéder pour lui auprès d'elle (37, 10 et 44, 4).

3. Conte de Fole Larguece (f. 107 [a]).

C'est un *fablel*, qui, par conséquent, devra entrer dans le *Recueil général et complet des Fabliaux* que publient MM. de Montaiglon et Raynaud.

Un saunier, qui demeure à quatre lieues de la mer où il va chercher du sel pour le vendre après, s'avise de prendre femme. Avant de s'absenter, il n'oublie pas d'enjoindre à sa femme de bien vendre le sel qui reste. Elle le promet, mais au lieu d'en vendre, elle chante, elle jase, et, qui pis est, elle donne le sel gratis aux commères du voisinage. Ayant découvert ses folies, un beau jour le mari la persuade de l'accompagner au bord de la mer. Ils prennent et reportent du sel, chacun sa charge. Bientôt la femme est lasse, et il faut que le mari prenne sur lui le tiers de sa charge.

Mais de nouveau les forces l'abandonnent, et elle est près de succomber quand, vers minuit, ils atteignent leur maison. La voilà radicalement guérie de sa folle largesse. Elle devient si bonne ménagère qu'au bout de deux années elle a économisé assez d'argent pour acheter deux chevaux, qui désormais permettront au saunier de débarrasser son dos en chargeant le sel sur une charrette.

Les réflexions du poète sur la largesse folle et la largesse sage (v. 1-44. 402-19) rappellent le § 7 du 1er chapitre des *Coutumes du Beauvaisis,* où il est question des qualités d'un bon bailli.

4. Ire Fatrasie (f. 109 d).

Une *fatrasie* — ou *des fatrasies,* comme on disait au moyen âge — est du non-sens rimé pour produire un effet comique. C'est le précurseur du coq-à-l'âne et de l'amphigouri (voir l'*Hist. litt.* XXIII, 503-9 et la *Romania* VII, 236-7). Je ne crois pas, comme M. Bordier, que le poème de Philippe doive son origine à un jeu de société, ni que la miniature qu'il a reproduite, p. 313, représente « cette société de joueurs et versificateurs où chacun rime à son tour et renvoie la rime à son voisin » : la miniature, représentant un homme qui vient demander conseil à d'autres, ne fait qu'illustrer le premier vers de la pièce.

Philippe, dans le dernier vers, qualifie son poème d'*oiseuses.* D'autres pièces du même genre sont appelées dans les manuscrits des *fatrasies* (Jubinal, *Nouv.*

Rec., II, 208), des *fatras* (Jubinal, *Lettres sur les mss. de la Haye*, p. 47.201, ou Scheler, *Dits de Watriquet de Couvin*, p. 295), des *resveries* (Jubinal, *Jongleurs et trouvères*, p. 34; Jubinal, *Lettres sur les mss. de la Haye*, p. 253), des *traverses* (*ibidem*, p. 253).

5. Lai d'amours (f. 110 d).

Le poète fait une description détaillée de sa maîtresse; il la prie de récompenser son fidèle amour. Elle le lui promet à condition qu'il soutiendra bien l'épreuve.

La valeur de cette pièce consiste en sa forme, que j'examinerai plus tard (p. cxlviij).

6. Ave Maria (f. 112 d).

Je ne saurais dire si cet *Ave Maria* n'a pas passé dans les livres d'heures.

En racontant la légende de Théophilus Philippe se rapproche de l'*Ave Maria* de Rustebuef, qui y a inséré aussi l'histoire entière du célèbre vidame.

7. IIe Fatrasie (f. 113c).

Je traiterai plus tard de la strophe de cette fatrasie. Elle rappelle le *Wahtelmaere*, en moyen haut allemand (publié par Massmann dans ses *Denkmæler Deutscher Sprache und Literatur*, 1828, p. 105). « Il y avait une riche jarre à vinaigre, dont la mère portait dans son flanc un ours. Elle accoucha d'un taureau, qui devint un grand âne. » etc.

8. Salut a refrains (f. 114c).

La fin de ce poème a disparu avec le feuillet qui contenait aussi le commencement du *Roman du Hen*.

Les deux derniers vers de chaque strophe forment un refrain connu de mesure inégale, rimant avec l'avant-dernier vers.

Ces refrains appartiennent à la poésie populaire. C'est à M. Karl Bartsch, dont on connaît l'érudition en matière de versification du moyen âge, que je dois l'indication que ces refrains se trouvent ailleurs, et les renvois aux ouvrages ou aux manuscrits où ils se trouvent.

a. *En bone amour ai*
Mon cuer mis.

se trouve dans le *Recueil de Motets français*, publié par M. Gaston Raynaud, II, p. 25, n. 71.

b. *Bien sai qu'ele m'ocira*
Se amours ne la vaint pour moy.

se trouve dans un *Salut d'amour* qu'a publié M. Paul

Meyer dans la *Bibliothèque de l'École des Chartes,* 1867 (série vi, t. III), p. 158.

c. *De deboinaireté*
Vient amors.

se trouve dans le ms. français 845, f. 171 [c] comme refrain de la deuxième strophe de la chanson anonyme *Quant je voi esté;* dans le ms. français 837, f. 271 [a], comme fin de la 19[e] strophe d'un *Salu d'amours;* dans le *Recueil de Motets,* I, p. 61, n. 41, f. 125 [r].

d. *Ci me point une estincele*
Au cuer desous la mamele.

se trouve dans Jubinal, *Nouveau Recueil,* II, 235.

e. *Dix! pour coi la regardai,*
Quant si voir oel traï m'ont?

se trouve trois fois dans le *Recueil de Motets,* I, p. 75, n. 52, f. 137[r]; p. 98, n. 73, f. 160[v]; II, p. 11, n. 36. Comparer aussi II, p. 9, n. 3.

f. *Douce dame a qui je sui,*
Pour Dieu merci.
g. *Jolis sui, jolis!*
Ce me font amors.
h. *Se pour bien amer doit nus avoir*
Joie, je l'arai.

se trouve dans la *Cour d'amour, Romania* X, 522, n. 6 :

Se pour bien amer doit nus hons *avoir*
Goie, je l'arai.

On connaît d'autres saluts à refrains. Il en a été publié un par Jubinal, *Nouveau Recueil,* II, 235, et un autre par M. Paul Meyer, *Bibliothèque de l'École des Chartes,* 1867, p. 154. Celui-là, qui maintient l'ancienne déclinaison dans sa pureté, paraît antérieur à celui de Philippe. Celui-ci partage avec le nôtre cette particularité de répéter au commencement de chaque strophe quelques mots du refrain qui finit la précédente.

XI

Langue des poésies de Beaumanoir.

Dans quel dialecte Philippe a-t-il rédigé ses poésies? C'est une question assez difficile. Probablement né à Lorris, d'une mère dont la famille nous est inconnue, il aura entendu dans sa jeunesse le parler du Gâtinais à côté du parler Beauvaisin dont, sans doute, se servait son père, et qu'il doit avoir entendu plus tard dans les possessions de sa famille à Remy. Quand même nous saurions que la mère de Philippe était originaire du Beauvaisis, comme l'était la seconde femme du père, nous ne serions pas pour cela autorisés à attribuer au fils un dialecte pur quelconque. Tout ce que, d'avance, il sera permis de supposer, c'est que le parler du Beauvaisis devait prévaloir dans ses poésies, et que sa langue avait subi l'influence de la littérature antérieure, en tant que la lecture de Philippe l'avait embrassée [1].

Pour la langue, les *Coutumes du Beauvaisis* sont toujours un témoin sujet à caution; les manuscrits qui

1. Philippe fait allusion à la guerre de Troie *Man.* 395, à l'histoire de Tristan *JBl.* 423, au chant d'Agoulant et de Hiaumont I *Fatr.* 30, à l'enfance de Lancelot I *Fatr.* 43, au traître Guenelon *Sal.* 244, à la fable du renard et des mûres *JBl.* 4490 et à la légende de Théophilus, qui fit hommage au diable et écrivit la charte avec son sang *Man.* 5739 *Ave* 4, 5. De la fable je ne connais pas de version française où les raisins soient remplacés par des mûres; dans *Amis et Amile* (v. 571 s.) il s'agit de cerises. Des deux traits mentionnés de la légende de Théophilus l'un manque chez Rustebuef, l'autre chez Gautier de Coincy; peut-être que Philippe a connu cette légende d'après un récit en prose. Dans un passage du *Conte d'amours* 7, 1-3 *(Dame, ne samblés pas celi Qui jadis ocist son ami Par sa deffaute a grant martire)*, on peut voir une allusion à la troisième strophe du *Salut à refrains*, publié par Jubinal (*Nouveau Recueil*, II, 235) où l'on trouve racontée en quelques mots une histoire qui, si le récit était moins pauvre en détails, pourrait être prise pour le germe du roman du châtelain de Coucy. — Philippe mentionne les *motets Sal.* 985; c'est sans doute là qu'il a pris la plupart des refrains populaires employés dans la dernière pièce de ce recueil. — Il cite la Sainte Ecriture *FLarg.* 408 (*Eccli.* 33, 29) et 412. — Enfin, il est possible de voir avec l'*Hist. litt.* XXIII, 507, dans un vers de la I *Fatr.* (v. 13, *Dame Aubree, ou est alee Marions ?*), une allusion au fableau de Dame Auberee, lequel est d'origine beauvaisine.

Deux vers de la *Manekine* (1425-6) :

Et tuit oel se sont par nature
Plus fol que bestes en pasture,

nous en restent font voir autant de divergences dialectales que la plupart des monuments de l'ancienne littérature française. Il se peut que quelques formes que l'on rencontre aussi bien dans les *Coutumes* que dans les poésies de Beaumanoir représentent pour cela même la prononciation de l'auteur, comme *ani* et *aniëus* (*Man.* 6235, 4867. *Cout.* T. I, p. 3. 5, 19. 30, 19. 63, 16) pour *anui* (*Man.* 886) et *anuieus* [1], ou comme *omni Sal.* 137 *Cout.* 1, 36. 26, 8 pour *onni Man.* 1589. Toutefois cela ne nous avancera guère. Il est probable que Philippe a écrit, ou dicté, ses *Coutumes,* qui enseignent le droit *usé et accoustumé en le conté de Clermont,* dans le parler de Clermont, pour lequel on peut consulter les extraits du manuscrit anc. fonds franç. 9493. 5. 5 publiés par M. de Lépinois dans ses *Recherches,* et quelques textes publiés par M. Bordier, surtout l'Enquête du prévôt de Clermont de 1281 (p. 89). Cependant tout cela ne peut servir à déterminer la langue originale des poésies de Philippe, qui appartiennent à une époque où il n'était pas encore entré au service du comte Robert.

Quant aux actes français émanés de Beaumanoir, nous en connaissons quatorze. M. Bordier en a im-

sont la réminiscence d'un passage du *Conte del Graal* par Chrétien (1455-6) :

Que Galois sont tuit par nature
Plus fol que bestes en pasture.

1. Pour d'autres exemples voir Godefroy Dict. *enoios ; Comte de Poit.* 46, *Chev. as deus esp.* 3538, Jubinal *Lettres ... sur les manuscrits de la Haye,* p. 251, *Renart Nouv.* 3559.

primé neuf et il en a analysé trois. Ces quatorze chartes proviennent, l'une, de 1282, du bailliage de Clermont (Bordier, p. 129), cinq du bailliage de Vermandois, dont trois de 1289, deux de 1290 (Bordier, p. 134-5), quatre du bailliage de Touraine, de 1292 (p. 135, 136, celle publiée par M. Viollet et citée plus haut, p. XII ; la quatrième, que je n'ai pas encore mentionnée, a été publiée par M. Marchegay dans la *Bibliothèque de l'Ecole des Chartes*. XLIV, 345), quatre du bailliage de Senlis, dont trois de 1293, une de 1294 (p. 137-8 et 140 [1]). La plupart de ces chartes ne nous sont parvenues que par des copies assez fautives. Pour une seule nous n'avons plus que l'analyse de Dom Grenier. Celles dont nous possédons encore l'original sont au nombre de cinq : celles du bailliage de Touraine publiées par M. Viollet et M. Marchegay, les autres provenant toutes du bailliage de Vermandois (Bordier, p. 134-5). Ces chartes sont écrites dans le dialecte de l'Ile de France (*chevalier*, *chose* — *diz*, *viez* etc.); le parler du Vermandois ne s'y trahit que par des formes éparses (comme *estauvliz* et *iceaus*).

Ces chartes de Beaumanoir ne peuvent donc nous aider à déterminer le dialecte de ses poésies; nous sommes réduits à examiner la mesure et surtout les rimes des vers, et à nous contenter des quelques observations qui en résultent.

1. Dans la liste des chartes relatives à Beaumanoir, p. 39, M Bordier a omis la « Sentence rendue par B. en qualité de Bailly de Vermandois le jour de la Tiphaine 1290 au profit des Maire et Jurez de la Ville de Ham » (La Thaumassière, p. 440).

1. Les mots se terminant en *our* et en *ous* ont à côté de cette forme une autre forme en *eur* et en *eus*. Ce n'est là rien d'extraordinaire ; cependant on l'a souvent ignoré. On trouve la forme *deus* (duos) depuis Gautier d'Arras (*deus : lieus Her.* 3499 : *glorieus* 5095), et les poètes français se servent des deux terminaisons jusqu'au xve siècle.

encourt Man. 1558 *errour* 1869 *paour* 1887 *honour* 3721 *dolour* 4315 *sinator* 4961 *senatour* 6059 *honors* 6584 *je demour JBl.* 2821 *sans demour* 4346 *demourt* 3095 *millour II Fatr.* 8, 7.

prous Man. 3373 *ambedous* 6552 *andous JBl.* 5787 *saverous* 1821. 3575 *amourous Cd'a.* 3, 8 *dolerous* 3, 10.

eurent : *keurent Man.* 2303. *JBl.* 6011 seurent : *pleurent Man.* 4263 eurent : *saveurent* 6516 queurent : *asaveurent JBl.* 1590. Comp. *Man.* 3901. 5128.

morteus : *espoënteus JBl.* 4279 *orgilleus :* Dex *FLarg.* 295. Je signale ici la rime *peu :* veu *FLarg.* 267 (à côté de *pou* 244 *pau Sal.* 814 *poi Man.* 20).

2. Les trois *oi* (de *ói, òi* et *ei*) se confondent à la rime :

a. ói : òi, noisent : froissent Man. 2773 *broisse : froisse* 3329 *vois* vocem : *cois Man.* 7585.

b. ói : ei, vois : rois Man. 3917. 8403 *crois : rois Ave* 5,5.

c. òi : ei, cois : anchois Man. 1641 *soie : joie* 2309.

3. *ai* placé devant une consonne non nasale n'a plus la valeur de diphtongue : matere : *fere Man.* 35 *Cd'a.* 2, 1 crassete [1] : *faite JBl.* 323 *mais* : pres *Man.* 583 *fait* : met 939 etc. est : *plet Lai* 68 amonneste : *faite Sal.* 833 *faite* : dete *Cd'a.* 45, 10. — I. sg. fut. navré : *avré Sal.* 200.

De deux rimes on pourrait conclure que l'*e* accentué des mots *mere, frere* avait déjà le son ouvert : *matere : mere Man.* 5392. 8285 *gueres : freres JBl.* 5339. Comme pourtant les mots *mere*, *frere* ne riment jamais ni avec *faire* ni avec *terre*, je penche à croire que *gueres* et *matere* ont été prononcés par *e* fermé (comp. *guieres*, et *matere Berte as grans piés XVIII*). Il faut donc supposer pour ces deux mots deux prononciations différentes, l'une par *e* fermé, l'autre par *e* ouvert [2] (*matere* : esclere *JBl.* 3417 : querre *Man.* 2877 [3] afaires : *gaires Sal.* 431), et pour *materiam* une troisième par *i* (mesdire : *matire Sal.* 672).

4. L'ancien *e* nasal a la prononciation de *a* nasal, comme à Paris et à l'est : *serement* : santant *Man.* 347 devant : *ireement* 576 mandent : *atendent* 761 commant : *tourment* 847 *ensement* : plorant

1. Je fais remarquer que *e* provenant de *i* bref ou de *e* long a toujours la valeur d'un *e* ouvert *(crassete, met, dete)*.

2. *Matère* provient de *matèrie* (*Comput* var. de 222. 1326), comme *glòre* de *glòrie*, *misère* de *misèrie* (à côté de *misére*).

3. Cette rime prouve que la longueur du *rr* commence à s'abréger.

1015 balance : *panse* 1677 marceans : *Flamans* 3169.

Cependant on trouve, à côté de *laians :* ardans *Man.* 853, Jehans : *leans JBl.* 588, la prononciation picarde *laiens :* liiens *Man.* 4569 *noiens :* loiiens, ciens *IFatr.* 32.

5. Le cas-sujet du sg. des mots *soleil* et *pareil* est *solaus Man.* 1486. 4778 *paraus* 1695, celui de *conseil* est *consex* 3268 et *consaus* 3532.

6. *au* commence à se monophtonguer en *o* ouvert : *autre : porte : torte : morte : fautre IIFatr.* 4.

6. La distinction entre les terminaisons *eu, iu* et *ieu* est rendue difficile par la rime de *eu* avec *ieu,* que Philippe s'est permise. Voici le peu d'observations que les rimes nous permettent. Quand *Dondieu* (ou *Dondeu* 2939) rime avec *lieu Man.* 8507 (*lieus : bontieus JBl.* 4431), la forme de *lieu* n'est pas douteuse; car *leu* qui se trouve ailleurs correspondant à *locum* ne se rencontre chez Philippe que dans la signification de *lupum* (*leu :* lieu *JBl.* 4237). Pour *focum* il connaît les deux formes *fu* (: issu *Man.* 3671 : fu fuit 4237. 7103 : falu 4299) et *feus :* lieus 7818. De même on trouve *ju Man.* 2395. 2406 et *IFatr.* 58-9 et *jeu Man.* 3847. 3912. 4375. 7974. *JBl.* 1545. Ajoutons *keus* coquos : *keus* cotes *JBl.* 4613.

Les mots qui en latin avaient un *i* tonique sont très rares à la rime; je ne relève que les exemples suivants : lieus : *perieus Man.* 5528 *fieus : bontieus* 5723.

7307. 8521 lieus : *bontieus* (msc. *bontius*) *JBl.* 4431. lieue : *antieue* 3483 *aisieues :* lieues 5553.

Deus se trouve rimé avec caelos : *Diex :* ciex *Man.* 5155. 5833. 7579.

On peut hésiter entre la prononciation en *eu* et celle en *ieu* dans les mots suivants : *ostex* (de *ostel* -ɪ- *s*), *tex* (de *tel* -ɪ- *s*), *mex* (melius), *dex* (cor-dolium), *eus* (oculus), *orguex*. Je cite quelques rimes : *ostex : deus Man.* 4370 *Deus : deus* 3573 *tex : Dex JBl.* 187 *Dix : orgix* 1093 *ostex : eus Man.* 5459 *ix : mix* 1439 : *Diex Sal.* 51 : *deus Sal.* 374 *ex mex. JBl.* 5945. On lit *mex* (melius) aussi dans une charte chez M. Bordier, p. 92.

liue et *aiue* gardent la diphtongue *iu*, mais en transportant l'accent sur l'*u*, veüe : *liue Man.* 2306 revenue : *aiuwe* 3695 perdue : *aiuwe* 5607 salue : *aiuwe JBl.* 4117 (à côté d'*aïe* 3826). On peut comparer : *liues :* entendues, *tiules :* nules, dans l'*Image du monde* (citée dans la thèse de Haase. Halle 1879, p. 5) [1].

On sait que dans les textes picards le même mot s'écrit tantôt par *iu* tantôt par *ieu* (Tobler, *Dit dou vrai aniel*, p. XXVI) : *liu(s) lieu(s), periu(s) perieu(s), Diu(s) Dieu(s), ius ieus, mius mieus.* Il y a des textes auxquels *ieu* est inconnu comme *Aucassin et Nicolete.* Dans la langue de Philippe on constate l'un et l'autre son : de *liue, aiue* on peut conclure l'existence de *iu;* des rimes *leu* lupum : *lieu* locum et *lieus : perieus,*

1. Je crois que *viuurent (: conurent), Mousket* 24687, doit être corrigé en *furent.*

celle de *ieu*. La diphtongue *iu* est exclue aussi dans la troisième strophe de l'*Ave Maria,* où se trouvent accouplés *Diex* (ms. *Dix*), *ciex, mortex, enviëus, maliciëus.*

Pour *vivus,* on pencherait à supposer la forme *vius* ou *vieus;* mais les rimes prouvent qu'il se prononçait *vis* (*vis :* ravis *Man.* 6021 sis : *vis JBl.* 58 avis : *vis* 2109 *vis :* ocis 4101). De même *eschis :* garis *Cd'a.* 22, 11 : mis 35, 8.

7. *ie* commence déjà à se confondre avec *e :*

priier : definer Man. 39 *respiter : eschieuer* 705 *alerent : tournoiierent* 2923 *chevauchierent : arresterent* 3817 *matere : arriere* 3993 *mere : ciere* 4409 *reprouverent : envoiierent* 7993 *pasmerent : cuiderent* 8321 *tornerent : ce vaucierent* 8487 *alerent : bienviegnerent JBl.* 2067 *sejornerent : aprochierent* 3481 *repairerent : demourerent* 3833 *navrerent : sachierent* 4277 *encontrerent : bienvignierent* 4641 *leverent : apparillierent* 4863 *chevaucerent : finerent* 5071.

Les exemples abondent pour la 3e pl. parfait Philippe a-t-il déjà connu la prononciation moderne en *èrent?* Ou est-il permis de penser à la terminaison *arent* des chartes du Beauvaisis publiées par M. Bordier? Les quatre exemples qui ne regardent pas la 3e pl. parf. nous apprennent un fait curieux : jusqu'au vers 4409 de la *Manekine,* Philippe avait quelquefois cédé à une tendance du langage familier de son temps; depuis le vers cité il a pris à tâche d'éviter cette sorte de rimes à la seule exception de la 3 pl. parfait.

La rime *commeres : manieres FLarg.* 101 permet peut-être de regarder ce conte comme un des premiers ouvrages de notre poète.

8. La terminaison *iee* se réduit souvent à *ie : lie Man.* 751 *mehaignie* 815 *envoiie* 1309 *liie* 1508 *baisie* 1987 etc.

9. J'énumère enfin quelques formes sans trop m'y arrêter.

nient monosyllabe *Lai* 103 (ailleurs *noiant Man.* 6131, *noient* 6446).

apparoil : tooil JBl. 5657 ajenoilla : *touoill* a *Sal.* 275 [1] *je paroil : chevoil* capilli *JBl.* 251 (*apparoil* dans le corps du vers *Man.* 2142 *esvoille FLarg.* 83) *faule :* espaule *JBl.* 4481.

Englès : après *JBl.* 2757 ; ailleurs *Englois* p. e. *JBl.* 2636. *detuert* 970. 979 *moelle* molliat 4018 *roiame Man.* 3950 *JBl.* 1122.

Juïs rime avec *fruis, anuis, vuis, puis* (puteum, post) ; c'est qu'un *u* consonne (*ẅ* d'après Havet, *Mém. de la Soc. de ling.*, II, 218) s'intercale entre *u* et *i* (comme *i* consonne dans *priër,* qui se prononce, et souvent s'écrit, *priier*).

10. Un *e* atone s'intercale souvent dans *prenderai Man.* 226 *meterai* 917 *connisteront* 2343 *devera*

1. Comparer *tueil* Garnier *Thomas* 1213 *toël :* consel P. Mousket 20699. 20979.

3712 *responderai Sal.* 770 etc. à côté de *prendrai Man.* 461 etc.

11. L'*e* atone dans le corps d'un mot se prononce en syllabe, *eüsse, marceant, seür, feïsse* etc. J'ai corrigé les cas contraires, p. e. *peur Man.* 4185 (partout ailleur *paour* ou *peür* est de deux syllabes)[1] *meismement Man.* 153 (partout ailleurs de quatre syllabes) *eage Man.* 106 *age JBl.* 357 (partout ailleurs de trois syllabes) *aperchus Man.* 3147, où je me repens de n'avoir pas mis *Bien s'en aperchut*, car partout ailleurs on lit *decheüs* 3396 *jeü* 3621. 4440 *deceü* 4582 *recheüe* 5280 etc. (à l'exception de *percut JBl.* 3972 que j'ai corrigé en *perceüt*).

J'ai laissé subsister *avironeurs JBl.* 3886.

12. *c* latin devant *e* ou *i* (et *t* devant *i* v) est souvent prononcé comme *ss* : pense : *penitance Man.* 1565 : *esperance* 1699 desfense : *pesance* 1875 *face :* grace 1950 esparses : *garces* 2169 grasse : *plaice* 2493 grasce : *place* 5635 contesse : *destrece JBl.* 217. 393. 667 *: esleece* 5029 *: gentillece* 5376.

De même à la fin des mots :

jenous : *dous* dulcem *Man.* 7538 *tiers* tertium : endementiers *JBl.* 4316 : desiriers *Man.* 5218

1. J'ai remplacé *peur* par *paour* quatre fois (*Man.* 709. 4185 *JBl.* 1710. 1973). Je m'en repens, car *peur* peut être prononcé comme dissyllabe *(peür)*. Il est vrai qu'il y a des rimes probantes pour la forme *paour Man.* 1887, tandis qu'il n'y en a pas pour *peür* (*peür :* freür *Sal.* 500).

dras : *soulas Lai* 47 *soulas :* bas *Man.* 1087 *fas :* pas *JBl.* 43 (*fach* 4339).

13. Le *ch* français se trouve à la rime avec le *ch* picard :

norices : riches Man. 4861 *Escoche : coche Man.* 4593. 8083. *diëmence : contenance* 7775 *douce : atouce Sal.* 19 *fleche : treche* 162.

Le *ch* français est d'ailleurs assuré par la rime *touce :* reproche *JBl.* 1167, et le *ch* picard par la rime hace [1] : *place JBl.* 4071.

14. *t s* est réduit à *s*.

orains : mains *Man.* 473 païs : *hais* 1049 nes : *plantés* 1577 *dans :* blans 1591 refus : *tenus* 1975 *marceans :* Flamans 3169 cors : *mors* 3302 vous : *tous* 5669 laudamus : *venus* 7637 etc.

15. *s* est muette devant une consonne.

point : *doinst Man.* 782. 4849 dame : *blasme JBl.* 1517 *moustre :* outre 3753 *estre :* metre 5899 *Clocestre :* metre 3071 *luist :* nuit 1811 *amonneste :* faite *Sal.* 833. *venistes :* quites *FLarg.* 195 *est :* plet *Lai* 68.

16. *l* est muette entre *ǒ* et une consonne (*s, t*).

volt : prevost *Man.* 845 *cox :* bos 2851 gros :

1. Ce mot provient de l'ancien allemand *hapjâ, happâ*, plus tard *heppe* ou *hippe*.

fols 7035 *vols :* enclox 7051 *cox :* os *JBl.* 4239 *roussignos :* bos 3037. 3585 *vols :* repox 1239.

On voit que *au* provenant de *òl* appartient au scribe (*vaus Man.* 453 *faus* 454 etc.) et pas au poète. Ajoutons ici *mortés :* bendés *JBl.* 4455 et *tes* tales *Cd'a.* 22, 9, à côté de *morteus JBl.* 4279 *tex Man.* 4012.

17. Voici encore quelques cas isolés.

tre : monstré *Man.* 1190 (nef : *tref* 1068) et *joli :* flouri 2155 li : *joli* 2694 n'ont pas perdu *f*, mais on y a omis le *s* du cas-sujet par analogie. *dyvert Cd'a.* 36, 10 est un accusatif formé d'après la proportion *apers : apert = dyvers : x.* De même *contant Man.* 2797.

doit digitum *Man.* 1615. 6457 *JBl.* 3842 *Sal.* 191 *doi JBl.* 5872. — *apostole Man.* 7437 — *yvuire Man.* 1593 — *oïe* pour *oï. Sal.* 922.

18. La 1. sg. prés. a plusieurs terminaisons.

a. nulle, *jur Man.* 127 *acort* 1213 *cuit* 1537 *pens* 605. 1710. *refus* 1975 *main* 1994 *devis* 2345. 7049. 8174 *aport* 3521. 6475 *JBl.* 1649 *devin Man.* 4413 *esmai* 5582 *conjur* 6175 *remir* 7526 *salu* 8021 *Sal.* 974 *esgart Man.* 1573 *esmerveil JBl.* 294 *vant* 334 *parol* 1533 *souspir Man.* 1921 *pri JBl.* 2370 *desir* 2924 *dout* 3980 *effas* 3616 *entent* 3795 *ost* 3982 *ressoing Sal.* 323 *atant* 419 *acort JBl.* 3559 *vol FLarg.* 188.

b. i consonne, *amaing Man.* 1254 *paroil JBl.* 251 *doing Man.* 523. 2516.

c. — *e* (tous les exemples sont de la première conjugaison faible), *souspire Man.* 447 *destine* 1339. 2078 *pense* 1565. 1919 4693 *remire* 1588 *quide* 1698. 1699. 1704 *prie* 1937. 5131 *Cd'a.* 4, 2 *devise* 2179. 7402 *JBl.* 2321 *fie Man.* 2576 *Cd'a.* 4, 9 *ose Man.* 3252 *porte* 3384 *esmervelle* 4250 *aime* 5175 *choile* 6144 *carge* 6965 *Sal.* 860 *manifeste Man.* 7398 *renonce JBl.* 261 *conte* 371 *Lai* 50 *aporte JBl.* 1675 *ressamble Sal. refr.* 3, 2 *mande Sal.* 523 *baaille Cd'a.* 2, 11 *espoire* 43, 4.

d. — *s, commans Man.* 21 *entens* 55 *atens* 2003 *Sal.* 673 *asens JBl.* 1373 *entans* 5363.

e. — *ch* (souvent dans le corps des vers; il n'y a pas de rimes décisives), *mech Man.* 466 *cuich* 1269 *ainch* 1917 *arch* 887 *entench JBl.* 3961 *douch JBl.* 3797 *acorch Sal.* 371. 372 etc.

volui devient *vols Man.* 7051 *JBl.* 1239 (*vaus Man.* 453).

19. L'*e* faible de la 3. sg. n'a la valeur d'une syllabe que là où il l'a encore aujourd'hui :

mandë il JBl. 3733.

20. La 1. pl. se termine en *on Man.* 5196 *Sal.* 216, en *ons Man.* 4159. *JBl.* 3555 *Sal.* 732, et en *omes* : *sommes Man.* 3548 etc. *laissomes* 3547 *aiommes* 3557 *cuidommes* 3921.

21. La 1. pl. imparf. et condit. se termine :

a. en *iiens* (de deux syllabes), *vaudriiens Man.* 345 *estiiens* 1255. 5041 *poriëns* 4109.

b. en *iens* (d'une syllabe), *faisiens Man.* 3743 *estiens* (7072).

c. en *oons*, *estoons* (pour *estoions*) *JBl.* 1906.

d. en *ions* (de deux syllabes), *porions Man.* 3760 *JBl.* 1372 *pensions : arions Man.* 4234 *JBl.* 3522 *venions Man.* 4896 *avions* 5044 *alions : veïons* 5045 *estions : solions* 7449 *avrions JBl.* 1905 *demourions : serions* 3971 *perdrions* 4490 *avions : demanderions* 5816 *ressamblions Cd'a.* 34, 4.

e. en *ion* (de deux syllabes), fuisson : *douterion JBl.* 3523.

22. La 2. pl. de ces mêmes temps se termine :

a. en *iiés* (dissyllabe), *vaudriës Man.* 1113 *feriës* 1952 *aviiés : orriiés* 1965 *poriiés* 2392 *faisiiés :* perderiés 2393 *ariiés* 2558 *seriiés : aliiés* 3279 *saviiés* 4235 *aviës* 4286 *estiiés* 4292. 5546. 5717 *JBl.* 889 *disiiés Man.* 4818 *saviiés : poriiés* 4869 *toliiés : ariiés* 4935 *verriës* 6410 *moriës JBl.* 885 *estiës* 1131 *demouriiés : avriiés* 1881 *aviiés* 3265 *aliiés : sariiés* 3341 *atendiiés : teniiés* 3705 *aviës* 3737 *perdiiés* 3964 *metiiés : poriiés* 5805 *poriiés Cd'a.* 16, 10 *Lai* 80 *porriës Lai* 150 *savriës* 18, 10 *avriës* 19, 7 *donriës* 19, 9.

b. en *iés* (monosyllabe), *verriés Man.* 4168 *estiés* 4289 *veniés* 6409 *poriés JBl.* 216. 892 *vaurriés* 2352 *Sal.* 1007 *estiés Cd'a.* 7, 7 *saviés Lai* 97 — *perderiés Man.* 2394 *averiés* 3724.

23. La 3. pl. parf. ne se termine ni en *istrent* comme en normand ni en *isent* comme en picard. Ce n'est que le scribe picard qui quelquefois a introduit cette dernière terminaison, p. ex. :

departirent : *prirent*, ms. *prisent Man.* 377. 7871 descendirent : *mirent* 2673 *firent :* garnirent *Man.* 7849 *firent :* virent 8433 issirent : *dirent JBl.* 5081 *remirent : firent* 5525 entendirent : *prirent FLarg.* 382.

24. A côté de *ot* habuit (: mot *Man.* 6455. 7321) et *sot* sapuit (3397. 6591. 7202), le poète emploie *eurent :* saveurent 6516 : labeurent *FLarg.* 145 *seurent :* pleurent *Man.* 4263 *seut* sapuit : deut dolet *JBl.* 459.

25. Notre poète ne connaît pas la terminaison *iut* du parfait et du participe parfait (*diut, reciut* etc.), p. e. furent : *durent Man.* 2251 furent : *aperchurent Man.* 801 ; *convieunt Man.* 1118 et *apartieunt* 7789 appartiennent probablement au scribe. Au même territoire que *diut* et *convieunt* appartient *ciunc* de quinque : *ciunquisme Sal.* 542 [*chienquisme Cout.* 61, 32].

26. La forme qui correspond à *erit* se trouve toujours à la rime avec la terminaison *iert*, p. e. *Man.* 515. 2486. 5493. C'est pourquoi j'ai écrit partout *iert* au futur.

erat est représenté par *ert* ou *iert Man.* 5346.

7549. *JBl.* 134, par *ere* ou *iere Man.* 2095. 3151. 3427.

27. Dans la 3. sg. prés. subj. de la première conjugaison faible on trouve *avoie Man.* 2591 *trence* (ms. *pense*) *JBl.* 473 *esmaie Sal.* 711 *tence FLarg.* 45 *desdaingne* 68 *lieve* 95 à côté de *aint Sal.* 877 *envoit* 891 *lot* 169. Ajoutons *aut JBl.* 954 *voist Man.* 3332 *doinst* Man. 782 *aït* 1816. à côté de *aille JBl.* 2026. *voise Man.* 419 *doigne Man.* 43 *Sal.* 715 *aiuwe Man.* 5608. Le subj. de *trouver* est *truise Man.* 1314. 5641 [*Cout.* 2, 13. 56, 8].

28. Notre poète emploie souvent l'ancien cas-régime dans la fonction du cas-sujet.

au sg. : *joneté Man.* 109 *raison* 662 *fil* 7270 *ahan JBl.* 1160 *homme* 1789 *cluignant* 3678 *desir Sal.* 49 (cas-r. *preudom Man.* 6619).

au pl. : *retrès Man.* 1150 *descendus* 1246 *esbahis* 2362. 3128. 3569 *tous* 5670 *saus* 5762 *aroutés* 4953 *entracolés* 8422 *dolans* 8380 *isniaus* 8382 *gastés JBl.* 3016. 3558 *vis* 4513 *maris* 4694.

En gènéral, la flexion ordinaire de l'ancien français prédomine encore.

29. Je ne cite ici qu'une forme pronominale, qui se trouve dans un vers du *Conte d'amours* (38, 5) :

Vous bail amende, prenés lai.

Ce *lai* semble être une contraction de *la i*. On lit dans le *Thomas* de Garnier 1874 *Li traïtres s'en vet. Veez lei! veez lei!* (contraction de *le i*).

Comme Garnier était de Pont-Sainte-Maxence, il est permis de rapprocher de son *lei* la forme de *loi* qui, dans les *Coutumes du Beauvaisis*, se trouve souvent en place d'un *le* (masculin ou neutre) après un infinitif : p. ex. *je doi mener ronci sains de toz membres et offrir loi a mon segneur* 28, 4. *Cascuns pot porsiuir le larron ... et arrester loi* (= AT) *et prendre* 31, 14; voir encore pour ce *loi* 6, 5, 9. 7, 19, 22. 9, 6. 16, 5, 16. 18, 8. 34, 54, 55, 55. 38, 2, 16. 39, 50, 53. 42, 8. 43, 6. 44, 3, 50. 50, 7. 53, 2. 56, 4. 61, 35, 47, 59. 67, 9. (On trouve au féminin *le* 24, 5. 31, 2 ou *la* 37, 1, au pluriel *les*. *le* 29, 12 est rare au masculin.)

30. Quelques formes ne se rencontrent que dans les petites poésies de Philippe : la 2. pl. en *ois*, fut. *orrois Ave* 5, 2 — subj. prés. *sachois Lai* 78 (*sachiés* 82) *gabois* 139; comparer *Cd'a.* 27 — les subjonctifs *partesisse Cd'a.* 41, 2 *guerpesisse* 41, 4 [*garantesisse Cout.* 14, 25. 34, 13 *goesist* 12, 11. 15, 28 *departesist* 30, 72 *resaisesist* 30, 77 *debatesist* 51, 18 *nasquesist* 63, 18][1] — *traveille Cd'a.* 1, 5 [*Cout* 67, 30] à côté de *travaille* 2, 6 — *mi Cd'a.* 17, 12 à côté de *moi* 18, 3.

J'énumère ici les formes doubles que je n'ai pas encore mentionnées :

1. De telles formes sont employées encore par Wauquelin, p. e. *mouvesist Man. W.* p. 275.

aloigne Man. 956 *alonge JBl.* 2359 — *desiër Man.* 1923 *desirier* 1472 — *evesque Man.* 8109 *vesque* 7027 — *miëdi JBl.* 5270 *midi* 5622 — *monde Man.* 5678 *mont* 5651 — *hom JBl.* 139 *hons Man.* 2952 — *ricoise JBl.* 2298 *richece* 2283 — *rien JBl.* 5322 *riens* 4842 — *sereurs JBl.* 6111 *suers* 6123.

doi Man. 6637 *dui JBl.* 4317 — *buens JBl.* 4988 *bon* 7095 — *en Man.* 9 *ent* 3009 — *gié Man.* 447 (toujours à la rime) *je* 4834 *jou Cd'a.* 29, 2 — *aus Man.* 327 *eus JBl* 3799 — *chou Man.* 6 *ice* 6892 *ceu* 6096 — *celi* 1066 *icelui* 5543.

arrier Man. 3462 *arriers JBl.* 4547 *arriere Man.* 3994 — *derrier Man.* 3410 *derriers* 3940 *derriere Cd'a.* 15, 9 — *or, ore Man.* 1746 — *encor JBl.* 2292 *encore* 1211.

Prés. *ot* audit *Man.* 1953 *oit* 5151 — *congot Man.* 6592 *esgot* 1954, *conjoie* 2635 *esjoie FLarg.* 244 — *pri JBl.* 2370 *proi Man.* 129 — *otrie Man.* 2652 *otroie* 1910 — *anoie JBl.* 1988 *anuie* 2674 — *laisse Man.* 492 *laist JBl.* 1445 *lest* 1014 *let* 1354 — *araisna Man.* 5630 *arraisona* 6956 — *corecié Man.* 3111 *corcié* 7368 — subj. *place Man.* 5636 *plaise* 5769.

poïssent JBl. 6075 [*Cout.* 20, 4], d'ailleurs *peüssent Man.* 6511 etc. — *manui Man.* 5927 *remest JBl.* 1459 — Inf. *boivre Man.* 3062 *boire Cd'a.* 43, 2 — *perchoivre JBl.* 3873 *apercevoir Man.* 3785 — *maindre Sal.* 578 *manoir* 939 — *veoir Man.* 1331 *veïr* 677 — Part. *repos JBl.* 1410 *repost* 2926 *repus Lai* 28 — *consiui JBl.* 4110 *aconseü Man.* 2027.

La grammaire générale de notre auteur est assez constante. Il y a quelques variations, mais les unes s'expliquent par la situation géographique du Beauvaisis entre la région française et la région picarde (*ance* prononcé *ãnse* et *ãntche*), les autres se retrouvent dans l'état général de la langue française de ce temps-là (I. sg. prés. *pri* et *prie, pens* et *pense*). Pourtant Philippe garde, à côté de cette grammaire dont il se sert ordinairement, un certain nombre de formes qu'il a ramassées dans ses lectures, denier de réserve auquel il n'a recours qu'en cas de besoin : après avoir rimé tant de fois *moi, toi, soi* avec *roi, foi* etc., là où il lui faut une sixième rime en *i*, il emploie la forme *mi;* il dit d'ordinaire *richece,* mais une fois *ricoise* (*JBl.* 2298), il dit *delaie Man.* 3809, mais *deloist* à la rime avec *voist* 3332, et la 2. pl. du subj. et du fut. se termine chez lui en *és* ou en *iés,* mais trois fois, dans le *Lai* et dans l'*Ave*, en *ois.*

Enfin, je signale comme particulier à notre auteur l'usage libre qu'il fait des mots *aengier, donter, plaissier, tenser,* et l'emploi des mots rares *briquetoize* et *desnicorder.*

XII

Versification.

Notre poète emploie des vers de cinq, de sept, de huit, de onze et de douze syllabes.

En vers octosyllabes sont écrits les deux romans, le *Salut d'amour,* le *Conte d'amour*, le *Conte de fole larguece* et le *Salut à refrains.* La strophe du *Salut à refrains* est rimée d'après la formule *aabbccdd ;* le dernier *d* signifie un refrain d'une mesure quelconque. Les rimes de la strophe du *Conte d'amour* ont cette suite : *aabaabbbabba ;* c'est aussi celle de l'*Ave Maria,* dont le vers est l'alexandrin.

La IIe fatrasie emploie une strophe (*clause,* d'après l'expression du poète *Cd'a.* 9, 1) de onze vers : les vers 1 à 6 ont chacun cinq syllabes à rime couée *(aabaab),* forme de la strophe du *Sermon rimé* que j'ai publié à Halle en 1879 (*Reimpredigt,* voir p. XLVI); les vers 7 à 11 ont chacun sept syllabes et cette suite : *babab.* La strophe entière se retrouve dans un poème intitulé *les Fatrasies d'Arras* et commençant par *Jaler sans froidure* (Jubinal, *Nouveau Recueil de Contes, Dits, Fabliaux,* II, 208). Il est certain que l'un de ces deux poèmes est imité de l'autre, mais lequel a été le modèle? D'après l'*Histoire littéraire de la France,* XXIII, 505, la *Fatrasie d'Arras* n'aurait été écrite que vers l'an 1300. Je n'en suis pas convaincu. Le maintien de l'ancienne déclinaison (je ne vois que trois infractions à la règle, qui ne sont pas mêmes toutes sûres : uns mors *bequet* p. 214, li ris d'un *cos* p. 220, Dex vous saut, sire *Robert* p. 225) me fait croire que cette fatrasie est antérieure au milieu du XIIIe siècle et partant à celle de Philippe.

Restent le *Lai d'amours* et la I[e] *Fatrasie*, où Philippe a employé le vers hendécasyllabe. Ce vers remarquable, qui se retrouve dans un refrain du second *Salut* de notre poète, a été fort en vogue dans l'ancienne littérature française et provençale, comme le démontre, dans un savant article de la *Zeitschrift für Romanische Philologie*, II, 195, M. Karl Bartsch, qui en a recueilli un grand nombre d'exemples.

La césure du vers est ou après la septième syllabe accentuée ou après la huitième atone, de manière que le second membre du vers doit se composer tantôt de quatre syllabes tantôt de trois.

Douce dame a qui je sui, | *Pour Dieu merci. Sal. refr.* 6
Nus ne puet sans bone amour | *grant joie avoir. Lai* 1
Dame Aubree, ou est alee | *Marions? Fatr.* 13
Quatre vaille. Il ne me caille | *se tu pers.* 61

On ne peut pourtant pas scander tous les vers d'après ce rythme ; c'est que Philippe s'est permis deux libertés qui le modifient.

Remarquons d'abord que dans les vers des deux poèmes la césure rime avec la fin du vers précédent, et que dans la *Fatrasie* elle rime en outre avec la troisième syllabe (ou avec la troisième et la quatrième en cas de chute féminine) du même vers [1].

Or, Philippe se permet d'ajouter au vers une syllabe atone après la septième syllabe dans le *Lai,* après la septième ou la troisième dans la *Fatrasie.*

Exemples. Après la septième syllabe :

Elle m'a la mort donnee | s'ele ne m'aime. Lai 9.
Bele, Amours a vous m'envoie : | pour Dieu merci. Lai 53.
Douce amie, je vous prie | pour Dieu merci. Fatr. 47.

Après la troisième :

Simple et coie, mout me guerroie | vostre amour. Fatr. 15.
Ceste poise decha plus poise | que dela. Fatr. 55.

L'autre liberté que Philippe s'est permise dans les deux pièces, c'est de remplacer assez souvent le premier membre du vers, qui devrait avoir, en cas de chute masculine de la césure, sept syllabes, et en cas de chute féminine huit, par un membre de huit syllabes à chute masculine ou de neuf à chute féminine. C'est tout à fait comme dans l'anglo-normand, où il était permis d'augmenter d'une syllabe un vers ou un membre de vers composé d'un nombre impair de syllabes, et de diminuer d'une syllabe un vers ou un membre de vers composé d'un nombre pair.

Exemples :

Et si rit si tresdoucement | de ses biaus iex. Lai 19.

1. Le dernier vers du *Lai* n'a pas de rime à la césure, mais sa fin rime avec la fin de l'avant-dernier vers.

En grant esveil sui d'un conseil | que vous demanch. Fatr. 1.
La douceur dusk'au cuer m'en touce | nuit et jour. Lai 30.
Grant reparlance est de l'enfance | Lancelot. Fatr. 43.
En la taverne me governe | volentiers. Fatr. 10.

Dans deux vers de cette espèce, la première rime ne porte pas sur la quatrième syllabe, mais sur la cinquième :

Se ne vous gardés, vous perdrés | tout vostre argent. Fatr. 25.
Je sai bien le cant d'Agolant | et de Hiaumont. Fatr. 30.

La seconde liberté peut se joindre à la première :

Or me gar que je ne recroie | de vous amer. Lai 149.
Vostre chemise fu gehui mise | envers l'envers. Fatr. 27.

La forme la plus longue que peut revêtir l'hendécasyllabe tel qu'il est manié par notre poète est donc dans le *Lai* de treize syllabes :

Se ne m'amés, amie chiere | nient autrement. Lai 103.
S'il sert a deboinaire mestre | que guerredon. 108.

et dans la *Fatrasie* de quatorze (non compté la chute féminine du vers) :

Bons est froumages et compenages | quant il yverne. 9.
Baissiés vostre ire. Saciés, biaus sire, | peu en donroie. 37.
Pour riens que voie plus ne diroie | de ces oiseuses. 75.

L'auteur du *Dit des traverces* (Jubinal, *Lettres sur les manuscrits de la Haye*, p. 249) manie le vers tout à fait comme Philippe (p. ex. *Seingneur, ai je rien qui vous plaise,* | *dites le moy*), tandis qu'un autre, à qui nous devons les *Resveries* qu'a publiées Jubinal dans ses *Jongleurs et trouvères,* p. 34, s'est permis la première licence *(Je sai le romans d'Elaine* | *de chief en chief),* mais il n'a eu garde de détériorer son vers en remplaçant le membre de sept (ou huit) syllabes par un membre de huit (ou neuf).

Philippe s'est encore permis la liberté en question dans deux alexandrins de son *Ave Maria :*

> Ave Maria. | *O tresdouce Marie* 1, 1
> Benedicta tu | in muliëribus 4, 1.

Les premiers membres de ces vers manquent d'une syllabe. Il serait facile de remédier à ce défaut en intercalant *dame* avant la césure. Cette correction est pourtant loin d'être sûre. On sait que pour des citations toute liberté était permise. Ainsi dans une paraphrase du *Pater* en vers alexandrins on lit ce vers (cité par Bonnard, *Les traductions de la Bible en vers,* p. 147) :

> Sed libera nos, *mes delivre nous, sire.*

Voir aussi la *Chronique* de Mousket, v. 10375.

Sur la versification générale de notre poète, c'est-à-dire sur l'élision ou la non-élision d'*e* sourd et sur la rime, il y a peu à noter.

1. L'*e* final d'un mot polysyllabe s'élide quand le

mot suivant commence par une voyelle : *vraie est Man.* 35, *Feme avoit* 52 etc.

Les cas qui enfreignent cette règle sont rares ; je les regarde comme fautifs. Il n'y a qu'un seul de ces cas que j'ai laissé subsister : *Man.* 4361 *Ainsi pleure, ainsi souspire,* mais à présent je voudrais le changer en *Ainsi se plaint* (ou *se deut* 1746), *ainsi souspire.*

2. Philippe n'évite pas la rime identique.

oënt : oënt Man. 27 *puet : puet* 99 *volenté* 4321 *vous* 135 *avoir* 137 *los* 217 *anuis* 267 *ciers* 343 *faire* 373. 603 *querre* 641 *sera* 821 *avés* 1007 *ire* 1055 *talent* 1289 *eüst* 1619 *moi* 2567 *erent* 2707 *taint* 2723 *cure* 2807 *fist* 2879 *escrit* 3445 *commande* 3519 *faille* 3587 etc. *aperceüssent* 3937 *atendi* 4025 *gardaissent* 4567 *colpee* 7165 *trouvé* 7515. De même dans *JBl.* 433. 473. 579. 883. 915. 993. 1021 etc. On en trouve des exemples jusque dans ses poésies lyriques : *bonement Sal.* 65 *avons* 189 *gardoit* 453 *chaut* 581 etc.

3. Philippe commença la *Manekine* avec l'intention d'orner son œuvre de la rime dissyllabique, appelée léonine au moyen âge. Il rime dès le commencement *ditier : delitier* 1 *orront : porront* 3 *destourber : tourber* 11 *commans : roumans* 21. Mais bientôt il se convainc que c'est plus difficile qu'il ne l'avait cru d'abord, et il s'excuse (v. 30) de ne pas s'entendre à cet art.

Il est pourtant sûr que Philippe continue à employer la rime léonine où elle se présente à lui sans difficulté. *saulant : assaulant* 139 *confessa : apressa* 147 *conforter : porter* 156 *veüs : meüs* 159 etc. C'est cette recherche de la rime léonine qui a induit notre poète à se permettre tant de rimes identiques. Surtout dans le *Salut d'amour* il recherche les rimes léonines, comme pour nous prouver que, s'il ne les avait pas su manier en commençant la *Manekine,* il l'avait appris depuis.

Les rimes de Philippe ne sont pas toujours exactes. Pour le timbre des voyelles l'oreille des anciens Français était tellement fine qu'elle ne pouvait supporter la moindre divergence. Pour les consonnes on était moins sévère, et Philippe s'est permis un certain nombre de rimes assonantes.

a. s rime à *ss.*

conoissent : envoisent Man. 8329 *noisent : froissent* 2773 *puisse : nuise JBl.* 2353 *volsisse : mise Cd'a.* 41, 9.

b. Dans l'un des mots accouplés par la rime il y a un *r* de trop.

quaresme(s) : terme(s) Man. 2513. 3277. 3645. 4007. 4093. 6841 *armes : ames* 7753 *rois : voirs* 7175 *mes : divers Lai* 67 *gabois : voirs* 82 *rivage : barge Man.* 8372 *lignage : large* 6547 *Es-*

coche : (es)force Man. 2633. 2927. 3347. 7931. 7945. 8281 *pieche : tierce JBl.* 5589. 5681 *tousjours : dolours : plors : amourous : dolerous : dolours Cd'a.* 3.

c. D'autres cas sont :

damoisele : conseille Man. 2013 *blanc : argent* 2721 *mestre : perte* 2847 *robe : noble* 5075. 5879 *JBl.* 4669 *ombres : Londres JBl.* 5275 *ostes : vostres Man.* 6003 *pasques : papes* 7707 *aime : alaine Lai* 41 *prendre : membre Cd'a.* 8, 2 *torte : fautre II Fatr.* 4.

d. Philippe se permet de rimer *eu* et *ieu, leu* lupum : *lieu* locum *JBl.* 4237. — *au* et *iau, oisiaus : girfaus Man.* 4073 *maus : ciaus* 4539 *chevax : gastiaus JBl.* 3013. — *ui* et *i, li : anui Man.* 1509. 2137 *ani : li* 6235 *joli : li* m. 2693 *li : andui* 2456 *celui : embati* 3403 *lui : menti* 3369 *lui* f. : *nului Sal.* 107 *li* f. : *celi* m. 879.

Comme il s'agit toujours des pronoms *lui* (m.) et *li* (f.), souvent confondus par les écrivains du temps de Philippe, on ne saurait dire si le poète a rimé *ui* avec *i* ou s'il a employé *li* comme masculin. Il y a pourtant une rime qui paraît prouver que Philippe a employé *li* au lieu de *lui*, la rime léonine *joli : o li Man.* 2693.

e. Dans la rime *regnes : paines JBl.* 2737 je suppose la prononciation *raines*. Par une association d'idées assez naturelle, le mot de *regne,* qui provient de *reti-*

nere, a été rapproché de *regnare* et de *regnum* (a. fr. *regne* ou *raine*). Je n'ai pas d'exemple de la forme *raine* pour rêne, mais *reisgne* chez Garnier (cité par Littré) et *reina* en provençal font voir au moins une diphtongue.

XIII

Traitement du texte par l'éditeur.

Le scribe du manuscrit français 1588 n'était pas de la dangereuse espèce des Raoul Tainguy; il s'est donné garde de rien changer dans le texte de son *exemple,* qui était peut-être l'original même. Pour restituer le texte, je n'avais à corriger qu'un certain nombre de bévues ou de fautes commises par distraction. Cependant, si le scribe est assez soigneux pour la teneur du texte, il l'est bien moins pour l'orthographe, et en transcrivant ces poésies il a renforcé l'élément picard qui n'était pas absent dans la langue de son auteur, mais qui y était moins marqué. Vouloir réduire les picardismes à leur mesure primitive, c'eût été une tâche parfois facile, mais le plus souvent impossible. C'est pourquoi j'ai gardé les formes que nous a transmises le seul manuscrit, sauf les cas suivants :

Quand le scribe a détruit la rime en ramenant l'un

des mots correspondants à son dialecte, je l'ai restituée. P. ex. *Man.* 95. 171. 283.

Le scribe a écrit tantôt *cou, ancois,* tantôt *chou, anchois.* La cédille (en italien *zediglia* ou petit z) n'est pas propre à marquer la prononciation picarde du *c* *(tch)* devant *a, o, u.* J'ai donc écrit partout *ch.* J'énumère ici tous les cas où le *ch* se trouve dans le manuscrit (j'ai corrigé tous les autres) :

anchois Man. 9. 1642 *JBl.* 1605. *arch Man.* 887. *cacha Man.* 8078. *canchon Man.* 5337 *JBl.* 4778. *cha Man.* 5514 *JBl.* 378. 3091. 3173. 3987. 4285. 5627-8. *chaiens Man.* 6280. *chaint* (cingit) *JBl.* 3997 (cinctum) 4026. *chainte* 4011. 5962. *chou Man.* 6. 485. 500. 2132. 6317. 6592. 6734. *JBl.* 820. 1004. 1040. 1580. 2008. 3035. 3574. 4955. 5410. 5667. 6048. *courecha II Fatr.* 2, 6. *decha JBl.* 3682. 3702. 4489. 5224. 5717. *I Fatr.* 55. *depecha JBl.* 2484. *euch Man.* 525. *JBl.* 3683. *fach Man.* 1564. 1918. 3002. *JBl.* 4339. *FLarg.* 268. *hach JBl.* 4340. *lacha JBl.* 4001. *machonner Man.* 4483. *machons* 4492. *mech* 466. *mucha JBl.* 4409. *pourcacha Man.* 8097. *JBl.* 108. 2530. *prochaine Man.* 1844. *prochainement* 3627. 3686. *JBl.* 4538. *prochains JBl.* 4596. *raenchon Man.* 85. *rechoif JBl.* 2004. *rechut Man.* 5260. *reverchant Man.* 260. *tencha Sal.* 806. *vauch Man.* 537.

Dans le texte de Wauquelin j'ai corrigé les mots suivants :

appercups XIX comm. *concupt* XXXII fin. *conmenca* XXIV comm. XXVIII mil. *decupt* XXXIX rubr. *decups*

XLVI mil. *percu* LIII comm. *percust* XXXIX comm. *recupt* XXXIV comm. , *tencoient* XLIX fin.

Je n'ai pas restitué la rime léonine en des cas comme *ententieument : soutilment Man.* 391, *occoison : raison* 661, *monteplia : castoia FLarg.* 397. Il se peut que Philippe ait voulu rimer *ententieument : soutieument, occaison : raison, monteplia : castia;* mais il se peut aussi qu'il se soit contenté de la rime monosyllabe.

Pour la critique des textes j'avais été devancé par les trois éditeurs des poésies de Beaumanoir et par M. Mussafia, qui a rendu compte de l'édition de *Jehan et Blonde* dans le *Jahrbuch für Romanische und Englische Literatur,* V, 350. Dans les variantes, j'ai désigné par M les corrections dues à M. Michel (*Manekine)* et à M. Mussafia (*Jehan et Blonde*), par L celles dues à M. Leroux de Lincy, par B celles dues à M. Bordier.

J'emploie l'accent pour marquer l'accent tonique dans les polysyllabes se terminant en *e* accentué ou en *es* accentué, comme *levé, assés.*

Lorsque *e* a la prononciation ouverte, j'emploie l'accent grave, p. ex. *après, retrès.*

J'emploie le tréma pour marquer que la voyelle ne fait pas diphtongue avec la voyelle précédente, p. ex. *fuïr, oïr, païs, meïsme, conceüe, oënt, loër, cruël, diënt, ariës — enviëus dyäule,*

Dans l'indication des variantes j'ai regardé une lettre suivie de l'apostrophe comme faisant corps avec le mot suivant. Au mot *n'iert* du texte, si la lettre *i* manque dans le manuscrit, j'ai rapporté comme leçon du manuscrit *nert;* si c'est *n'* qui manque, j'ai rapporté comme leçon du manuscrit *iert* (ou bien j'ai dit en termes exprès que *n'* manque).

Dans le roman de Wauquelin j'ai séparé les mots d'après les principes que je voyais employés dans le texte du manuscrit unique.

J'ai écrit les nombres en toutes lettres même quand le manuscrit les représente par des chiffres.

Quant aux adjectifs dérivés de noms propres, j'avais suivi d'abord le système anglais, que je crois le meilleur; ensuite j'ai cédé à la proposition de mon commissaire responsable et je les ai écrits par des minuscules, conformément au système français.

Je termine mon travail en remerciant M. Gaston Raynaud, qui a bien voulu se charger d'une dernière révision des textes sur le manuscrit, et M. Gaston Paris, mon commissaire responsable. Ce dernier, avec cette érudition et ce désintéressement qu'on lui connaît, a été infatigable à seconder mon travail de ses conseils, à enrichir cette introduction de ses renseignements et à trouver, ou à me faire trouver par quelque ingénieuse remarque, la correction de passages corrompus. Je ne saurais, et les lecteurs de cette édition ne sauraient, lui avoir assez de reconnaissance.

Hermann Suchier.

Qu'il me soit permis d'ajouter ici quelques remarques complémentaires.

p. vij. J'ai eu tort de croire avec M. Bordier (p. 23) que, dans le texte de 1267, il s'agit du frère aîné de Philippe : comme ce frère est chevalier en 1262, le frère mineur de l'acte ne peut être ou Philippe lui-même ou un sien beau-frère dont l'existence n'est pas attestée ailleurs.

p. xiv. M. Giry, dans son travail sur les châtelains de Saint-Omer (*Bibl. de l'École des chartes,* XXXVI, p. 99. et 105), a confondu Béatrix, épouse de Girard de Beaumanoir et petite-nièce de Mathilde (liste de M. Giry, n. 20), avec Béatrix, nièce de cette même Mathilde et mariée avant 1241 à Arnoul de Quiestède. Cette erreur a amené M. Giry à en commettre une autre : il fait de Girard et d'Arnoul un seul personnage, qu'il appelle « Arnoul de Quiestède, seigneur de Beaumanoir. »

p. xlij. M. Harrisse (*Grandeur et décadence de la Colombine.* Paris 1885, p. 38) nous révèle l'existence d'une seconde version catalane, qui donne au père de la fille le nom de Constantin. Ce nom, qui revient ici pour la quatrième fois (p. lxxv, *note*), doit appartenir à la tradition originale, que je suppose avoir été une chanson épique en dialecte angle (p. lxxiij). Le Constantin de cette chanson était peut-être ce *Constantinus III, rex Scottorum* (roi d'Écosse ou roi d'Irlande? Voir l'*Athenæum* du 29 août 1885), dont la fille épousa le païen Anlav, roi de Northnmbrie et de Dublin, et qui perdit en 938 la bataille de Brunanburg. Comme la tradition suivie par Trivet était mutilée au commencement, il a pu prendre Constantin pour l'empereur Constantin, et Anlav pour Alla, et comme Anlav se fit baptiser plus tard, il était facile de supposer qu'il avait été converti par son épouse.

J'ai eu tort de négliger la *Vie de sainte Dimna,* ou *Dympna*, texte du XIVe siècle publié dans les *Acta sanctorum maji*, t. III, p. 479. M. d'Ancona (*Sacre rappr.* III, 239) a déjà renvoyé à ce texte latin, dont la source était un poème en langue vulgaire. Le père de Dympna, qui est roi d'Irlande, veut l'épouser. Elle demande un répit de quarante jours, dont elle profite pour s'enfuir. Déguisée en jongleur, elle s'embarque et arrive aux environs d'Anvers, où elle fonde le couvent de Gheel près de Westerlo (*oratorium in b. Martini pontificis veneranda memoria dedicatum*). Le lecteur se rappelle que la belle Hélène séjourne aussi en Belgique (à l'Écluse), et que le père de la Manekine déclare à Noël qu'il fixe le terme du mariage à la Chandeleur, ce qui fait précisément quarante jours.

LA MANEKINE

LA MANEKINE

PHELIPPES de Remi ditier (*f.* 2 a)
Veut un roumans, u delitier
Se porront tuit cil qui l'orront.
Et bien sacent qu'il i porront
Assés de bien oïr et prendre,
Se il a chou voelent entendre.
Mais s'aucuns est ci qui se dueille
De bien oïr, pour Dieu, ne voelle
Ci demorer, anchois voist s'en !
Ce n'est courtoizie ne sen
De nul conteeur destourber.
Autant ameroie tourber
En un marès comme riens dire
Devant aucune gent qui d'ire,
D'envie, d'orgueil sont si plain
Que tenu en sont pour vilain.
Par tel gent sont tuit revelé
Li mal qui amont sont levé ;
Car du bien qu'il sevent se taisent.

Titre ajouté d'une main postérieure : De le Manecine vns des boins con sache. — 1 Rim — 11 conteur

Et pour chou que il poi me plaisent, *(f. 2 b)*
Leur voel, anchois que je commans
La matere de mon roumans,
Priier de ci que il s'en voisent,
Ou qu'il ne tencent ne ne noisent.
Car biaus contes si est perdus,
Quant il n'est de cuer entendus,
Meïsmement a chiaus qui l'oënt.
Pour chou leur requier jou qu'il n'oënt
Ce conte que je met en rime.
Et se je ne sai leonime,
Merveillier ne s'en doit on mie ;
Car mout petit sai de clergie,
Ne onques mais rime ne fis.
Mais ore m'en sui entremis,
Pour chou que vraie est la matere
Dont je voel ceste rime fere ;
N'il n'est mie drois c'on se taise
De ramembrer cose qui plaise.
Des or voel jou a Dieu priier
Que il me doinst bien definer
Ce conte que j'ai ci empris,
Et par moi est en rime mis, *(f. 2 c)*
Et a trestous chiaus grans biens doigne
Qui loëront ceste besoigne.
Des or mais vous commencerai
Que ja de mot n'en mentirai,
Se n'est pour ma rime alongier,
Si droit com je porrai lignier.

Jadis avint qu'il ert uns rois
Qui mout fu sages et courtois,

21 je *M*] le — 28 n' *manque* — 30 sai *M*] sui — 31 on *manque* — 32 *une main postérieure a écrit sur la marge :* moins.— 47 pur

Toute Hongrie ot en demaine.
Feme avoit qui n'ert pas vilaine,
Fille estoit au roi d'Ermenie.
De grant biauté iert si garnie
Et de bonté, si com j'entens,
Que on errast avant lonc tans
Que sa parelle fust trouvee.
A li deviser demouree
Ne voel faire, trop demourroie.
Aler m'en voeil la droite voie,
Ainsi comme je truis ou conte,
Qui ainsi me retrait et conte :
Qu'il furent ensanle dis ans,
Qu'avoir ne porent nus enfans
Fors une fille seulement.
Mais icele, au mien ensciënt,
Fu la plus bele qui ains fust,
Qui d'omme conceüe fust.
La damoisiele ot non Joïe,
Pour mainte gent qui esjoïe
Fu ou païs pour sa naissance.
Et Diex, qui tous les biens avance,
Mist en li quanque mettre i dut
Nature, qui pas ne recrut,
Anchois i mist tout a devise
Biauté, bonté, sens et francise.
Onques feme de son eage
Ne fu tenue pour si sage.

Dont vint la mors, qui ja n'iert lasse
De muër haute cose en basse,
Ne n'espargne roi ne roïne,
Anchois fait de biau tans bruïne. (f. 2 d)

66 cele

Bruïne fait bien de biau tans
Quant elle fait de liés dolans,
Ne ja ne prendra raenchon
De nului qu'ele ait en prison,
Fors que le cors nu, pale et taint,
Jone ou viel, dont cascuns se plaint.
N'a mie atendu la viellece
De la roïne, anchois s'adrece
Vers li, et issi l'a empainte,
Que li a fait et pale et tainte
La coulour, qui estoit si bele,
Riens n'i vausist rose nouvele.
Au lit est du tout acouciee.
Or ne quidiés mie qu'il siee
A chiaus du païs ne au roy,
Qui pour li demainent desroi.
Devant li est, partir n'en puet.
De plourer tenir ne se puet,
Quant ne troeve fusiciien
Qui sace de son garir rien.
Un jour li dist : « Ma dame ciere,
« Mout me fait mal icele ciere
« Que je voi en vous si palie.
« D'eage ne deuisciés mie
« Issi tost departir de moi. »
Ele li a dit : « Sire, avoi !
« Ne viellece ne joneté
« Ne tolent la Dieu volenté ;
« Souvent fait la biere premiere
« Que les gens cuident darreniere.
« Quant Diex le veut, et jou le voeil ;
« De sa volenté ne me doeil.
« Je sai mout bien morir m'estuet,

88 Jone ou viel] Ioiel — 91 issi] si — 92 Quele la f. — 95 acoucie — 102 de son] du — 106 Par eage

« Ne autrement estre ne puet.
« Mais par cele tresgrant amour
« Que m'avés monstree maint jor
« Vous pri que me donés un don,
« De tous mes biens en gherredon. »

« Certes, dame, » li rois respont,
« Il n'est nule riens en cest mont (f. 3 a)
« Que nus hom puist faire pour femme,
« Que je ne face pour vous, dame.
« Mais dites vostre volenté;
« Du faire sui entalenté,
« Sur ma loialté le vous jur. »
« Or en sui je bien asseür,
« Sire, si vous requier et proi
« Que vous ja mais femme après moi
« Ne voelliés prendre a nes un jor.
« Et se li prince et li contour
« De ce païs ne voelent mie
« Que li roialmes de Hongrie
« Demeurt a ma fille après vous,
« Anchois vous requierent que vous
« Vous mariés pour fil avoir,
« Bien vous otroi, se vous avoir
« Poës femme de mon sanlant,
« Qu'a li vous alés assanlant.
« Et des autres bien vous gardés,
« Se vous mon convenant gardés. »
« Certes, dame, jou l'otroi bien ;
« Ja ne m'en mefferai de rien. »
Quant la roïne ot chou pourquis,
Son pensé et son cuer a mis
A s'ame, si se confessa;

126 entalenté *M*] en uolente — 144 m'en *manque*

Bien sent la mort qui l'apressa.
Ses droitures a demandees,
Et on li a toutes donnees.
Puis est du siecle trespassee.
Pour li s'est mainte gens lassee
De plours ; meïsmement li rois
Se pasma sur li mainte fois,
Ne nus ne le puet conforter.
Quant devant li en voit porter
La roïne en la biere morte,
Mout se plaint, mout se desconforte.
Ains plus grans deuls ne fu veüs
Que cil qui pour li fu meüs.
Enfoïe fu noblement.
Sa tombe fu faite d'argent, *(f. 3 b)*
D'or et de pieres precïeuses,
Boines, cieres et deliteuses.
Li duc, li prelat, sans mentir,
Qui furent a li enfoïr,
I furent d'yvoire entailliet
Merveilleusement soutilliet :
Deus et deus ensanle parolent,
Et sanle que de doel s'affolent.
Quant on ot canté le servise,
Retorné s'en sont de l'eglize.
De teus i ot qui s'en alerent;
Mais li grant signeur demourerent
Pour reconforter lor signour
Qui le cuer a plain de dolour.

Toutes mors oubliër convient.
Li rois le convenent bien tient,

149 Se — 153 plourer — 157 la *manque* — 164 precieuses — 171 seruice

Que il avoit a la roïne.
Après sa mort fu lonc termine
Avoeques sa fille Joïe
Qu'il a mout amee et cierie.
Pour l'amor qu'il ot a sa mere
Ne li monstra pas vie amere,
Et mout l'ama de grant amour.
La damoisiele cascun jour
Crut en sens et en grant biauté,
En valour et en loialté.
Seze ans ot, mout fu bele et gente ;
En la virge Marie entente
Mist de servir et d'onnourer ;
Tous les jours l'aloit aourer
D'orisons que ele savoit,
A une ymage qu'ele avoit,
Qui en sa sanlance ert pourtraite.
Ensi se deduit et affaite.

Le conte de li vous lairai.
Des barons du païs dirai,
Qui ensanle ont pris pallement ;
Mout i assanla de grant gent.
Quant il furent assanlé tout,
Si ont ellit le mains estout (f. 3 c)
Et le plus sage pour monstrer
Ce qui les a fait assanler.
« Seignour, » fait il, « escoutés moi.
« En cest païs avons un roy
« Qui ot feme mout boine et sage;
« En se mort avons grant damage.
« De cele femme n'a nul hoir
« Fors une fille, au dire voir,

196 deduist

« Qui est mout boine et mout courtoise.
« Et nonpourquant en briquetoize
« Ert li roialmes de Hongrie,
« Se feme l'avoit en baillie
« Pour c'est il bon que nous alons
« Au roi, et de cuer li prions
« Qu'il pregne feme a nostre los. »
Il respondent tout : « C'est bon los. »
A ce conseil trestout s'acordent,
Ne n'i a nus qui s'en descordent.
Au roi sont venu au tierch jor
La ou il tenoit son sejor,
Si li requierent que il famme
Pregne pour l'ounour du roiame.
Il lor dist : « Signour, non ferai !
« Ja mais femme ne prenderai.
« Car a ma femme euch en convant
« Que ja mais jor de mon vivant
« Feme espousee n'iert de moi,
« Se ensi n'est (mentir n'en doi)
« Que je trouvaisce son pareil
« De biauté, de fait, d'apareil.
« Et je ne quich mie que une
« En trouvast on desous la lune.
« Mais s'ele puet estre trouvee,
« Pour le pourfit de la contree
« Ves moi prest et entalenté
« De faire vostre volenté. »

QUANT li baron ont entendu
Ce que li rois a respondu,
S'ont douze messages ellis,
Courtois et sages et apris, (f. 3 d)

220 nul — 224 roialme — 242 apris] ellis

Qui pluseurs langages savoient.
La roïne veü avoient,
Norris les ot et alevés;
Si se tinrent mains a grevés
Des grans paines qu'il endurerent,
Pour chou que son per querre alerent.
Et cil douze tuit, doi et doi,
Par le commandement le roi
Et par les barons de la terre
Vont en maint lieu la muse querre.
Quant il orent or et argent
Et garnisons a lor talent,
S'ont devisé qu'il le querront
Un an, et puis si revenront.
Vers oriënt en vont li sis,
En trois parties se sont mis;
Et li autre vers occident
S'en vont maint païs reverchant.
Fille a maint roy et a maint conte
Virent, dont il ne tinrent conte.
Maint duel, maint anui et maint grief
Orent, mais ne vinrent a chief
De la queste qu'enpris avoient.
Estoit chou dont grant doel avoient.
Se je contoie leur anuis,
De l'escouter seroit anuis.
Quant il ont en maint lieu cerkié,
Maint païs quis et reverchié,
Ne ne poeent oïr nouveles
Qui leur soient bones ne beles,
Au chief de l'an sont revenu,
Non ensi com erent meü :
Riche s'esmurent et joiant,
Povre revienent et dolant;

243 langage — 261 *Le premier* maint *manque*

En deus nes en erent tourné,
Mais en sis en sont retourné.

A un noël troevent le roy
Et tous ses barons avoec soi,
Ou il tenoit grant court pleniere.
Gent i ot de mainte maniere, (f. 4 a)
Dames et mainte damoisele
Qui cuidoit estre la plus bele.
Au disner vinrent li message,
S'ont au roy conté leur musage,
Et li baron, quant il l'oïrent,
De chou mie ne s'esjoïrent.
Mais li message n'i ont coupes.
Ne furent pas paié d'estoupes :
Blanc argent orent et rouge or,
Dont cascuns puet faire tresor.
D'aus vous lairai ; dirai du roy
Et des barons qui sont od soi.
Od li furent maint archevesque
Et maint abbé et maint evesque.
Laiens estoit bele Joïe,
Mainte dame en sa compaignie;
Al mangier seoit la dansele.
Uns des barons de l'escuële
Le servi, cui Dieus destourbier
Doinst ; qu'il avint grant encombrier
A la damoisele par lui,
Ainsi com vous orrés ancui.
A ce baron forment pesoit
De chou que li rois fil n'avoit.
Les messages avoit oïs,
Dont il n'estoit mie esjoïs.

283 damoisiele — 298 ot en

La damoisele a regardee,
Qui ert blance et encoulouree;
Avis li est ce soit sa mere,
Fors que de tant que plus jone ere.

Quant par laiens ont tuit mengié,
A conseil se sont tost rengié
Tout li baron de la contree.
Et li quens qui avoit portee
L'escuële bele Joïe
Lor dist : « Se Dix me beneïe,
« Signeur, li rois ja mais n'avra
« Femme, n'on ne le trouvera
« Tele comme il le veut avoir,
« S'on ne fait tant, au dire voir, (f. 4 b)
« Que il puist sa fille espouser :
« Ou monde n'a fors li son per.
« Mais se li prelat qui ci sont,
« Qui en grant orfenté seront
« Se malvais sires vient sour aus,
« Voloient faire que loiaus
« Fust li mariages d'auls deus,
« Je croi que ce seroit li preus
« A tous chiaus de ceste contree. »
A tant a sa raison finee.
De tex i a qui s'i acordent,
Et de tex qui mout s'en descordent.
Longuement entr'eus desputerent.
En la fin li clerc s'acorderent
Que il le roy en prïeroient
Et sur aus le pecié penroient.
A l'apostole monterront
Le grant pourfit pour quoi fait l'ont.

313 ont ont — 314 tost] tuit

A tant en sont au roi venu,
Se l'ont a un consel tenu,
Et li diënt : « Biaus sire ciers,
« Pour chou que vous nous tenés ciers,
« Vaudriiens nous de vous avoir
« Hoir qui ce regne doie avoir.
« Mais vous avés fait serement
« Feme n'avrés, fors d'un sanlant
« A cele qu'eüstes premiere.
« Bien veés qu'en nule maniere
« N'en poet on nis une trouver,
« Fors une que devés amer :
« Chou est vostre fille la sage.
« Si vous prions qu'en mariage
« Le prendés ; nous le vous loons
« Et sur nous l'affaire prendons.
« Prions vous ne vous en soit grief;
« Car on doit bien faire un meschief
« Petit pour plus grant remanoir. »
« Signour, » ce dist li rois, « pour voir
« Saciés, pour riens ne le feroie.
« Trop durement me mefferoie. » (f. 4 c)
« Si ferés, sire ! Vos clergiés
« Velt que ensi vous le faciés.
« Et se vous ne le volés faire,
« Vo homme vous seront contraire. »
Quant li rois voit que si baron
Voelent qu'il face dusqu'en son
Tout lor bon et lor volenté,
Si leur a respit demandé,
Sans plus, dusc'a la candelier ;
Adonc si reviegnent arrier,
Si lor dira qu'il volra faire,
U de l'escondire ou du faire.
Il li otroient tout ensi.

Du consel se sont departi.
A l'endemain se departirent,
Vont s'ent et au roy congié prirent.

Li rois od sa fille demeure ;
Mout le cierist et mout l'ouneure.
Un jor vint li rois en sa cambre
Qui estoit pavee de lambre.
La damoisiele se pinoit ;
Ele se regarde, si voit
Son pere qui est dalés li ;
De la honte qu'ele a rougi.
« Sire, » dist ele, « bien vigniés ! »
« Fille, » fait il, « boin jour aiiés ! »
Li peres a sa fille prise
Par le main et les lui assise ;
Mout le regarde ententieument,
Et voit c'onques plus soutilment
Nature feme ne fourma,
Fors Joïe qu'ele aourna
De plus grant biauté que Elayne,
Dont as Troïiens crut tel paine
Qu'il en furent tout perillié,
Mort et vaincu et escillié,
Dont ce fu tristeurs et dolors.
Mais avenu est as pluisours ;
Que par feme ont esté destruit
Li plus sage et li miex estruit, (f. 4 d)
Et tel fois coupes n'i avoient
Les femmes pour qu'il emprenoient
Les folies et les outrages ;
S'en tournoit sur euls li damages

378 prisent — 386 que ele — 390 assisse — 391 ententieuement — 403 fois] qui

Et sur eles tout ensement ;
Car on retrait et dit souvent :
Souvent compere autrui pecié
Teuls qui n'i a de riens pecié.
Ausi fist Joïe la bele;
Car ses pere art de l'estincele
Dont amors seit si les siens batre,
Sel fait en son cemin embatre
Si soutilment qu'il ne s'en garde,
Fors que de tant que il l'esgarde
Plus volentiers c'ainc mais ne fist.
Raisons, qui d'autre part se mist,
Li dist que il d'iloec s'en voise,
Que il ne chiee en briquetoise.
Issi a fait; congié demande,
Et ele a Jhesu le commande.
A tant de sa fille se part.
Mais od lui em porte le dart
D'amours, qui grant anui li fait.
Car si soutilment li a trait
Parmi les iex que dusc'al cuer
Le feri ; mais puis a nul fuer
N'en pot trouver la garison,
S'en eut mainte grant marison.

Un jour a dementer se prist
Pour raison qui en li se mist,
Et dist : « Pour fol me puis tenir,
« Quant a chou ne doi avenir
« Que mes fols cuers aime et covoite.
« Par outrequiderie esploite
« Amors qui ensi me demaine;

408 dist — 412 peres; art *manque* — 414 Les f. — 420 Quil — 428 mais ains p.

« Car d'une amor qui est vilaine
« Et encontre toute raison
« Me fait amer, ou voeille ou non.
« Je sai bien que cele est ma fille,
« Dont li pensers si fort m'escille. *(f. 5 a)*
« En cel pensé qui n'est pas gens
« M'ont mis mi baron et mes gens,
« Si m'ont en tel folie empaint
« Dont li miens cuers souspire et plaint.
« Et pour quoi en souspire gié?
« E n'ai ge des prelas congié
« Et proiere que je la praigne ?
« Mais que il en moi ne remaigne,
« Bien puis alegier ma dolour
« Al gre des plus grans de m'ounour.
« L'autr' ier otroier ne lor vaus;
« Je fis que nices et que faus.
« Que faus ? Non fis, ains fis que sages.
« Car ce n'est mie li usages
« Que nus doie sa fille prendre.
« A folie me font entendre.
« A folie, voir, ce font mon !
« Car je n'i voi nule raison.
« Donques ne la prendrai ge mie :
« Ce seroit outrequiderie,
« Pour que raison ne droit n'i voi.
« Legierement oster en doi
« Mon cuer, qui tousjors a li pense ;
« Mais des or li mech en deffense. »

Ainsi li rois par lui devise.
Mais amours, qui en li s'est mise,

447 en] ne — 449 pregne — 455 *le ms. met un point après* faus — 464 men

Li raporte une autre novele ;
Car la grant biauté de la bele
Li dit et son contenement,
Si que tout li met a noient
Le pensé qu'il avoit orains :
Ne l'en souvient, que c'est du mains :
Si est espris ne puet estaindre,
El fol voloir le convient maindre.
Ensi a contraire voloir :
Sens et amours le font doloir,
Qui dedens sen cuer se combatent,
Si que le roi souvent embatent
Une eure en sens, l'autre en folie.
C'amors de fol voloir le lie, (f. 5 b)
Et sens le rassaut d'autre part
Et li monstre que il se gart
De chou qu'amors li loe a faire,
Car tost en avroit grant contraire.
Mais c'est pour noient, ne li vaut,
Qu'amors si aspremen l'assaut
Que chou que sens li monstre et dit
Li met du tout en contredit.
Et quant sens voit que li rois plaisse
Vers amours, et lui entrelaisse,
Dolans du roi se departi.
Mais amours pas ne s'en parti,
Ains est lie quant sens s'en fuit;
C'ore est li rois en son estruit,
Si le demaine a son voloir :
Sovent li fait le cuer doloir.
Tant l'a destraint et demené
Que le roy a a chou mené
Qu'il en pallera a sa fille,
Pour qui amour son cuer essille.

471 dist — 486 auoit — 489 dist — 491 sens *manque ;* plaise — 501 Que il

En sa cambre es le vous venu.
Com son pere l'a recheü
La damoisele boinement.
Et li rois par le main le prent,
Sour une keute pointe bele
S'assiet, et les lui la pucele.
Avoec aus n'a qui noise faice.
« Bele fille, or ne vous desplace, »
Fait li rois, « chou que vous voeil dire,
« Ne ja n'en aiés au cuer ire. »
« Certes, sire, de vo voloir
« Oïr ne me doi pas doloir.
« Dites moi ce que boin vous iert.
« Car ma volentés me requiert,
« De tout quanque fille doit faire
« Pour pere ne soie contraire. »
« Ma fille, vous respondés bien,
« Et je ne vous dirai ja rien
« Que ne doiés faire pour moi.
« Car par le gre et par l'otroi (f. 5 e)
« De mes barons baron vous doing,
« Qui n'est mie de vous trop loing.
« J'euch a vostre mere en convant
« Que ja mais jour de mon vivant
« Femme après li n'espouseroie,
« Se jou son parel ne trouvoie.
« Mais el ne puet estre trovee
« Fors vous, n'i a mestier celee.
« Et mi baron ne voelent mie
« Que li roialmes de Hongrie
« Demeurt sans hoir malle après moi.
« Pour ce ai du clergié l'otroi

515 ert

« Que de moi soiés espousee;
« Roïne serés courounee.
« Au noël nel vauch otroier,
« Ains lor dis qu'a la candelier
« Qui vient lor en responderoie
« Selonc ce que consel aroie.
« Et j'ai or bien consel du faire,
« Mais que il a vous voeille plaire. »

Li damoiziele ot et entant
Chou que ses peres va contant;
Mais en Dieu a mise s'entente,
Se ne li plaist ne atalente
Chou dont ses pere li parole,
Ains li dist : « Peres, tel parole,
« S'il vous plaist, poés bien laissier.
« A ce ne me porroit plaissier
« Nus, que ce me sanlast droiture
« Qu'uns hom peüst s'engenreüre
« Espouser selonc nostre loy,
« Et tout cil sont plain de derroy
« Qui contre Dieu consel vous dounent
« Et de tel cose vous semounent.
« Pour riens ne m'i acorderoie,
« La mort avant en soufferroie;
« Ne sui mie tenue a faire
« Ce qu'a m'ame seroit contraire.
« Miex vous vient prendre penitance
« Du convent et de la fiance (f. 5 d)
« Que vous a ma dame feïstes,
« Car fol convent li prameïstes ;
« Se prenés feme a vostre los :
« U monde n'a home si os,

550 A] Car; plaisier — 552 Qu'uns] Que nus; engereure

« Se vous volés sa fille avoir
« Qui n'en soit liés, au dire voir ;
« Si vous pri qu'en pais me laissiés.
« Mes cuers n'iert ja a chou plaissiés
« Pour nului que prenge mon pere ;
« Car qui s'ame pert trop compere. »

QUANT li rois ot que riens n'esploite
De la riens que il plus couvoite,
Plus en grans en est que devant,
Se li respont ireement :
« Certes, fille, je le ferai,
« Puis que je le congié en ai.
« Folement respondu m'avés ;
« Mais bien sai que miex ne savés.
« Se mon voloir ne volés faire,
« Tost vous tournera a contraire ;
« Ne vous em prïerai ja mais.
« La candelier est assés pres,
« Que tuit mi baron revenront,
« Et bien sai qu'il me prïeront.
« Adonques vous espouserai ;
« Devant la plus ne vous dirai. »
Ains qu'ele plus li respondist,
Li rois hors de la cambre en ist,
Onques congié n'i demanda.
La damoisiele demoura
En sa cambre, plaine de duel ;
Morte voldroit estre son voel.
« Lasse ! » dist ele, « mar fui nee,
« Quant je sui or a ce menee
« Que mes peres m'espousera.
« Ja pour raison ne le laira,

570 nert ; laissies

« Puis que il l'a si en gros pris
« Et que si homme l'ont empris.
« Mais miex ameroie morte estre,
« Car c'est contre le roy celestre, (f. 6 a)
« Ne par raison nus ne puet faire
« Ce qu'il me voldront faire faire.
« Bien pens faire le me feront,
« Ja pour mon dit ne le lairont,
« S'aucune cose en moi ne voient
« Par quoi de ce voloir recroient. »

En tels voloirs, en tex pensés
Est li tans si avant passés
Que venue est la candelier.
Si baron et si chevalier
Et li prelat de la contree,
Sans plus faire de demouree,
Sont trestout a court revenu.
A joie furent retenu
Du roi, qui grant gent assambla,
Et tant, que il a tous sambla
Qu'ainques mais ne tint si grant court.
Tous biens, toute riquece i sourt ;
Cascuns tant comme il veut en a.
Li rois ainsi le commanda,
Qui bien quide luès acomplir
Le volenté de son desir.
De l'escondit ne li caloit
Que sa fille fait li avoit,
Car il metoit en son pourpens
Que pensés de feme c'est vens.
Bien li cuide oster son corage
A la requeste du barnage

604 me *M*] ne — 609 pensers

Et des prelas qui lueques sont,
Qui au roi sont venu, si l'ont
Requis que il Joïe praigne
Et que leur consel ne desdaigne.
Li rois leur respont volentiers
Le fera, puis qu'il est mestiers
Et que communalment li loënt.
Mout en sont lié tout cil qui l'oënt,
Que li rois est entalentés
De faire les lor volentés,
Si li diënt qu'il iront querre
Joïe. « Ne nul respit querre (f. 6 b)
« Ne volons de ces espousailles,
« Que eles ne tournent a failles. »

Or quident bien tenir ou poing
Tel cose dont il sont mout loing.
Joïe ot illoeques tramis
Une espie, qui entremis
Fu de tout lor conseil aprendre.
Et si tost com il pot entendre
Le conseil qu'il orent eü,
Es le vous ariere venu
A Joïe, si li reconte
Ainsi com li rois et li conte
Le vienent querre pour le roy.
Quant ele l'ot, en tel effroi
Est qu'ele ne set qu'ele face.
En petit d'eure fu sa faice
Des larmes de ses iex couverte.
Or est ele seüre et certe,
Se ele ne troeve occoison,
Petit li vaurra sa raison.

633 pregne — 648 embramis

Mais ele nes atendra mie,
El n'a soig de leur compaignie.
De ses puceles se depart,
Nule d'eles n'en prist regart,
Et ele s'est d'eles emblee,
De cambre en cambre en est alee.
Ains ne fina dusqu'ele vint
En une quisine qui tint (*f.* 6 c)
D'une part au mur de le sale,
Et de l'autre partie avale
Li seäus en une riviere
Qui ert rade de grant maniere ;
De la mer estoit assés pres.
Tuit li quisinier ou palès
Estoient alé pour veïr
Leur signeur sa fille plevir,
Si que toute seule ert Joïe,
Deseur tous triste et esbahie.
Un grant coutel a quisinier,
Qui sert de la car despicier,
A sour le dreceoir trouvé;
Par maintes fois l'ot esprové
Ses maistres pour bon et taillant :
D'un cisne merveillous et grant
En colpast a un colp l'esquine.
En sa main le prent la meschine,
Et pense qu'elle colpera
Son puing, et caoir le laira
En l'iawe, qui est apelee
Yse la parfonde et la lee.
Dont se commence a dementer.
« Lasse! or me puis je bien vanter
« C'a malvais port sui arrivee.

669 quele *est suppléé par M. L'écriture est effacée.* — 679 ert] estoit — 684 lont — 689 que elle — 691 Et

« Car se jou ai ma main colpee,
« De moi nule pitié n'avra
« Li rois, car vraiement savra
« Que colpee l'arai pour lui
« Escondire. Lasse! mar fui!
« Bien sai qu'il me fera ardoir;
« Autre trezor n'en avrai, voir.
« Bien sui fole, qui moi ocirre
« Voel a dolor et a martire,
« Et se me puis bien respiter
« De ceste dolour eschieuer.
« Comment? Par espouser mon pere.
« Mon pere! Lasse! vie amere
« Avroie pour peeur de m'ame!
« Virge Marie, douce dame, *(f. 6 d)*
« Conseil vous demanch et requier;
« Voeilliés ent vostre fil proier.
« Puis que de cuer requier aïe,
« Bien sai que je n'i faurrai mie. »
Ensi se demaine et tourmente
Joïe, la bele jouvente.
En tel pensé a atendu
Tant que ele a oï le hu
De chiaus qui en sa cambre estoient,
Qui au roy mener le voloient.
Or voit bien n'i a plus caloigne.
Son puing senestre tant aloigne
Qu'ele le met seur la fenestre;
Le coutel tint en sa main destre.
Onques mais feme ce ne fist:
Car le coutel bien amont mist,
S'en fiert si son senestre poing
Qu'ele l'a fait voler bien loing

709 Auoir; peur — 718 quele — 722 destre *corrigé par une autre main en* senestre; alonge — 727 puing

En la riviere la aval.
De la grant dolor et du mal
Que ele senti s'est pasmee.
Ains qu'ele se fust relevee,
Englouti sa main uns poissons
Qui est apelés esturjons ;
Mout en estoit liés par sanlant,
Aval l'ewe s'en va jouant.
De l'esturjon ci vous lairai,
Et a Joïe revenrai,
Qui de pasmisons releva.
Son moignon, qui mout li greva,
Entortille d'un coevrechief
A l'autre main a grant meschief.
Sa coulor, qui estoit vermeille,
Pali, ce ne fu pas merveille.
De la quisine en est issue,
En sa cambre en est revenue,
Ou quatre conte l'atendoient.
Mout en sont lié quant il le voient,
Si li diënt : « Ma damoisele,
« Une nouvele boine et bele (f. 7 a)
« Vous aportons ; mais soiés lie :
« Roïne serés de Hongrie.
« Li rois ou palais vous atent ;
« Par nous vous mande qu'erranment
« Venés a lui, n'i demorés.
« Bien doit de vous estre hounourés
« Li rois et tout cil du païs,
« Que tant ont pourcacié et quis
« Que d'or avrés u cief couronne.
« Qui ce vous fait, biau don vous doune.
« Or en venés; car tuit vous mandent
« Li prelat qui la vous atendent ;

732 que ele — 741 Entortillie — 756 doi

« Ce lignage departiront,
« Vous et le roy marieront. »

La pucele respont briement
Qu'ele ira oïr le talent
Du roy, puis que il l'a mandee.
Pale, tainte, descoulouree,
Od les quatre contes s'en va
Dusques la ou le roy trouva.
Avoeques li ala puceles
Et assés de grans damoiseles.
Li conte Joïe adestrerent,
Ens u grant palais le menerent,
U estoient tout li baron
Et maint chevalier environ,
Qui la pucele mout amoient
Pour le grant bien qu'il i savoient.
Tout furent lié de sa venue;
Li rois boinement le salue.
La pucele respont a point
Que Damediex boin jor lor doinst.
Li rois la main Joïe prent,
Puis si l'acole boinement,
Garde, si coisi son moignon,
Puis nomma Joïe par non.
« Fille, » fait il, « comme avés trait
« Icel mal qui si grief vous fait ? »
Ce c'on li a dit et conté
Li a trestout dit et monstré; (f. 7 b)
Mais petit li plaist li parole,
Et de quanques il l'aparole
Li a a briés mos respondu :

772 damoisieles — 783 Li r. Ioie par la main p.— 785 Et garde — 787 comme avés] que naues — 788 Cel — 790 dist

« Sire, bien vous ai entendu;
« Mais roïne ne doi pas estre,
« Car je n'ai point de main senestre,
« Et rois ne doit pas penre fame
« Qui n'ait tous ses membres, par m'ame! »
Donques a trait hors son moignon
Loié d'un coevrechief en son.
Quant li rois et cil qui la furent
Virent le bras et aperchurent
Que la mains en estoit ostee,
En petit d'eure fu troublee
La joie en ire et en tristour.
Onques mais en si peu de jour
Joie en tel dolour ne tourna ;
Car en tel point les atourna
Pitiés qu'il leur caoit de lermes
Tant qu'il n'en ert ne fins ne termes.
Li rois, qui mout bien set et voit
Qu'ele tout de gre fait l'avoit
Pour eschieuer sa volenté,
N'esgardot pas sa loialté,
Pour quoi ele s'ert mehaignie,
Ains ciet en si grant felonnie,
Pour chou qu'il perdoit son desir,
Qu'a ses bediaus l'a fait saisir
Et mettre en une cartre dure
Qui en maint liu estoit obscure,
Et jure Dieu c'arse sera
Demain : mais mie n'i sera,
Qu'il ne veut mie que pitiés
Li prenge, dont soit respitiés
Li juïses a la pucele.
Son senescal a lui apele,
Se li a commandé et dit

802 vinrent — 810 fis

Qu'au tierch jour sans nul contredit
Arde sa fille ens en un re,
« Se de riens veus faire mon gre. (f. 7 c)
« Et se nel faites a estrous,
« Saciés, je le ferai de vous ;
« Ne mar m'i atendrés ja mais,
« N'omme de vo lignage, après. »
Li baron en furent dolant ;
Mais n'en osent faire sanlant.
« Sire, » dist il, « je le ferai,
« Puis que commandement en ai ;
« Je ne l'oseroie laiscier,
« Combien qu'il me doie anuiier. »

Ensi se departi la cours,
Qu'il n'i eut fors doleur et plors.
Li rois meïsmes s'en ala
A un sien castel que il a.
Iloeques demourer ne volt.
Ses senescals et si prevost
Demorerent par son commant
Por Joïe mettre a tourment,
Qui aval est en la prison.
Du courtois cartrier vous diron :
Une soie fille avala,
Qui compaignie li porta,
Et si orent tortins ardans,
Si qu'eles virent bien laians.
Et s'eles vausissent mengier,
Eles euiscent sans dangier ;
Mais eles n'en orent talent,
Car lor cuer ne sont pas joiant.
Nouvele, qui en petit d'eure

857 ont

Va par le païs sans demeure,
Est tant et cha et la alee,
Que ja sevent par la contree
Que on voloit ardoir Joïe,
S'en fu la gens toute esbahie.
Meïsmement les povres gens,
Cui elle donnoit vestimens,
Furent plain de doleur et d'ire.
Par le païs oïssiés dire,
Se vous a ce jor i fuisciés :
« Diex! quel dolor et quels peciés (f. 7 d)
« Avient chiaus de ceste contree
« De la millour qui ainc fust nee,
« Qui sera arse sans merci
« Pour la bonté qui est en li ! »
Ensi par le païs disoient,
Et de duel tout se debrisoient,
Et si maudisoient celui,
Par qui elle avoit cest anui.

Dou commun vous voldrai laissier;
Au senescal voel repairier,
Qui ert sages et plains de foy.
Mout ot le cuer en grant effroy
Toute nuit dou commandement
Que fais li fu si cruëlment.
Onques ne dormi en deus nuis,
Car en son cuer a grans anuis.
« Las! » fait il, « se je arch ma dame,
« Je sai bien que je perdrai m'ame,
« Ne ja mais jor ne m'ameront
« Tout cil qui retraire l'orront.
« Et d'autre part souvent avient
« Que, tant que ons son courous tient,

892 quons

« Que il fait tel cose u fait faire
« Qui bien li puet après desplaire.
« Espoir enquore cangera
« Li rois le voloir que il a ;
« Et s'il le cange et je l'ai arse,
« Il me venroit miex estre en Tarse
« U en la grant Inde major,
« Qu'encor en aroie mal jour.
« Ne l'ardrai pas. Ne sai que face.
« Que ferai dont ? Se jou l'en cace,
« Enquor m'en porra maus venir.
« Mon signour dout au revenir ;
« Bien sai que'ardoir me vaurra
« Et puis vivre ne me laira.
« Que ferai dont ? Je ne sai quoi.
« Or ne sai jou consel de moi,
« Le mains malvais je ne sai faire.
» Mais puis que je voi que contraire (f. 8 a)
« Me puet avenir des deus voies,
« Ne le lairai plus toutesvoies
« Morir par si cruël tourment.
« N'a pas dusqu'a la mer granment :
« La le menrai a mie nuit,
« Qui qu'il soit bel ne qu'il anuit.
« En un batel le meterai,
« Et a uit jors li liverrai
« Vin et viandes a fuison ;
« Mais od li n'avra compaignon,
« Aviron, mast ne gouvernal.
« S'il plaist a Dieu l'esperital
« Que ele voist a sauvement,
« Ce sera bien a mon talent ;
« Et s'ele i moert, n'en verrai mie.
« Si en soit en la Dieu baillie !

910 je *manque* — 911 de — 916 Q'

« Quant jou avrai fait cest afaire,
« Por chou c'on ne puisce retraire
« Que je l'aie de mort salvee,
« Ferai faire grant aünee
« D'espines ; et a l'adjourner,
« Quant ele sera en la mer,
« Ferai les espines bruïr,
« Avant que nus i puist venir.
« Puis si lor ferai entendant
« Que ele est arse ; por la gent,
« Qui demenaiscent grant dolour,
« Le fis ardoir devant le jour. »

Ensi com il pense l'a fait,
Et de l'esploitier s'entremet.
Le cartrier mande maintenant.
Il vint a lui sans contremant,
Com cil qui l'amoit et doutoit,
Demande li qu'il li voloit.
Li senescals dist que sa foy
Veut avoir que ja nus par soi
Ne savra chou que il dira,
Et qu'au faire li aidera.
Li cartriers errant li fiance.
Or en est il bien a fiance, (f. 8 b)
Si li a reconté l'affaire
Ensi comme il le bee a faire
Et comme il l'avoit devisé.
Et li cartriers dist que visé
Avoit mout bien ceste besoigne,
Et que maintenant sans aloigne
Loe la besoigne a haster.
« Se vous volés, ves m'i aler. »

930 une grant — 948 que au; aidra

Li senescauls dist, bien le veut,
Et li cartriers sa voie akeut,
A la mer vient, s'a tant cacié
Qu'il a tout quis et pourcacié,
Un batel et viande et vin ;
Et puis se rest mis au cemin.
Au senescal dist qu'il a fait
Ce qu'il li ot dit et retrait.
« C'est bien fait, » dist li senescals.
Apareliiet ont trois cevaus;
Sour l'un en font monter Joïe,
Qui n'estoit gaires esjoïe,
Li dui sur les autres monterent.
Ensi hors de la vile alerent
Qu'il ne furent aperceü
Pour la nuit qui oscure fu.
Onques ne volrent arrester
Devant qu'il vinrent a la mer,
Droit a la nef ques atendoit.
Joïe demande : « Que doit,
« Signour, et par quel destinee
« M'avés vous ici amenee?
« Voir, onques mais fille de roy
« Ne fu menee a tel derroi. »
— « Dame, » li senescals a dit,
« Commandé me fu sans respit
« Du roy qu'en un four vous arsisse,
« Saciés, ou ma vie perdisse.
« Mais la pitiés que j'ai au cuer
« Ne me laist souffrir a nul fuer
« Que de tel tourment vous ocie,
« Si vous met en la Dieu baillie, (f. 8 c)
« Qui vous gart et qui vous conduie.
« Car saciés, durement m'anuie

964 Et *manque*

« Quant si le fas; mais n'en puis mes,
« Car li rois est fel et engrès,
« Je dout mout son courous et s'ire.
« Enquore vous puis je bien dire :
« S'il savoit c'arse ne fuissiés,
« Sur moi revenroit li mesciés. »

La damoisiele li respont :
« Certes, biaus sire, pecié font
« Tuit cil qui a ce m'ont menee
« Que seule irai par mer salee;
« Je ne l'ai mie desservi.
« Mais puis que il est or ensi,
« Je voel miex noier que arse estre,
« S'il plaist a Dieu le roy celestre.
« Quant commandement en avés,
« Bon gre vous sai quant vous m'avés
« Le mien cors respitié d'ardoir.
« Et si pri de cuer Dieu le voir
« Que il a mon pere pardoinst
« Le pecié de mi, et li doinst
« Joie plus qu'il ne m'en demeure. »
Li senescaus durement pleure,
Et li cartriers tout ensement.
Ou batel l'ont mis en plorant,
Puis si l'ont a Dieu commandee,
Devens la mer l'ont eskipee.
Or voist la ou Diex le conduie !
Car li departirs leur anuie.
Arriere retourné s'en sont,
Et au cief de la vile vont.
Ains que li jors peüst venir,
Quatre quaretees emplir

998 moi en — 1006 au

Font de bos et mener as cans.
Si tost com li jors fu parans,
Es espines le fu bouta.
Dedens la vile s'en ala
Li cartriers pour lever le hu,
Et disoit : « Las ! tant mar i fu, *(f. 8 d)*
« Joïe, vostre grant bonté ! »
Quant cil l'oënt de la cité,
Qu'il plaint ensi lor damoisele,
Si li demandent : « Que a ele ? »
Il leur respont qu'ele est bruïe.
En peu d'eure fu estourmie
La vile après ceste parole.
Pour peu que cascuns ne s'afole
De duel, tant par sont tuit dolent ;
Vers le feu en vont tout courant,
La u li senescals estoit,
Qui a entendre leur faisoit
Que ele estoit u fu dedens,
Dont il se faisoit mout dolens.
Ensi et par tel maiestire
Fist entendant cels de l'empire
Que Joïe ot mort recheüe ;
Si s'en tint mout a deceüe
La menue gent du païs,
Et mout en fu li rois haïs.
Li senescals au roi tout droit
S'en vint, et li dist qu'il avoit
Fait ce que commandé li ot ;
Et li rois mout bon gre l'en sot,
Qui encor ert en sa grant ire.
Mais il fu puis tels jors que ire
Ot il au cuer et grant pesance
De chou qu'il ot tel mesestance

1033 damoisiele — 1034 Qua

Faite faire sa fille a tort,
S'en ot puis penitance fort,
Ensi comme oïr le porra
Qui tout le conte oïr volra.
Du roi et de sa barounie
Et des gens qui sont de Hongrie
Vous voel ci le conte laissier;
A celi m'en voel repairier
Qui est seule dedens la nef
Ou il n'avoit voile ne tref.

OR dist li contes que la bele (f. 9 a)
Est toute seule en la nacele,
Ou elle maine vie amere.
Souvent requiert Diu et sa mere,
Que de cel peril le gietast
Et que a bon port l'arrivast.
D'une rien mout bien li avint :
Qu'en son moignon li cuirs revint,
Et mout belement en gari.
Mais ele a mout le cuer mari ;
Certes je ne m'en mervel mie :
Pucele en mer sans compaignie,
Sans aviron, sans gouvernal,
Assés dut avoir au cuer mal.
Si eut ele, et en regretant
Dist : « Fortune, mout malement
« M'as tost ta roee bestournee.
« Desseure m'avoies montee,
« Ou j'avoie joie et soulas.
« Or m'est vis de si haut si bas
« Gietee m'as desous tes piés,
« Ne de moi ne te prent pitiés.

1074 que *manque* — 1079 esmeruel

« Onques mais nul jor pour bien faire
« Ne souffri femme tel contraire ;
« Que seule vois et esgaree
« Et nuit et jour par mer salee.

« Biaus sire Dix, par cui bonté
« Sont tout li bien guerredouné,
« Qui pour nous gieter de tristour
« Vausistes morir a dolor
« En crois, par le pecié d'Adan
« Et par Eve, dont maint ahan
« Avint a chiaus qui furent ne (f. 9 b)
« Avant que la virginité
« De la virge fust conneüe
« Ne vostre sainte cars venue.
« Car en ynfer vous atendoient
« Maint preudome qui mort estoient,
« Adans, Eve et sains Abrehans
« Et Davis qui fu gehissans
« De vos saintes paroles dire,
« Dont il fist le sautier escrire.
« Ce fu cil qui prophetisa,
« Qui dedens son cuer avisa
« Que vaudriés de feme nestre,
« Ne c'autrement ne porroit estre
« Pardounés li premiers peciés
« C'Adans fist comme outrequidiés.
« Vrais dous Diex, ains que ch' avenist,
« Convieunt que du siecle partist.
« Et la coustume tele estoit,
« Qui c'onques du siecle partoit,
« Que il li convenoit aler
« En ynfer maint mal endurer.

1096 li *manque* — 1116 fist *manque*

« Maint an dura ceste coustume,
« Qui mout estoit as boins enfrume.
« Plus ne le volsistes souffrir,
« Anchois venistes acomplir
« Ce que devisé ot Davis.
« Trente et deus ans tous acomplis
« Souffristes poverté en tere,
« Sour vous empreïstes la guerre
« Que li dyables ot a homme
« Seulement pour un mors de pomme,
« Et tant de cele guerre eüstes
« Que cinc plaies en receüstes
« En la crois u fustes ficiés
« Et d'un glave ou costé perciés.
« Loeques vausistes l'ame rendre,
« Et en ynfer sans plus atendre
« Alastes querre vos amis
« Que li dyäule avoient pris.
« Les fors portes d'ynfer brisastes, (f. 9 c)
« Et tous vos amis en gietastes,
« Dont dyable furent dolant;
« N'iert mais jor n'en soient plaignant.
« Puis vausistes resusciter
« Et vos apostles visiter
« Droit le jor de l'assention.
« Maint miracle, bien le seit on,
« Feïstes avant et après,
« Qui par moi ne sont pas retrès,
« Comme cil qui fait son plaisir
« Ainsi comme il veut avenir.
« Biaus sire Diex, si voirement
« Comme je croi certainement
« Que voirs est chou que j'ai conté,
« Si voelliés vous par vo bonté

1127 Dauid — 1144 Nert

« Que conduite soie a tel port
« U on ne me face nul tort
« Et de ceste mer me delivre,
« S'il vous plaist que plus doie vivre. »

DIEX, qui sa proiere entendi,
Ne la vaut pas mettre en obli,
Ains a sa nef si avoïe
C'une saiete descocie,
Qui fust traite d'un arc d'aubour,
N'alast mie de tel vigour
Comme sa nef fist jour et nuit.
Dedens la mer fu de jors uit.
Au noeme coisist une tere
Qui est par devers Engletere ;
Escoce, ce est li siens nons.
Trestout droit le jour des brandons
Les gens de Beruïch estoient
Sur la mer, ou il se jouoient.
Li un trepent, li autre saillent,
Trestout de jouer se travaillent.
Ainsi l'avoient maintenu,
Maint an i estoient venu.
Avoec auls estoit li prevos,
Pour chou qu'il ne fuissent tant os,
Que il entr'aus eüst mellee. *(f. 9 d)*
Devers la mer a retournee
Sa chiere, et voit la nef venir.
D'esgarder ne se puet tenir,
Pour chou que si tost vient vers lui,
Et si ne voit dedens nului
Qui la conduie ne ne maine.

1169 noeme *corrigé par une autre main en* noeuime — 1175 salent — 1180 que il

Les gens qui iloec sont achaine,
Si lor a le batel monstré
Qui si vient sans voile et sans tre.
Il l'esgardent tuit volentiers.
Li batiaus vient endementiers,
Dusc'al rivage n'arresta.
Li prevos et cil qui sont la
S'en sont dusc'al batel venu,
A la tere l'ont retenu;
En la nef ont celi coisie
Qui venue ert sans compaignie.

Li prevos mout bel le salue,
Qui mout avoit lange esmolue
A paller bel et sagement :
« Pucele, cil Diex qui ne ment
« Vous doinst boin' aventure et joie! »
— « Sire, » fait ele, « cil vous oie
« Que vous en avés apelé! »
— « Pucele, or ne nous soit celé
« Dont vous estes, et vostre non,
« Se il vous plaist, savoir volon. »
— « Sire, je sui une caitive
« Ici endroit venue a rive.
« S'il vous plaist, si me sauverés.
« Saciés, par moi plus n'en sarés. »
— « Certes, bele, bien m'i acort.
« Je croi, s'aucuns vous a fait tort,
« C'a boin port estes arrivee.
« C'a mon signour serés menee,
« Qui rois est de tout cest païs,
« Bacelers jovnes et jolis.
« Avoec sa mere serés bien,

1196 sont — 1214 caucuns

« La ne vous faurra il ja rien. »
— « Grans mercis, sire, » ele respont. *(f. 10 a)*
A joie retenue l'ont
Et dedens la cité menee.
Assés fu le jour esgardee
La bele faiture de li,
S'avoit ele le vis pali
Du grant duel qu'ele avoit eü.
Es vous a son hostel venu
Le prevost, et avoec lui cele
Qui du tout son couvine cele.
Assés tout le jour l'en enquist,
Mais ele onques riens ne l'en dist,
Se le laisse ester par anui.
Assés de bien pensa en lui ;
Cele nuit mout bien l'aiesa
Avoec deus filles que il a.
L'endemain, quant il vit le jour,
N'i vaut faire plus lonc sejour ;
Deseure un palefroi amblant
Fist monter Joïe erranment,
Droit a Dondieu au roi l'en maine,
Ou il tient son hostel demaine,
Et sa mere o ses damoiseles,
Dont il i a assés de beles.
Es les vous a la court venus,
Droit au perron sont descendus.

Au disner se seoit li rois,
O lui grans signeurs vint et trois.
Li prevos devant lui s'en vient,
Qui la bele par le main tient.
Premiers a salué le roy,
Puis les barons qui sont o soy.
« Sire, » dist il, « un biau gaaing *(f. 10 b)*

« A vostre court hui vous amaing.
« Je et vos gens estiiens hier
« Sour la mer pour esbanoiier.
« Luès arrivoit une nacele,
« U n'avoit fors ceste pucele.
« Je croi k'ele est de haut parage,
« Car ele est mout courtoise et sage,
« Mais ele a une main colpee,
« Dont ele est belement sanee.
« De son couvine plus ne sai,
« Nepourquant demandé l'en ai.
« Nule riens dire ne m'en veut.
« Mais je sai bien qu'ele se deut
« De s'aventure et de son grief.
« S'ele n'eüst eü meschief,
« Je cuich que si bele ne fust
« Faite de piere ne de fust.
« Or est vostre, s'en poés faire
« Du tout vostre bon sans contraire,
« Qu'ele est d'Espaigne chi venue.
« Se vous plaist, si soit receüe.
« Avoec ma dame bien sera,
« Et, se Dieu plaist, ele fera
« Tant c'amee sera de li. »
Au roi durement embeli
Chou que ses prevos a conté,
Car mout est plains de grant bonté.
Joïe a les li aparlee
Et courtoisement apelee.

« BELE, » fait il, « de vostre terre
« Vous vaudroie ge mout enquerre,
« Se il vous venoit a talent,

1259 hau pa*rr*age — 1275 av.ec (o *effacé*)

« Dont vous estes et de quel gent.
« Dites le moi, et saciés bien,
« Ce ne vous grevera ja rien ;
« Car vous avrés a vo talent
« Quanques vous verra a talent. »
La damoisele li respont :
« Sire, tout cil qui bien me font
« I pueent grant aumosne avoir; (f. 10 c)
« Car povre sui, sans nul avoir,
« Venue d'estrange contree
« Toute seule par mer salee,
« Comme une dolente caitive
« Et la plus lasse riens qui vive,
« Com cele qui ne voldroit estre,
« Se il plaisoit au roy celestre.
« Ne ja plus nus hom ne m'enquiere.
« J'ameroie mix estre en biere
« Que je mon anui racontaisse.
« Je morroie ains, que le contaisse. »
En chou que ele ensi parloit,
Li rois le regarde, si voit
Les larmes, des ix qui li cieent.
Pour chou que eles li dessieent,
L'a a la roïne envoiie ;
Si li mande qu'el ne laist mie
Qu'el ne li face son voloir,
Ne son cuer ne face doloir
D'enquerre cose qui li nuise,
Duskes a tant que el le truise
Plus lie qu'el n'est maintenant.
La roïne le mandement
Son fil fist, mie nel laissa,
Et ses damoiseles plaissa
A chou que eles l'onourerent

1301 menquire — 1303 racontasse

Et conjoïrent et amerent.
Li provos trestout celi jor
Avoec son signour assejor
Fu, et al demain s'en parti
Et revint la dont il parti.

Joïe est a court demouree
Mout esjoïe et mout amee.
Mais il ne la sevent nommer,
N'a ce ne la pueent donter
Qu'ele voelle dire son non,
Son païs et sa region.
Un jour l'estoit alés veoir
Li rois pour oïr et savoir
Son couvine, se il peüst ; *(f. 10 d)*
Mout volentiers apris l'eüst,
Mes a chou metre ne la puet.
Dont dist li rois : « Il nous estuet,
« Puis que vostre non ne savons,
« Que nous aucun non vous metons.
« Or soit ensi : je vous destine
« Que vous aiiés non Menekine. »
Ce non ot puis assés lon tans,
Si com vous orrés ou rommans.
Ele nommer ne se voloit,
Pour chou que li cuers li doloit
De la vilenie son pere,
Qu'ele en mainte guise compere.

Or est la Manequine a aise
Selonc l'anui et le mesaise
Que ele avoit devant eüe.

1326 ioie

En peu de tans s'est maintenue
Si courtoisement et si bel,
Que il estoit a cascun bel
De li veoir et esgarder.
Et ele se seut bien garder
De ciaus qui servent de mesdire.
Car de li ne peüst nus dire
Fors bien, s'il ne volsist mentir.
L'aise que on li fait sentir
Li fist revenir sa biauté,
Car li rois a sa volenté
Li fist avoir, a son plaisir,
Puceles pour son cors servir
Et quanques il li fu mestiers
Et sans dangier et volentiers.
Ele se fait a tous amer;
Car en son cuer n'a point d'amer.
Tout cil qui de li parler oënt
Mout le prisent et mout le loënt,
Diënt que de bon cuer li vient
Que si sagement se maintient
En autre païs que ou sien;
Tuit li atournent a grant bien.
Tant en est la parole alee (f. 11 a)
Que neïs cil de la contree,
Qui ainc veüe ne l'avoient,
L'aimment et bon gre li savoient
Des biens que disoient de li
Cil et celes qui sont o li.
Nis li rois durement l'amoit;
Toutes les fois qu'il sejornoit
A Dondeu, u il ert manans,
Vers la Manequine ert tornans.
A li jouoit courtoisement.

1358 aisse — 1363 mestier

Des eskės savoit ele tant,
Que nus mater ne l'en peüst,
Ja tant de ce jeu ne seüst.
Des eskès savoit et des tables,
D'assés d'autres jeus delitables,
Dont ele se jouoit au roy
Sans felonnie et sans desroi.

Tant i ala li rois et vint
Que maint jour puis pour fol se tint.
Car quant saiete est descochie,
Ne puet estre arriere sachie
Devant qu'ele a fait sa volee;
Ainsint, quant amours est volee
Parmi les ex duskes au cuer,
N'en puet issir a nes un fuer,
Devant que ele a fait s'empainte,
S'en fait souvent et maint et mainte
Dolouser, plaindre et amatir
Et en maint grant penser flatir.
Mout est cele amour perilleuse,
Se ele ne fust deliteuse ;
Cuers endurer ne le peüst,
Se la dolours ne li pleüst.
Et comment puet la dolour plaire?
C'est une cose bien contraire.
Comment puet plaire la dolour
Que on sent au cuer nuit et jour?
Ne comment puet il enamer
Avoir riens c'on doie clamer
Doleur ne grieté ne torment? (f. 11 b)
Ce vous dirai ge maintenant,
Si que vous dirés que di voir,

1400 fait] a

Se vous vous savés percevoir.

Amours, c'est une volentés
Dont mains cuers a esté tentés,
Si vous dirai par quel usage.
Amours a au mont maint message;
Ce sont li oel dont cascuns voit,
Et cascuns cuers en ses ex croit,
Et la ou il veut les envoie,
Et convient que du tout les croie.
Et tuit oel se sont par nature
Plus fol que bestes en pasture.
Car chou que mix lor plaist esgardent,
Ne nule raison n'i regardent
Fors que du cuer la volenté.
Car si soutilment sont enté
Que il sont a leur cuer lumiere,
Ne ne puet en nule maniere
Li cuers veoir fors parmi eus.
Et li oel sont mout convoiteus
Par l'ennortement de nature
De regarder bele estature.
Dont vient nature et volentés,
Qui des ex font leur volentés,
Si regardent par mi les ix
Chou qui leur delite et plaist mix.
Et quant il voient leur plaisir,
Erranment vont le cuer saisir,
Se li requierent qu'il esgart
Chou qu'il verra en son esgart.
Li cuers maintenant i esgarde,
Tant que il ne s'en donne garde,
Devant que derriere l'assaut

1439 ex

Et par les iex au cuer li saut.
Puis si le sermonne et atise,
Tant qu'il le met en convoitise.
Dont est li cuers forment plaiiés,
Qui de tant d'anuis est loiiés,
S'en est en penser plus dyvers (f. 11 c)
Que n'est a esté li yvers.

Or vous ai dite la dolour
Que on puet avoir pour amour.
Or dirai pour quoi on le claime
Amour. Ce est pour chou c'on aimme
Ce, dont puet venir le contraire
Que vous avés oï retraire,
Pour esperance d'acomplir
Le grant volenté du desir.
Mout fait grant bien cele esperance
A ciaus qui ont tel desirance;
Car mix en endurent les max,
Les grans paines et les travax
Que on puet avoir pour amer.
Or avés vous oï l'amer
Et l'esperance que cil ont
Qui en amour mainent et sont.
Tele eure est que cele esperance
De leur desirier les avance,
Et tele eure est que il i faillent
Et en vain lonc tans se travaillent.
A ce poés vous bien entendre
C'amors est a l'un douce et tendre,
Et a l'autre est amere et sure.
Faus est qui plus s'i asseüre.
L'un est marastre, l'autre mere,

1460 oï *M*] oir — 1464 ot — 1477 est *manque* — 1479 Lune

A l'un est larghe, a l'autre avere;
Et bonne et male, et est amours
Mors et vie, joie et doulours.
Uns i pert, autres i gaaigne;
Pour c'est drois c'on s'en lot et plaingne.
Li max d'amours est frois et cax,
Or est glace, ore rest solaus.
Et qui en chou s'est embatus,
N'est merveille s'il est batus.
Bien s'i sont cil dui embatu,
Si en furent mout bien batu.

REVENIR m'en voel a mon conte,
Qui ensi me retrait et conte
Que tant pleut au roi la meskine (f. 11 d)
C'on apeloit la Manekine,
Sa biauté et sa contenance,
Que li grans desiriers li lance
U cuer dont amours bat les siens.
Liiet l'a de si fors liiens
Qu'il ne s'en pot puis desliier
Fors par cele pour cui liier
L'ala uns tresgrans desiriers,
Dont il ot puis grans destourbiers.
Mais la se prova bien amours
Plus qu'ele ne fait en pluisours;
Que, se li rois eut pour li paine,
Ele n'en refu mie saine,
Ains le ra amours assalie
Et de ses fors liiens liie,
S'aime le roy, et li rois li.
Ensi ont ensamble un anui.
D'un desir, d'une volenté
Sont ambedoi entalenté.

1481 et *manque* — 1482 doulours *M*] doucours — 1486 or est — 1492 trait et reconte — 1497 cuers

Mais il ne seut, au dire voir,
Mie de cele le voloir,
N'ele ne set mie le sien.
Ensamble s'acordaissent bien,
Se li uns de l'autre seüst
Que tex desiriers li pleüst.
Mais cascuns d'eus deus ne set mie
Qu'il soit amis ne ele amie.

PREMIEREMENT du roy voel dire
Le grant tourment et le martyre
Que pour la pucele sentoit.
Un jour de li partis s'estoit;
Nuis ert, si est coucier alés.
Mais ses dormirs est tresalés;
Toute nuit se tourne et retourne,
Son pensé a folie tourne,
Si dist : « Pour fol tenir me puis
« Quant je tant pens, et si ne truis
« Nule raison en mon penser,
« Et si n'en puis mon cuer tenser
« Que tousjours ne pense a celi (f. 12 a)
« Qui tant me pleut et abeli
« Orains et ier et cascun jour,
« Quant avoec lui sui assejour.
« Est chou amours? Oïl, je cuit,
« Car je pens a li jour et nuit.
« Ne cuidoie pas k'il eüst
« En amours cose qui neüst.
« Si a; li pensers m'est si griés
« Que je i regart deus meschiés :
« Se je la tieng en soignentage,
« L'amours sera fausse et volage,
« Durement blasmés en seroie,

1519 deus *manque* — 1526 dormis — 1530 truis *M*] puis

« Pour riens ne m'i acorderoie
« Que ferai dont? Je la penrai.
« Penrai? Que di ge? Non ferai!
« Je ne sai ou ele fu nee.
« Espoir qu'ele a la main colpee
« Par son mesfait, est envoïe
« Seule par mer sans compaignie.
« Par son mesfet? Ce ne puet estre;
« Ja le fist Dix de sa main destre.
« Voir, a chou que je voi en li,
« Chou c'on li fist ne desservi.
« Mais il avient en mainte court
« Que tex ne peche qui encourt.
« Or soit ensi riens n'ait mesfet,
« Si ne sa ge pas qui ele est.
« Ele est nee, espoir, de vilains.
« De vilains? Voir, ce ne fu ains.
« A tort li met sus vilonnie,
« Si fach orguel et felonie
« Nis seulement quant je chou pense;
« Souffrir en doi grant penitance.
« Bien pert a son contenement
« Et a son cors, qu'ele a tant gent,
« Qu'ele soit de grant gent estraite;
« Car onques mais si bien pourtraite
« Nature u monde ne fourma.
« De si grant biauté le fourme a
« Qu'il m'est avis, quant je l'esgart, *(f. 12 b)*
« Que si vair oel, si douch regart
« Me voelent dire : « Je vous voel. »
« Non font! C'est chou dont plus me duel.
« Blondetes paupieres, biau nes,
« Dieus! comme il fu a point plantés!
« Il n'est ne trop cours ne trop lons.

1571 mont

« Les cavex a crespes et lons
« Et les oreilles avenans,
« Qui dou tresor sont soustenans
« Que Dix li a mis sur le cief :
« Ce ne leur doit mie estre grief;
« Non est il, car biau le soustienent.
« Si sorcil brunet li avienent
« Si bien que nel savroie dire.
« Et quant je son cler front remire,
« Par raison grant, blanc et onni,
« Ainc mais si bien taillié ne vi.
« Dix! quel boucete a et quels dans,
« Grant plenté et serrés et blans!
« Il samble qu'il soient d'yvuire.
« Biau se poroit ichil deduire
« Qui sans mal et sans vilonnie
« La baiseroit comme s'amie.
« Or sui esbahis de conter
« Son douch visage, que donter
« Fait mon cuer et pour sien tenir.
« Car sur la blanceur voi seïr
« Une couleur qui est vermelle;
« Mout i siet bien a grant mervelle.
« Pour son menton et pour sa gorge
« N'est pas raison que on se torge
« De li amer, c'ainc mais si bele
« Ne porta dame ne pucele.
« Os ne vaines n'i sont parans,
« Ains sont comme cristal luisans.
« De son gent cors, de s'estature
« Ne fu ainques mais creature.
« S'estoie acolés de ses bras,
« Tousjors mais avroie souslas.
« Mais je paroil encore en vain. (f. 12 c)

1598 douter

« Qui regarde sa biele main,
« Delie, blance, dont li doit
« Sont blanc et delié et droit :
« Car en eüst ele a un vol
« Fait un dous las entor mon col,
« Par si que l'autre main eüst,
« Et cent mil mars cousté m'eüst !
« Riens puis ne me tormenteroit
« Que ele acolé m'en avroit.
« Et quant je voi ses mameletes,
« Qui si sont poignans et duretes,
« Qui sa vesteüre souslievent,
« N'est mervelle s'eles me grievent
« Ne se eles me font doloir.
« Quanques g'i voi me fait voloir
« S'amour. Si en serai blasmés
« Et maintes fois fols rois clamés,
« Se je la preng. Je n'en puis mes;
« Qu'amours me tient pour li si pres
« Que mix me samble ele valoir
« Que quanques je poroie avoir
« Sans li. Sans li, voir, je morroie,
« Que ja garison n'en avroie.
« Donques le me vient il mix prendre
« Que tousjours a tel desir tendre.
« Si ferai ge : je la prendrai,
« Se je de li le gre en ai.
« Le gre? Dont n'ai ge pas ce cois,
« Se ele ne le veut anchois.
« Veut? Dix ! que vaudroit ele dont?
« Ja n'a il femme en tout le mont,
« Qui ne soit assés honnouree,
« S'ele est roïne couronnee.
« Comment refuseroit courone

1615 dont li] si — 1622 Quele ele — 1624 paignans — 1629 seroi

« Povre femme, se on li donne ?
« Comment ? Qu'ele n'oseroit tendre
« Et si grant honeur entreprendre.
« Entreprendre ? Voir, si fera,
« Ne ja si sote ne sera,
« Se ele fait ma volenté, (f. 12 d)
« Que le cuer n'ait entalenté
« De moi honnerer et servir
« Pour la moie amour desservir.
« Or n'i a plus : comment qu'il praigne,
« Mais que il en li ne remaingne,
« Bonnement de cuer li otroi,
« Roïne iert et dame de moi.
« Tels m'em blasmera maintenant,
« Se il set son contenement,
« Dont tost sera li cuers cangiés,
« Et dira que iert aengiés
« Li païs de bonne roïne. »
Ainsi devise et adevine
Toutes les nuis devens son lit ;
Si pensé erent si delit,
Ne mais ne cuich qu'il avenist
Qu'amours en tel prison tenist
Nul roi comme ele cestui tient,
Qui de son desirier se crient
En deus manieres : si la prent,
Doute qu'il ne plaise a sa gent ;
Et se il ne la prent, la mort
En quide avoir sans nul confort.

En tel anui, en tel balance
Jour et nuit a s'amie panse.
Mais ne ra pas meneur anui

1657 pregne— 1660. 1664 ert

Cele qui tousjours pense a lui,
Anchois se gaimente et complaint.
Par nuit, quant nus ne l'ot, se plaint
Et dist : « Lasse ! tant mar fui nee !
« Qui me ra ore a chou menee,
« Ne dont me vient tel derverie,
« Tes pensers, tels foursenerie,
« Tel hardement ne tel outrage,
« Con je voi en mon cuer volage,
« Qui me moustre que j'aim le roi ?
« Nule ne le pensast fors moi,
« Car je sui du mont la plus fole.
« Mout a esté a nice escole
« Mes cuers qui ainsi m'amonneste.
« S'au roi plaist qu'il me face feste *(f. 13 a)*
« Et k'il se jut a moi as tables
« Et as autres jeus delitables,
« Et que il me tient compaignie,
« Quide je pour c'estre s'amie ?
« Quide je pour ce, qu'il i pense
« A moi ? Ce est fole esperance :
« Ce fait il par sa courtoisie.
« Enne m'a il de mort garie
« Et eskieuee de grant honte ?
« Quide je pour chou qu'il se donte
« A chou qu'il aint une esgaree
« Et qui a une main colpee ?
« Enne me souvient il et membre
« Que je colpai pour chou mon menbre
« Que roïne ne deüsse estre ?
« Dont pens je ce qui ne poet estre ;
« Que je ne serai ja sa femme,
« Et j'ameroie miex en flame

1681 gamaite — *le v.* 1691 *se trouve après* 1693, *mais le scribe rectifie son erreur par un renvoi.* — 1698 ce estre — 1707 souuiet — 1712 Et] Que

« Ardoir que fuisse sa soignant.
« Se il a le cors bel et gent,
« Ce puet il mix que nus voloir.
« Doi je me dont pour lui doloir ?
« Nenil, se g'i esgarch raison.
« Mais ele n'est mie en saison
« En moi, quant n'en puis destorner
« Men cuer n'aillors faire torner.
« Que ferai dont ? S'il i demeure,
« Puis bien dire que il labeure
« L'ouvrage dont ja n'iert levé
« Ce que il i avra pené.
« Dont valt il mix qu'en pais me tiengne.
« Que grignour mal ne m'en aviegne
« Se ma dame s'apercevoit
« Et le pensé que j'ai savoit,
« Venue seroie a mal port.
« Bien sai qu'en avroie la mort ;
« Se m'en vient mix assés tenir
« Que falir et a mort venir.
« Venir ne m'en puet nus gaains,
« Fors anuis, grietés et mehains. (*f. 13* b)
« Tout maintenant dormir me voel,
« Ne n'i penserai plus mon voel. »

Adonques se cuide endormir.
Mais amors le vient estormir,
Qui de nule raison n'a cure
Ne de riens ne va par droiture.
Si la point et si l'aguillonne,
Tant l'esmuet et tant la tisonne,
Qu'en la folie est renkeüe,
Plus que devant est deceüe.

1723 nert — 1733 *ce vers est répété en tête de la colonne b.*

Or le refuse, or le reveut,
Or en souspire, ore s'en deut,
Or li anoie, or li replaist,
Or li est bel, or li desplaist,
Or dit que ele l'amera,
Or dit après que non fera.
En tel penser dedens son lit
Tourne et retorne sans delit ;
Mout li samblent longes les nuis.
« Or par est chou trop grans anuis,
« Jours, » fait ele, « quant tu ne viens.
« Haÿ ! amours, com tu me tiens !
« Je voi bien, comment que il praigne,
« Comment que je a vous remaingne,
« Ou me soit bel ou me desplace,
« Covient que vostre plaisir face.
« Quel que peril que jou i voie,
« Il couvient que je vostre soie.
« Ne sai se je porrai durer.
« Or n'i a el que d'endurer
« Et de bien celer mon couvine,
« Que ne le sace la roïne
« Ne qu'autres ne s'en aperchoive.
« Or couvient il que je dechoive
« Par sens de mon cuer le voloir ;
« S'iert ce qui me fera doloir.
« Ainc mais ne seuch que fu amour,
« Ne meller ne m'en vol nul jour.
« En peu de tans en sui aprise. (f. 13 c)
« Mais puis c'asservir l'ai emprise,
« Je ferai son bon dusk' en son.
« Bien doi amer, car en mon non
« Voi ge raison que doie amer ;
« Enne me doit on apeler

1749 dist; quele — 1750 dist — 1757 pregne — 1770 Sert — 1777 doi

« En non de baptesme Joïe ?
« Joïe autrestant senefie
« Comme d'amours avoir la joie.
« Amours a tort mais blasmeroie,
« Car de son non m'a honeree
« Et en si haute amour menee,
« Que ele me fait roi amer.
« Des or ne me doi ge clamer
« De nule grieté que j'en aie.
« Du tout me met en sa manaie,
« Si ne sai se ja en gorrai.
« En esperance soufferrai ! »

Ainsi se tourmente et demaine,
Ensi trueve travail et paine;
N'est nuis que ne face cent tours,
Avant que soit venus li jours.
Ensi s'entramerent un an,
S'en orent andui grant ahan.
Si souvent jouerent ensamble
Qu'ele s'aperchoit et li samble
Que li rois bon cuer li porta;
Pour chou plus bel s'en deporta.
Mais la roïne s'en perchut,
La mere au roi, leur cuer connut.
Dix maldie son cors et s'ame !
U monde n'ot si male dame
Ne de mal si esciënteuse;
Mout fu en son cuer engigneuse
De chou que mie ne la het
Ses fix, et certainement set
Qu'il s'entraiment plus que riens nee.
Mais par lui sera destornee

1781 auoir damours — 1796 ahanan

Ceste amour, se ele puet onques.
La Manekine mande donques.
Ele vient a li sans demeure, (f. 13 d)
Car ele le crient et honneure.
La roïne errament li dit :
« Manekine, se Dix m'aït,
« Il me samble que volentiers
« Se met mes fix en vos sentiers
« Et que il vous aime de cuer.
« Si vous desfench que a nul fuer
« Ne tenés plus sa compaignie,
« Se plus amés le vostre vie.
« Mauvaise garce, a vous que monte,
« Ne quels voloirs a ce vous donte,
« Que volés compaignier mon fil?
« Vous en serés mise en escil.
« S'il vous avient mais a nul jour,
« Vous en serés arse en un four.
« Or gardés plus ne vous aviegne,
« Se ne volés que max vous viengne. »

La damoisiele li respont :
« Dame, par le signeur du mont,
« Onques mesires ne me quist
« Dont vilenie me venist.
« Pechié faites, qui me blasmés
« Et ki malvaise me clamés.
« Car voir desservi ne l'ai mie.
« Se mesires par courtoisie,
« Que quanques mestiers m'est me donne,
« De jouer a lui m'arraisonne,
« Ne li ai pas bel escondire. »
Adont fu la roïne en ire,

1815 dist — 1830 mais

Si li dist : « Vous vous en tenrés,
U a mort prochaine venrés. »
« Dame, ce seroit cruëx mes.
« Je m'en tenrai donc des or mes. »
Adont s'en part tout en plourant;
Car mout par a le cuer dolant,
Assés a raison de coi plaindre.
« Lasse! ore ne se doivent faindre
« Tristours, anuis, souspirs, tourmens,
« Qu'avoec moi ne soient toustens.
« Coment porai jour de ma vie (*f.* 14 a)
« Escondire ma compaignie
« A mon ami, a mon signeur,
« Qui faite m'a si grant honeur
« Que par sa deboinaireté
« M'a jetee de povreté
« Tres dont k'escapai de la mer?
« Encor le doi ge mix amer
« Mil tans que je ne fach sa mere,
« Qui m'a faite desfense amere.
« Mais or sai bien que je ferai :
« Ceste desfense li diray
« Et com je sui pour lui haïe.
« S'il veut sur ce ma compaignie,
« Bien croi de mort me sauvera;
« Ja pour sa mere nel laira. »
En tel penser, en tel errour
Atendi duskes au tierch jour,
Que li rois revint en sa cambre
Qui estoit pavee de lambre.
Les autres dames li font voie;
Et la Manekine hontoie
Plus que ne sout, pour la desfense
Dont ele a au cuer grant pesance.

1850 or — 1852 moi *manque* — 1873 fon

De la paour qu'ele ot trambla.
Li rois la voit, si li sambla
Qu'el n'avoit pas le cuer a aise.
Or ne cuidiés pas qu'il li plaise.
Il li a dit : « Ma douce amie,
« Pour quoy estes vous si rougie ?
« Par cele foi que me devés, (f. 14 b)
« Vous pri que ne le me celés. »
« Sire, vous m'avés conjuree,
« Se ne vous sera plus celee
« La raisons pour quoi j'ai paour.
« Ma dame me dist qu'en un four
« Fera mon cors ardoir en cendre,
« Se ele puet ja mais entendre
« Que vous me tenés compaignie.
« C'est chou dont sui espeuerie. »
« Voire, amie, a ele ce dit? »
« Oïl, sire, se Dix m'aït. »
« Amie, or ne vous esmaiiés,
« Et le vostre cuer apaiiés.
« Car bien de li vous garderai,
« Ne des or ne vous celerai
« Ce que vous ai lonc tans celé.
« Bien voi mi samblant revelé
« Sont a ma dame et a autrui,
« N'ainc mais ne le vous dis fors hui.
« Bien voi tant atendre poroie
« Que le desir que j'ai perdroie ;
« Si vous pri que vous m'escoutés
« Et en mon dit vo cuer boutés.

« Saciés de voir, ma douce amie,
« Que vous estes mes cuers, ma vie,

1879 Quele; aisse — 1900 samblent

« Mes biens, ma santés et ma joie,
« Et cele a qui mes cuers s'otroie
« Tous les jours mais que je vivraï ;
« Cele a qui je sui et serai ;
« Cele, s'il li plaist a delivre,
« Pour qui je voel morir et vivre;
« Cele estes pour qui je voel faire
« Quanques li plaira, sans contraire;
« Cele qui j'ainch an bonne foy,
« Autant, u plus, com je fach moi;
« Cele a qui je pense tousjours,
« Dont j'ai eü maintes dolours;
« Cele dont je pleur et souspir ;
« Cele dont ne me laist dormir
« Li desiërs ne li pensés, *(f. 14 c)*
« Dont mes cuers n'ert ja jor tensés,
« Se par vous n'est; vous estes cele
« Dont m'est venue l'estincele
« Qui me fait penser et fremir,
« Bien esperer et puis cremir.
« En tel voloir m'a mis amors
« Que dedens mon cuer fait son cors.
« Dous desiriers pour vous me point.
« Lonc tans ai esté en tel point.
« Pour desirer vo compaignie
« Demaine mes cuers aspre vie,
« Riens ne couvoite fors que vous.
« Et saciés bien tout a estrous,
« Ce que je vous requier et prie,
« Chou est sans penser vilonnie.
« Je vous aim de bonne amour vraie.
« Se il vous plaist que je vous aie,
« De cuer bonement vous otroi
« Que vous serés dame de moi

1910 Et *manque* — 1922 don — 1923 pensers

« S'avrés en vostre cief couronne.
« Tous li païs qui environne,
« Escoce, Yrlande, Cornouaille,
« Sera vostre sans nule faille.
« Sires en serai, et vous dame.
« Si n'avrés garde de ma dame
« Ne de nului qui mal vous face.
« Ainsi vous donne amours ma grace.
« Mais or ne le refusés mie,
« Car vous feriés grant folie. »

La damoisele entent et ot
Ce dont forment ses cuers s'esgot.
Ne moustra pas apertement
La grant joie que ses cuers sent,
Ains li respont tout maintenant :
« Sire, ce n'est mie avenant
« Que vous si vostre cuer plaissiés
« Que dusk'a moi vous abaissiés,
« Car je n'afier a vous de riens.
« Pour chou si est raisons et biens
« Que vous de chou vous deportés *(f. 14 d)*
« Ne tel volenté ne portés.
« Se ja plevie m'aviiés,
« Tant de paroles orriiés
« Et de ma dame et d'autre gent,
« Qu'il vous toldroient le talent
« Dont vous me dites vo voloir.
« C'iert chou qui me feroit doloir.
« S'en tele honneur estoie entree,
« Griés me seroit la consiurree.
« Pour chou me vaut mix a bas tendre
« Que haut baer pour bas descendre.
« Nepourquant pas ne vous refus.

1959 plaisies — 1970 chou *manque*

« De grant orguer seroit tenus
« Mes cuers, se de vous s'escusoit
« Et si grant honeur refusoit.
« Mais, s'il vous plaist que me prenés,
« En loialté me maintenés. »
« En non Diu, bele, ensi iert il,
« Si gart Dix men cors de peril.
« Trestous les jours que je vivrai
« De loial cuer vous amerai. »

ADONT l'a par le menton prise,
Comme cil qui mout l'aime et prise,
Si l'a plus de vint fois baisie,
Et dist : « Ne vous esmaiiés mie,
« Douce amie, de nule riens.
« Des or vous vient honeurs et biens.
« A baisier n'estes pas vilaine,
« Car mout avés souef alaine.
« Or serai ge liés soir et main.
« Or en venés ! Je vous en main
« Ou palais la u mes gens sont,
« Qui par maintes fois requis m'ont
« Que j'envoiaisse en Engleterre
« Une des filles le roi querre.
« Mais saciés bien tout a estrous
« Que mes cuers se tient si a vous
« Que je ne vols puis autre avoir
« Que j'aperchui vostre savoir.
« Vous estes cele u je m'atens (f. 15 a)
« De joie avoir a tout mon tens. »
Adont l'a prise par le main,
Si l'en maine o lui main a main,
Et avoec lui apele celes
Qui mout murmuroient entr'eles

1981 ert

De chou que consillié avoient,
Si em parloient et disoient :
« Se ma dame set ce conseil,
« Ele seroit en grant esvell
« De honnir ceste damoisele. »
Ensi l'une a l'autre conseille,
Mais a brief tans tel cose orront
Dont mout plus se mervilleront.
Car li rois les a apelees,
Se sunt après lui arroutees.
La roïne si se dormoit,
Ne de tout chou riens ne savoit.
Li rois a envis le mandast,
Pour chou qu'ele ne destournast
Son desirier et son afaire,
Car au cuer en avroit contraire.
Mais ja par son gre nel savra,
Duskes a tant que il avra
Sa volenté aconseüe ;
Donques soit la cose seüe.

Li rois dedens le palais vient,
La Manequine les lui tient.
Tost a son capelain mandé :
Cil vint, quant il l'ot commandé.
Li rois li a dit et retrait
Chou, que il li plaist qui soit fait.
Li prestres refuser n'osa
Sa volenté, anchois posa
Maintenant leur deus mains ensamble,
Et par parole les assamble.
Plevie l'a et espousee ;
Tantost fu la messe cantee.

2016 meuilleront — 2020 ne *M*] *manque* — 2022 quel

Ce fu fait si priveement,
Fors sa maisnie seulement
N'avoit ; mais si menant i erent, (f. 15 b)
Qui durement se mervillierent
De ce que li rois avoit fait.
Tost fu a sa mere retrait,
Se l'en prist une tele envie
Que ainques puis jor de sa vie
Ne fist fors que s'entente metre
A la Manequine demetre
De toute honeur, s'ele seüst
Et qu'ele faire le peüst.
Li rois le manda au disner ;
Mais seur son lit s'ala cliner,
Et dist que ele n'ira ja :
« Honis soit il quant prise l'a,
« Ne qui le tenra mais pour roi !
« Or a il fait trop grant desroy,
« Qui a ci prise une esgaree,
« Une chaitive, une avolee,
« Une femme o tout une main.
« Car fust il ore u flun Jordain ! »
Li chevalier, qui c'entendirent,
Errant de li se departirent,
Si revindrent au roi arriere
Et redirent en tel maniere
Qu'ele leur respondi briement.
Mais li rois n'en fist nul samblant.
« S'ele veut, » fait il, « si i vaigne;
« Et s'ele ne veut, si remaingne.»

A tant con li rois ot de gent
Se contint le jour bel et gent ;
Ce poise li quant plus n'en a.

2055 quele — 2069 viegne

Mais une tel cose pensa
Dont il fu amés et prisiés
Et de ce fait mains desprisiés.
Du jour qu'il prist la Manequine
N'avoit, ensi com je destine,
Que quinze jours a pentecouste,
Se li prent talens qu'il ajouste
Quanques pora de gent atraire.
Ce jour volra ses noeces faire;
S'amie, pour li honnerer, (f. 15 c)
Vaurra en cel jour couronner.
Ainsi comme il pensa le fist.
Parmi toute Escoce tramist,
En Cornouaille et en Irlande,
Dames et chevaliers i mande.
Par mi la contree s'espant
La nouvele, et si ala tant
Que cascuns set et adevine
Que li rois a la Manekine;
S'en sont lié cil qui la connoissent,
Et li autre trestout s'angoissent,
Et demandoient qui el ere,
De quel sens et de quel maniere.
« Qui ele est, » font il, « ne savon;
« Mais de sa maniere aprenon
« Que ele est mout courtoise et sage
« Et de bien faire a bon corage. »

Ensi par le païs devisent,
Et li un les autres atisent;
Si diënt que il iront tuit
Veoir la feste et le deduit
Ki iert a pentecouste a court.
Peu en i a qui ne s'atourt.

2105 ert

Et li rois ert avoec s'amie,
Ou il menoient bonne vie.
Ensamble gisoient les nuis,
Assés avoient de deduis,
Plus que conter ne vous saroie,
Quant lonc tans pensé i aroie.
Mais selonc chou k'estoient grant
Li desirier et li torment
Que il en avoient souffert,
Selonc chou amours les resert
De si tresgrant joliveté
Comme amant ont en priveté,
Quant il maintienent bonne amor.
Mout lour avoit bonne savour
Li acolers et li sentirs,
Li baisiers, li biaus maintenirs,
Li biaus deduis, li biaus souslas (f. 15 d
Que il avoient bras a bras.
Tous les jours de cele quisaine
Se mist li rois en mout grant paine,
Par la priiere de sa femme,
K'avoir peüst l'amour sa dame.
Mais pour noient tel paine i met,
Car la vielle dame remet
De la grant envie qu'ele a
De chou que roïne sera,
Non pas pour mesfait qu'ele i voie,
Fors pour envie qui l'aproie.
Li rois voit bien, que plus li prie,
Que plus est en grant felonnie,
Si le laisse en pais par anui.
Quant il ne puet trover en li
Deboinaireté ne franchise,
En pais le laisse, si a mise
Sa pensee a sa feste faire.
Le plus bel apparoil fait faire

Qui onques mais fust fais a feste.
A ses pourveeurs manifeste
Que il facent pavillons tendre
Et sur la riviere pourtendre.
Fait est chou qu'il a devisé
Tout ainsi comme il a visé.
Sur l'iauwe en la grant praerie
Sera cele feste furnie.
La feste vint, la gent assamble ;
Onques mais tant n'en vint ensamble.

Ce fu en la douce saison
Que li roussignol ont raison
De chanter pour le tans joli, *(f. 16 a)*
Que li pre sont vert et flouri
Et li vergié cargié de fruit;
Que la bele rose est en bruit,
Dont les dames font les capiaus,
Dont li amant font leur aviaus;
Que l'erbe vert est revenue,
Qui par la froidure ert perdue.
Cascuns oisiaus en son latin
Cante doucement au matin
Pour la saison qui est novele.
Toute riens adont se revele,
Que la joie maintenir doivent.
Li canel les iauwes rechoivent,
Qui en yver erent esparses.
Or keurent karoler ces garces,
Beatris, Marot, Marguechon ;
Avoec eles ont Robechon
Et Colinet et Jehanet.
Puis s'en vont au bos au muget,

2144 pourveurs — 2151 fest — 2170 Ou

Capiaus font de mainte maniere,
Anchois que reviegnent arriere.
Beles sont les nuis et li jour
A ciaus qui maintienent amor.
En itel tans com je devise
Est cele pentecouste assise
Dont toutes gens demainent feste.
Droit la veille de cele feste
Assambla a Dondeu la cours.
Maint buef, maint pourcel et maint ours
I eut tué pour car avoir,
Tant que n'en puis nombre savoir.

Qui dont veïst dames venir,
Chevaliers par les mains tenir!
De dus, de contes, de barons
Emplirent tous les pavillons.
Le soir, quant il eurent soupé,
Trestuit s'aünerent u pre
Comme s'il fust en plain midi.
Car tout certainement vous di
Qu'il i avoit tuertins ardans, (f. 16 b)
Onques nus hom ne vit plus grans.
Ne vin ne viande ne cire
Ne vaurrent nului escondire;
Tant en ot cascuns comme il veut.
Ainsi bel cascuns les akeut.

Quant il orent toute la nuit
Demené karoles et bruit,
Et li jours devoit ajourner,
Un petit se vont reposer
Pour estre plus froit l'endemain.
La roïne se leva main

Bien acesmee et bien paree.
D'un gros fil d'or ert galonee,
A cascun plain doit deus rubis;
Ja n'iert li tans si anublis,
Que on assés cler n'i veïst
De la grant clarté qui en ist.
D'une cotele d'or tissue,
Tout parmi de peles cousue,
Avoit le sien biau cors vestu.
A paines porai le tissu
Deviser dont ele estoit chainte.
D'or i avoit platine mainte
Qui s'entretienent a carnieres
D'esmeraudes bonnes et cieres.
Un safir avoit u morgant,
Qui valoit bien cent mars d'argant.
En son pis avoit une afiche
D'or et de mainte piere riche.
De drap d'or ot au col mantel,
Ainques nus hom ne vit si bel;
Entour son col l'eut acolé.
Ne fu mie de vair pelé
La foureüre, ains fu de sable,
Qui mout fait la gent delitable.
A son chaint a une omosniere,
Ou monde n'a nule plus ciere.
Sour son cief ot une couronne;
Tant com li siecles avironne,
Ne fust trouvee sa pareille. (f. 16 c)
De l'esgarder ert grant mervelle
Des bonnes pieres ki i sont
Et des vertus que eles ont :
Esmeraudes, safirs luisans,
Rubis, jagonces, dyamans,

2214 Toute; de *manque* — 2223 afique — 2225 a

De chou erent li carnel fait;
Ainc plus bel ne furent pourtret.
La couronne desous ert d'or;
Mais si kavel erent encor
Plus cler, plus bel et plus luisant
Que li ors n'ert, mien essiant.
Bele ert, et s'eut si bel atour,
Ainc femme n'eut plus bel nul jor.

En tel atour, en tel conroy
Fu celui jour li femme al roy.
Li parement le roy refurent
Si bel, si gent comme estre durent.
Des siens ne voel faire devise.
Quant eurent oï le servise,
Es pavillons sont retornés,
Ou li disners ert aprestés.
Biaus fu li apparillemens;
Tables i eut plus de cinc cens
Pour grans signeurs et pour barons
Dont je ne sai mie les nons,
Ne du savoir n'est nus mestiers.
Qui dont veïst ces escuiers
Pour biau servir apparillier!
Li uns leur coutiaus aguisier
Pour taillier devant leur signeurs,
Et li autre a mestiers pluiseurs,
Ainsi com devisé estoit
A quel renc cascuns serviroit.
Portent pain et vin a plenté,
Cascuns en eut sa volenté.
Cel jour ne fu riens espargnié.
Li pavillon erent jonchié

2266 mestier

De muget et de violetes
Et de maintes autres flouretes.
Quant li serjant le commanderent, (f. 16 d)
Li trompeeur l'iawe cornerent.
Li rois est assis premerains,
Et puis li autre qui ains ains.
De table en table a leur talent
S'assisent tuit communalment,
Dames et chevaliers ensamble,
Si qu'avoec aus vilains n'assamble.
Se je devisoie leur mes,
Ici arresteroie hui mes.
Tant ne si bons ne autrestex
Ne donna mais nus hom mortex ;
Cascuns en eut a son voloir
Et de tex comme il volt avoir :
Cars et volilles, venisons,
Ou en maintes guises poisons.

QUANT mengié eurent, si laverent.
Li menestrel dont en alerent
Cascuns a son mestier servir,
Pour leur soudees desservir.
Nus ne querroit la melodie
Qui fu loeques endroit oïe :
Viëles, estives, fretiaus,
Muses, harpes et moÿniaus,
Cytoles et psalterions,
Trompes, buisines et clerons.
Tuit cil i font tant de mervelles,
Que ne furent mais leur pareilles
Quant un poi escouté les eurent,
Esroment au caroler keurent.

2276 trompeur — 2277 est *répété* — 2299 b. enuiron

Tel carole ne fu veüe,
Pres du quart dure d'une liue.
Par les caroles s'en aloient
Chevaliers, dames qui cantoient,
Parés de dras d'or et de soie.
Cascuns et cascune fait joie,
Fors que sans plus la male dame.
Dix maudie son cors et s'ame!
Car ele n'i volt onques estre;
Si dolante est, plus ne puet estre.
A set lieues d'illuec estoit, (*f.* 17 *a*)
A une cité c'on clamoit
Pert, ensi com j'oï retraire.
Mais de lui me voel ore taire
Et a la feste revenir,
Ou tuit se sevent biau tenir.
Les dames et li chevalier
Alerent maintes fois changier
Ce jour leur apparillement.
Puis s'en revenoient cantant
Et prenoient a la carole.
Cascuns samble que ses cuers vole.
Se ne fust sans plus le mehain
Que la roïne a de sa main,
Autre cose en li ne set dire
Nus hom qui sa biauté remire.
Mais de ce durement anoie
Tous ciaus qui de s'oneur ont joie.
Mout fu celui jour esgardee
La bele, la bien acesmee;
Quant plus l'esgardent, plus leur plest;
De l'esgarder cascuns se paist.
Sa biauté et sa contenance
Les a tous mis en tel balance

2306 lieue — 2326 Cascuns *M*] Cascns

K'entr'aus diënt : « Li rois fait bien,
« Plus ne l'en demanderons rien. »
Ensi diënt et cil et celes,
Chevalier, dames, damoiseles;
Mais quant il mix connisteront
Sa maniere, mix l'ameront.
La feste, ainsi con je devis,
Dura trois jours tous acomplis
Aussi grant et aussi pleniere
Con je vous ai retrait arriere.
Et quant il s'en vaurrent partir,
Li rois fist cascun departir
Hanas d'or, de madre u d'argent,
Selonc chou qu'estoient la gent.
Tout ensement la Manequine,
En qui toute bontés affine,
Par le commandement le roy (f. 17 b)
Donne as dames mout biau conroi,
Mainte chainture et maint anel
Et maint fremail d'or bon et bel,
Dont tousjours fu puis mout amee.
A tant est la cours definee.
Revont s'ent tout en lor païs.
Du roi ne sont plus esbahis,
S'il eut prise le Manekine,
Pour chou qu'ele leur samble fine.
Li rois est demourés arrier,
Et avoeques li sa moillier.
Tant s'entraiment andui de cuer,
C'onques puis jour a nes un fuer
N'en vaurrent lour cuer departir.
Se leur en convint puis partir
A maint anui par traïson,

2340 riens — 2359 tousiour — 2360 define — 2362 esba — 2364 quel leur famble — 2371 Et

Ainsi comme nous vous diron.
Dix voelle honnir traïtours !
Au siecle ont fait maintes tristors.

Or est li rois avoec s'amie
Ou il a mout joieuse vie,
Et ele est avoec son ami,
Dont n'a mie le cuer mari.
Se la pais de sa dame eüst,
Il ne fust riens qui li neüst.
Son signeur prie qu'il l'em prit;
Il mie ne l'en escondit,
Anchois en grant paine s'en mist.
Mais pour noient s'en entremist.
Et nepourquant mout l'en pria;
Mais ele briement dit li a
Qu'ele anchois se lairoit detraire
Qu'ele puist ja jour son cuer plaire.
Respont li rois : « Ce poise moi ;
« Mais puis qu'en tel voloir vous voi,
« Ne voel que plus soiiés o li ;
« Tost li poriiés faire anui.
« Se vous nul mal li faisiiés,
« A tousjours m'amor perderiés.
« Deus jus vous part, un en prenés : (f. 17 c)
« U vostre ire li pardonnés,
« Ou recevés vostre douaire ;
« L'un de ces deus vous convient faire.
« Se ne li volés pardonner,
« Evoluic vous vaurrai donner
« Et les castiaus ki sont entour.
« Illuec poës estre assejour.
« Il vous en couvient l'un coisir ;

2374 mainte — 2382 escondist — 2400 Euolint — 2403 coisir] laissier

« Respondés m'ent vostre plaisir. »
Ele dist : « Puis k'il est ensi
« Que vous m'avés ce ju parti,
« Je voel bonement mon douaire.
« Ja n'en quier autre cose faire. »
« Dame, » dist li rois, « il m'en poise ;
« Car ele est mout bone et courtoise.
« A sa requeste, a sa proiiere
« Vous en proie, ma dame chiere ;
« Mais je voi bien que c'est en vain !
« Evoluic vous met en le main.
« Et je le preng. » Ensi depart
Sa mere, et l'endemain s'en part.
A Evoluic en est alee
Mout dolente et mout abosmee,
Quant la Manequine est roïne ;
Par envie a a li haïne.

Ensi s'est partie de court
La male dame u biens ne sourt.
La Manekine est demouree.
Com sa femme l'a honneree
Li rois et honeur li porta.
Et ele si bien se porta,
Qu'ele se fist a tous amer,
Car en son cuer n'ot point d'amer.
En orguel mie ne kaï
Pour chou s'avoirs li eskaï,
Anchois en donoit larghement
Meïsmement la povre gent.
Povres gentils femmes marie,
Mout par demaine sainte vie.

2414. 2417 Euolinc — 2432 meïsmement *M*] meisment

Ele honneroit Dieu et sa mere, (*f. 17* d)
Mout volentiers au moustier ere,
Ses heures, son sautier lisoit.
En tex ouevres se deduisoit.
La grant renommee de li
La gent du païs abeli.
Quant plus la connoissent, plus l'aiment,
Et bone roïne le claiment.
Tant a fait qu'ele a gre de tous,
De deboinaires et d'estous,
Fors sans plus de la mere au roy,
Qui envie traioit a soi.
Nes cil du païs l'enhaïrent
Pour celi que il milleur virent,
Qui ne pooit son cuer avoir
Ne pour bonté ne pour savoir.
Mais de ciaus du païs lairai,
De la mere au roi me tairai;
Une autre fois en parleron.
De la Manekine diron
Et du roi que est avoec li,
Qui mout s'entramerent andui.

Or dit li contes que il furent
Duskes a pasques, si com durent,
En souslas, en joie, en deduit,
Anchois que ele encargast fruit.
Mais entor la paske enchainta
Cele qui corage saint a.
Avant que venissent cinc mois
S'en aperchut mout bien li rois.
Il n'en fu mie coureciés,
Anchois en fu durement liés.

2457 dist — 2460 quele — 2465 en

Pour la joie, pour la leeche
Pense que ja plus pour perece
Ne laira k'il ne voist en France,
Pour faire de li repallance.
Aler veut as tournoiemens,
Las ! dont il ot puis tant tormens
Qu'il n'est nus qui le peüst dire
Ne clers qui le seüst escrire.

Tant grate chievre que mal gist. *(f. 18 a)*
A s'amie vient, si li dist :
« Je vous vieng priër, douce amie,
« Vous ki estes mes cuers, ma vie,
« Mes biens, ma santés et ma joie,
« Que vous m'otroiiés une voie
« Dont je vous pri, pour m'onnour faire.
« Ce ne vous doit estre contraire. »
« Sire, » dist ele, « a vo voloir,
« Comment que m'en doie doloir,
« Voel estre ; mes cuers me requiert.
« Se poës ce ke bon vous iert
« A vostre plaisir commander.
« Mais or vous voel jou demander
« Que chou est que vous volés faire. »
« Ma douce amie deboinaire,
« En France doit on tournoiier;
« Ce ne vous doit mie anoiier. »
« Anoiier ? Sauve vostre grasse,
« N'est mie raisons qui me place.
« De ceste voie m'esbahis,
« Car seule sui en cest païs
« Et de vostre mere haïe,
« Et se sui de vous encargie.

2475 mol — 2483 vo] mon — 2486 ert — 2491 commander — 2494 plaice — 2498 engargie (g *corrigé en* c).

« Si dout, se vous estes en France,
« Que je n'aie du cors grevance.
« Chi n'en a nul qui m'apartiegne,
« Ne nul bien qui de vous ne viegne.
« Je vous ai dit comment il est;
« Respondés m'ent chou k'il vous plest. »
« En non Dieu, bele, de tel doute, »
Fait li rois, « vous osterai toute.
« Je vous lairai en tele garde
« Que de ma mere n'arés garde
« Ne de nului qui mal vous voelle.
« Il est bien raisons que je cuelle,
« Tant com je sui jovenes, m'onnour,
« Se m'en terra on a millour.
« Seulement duskes au quaresme,
« Je ne vous requier plus lonc terme. »
« Sire, ce me sanle trop loing; *(f. 18 b)*
« Et nepourquant je le vous doing,
« Quant chou est vostre volenté.
« Or vous doinst Dix joie et santé
« Assés plus qu'il ne m'en demeure ! »
Li rois regarde qu'ele pleure,
Se pleure aussi par compaignie,
Et tout en plourant le mercie
Du congié que il de li a.
Après chou plus ne detria,
Ains a mandé cent chevaliers
Preus et biaus et fors et legiers,
Se les a retenus o soi
Pour aler o lui au tournoy.
Sa nef a faite apparillier,
De vin, de viandes cargier.
A Beruïc tout droit au port
Fu bien garnie a bon esfort.
Quant eut apparillié sa voie,
D'aler a Beruïc s'avoie.

Duskes la fu il convoiiés.
A Beruïc fu li congiés
De lui et de la Manekine,
Qui tant pleure qu'ele ne fine.
A peu que li cuers ne li part,
Quant ses sires de li depart.

Li rois un seneskal avoit,
Chevalier, en qui il savoit
Tant de bien que en lui se fie
Plus qu'en homme qui soit en vie.
Lui et deus autres chevaliers
Si estoient ses consilliers,
Et si manant orrent esté,
Tant comme il avoit rois esté.
A li a apelé ces trois,
Si leur dist : « Signeur, je m'en vois
« Un peu de tans en autre tere
« Pour mon pris et mon los conquerre.
« Vous demourrés o la roïne,
« Qui j'aim d'amours bien enterine :
« Deseur vos vies le gardés, (f. 18 c)
« Et de ma mere le gardés,
« Qu'ele ne li puisse mal faire;
« Car vous en ariiés contraire.
« Et s'ele acouche ains que reviegne,
« Nule perece ne vous tiegne
« Que vous ne me mandés errant
« De son cors et de son enfant
« La vraie nouvele et l'estat
« En unes lettres sans barat
« En France, ou je serai trouvés.
« Gardés que si bien vous provés

2565 tournes

« Vers li qu'ele s'en lot a moi,
« Se vous amés la pais de moi. »
« Sire, » font il, « de vo voloir
« Faire ne nous devons doloir,
« Et Dix nous en laist itant faire
« Qu'a vous et a lui voelle plaire !
« De cuer en convent vous avons
« Que loialment le servirons. »

« Dame, » dist li rois a s'amie,
« Ves en chi trois ou je me fie
« Plus qu'en tous les hommes du mont,
« Que sour leur vies couvent m'ont
« Que il vous garderont si bien
« Que il ne vous faurra ja rien
« Qui a nule roïne afiere.
« Si vous requier, amie chiere,
« Que vous bonement les creés
« Ne lor conseil ne mescreés. »
« Sire, » dist ele, « bonnement
« Ferai vostre commandement.
« Bien croi loialment le feront, (f. 18 d)
« Car loial et preudomme sont.
« Mais saciés bien qu'a nes un fuer
« Je ne puis trover en mon cuer
« Que il ne me moustre et avoie
« Que nous comperrons ceste voie.
« Dix vous gart de torment et d'ire,
« Ensi comme il est rois et sire ! »
« Dame, » dist il, « ainsi li plaise ! »
Adont plus de vint fois le baise.
Mais pour chou qu'il voit qu'ele pleure,
Au mains qu'il onques puet demeure;

2576 Vees

Congié prent, s'est entrés en mer.
Adonques le convint pasmer;
Duskes a tere fust keüe,
Mais de chevaliers fu tenue.
Dedens la vile l'ont menee
Et de parole confortee.
Quant li rois eut apparillié
Son oirre et il eut pris congié,
En mer entre; et li chevalier
Avoec aus mainent maint destrier,
Maint sommier et maint palefroy,
Maint armeüre et maint conroy,
Maint drap d'or et maint de cendé,
Et maint esterlin monneé
Dont on paiera sa despense,
Qu'a mener bele vie pense.
En la mer ne fu c'une nuit.
L'endemain matin a deduit
Sans avoir tormente n'ahan
Est tout droit arrivés au Dam.
Ses cevax des nes ou rivage
Fist mettre, qu'il n'i eut damage.
Puis est en la vile venus,
Ou ses hostex fu retenus.
Du conte de Flandres enquiert,
Ou sera trovés s'on le quiert.
On li a dit qu'il est a Gant,
Ou fait son apparillement
D'aler au tornoi a Ressons; *(f. 19 a)*
Mout plaist au roi ceste resons.
L'endemain, quant il vit le jour,
N'i vaut faire plus lonc sejor;
Vers Gant a sa voie acuellie.
Li quens de Flandres ot oïe

2628 ressons

La novele du roi d'Escoche ;
D'aler encontre lui s'esforce,
Se le salue et le conjoie,
Et li dist : « Sire, j'ai grant joie
« Quant il vos pleut ci a venir.
« Bien poés a vostre plaisir
« Faire de moi et de ma gent
« Quanques vous venra a talent. »
Li rois « Grans mercis ! » li respont.
Ensi tout parlant venu sont
A Gant, et furent cele nuit
Avoeques le conte a deduit.
Et li rois si li a enquis
Du tournoi, u il est empris.
Li quens li a dit « A Ressons. »
Dont dist li rois : « Nous i irons;
« Et d'une cose vous requier :
» Que vous me voelliés otroiier
« Que vous soiiés de ma menie. »
Li quens bonnement li otrie.

Cele nuit furent mout a aise,
Cose ne leur faut qui leur plaise.
A l'endemain bien tresmatin
Se sont trestout mis au cemin.
Cele nuit vinrent dusk'a Lille.
A aise i furent, car la vile
Iert au conte ; mais l'endemain
Se metent au cemin bien main.
A destre laissierent Artois,
Puis sont entré en Vermendois,
Par Roie ont leur cemin tenu
Tant qu'il sont a Ressons venu.

2637 cil — 2658 aise *M*] aie — 2659 Iiert — 2664 son

Ou castel descendi li roys,
O lui Flamens et Escotois.
Dont commencent gens a venir, *(f. 19 b)*
Et les hostex penre et saisir,
Boulenisien et Artisien,
Brebenchon et Vermendisien,
Flamenc et Normant et Pouhier,
Alemant, Thiois et Baivier.
Tout cil a Ressons descendirent,
Et par les fenestres hors mirent
Maint escu et mainte baniere
De mainte diverse maniere.
De l'autre part devers Gornay
Vinrent Biauvoisin, bien le say,
Berruier, Breton et Franchois
Et Poitevin et Hurepois
Et Champenois tout ensement.
Cist vinrent au tornoiement.
A Gornay sont cist descendu.
Ainsi ont le jour atendu
Que devoit estre li tournois,
Et quant il vindrent, demanois
La messe oïrent, puis s'armerent
Et dessus leur destriers monterent.
As cans vinrent pour tournoiier :
Ce puet as couars anoiier.

Li rois d'Escoche issi premiers,
En sa route mil chevaliers,
Qu'il a tous retenus o li.
Avoir par avoit si joli,
Ne fu mais veüs ses paraus.
Ses chevaus, qui est grans et haus,
Ert couvers d'un drap d'or batu,
Onques mais si rices ne fu.

Et il, qui ert et biaus et grans,
Ert deseure mout bien parans,
Si bien armés comme a devise.
En ce jour n'ot autre devise
En ses armes, fors que d'or furent
Si bien faites comme estre durent.
Ce fist il en senefiance
Qu'acomplie ert sa desirance.
Car ses droites armes si erent (f. 19 c)
A trois lyonciaus d'or, qui erent
Rampans et couloures de noir;
Teles armes deüst avoir,
Mais les lyonciaus en osta,
Toutes pures d'or les porta.
Li quens de Flandres ert les lui,
Qui cel jour mout bien le servi.

Quant d'andeus pars furent issu,
Et il furent as cans venu,
Se a celui jour i fuissiés,
Maint biau ceval i veïssiés,
Maint escu et mainte baniere
Qui ne sont pas d'une maniere :
Li un sont noir, li autre blanc,
Et li autre d'or u d'argent,
Li autre sont de vermeil taint,
De mainte couleur furent taint.
Et li solax, qui ert luisans,
Fist les couleurs resplendissans.
En maint lieu firent son pluisor
Mainte buisine et maint tabor,
Et itant de trompes i sonent
Que trestout li camp en ressonent.

2728 buisisine

Quant issu furent de deus pars,
Assés tost fu fais li regars,
A qui chascuns assambleroit,
Et de quele jent il tendroit.
Adont prist cascuns son conroy,
Son escu prist cascuns les soy
Et si mist son hiaume en sa teste.
Li rois a sa gent manifeste
Que il li baillent son escu;
Uns chevaliers li a tendu.
Puis li fu li hiaumes lachiés,
Qui n'estoit mie enruïlliés,
Ains estoit d'or clers et luisans
Et a regarder deduisans.

QUANT il li fu laciés u chief,
De tous se met el premier cief.
D'amours et d'armes bien apris, *(f. 19 d)*
A pres de lui son escu mis,
En son puing une grosse lance.
Son cheval point, et il l'i lance.
Ains ne fina d'esperoner,
Dessi k'il vint as cols donner.
Un chevalier de France ataint,
Qui au partir de lui se plaint;
Car si radement l'a feru
Que duske a tere a abatu
Le chevalier et le cheval.
Mais n'en puet mais s'il chiet aval;
Car andui si archon rompirent
Et les lui à tere kaïrent.
Li rois eut brisie sa lance;
A s'espee maintenant lance,

2746 tout

Dont il donna maint cop le jour.
Car li contens sans lonc sejour
Se mellent a lui maintenant.
Plus de vint le vont ataignant,
Li un es bras, li autre el cors.
Mais il fu si fiers et si fors,
Et si bien au ceval se tint,
Que a la tere point ne vint,
Ains se desfent tant que sa gant
Vinrent a lui tout acourant.
A l'assambler tencent et noisent
Les lances qui d'andeus pars froissent.
Tex cols se sont entredonné
Que il samble qu'il ait tonné.
Plus de quinze cens lances beles
Volent a un cop en asteles.
Si en i eut maint abatu,
Maint cheval pris et retenu,
Et maint qui fuient par les cans,
Leur resgnes es piés traïnans.
Escuier queurent pour aus prendre,
Et li autre pour le desfendre.

Or est assamblés li tournois,
Ou il eut tant de biaus conrois
Et tant chevalier bien monté (f. 20 a)
Et tant autre a tere adenté.
L'uns gaaigne, li autres pert;
Car li jus de tel mestier sert.
En plus de vint lieus se combatent,
A tere souvent s'entrabatent,
Souvent s'entredonent colees
Deseur les testes des espees,

2775 cors — 2783 au

Et, tele eure est, sour les escus,
Si que il les ont tous fendus.
Cascuns assaie son contant,
Ne leur cox ne vont pas contant;
Car s'un en donne, il en a trois.
Sour tous s'esprueve bien li rois,
Qui par le tournoy esperone.
Maint cop rechoit et maint en donne,
Destre et senestre les abat;
Qui il ataint, bien trestout plat
L'estuet venir dusk'a la tere.
Ne leur chevax ne va pas querre,
A lui n'afiert, n'il n'en a cure;
Mais en biau ferir met sa cure,
En bel assalir, en desfendre,
A chou veut il du tout entendre.
Tant i entent que tout i met
Le cuer, et tant s'en entremet
Que mout fu le jour esgardés.
Dist li uns a l'autre : « Esgardés
« Les merveilles que fait cis hom.
« A paines voit on se lui non;
« Il samble que tout partout soit.
« Veés vous comment il rechoit
« Les cox, et comment il les rent?
« N'i met mie trop longuement
« A rendre les cox c'on li donne :
« La bonté tost en guerredonne.
« A tel homme fait bon prester,
« Car bien tost set guerredonner.
« Veés l'escu qu'il a au col!
« Ja i poroit penre son vol
« Uns coulons sans touchier as ais. (*f.* 20 *b*)
« Ainques si bons rois ne fu mais,
« Qui en estrange païs vient
« Los conquerre et ainsi se tient;

« Mout l'en doivent tuit chevalier
« Amer et loër et prisier. »
Ainsi devisent par les rens
Tout chil qui en ont lieu et tens.
Et li autre sacent et tirent,
Maint bon hauberc s'entredescirent.
Mains chevaliers desous sa sele
Fist ce jour la tourneboiele,
Maint cerkle en i eut descerclé
Et maint visage ensanglenté.
A l'un va bien, a l'autre mal,
L'uns est a pié, l'autre a ceval,
Li uns pert, li autres gaaigne.
Maint en i a en la campaigne
Qui leur cevax eurent perdus,
Qu'ainc puis ne leur furent rendus,
Fors a ciaus qui erent a mestre ;
Mais ichil reurent bien leur perte.
En mains lieus i eut grans fumees
Pour les alaines escausfees.
D'espees i a tant de cox,
Que, se il eüst en un bos
Deus mil carpentiers carpentans,
Ne fust pas la noise si grans.

Ensi cel jour se demenerent,
Duskes a la nuit ne finerent.
Mais la nuis vient, ki les depart.
Vont s'ent, si font autre regart,
Non ainsi comme erent venu :
N'i eut tel noise ne tel hu.
Li pluisour eurent les cors pers
Des grans cox qu'il orent sousfers.
Tant vont a ceval et a pié

2839 mains; en *manque* — 2849 maint

C'a lour ostex sont repairié.
Li rois est venus a Ressons,
Et avoec lui ses compaignons.
Tout droit est venus au castel. *(f. 20 c)*
Quant il i fu, ce li fu bel;
Car mout durement fu lassés
Des cox dont ot eü assés.
Desarmés est isnelement;
Li quens de Flandres ensement,
Qui ce jour l'avoit mout bien fait,
Encor ne l'aie jou retrait.
Se jou de cascun devisoie
Chou que il fist, trop demourroie
A revenir a ma matere.
Autre mention n'estuet querre,
Fors que de tant que bien le fist.
Et li rois commandement fist
Que tuit soupaissent avoec lui.
Si firent il; il n'eut nului
De chevaliers part a Ressons,
Qui o lui ne fuissent semons.
Assés orent viandes, vins.
Quant soupé orent, li matins
Parut; adont se vont couchier,
Qu'il en avoient bien mestier.
Duskes a tierce se dormirent.
Puis se leverent et vestirent
Se ralerent trestout a court.
Li rois ne leur fist pas le sourt;
Mout les honeure, mout les aimme,
Amis et compaignons les claime.
Lour pertes rendi a pluiseurs,
Et o lui retint les milleurs,
Assés leur donna de biaus dons.

2868 i]li — 2870 don — 2873 bïen *M*] *manque* — 2878 conuient q.

Tant fist, et ce fu bien raisons,
Qu'il eut le pris de ce tournoy;
Cascuns li otrie endroit soy.
Assés i eut de bien faisans,
D'une part et d'autre perdans;
A paine puet on assener
Quel païs s'en doit miex loër.
Li rois, ains que d'illuec partist,
Un autre tournoiement prist,
Par l'assens de ciaus de Gournay, (f. 20 d)
A quinze jours a Esparnay.
Savoir l'ont fait communalment,
De par le roi le vont criant
Li hiraut contreval la vile.
Or ne le tienent mie a gille,
Cascuns dist qu'il i veut aler.
Ja commencent a enmaler
Leur dras, et dedens buies metent
Leur haubers; ainsi s'entremetent
D'aler trestuit a cel tournoy
Qui est criës de par le roy.
Li rois i ala o sa gent,
Qui mout se contint bel et gent.
Les vaillans chevaliers amoit,
Larguement du sien leur donnoit.
A Espernay, ou il alerent,
A la quisaine tornoiierent,
Et si en eut li rois le pris.
Ensi va pourcachant son pris
Parmi France li rois d'Escoche,
Et de bien faire mout s'esforce.
Tant fait qu'il a de tous le gre,
Quanques il fait est a leur gre;
Mout est a tous de bel acuel.
Mais ci endroit de lui me voel]
Taire, si dirai de celi
Que il laissa plaine d'anui.

Quant li rois entra en la mer,
Dont ele eut le cuer si amer,
A Beruïc s'en retourna,
Que trois jours luec ne sejourna.
Au quart s'en revint a Dondeu,
Car c'estoit d'Escoce le lieu
Ou ele plus volentiers maint.
La fu convoïe de maint.
Li bons prevos la convoia,
Qui premierement l'avoia
Quant de la mer fu escapee ;
Par lui meïsme fu menee
A Dondeu devant son signeur, *(f. 21 a)*
Dont venue li est honeur.
Pour ce l'ama mout durement
La roïne tout son vivant,
Et mout li donna de biaus dons
Que tousjors puis fu rices hons.
Avoec lui fu li senescax,
Qui mout ert sages et loiax;
Ensement li dui chevalier,
A qui li rois vaut tant priier
Qu'o son senescal le gardaissent.
Cil troi mout envis le laissaissent.
De son ostel, de sa maisnie
Furent, et mout bien l'ont servie.
N'atendent mie son commant,
Puis que il sacent son talent,
Ains li font avoir volentiers
Tout ce que il li fu mestiers.
Ainsi sejourne a mout grant aise.
Mais ne voit cose ki li plaise
Quant son signour veoir ne puet ;
C'est l'ire qui son cuer esmoet.

Mais au miex que puet se conforte
Pour le fruit que dedens li porte.

TANT le porta qu'ele enfanta,
Et le plus tresbel enfant a,
Fil, que onques feïst nature.
D'enfant plus bele creature
Ne fu nee après ne devant.
La novele partout s'espant
Assés tost parmi la contree,
Que li roïne est delivree.
Par le païs grant joie en ont. (f. 21)
Et li troi chevalier que font,
Que tost seurent cele novele ?
Li senescax les deus apele
Qui estoient si compaignon.
« Signeur, » dist il, « plus ne tarjon !
« Il nous couvient un messagier
« Qui nous ira le roi nongier
« En France, ou il est, la novele
« Ki mout li sera bone et bele. »
Il respondent : « Vous dites voir.
« Faites nous ent tost un avoir.
« Vous meesmes faites la lettre,
« Et nous i serons as mos metre »
Li senescax prist parcemin,
Qui savoit Romans et Latin
Tant que il seut mout bien escrire;
S'escrit, et commencha a dire :
« Au roi d'Escoche, son signour,
« A cui Diex doinst joie et honnour,
« Mande salus et amistié
« Li senescax qu'il a laissié

2969 quil — 2972 enfan — 2999 amisties — 3000 laissies

« Pour garder sa tere et sa fame.
« Je vous fach savoir que ma dame
« S'est delivree d'un enfant,
« Onques nus hom ne vit plus gant,
« Et si est saine demouree
« Cele que avés tant amee.
« Li enfes Jehans a a non.
« Itant a savoir vous faison.
« Mais, pour De! revenés vous ent,
« Se il vous plaist, hastivement.
« Car ma dame mout vous desire,
« A envis de vous se consire. »

QUANT il a tout ainsi escrit,
Devant ses compaignons les lit;
Il n'i voient que amender.
Leur messagier ont fait mander.
Quant il les eurent seelees,
Au messagier les ont livrees,
Se li diënt que pour grevance (f. 21 c)
Ne laist que il ne voist en France
Et qu'il baut au roy cele lettre
Dedens la boiste li font metre,
Puis li ont baillié des deniers
Plus qu'il ne li estoit mestiers.
A aus prent congié, si s'en torne.
Au matin muet quant il ajorne,
Vers la mer tout droit s'acemine.
En deus jours va tant qu'il ne fine
Devant qu'a Evoluic en vint,
Ou la male dame se tint.
A son ostel vint li messages.
De chou ne fist mie que sages,

3029 Eluic

Mais il ne savoit le haïne
Qu'ele a a la jone roïne.
A li vient et si la salue.
Et cele, qui ert esmolue
D'envie envers l'autre roïne,
Li demanda ou il cemine.
Il dist : « En France a vostre fil,
« Cui Dix gart le cors de peril !
« Et se li porch la une lettre,
« Ne sai quels mos i firent metre.
« Je croi que ce sont les noveles
« Qui mout li devront estre beles ;
« Car ma dame s'est acouchie. »
« Quel enfant a ? » « Je nel sai mie,
« Dame, » li messages respont,
« Fors tant c'aucune gent dit m'ont
« Que c'est uns fix qui iert mout biaus,
« S'il vit tant qu'il soit damoisiaus. »

La male dame ot et entent
Ce dont ses cuers a mal talent;
Au message ne moustre mie
Le grant traïson ne l'envie
Que ele avoit dedens le cuer,
N'onques n'en issi a nul fuer,
Devant qu'ele le compara
Ainsi comme ele bien savra.
Pour le message embriconer (f. 21 d)
Li fist quarante sols donner ;
Por lui engignier et dechoivre
Li fist donner bon vin a boivre.
Ne s'en perchut li pautoniers,
S'en but tant et si volentiers

3048 dist — 3049 ert

Que de son sens se delivra
Par le fort vin qui l'enyvra.
Quant la male dame le vit,
Du mal qu'ele pense s'en rit.
Tant l'aparole et tant le lobe
Que tres dedens sa garderobe
Le fist icele nuit gesir.
Il fu desirans de dormir.
Pour le vin qui l'ot entesté
Ot tout le cervel tempesté,
Se s'endormi. Mais cele veille,
Qui de mal faire s'appareille :
Tant va c'a son lit est venue,
Et ses garnimens tant remue
Que ele a la boiste trouvee
En qui la lettre estoit posee.
Mout est lie quant ele l'a.
Isnelement a tout s'en va,
Et a un sien clerc apelé,
Cui ele n'a mie celé
Le malisse qu'ele veut faire.
« Vien avant ! Il te couvient faire, »
Fait ele, « chou que te dirai. »
« Dame, dites, et je ferai. »
« Or me fent donques ce seel
« Si soutilment et si tresbel
« Que jou en aie hors la lettre
« Et que g'i puisse une autre mettre. »
« En non Dieu, dame, volentiers. »
Dont quist chou ki li fu mestiers.
A un bien tenve canivet
Le fent, et les lettres en tret.
Devant sa dame l'a leüe,
Dist que li seneskax salue

3079 Quele

Son signeur et savoir li fet (f. 22 a)
De sa dame comment li est;
Savoir li fait k'ele a enfant,
Fil malle, nus ne vit si gant.

Quant la dame a la lettre oïe,
Iteles ne li plaisent mie.
Unes autres en a fait faire
Qui a celes furent contraire.
Tele comme ele volt l'escrist
Li clers, et tels mos il i mist
Que li senescaus salus mande
A son signour, et si li mande
Mout dolans et mout coreciés
Tels noveles dont n'est pas liés.
« Sire, ma dame est acouchie;
« Mais onques mais en ceste vie
« Tel creature ne fu nee,
« Comme ele a en ses flans portee,
« Ne si laide cose veüe.
« Quatre piés a, et s'est velue,
« Ex enfossés et grosse teste;
« Nus hom ne vit si laide beste
« Ne si hideuse creature.
« Deable samble a s'entraiture.
« Si tost comme ele en fu delivre,
« Il s'en fuï comme une guivre
« Des mains celes qui le tenoient;
« A paine reprendre l'osoient.
« Durement en sont ou païs
« Cil qui le sevent esbahis.
« Or nous mandés vostre voloir,
« Que volés faire de tel hoir. »

3107 lescrit

Quant ot fait faire cele lettre,
Ou saiel l'a faite si mettre
Qu'il samblast c'on n'i toucast onques.
En la boiste la remet donques,
Et en icel lieu reportee
L'a ou ele l'avoit trovee.
Puis laist dormir le messagier.
En sa chambre se va couchier
Dusques au main qu'il ajourna, *(f. 22 b)*
Que li mes plus ne sejourna,
Quant la lueur du jour l'esvelle.
Quant luec se voit, mout s'esmervelle,
Doute c'on ne li ait emblee
Sa lettre, si a regardee
Dedens sa boiste le seel :
Quant le voit, si li fu mout bel.
Bien s'est aperchus qu'il fu yvres,
Mais maintenant en est delivres,
Pense c'on le fist la jesir
Pour reposer a son plaisir ;
Pour amour ciaus, a qui il ere,
Quide c'on li ait fait tel chiere.
Mais autrement va k'il ne panse.
Atourne soi sans demorance.
Levee ert ja la male dame
(Dix maldie son cors et s'ame !)
Si a mandé le messagier.
A lui est venus sans targier.
Ele li prie qu'il reviegne
Par li, que riens ne le retiegne.
Il li dist : quant ele le veut,
De sa volenté ne se deut ;

3146 la

Volentiers par luec revenra,
Ja essoines ne le tenra.
Quant chou li a convenancié,
Isnelement a pris congié ;
Ele li donne, et il s'en va.
Duskes a la mer ne fina.
En une nef a marceans
Qui doit aler vers les Flamans
Entra, et il eurent bon vant.
Parmi la mer vont tant siglant
Qu'a Graveligħes sont venu.
Le messagier n'ont retenu :
D'aus a pris congié, si s'en torne,
Dusk'a Saint Omer ne sejorne ;
Demande ou li tournois est pris.
Droit entre Creel et Saint Lis
Doit il estre a joedi ki vient. *(f. 22 c)*
Quant il l'entent, plus ne se tient,
Ains oirre tant parmi Artois,
Et après parmi Vermendois,
Qu'il est en Biauvisis venus.
Dusk'a Clermont ne s'est tenus.
Lueques demanda et enquist
Ou li rois est; et on li dist
Que il se sejourne a Creel,
Ou fait faire bel appareil
Pour tournoiier. Quant ce entent,
Lueques ne se va alentant :
Tout droit au cemin se ravoie.
N'i a que trois lieues de voie.
Tost les ala, a Creeil vint,
Dusk'al castel ne se retint,
Ou a hostel estoit li rois,
O lui Flamens et chiaus d'Artois.

3179 il *manque* — 3187 se *manque*

Assés ot o lui de barons,
Qui il ot donné de biaus dons.

A tant estes vous le message,
Le roi salue en son langage.
« Sire, » dist il, « li senescax,
« Qui mout est preudons et loiaus,
« Vous tramet par moi ceste lettre ;
« Faites garder qu'il i fist metre. »
Puis si li tent ; li rois les prent,
La cire brise, et puis estent
Le parkemin qui ert dedens.
Il savoit bien lire Rommans,
En sa jovnece l'eut apris.
Car son maistre ot o lui tousdis,
Qui tant l'aprist qu'il seut escrire
Et le Romans et Latin lire ;
S'a cele lettre regardee,
Qui par traïson fu letree.
Et quant il l'a tele veüe,
Tous li sans de lui li remue.
De toute lire n'ot pooir.
Et pour chou que apercevoir
Ne s'en puissent la gent estrange, *(f. 22 d)*
De la u il ert son lieu cange :
Lui tierch en sa cambre est venus.
Adonques ne s'est plus tenus
Qu'il ne lise de chief en chief
Les lettres, u voit le meschief
Qui escrit i ert par menchonge ;
Mais il ne le tint mie a songe.

3209 E ; iouenece — 3224 u *manque* — 3225 mencoingne

Pour le seel que il connut
Legierement la letre crut,
Qui li ert a son cuer contraire.
Dont commence grant duel a faire.
Ses chevex commence a tirer
Et a sa robe descirer,
Et mout durement li dessieent
Les larmes qui des iex li cieent.
Li chevalier qui sont o lui
Sont mout dolant de son anui,
Si li ont priiet, s'il li plaist
Que ce duel et le plourer laist,
Car il n'afiert a nes un roy
Que il pleure pour nul desroy.
« Se vostre baron le savoient,
« Durement vous en blasmeroient. »
« Signeur, » dist il, « je n'en puis mais;
« Car teus noveles n'oï mais
« Nus om comme j'ai chi leües
« En ces lettres que j'ai veües.
« Car cele que je tant amoie,
« Cele dont me venoit ma joie,
« Cele dont me vient tous mes biens,
« Cele que j'aime plus que riens,
« Est acouchie de tel cose, *(f. 23 a)*
« Que hardis sui quant veoir ose
« La lettre qui chou m'amoneste ;
« Que acouchie est d'une beste
« La Manequine, la roïne.
« Mout a chi felenesse estrine!
« Se me mandent mi consillier,
« Que avoec li laissai l'autr'ier,

3252 hardis *M*] hadis

« Que leur reface isnelement
« Savoir mon bon et mon talent.
« Je ne leur sai que remander !
« Conseil vous en voel demander.
« Pour riens je ne m'acorderoie,
« Ne nul mal faire ne feroie
« A cele que j'ai tant amee.
« Or me dites vostre pensee. »

« Sire, » respont li uns des deus,
« Dirai vous quex est mes consex.
« Se Dix a fait sa volenté
« Du fruit qu'ele a en soi porté,
« Ele n'i a mort desservie.
« Mandés qu'ele soit bien servie
« Et gardee honerablement,
« Et si soit gardee ensement
« La creature que ele a,
« Dusqu'a tant que vous venrés la.
« N'a que quinze jours au quaresme :
« Dont en irés sans plus lonc terme.
« Durement blasmés seriiés,
« Se maintenant en aliiés,
« Pour les tournois qu'avés empris,
« S'en seroit abaissiés vos pris.
« Ne ne voelliés ja reveler
« Ceste novele, mais celer;
« Car il fait mauvais tenir conte
« De ce dont on puet avoir honte. »
Respont li rois : « Vous dites voir.
« Milleur conseil ne puis avoir.
« Saciés, tout ainsi le ferai.
« Jou meïsmes les escrirai
« Pour estre des mos plus certains. »

3263 macorderaie — 3279 en s. — 3283 Ne ie ne — 3290 Ious

Parcemin prent entre ses mains (f. 23 b)
Et encre, puis a dit, s'escrist,
Et itex paroles i mist :

« Li rois d'Escoce mande et prie
« As trois qui il laissa s'amie,
« Qu'en sa gesine soit gardee
« Cele qui il a tant amee,
« Et la creature de lui
« Gardent sans mal et sans anui
« Ainsi cier comme il ont leur cors,
« S'aprocier ne voelent leur mors.
« Et bien sacent qu'il revenra
« Quant li quaresmes enterra.
« Adont fera sa volenté
« De chou que il li ont mandé. »
Quant il a escris itex mox,
Dedens cire les a enclox
Et de son seel les seele.
Après le messagier apele
Qui les lettres eut aportees,
Si li a iceles livrees.
Puis si li a dit que il die
Son seneskal qu'il ne laist mie
Qu'il ne face chou qu'il verra,
Ou autrement mal en gorra.
Li rois a lui mie n'enquist
Des noveles, n'il ne l'en dist
Nule, pour chou que il pensoit
Que li senescax li avoit
Mandé par l'escrit c'aporta.
Pour ce li mes se deporta
De dire au roi tele novele
Qui mout li eüst esté bele ;

3293 sescrit — 3300 gardens — 3321 c'aporta *M*] capota

Mais fortune ne le vaut mie,
Qui maint preudomme est anemie.
Les lettres li rois li tendi,
Et li messages les saisi,
Si les a mises en sa boisse,
Qu'il ne les brise ne ne froisse.
Li rois li dist plus ne deloist,
Mais demain au matin s'en voist. *(f. 23 c)*
Et il si fait sans nul sejour,
Si tost comme il perchut le jour.
Et li rois a Creeil demeure ;
Ciaus ki sont avoec lui honeure,
N'il ne leur montre pas samblant
Que il ait au cuer maltalent ;
Car ses sens se l'en fait tenir
Et faire encontre son plaisir
Lié samblant, ne talent n'en a.
Ensi son afaire cela,
Que nus ne le sot fors li dui
Cui il pesoit de son anui.

Du roi ci endroit vous lairons,
Et du messagier vous dirons
Qui d'aler durement s'esforce.*
Or revaurroit estre en Escoche.
Ne vous voel conter ses journees.
Tant a alé mons et valees
Que par Arras vint dusqu'a Lens.
D'outre passer ne fu pas lens,
A Bruges vint sans grant ahan.
Dedens la mer entra au Dan
En une nef ou gent passoient
Qui en Escoce aler devoient.

3329 boiste — 3331 ne] le

La mer est illueques estroite ;
Un jour et une nuit esploite
La nef, et puis est arrivee.
Li messages sans demouree,
Ensi comme il eut en couvent,
A Evoluic vint maintenant.
Ne se gardoit de traïson,
Venus est dusqu'a la maison
Ou la male dame manoit.
Lie fu mout quant ele voit
Le messagier ki vient de France.
Et li messages tant s'avance
Qu'il le salue, et ele lui.
Puis li dist : « Or n'i ait menti !
« Fus tu en France ? » « Dame, oïl. »
« Veïs mon fil ? Quel le fait il ? » (f. 23 d)
« Dame, mout bien, et s'est si prous
« Que il vaint les tournois trestous. »
« Et des noveles k'il oï,
« Di moi se il s'en esjoï. »
« Certes, dame, bien me remembre
« Qu'il les ala lire en sa chambre,
« Lui et deus autres seulement.
« Assés i furent longuement.
« Ne sai qu'il i vit et qu'il fist,
« Fors tant c'unes lettres refist,
« Que je report au senescal ;
« Et se li porte que grant mal
« Li avenra, se ce ne fet
« Que es lettres verra pourtret. »

QUANT la dame entent ceste cose,
Plus avant enquerre ne l'ose,

3362 Enluic — 3366 ele le — 3382 tans

Pour chou que il ne s'aperchoive;
Car talent a que le dechoive.
Se le vaut a itant laissier,
Et pense de li aaisier.
Fors vins ne li furent veés,
Et il s'en est tex conreés
Qu'il est en yvrece cheüs.
Ainsi fu deus fois decheüs,
Qu'il onques garder ne s'i sot,
Se s'en tint puis maint jour a sot.
Par yvrece sont maint mal fait,
Pour c'est cil mout fol qui s'i met;
Maint homme en ont esté tuë́,
Et maint grant bien fait deluë́.
Ensement fu il de celui
Qui folement s'i embati.
Tant but li glous qu'il s'enyvra,
Dusk'al demain ne delivra
De l'ivrece. De ce fu lie
La male dame outrequidie.
Ainsi comme ele fist l'autr'ier,
En sa chambre par de derrier
Le fist icele nuit gesir.
Illuec acompli le desir (f. 24 a)
Qu'avoit de dormir li messages,
Qui luec endroit ne fu pas sages.

Quant la nuit noire fu venue,
La mere au roi ne s'est tenue,
Ains li a ses lettres emblees
Et dedens sa cambre portees,
C'onques ne le seut fors li clers
Par cui li seäus fu ouvers
De celes que li mes porta.

3421 De *M*] D

La male dame l'enorta
Et li dist qu'il ne se desfende
De son voloir, mais bien tost fende
Le seel que ses fix envoie.
Li mavais clers, qui ert en voie
De mal, aussi com sa dame ere,
Li dist « Volentiers » sans priiere.
Le seel fent au canivet,
Les lettres qui sont ens en tret.
Puis après les a estendues
Et devant sa dame leües.
Quant ele ot que li rois mandoit
Que au quaresme revenroit,
Et que duskes la fust gardee
Et bien servie et honeree,
Et la creature de lui
Feïssent garder sans anui,
Ne li pleut pas tel mandement;
Ains les descire isnelement,
Et a fait unes autres faire
Qui furent a celui contraire.
Si grant traïson i fist mettre,
Nule plus grans ne fu en lettre,
Et les paroles li escrit
Li mauvais clers, qui a escrit,
Que li rois au senescal mande
Que il ja mais jour ne l'atende,
Se ardoir ne fait s'espousee
Si tost comme ele ert relevee,
Et avoec lui sa porteüre
Face ardoir sans arresteüre; (*f. 24 b*)
Car il a oïes noveles
De la Manequine peu beles.
Bien set pour coi n'a c'une main :

3427 comme — 3429 Le *M*] L — 3441 autre — 3444 Nule] Nil, N *a été corrigé de* Z = Et; lettres — 3446 a] les

Pour noient n'eut pas ce mehain.
« Ardés la, ne m'atendés mie,
« Se vous tant amés vostre vie. »

Quant ele eut fait tex mox escrire,
Arriere la met en la cire
Li clers sans le seel brisier.
Et puis les porterent arrier
La ou li messages se dort,
Cui li vins demenoit mout fort.
A son cavès les ont tost mises
Et dedens se boiste rassises.
D'illuec se partent, si s'en vont,
Comme yvre dormant laissié l'ont.
La male dame va gesir
Et reposer tout a loisir,
Dusqu'a tant que l'aube creva.
Li messages dont se leva,
Qui se loe de son hostel :
En la voie n'ot nul autel.
Quant il se fu tous atournés,
Li jours ert piech'a ajournés,
Se s'est la mere au roi levee.
Li messages l'a saluëe,
Congié demande, puis s'en tourne.
Duskes a Dondieu ne sejourne,
Ou on desiroit qu'il desist
Du roi noveles et venist.
Trois semaines eut demouré,
Es le vous trop tost retourné.
Il venist miex k'il fust noiiés,
Qu'il fust illueques ravoiiés.
Au senescal la lettre baille,

3459 Quant] ant *est effacé*.

Puis li a dit : « Li rois sans faille
« Vous mande, si cier comme avés
« Vo cors, que quanques vous veés
« Faites et quanques vous trovés
« Es lettres, u mal en gorrés. » (*f.* 24 c)
Adonques les lettres li tent,
Et li senescax si les prent.
O lui sont li dui chevalier
Qui estoient si consillier.
Tuit troi ont le seel veü :
Assés tost orent conneü
Du seel le roi ert empainte
La cire. Puis après l'a frainte
Li senescax, et voit la lettre
Que la male dame i fist metre.
Li senescax leur a leüe.
Mais quant il l'ont tele veüe,
Si forment s'en sont mervillié
Qu'il en sont tout desconsillié,
Ne ne sevent qu'il puissent dire.
Cascuns d'aux trop pleure et sospire,
Et furent mout grant piece coi,
Qu'il ne disent ne chou ne quoy,
Si sont auques plain de contraire,
Qu'il ne sevent qu'il doivent faire.
En la parfin ont demandé
Au messagier et commandé
Qu'il lour die quel chiere fist
Li rois quant il les lettres vit.
Et il lour dist : « Certes, malvaise !
« Par samblant n'estoit mie a ese.
« Je n'en sai plus, fors qu'il commande
« Que vous faites ce qu'il commande
« Par les lettres que vous aport,
« Ou vous en verrés a mal port.
« Vous veés bien en cele lettre

« Le commant qu'il vous fait trametre,
« S'en faites tant que il li plaise,
« Se avoir n'en volés mesaise. »
Or cuident bien que vraie soit
Cele lettre qui les dechoit;
Si sont a un conseil alé,
De la verité tresalé.

« Signeur, » ce dist li senescax, (*f* 24 [d])
« Ques pora estre cis consaus
« Du mandement que nous avons?
« La raison mie ne savons,
« Pour coi tel mandement nous fait.
« Espoir que on li a retrait
« La ou il est, dont ele est nee,
« Et pour coi eut la main colpee.
« Je ne sai s'il i a raison;
« Mais mout a envis desraison
« Li fesist, n'a mie lonc tens.
« Je ne sai dont vient cis pourpens.
« Voir se dist cil qui adevine :
« En grant amour gist grant haïne.
« Que ferons nous de cest afaire?
« De li ardoir ai cuer contraire.
« Et se nous le laissomes vivre,
« Nous ne sommes mie delivre;
« Car li rois ardoir nous fera
« Ou morir si com lui plaira.
« Dites a coi vous acordés !
« Je sui trestous desnicordés. »
A ce mot li autre s'apondent
Et assés briement li respondent :
« Le plaisir son signeur convient
« Faire, qui tant le prise et crient.

3530 *Ce vers est écrit deux fois* — 3553 respondent

« Comment que aiommes grevance
« Ne pitié au cuer ne pesance,
« Faire nous convient son plaisir;
« Que grans max nous poroit venir. »

Ainsi tuit troi acordé sont,
Que la Manequine arderont
L'endemain qu'ele iert relevee.
Tost fu par le païs alee
La nouvele du mandement,
Que li rois a fait a sa gent,
D'ardoir sa femme et son enfant.
Durement s'en vont mervillant
Et s'en furent tout esbahis
La commune gent du païs.
Grant doleur au cuer en avoient, *(f. 25 a)*
Et tuit communalment disoient :
« Que puet estre, biaus sire Deus ?
« Dont vient tel dolour et tel deus,
« Que la mieudre dame du mont,
« De toutes celes qui i sont,
« Sera arse avoec son enfant ?
« Comment puet avoir tel talant
« Li rois qui si l'amoit de cuer ?
« Ne deüst cuidier a nul fuer
« Nus hom, qui de tant le haïst
« Que dusqu'a tel mort le meïst.
« Comment puet il de li savoir
« Raison par qu'ele doie avoir
« Itel doleur ne tel tourment ?
« Ja sambloit il qu'il l'amast tant !
« Sambloit ? Si faisoit il sans faille !
« Nus hom n'en doit doter la faille.
« Se de cuer ne l'eüst amee,

3563 ert — 3566 a fait *M*] fait.

« A envis l'eüst espousee,
« A chou qu'ele estoit mehaignie.
« Mais il la vit si ensignie,
« De tel samblant et de tel estre
« Comme bonne dame doit estre,
« Si la prist; qu'ele estoit bien digne
« Par son samblant d'estre roïne.
« Quant il l'eut prise et espousee,
« Si fu ele mout honnouree
« Du roy, tant comme il fu o li.
« Et quant il se parti de li,
« S'i estoit encore l'amour;
« Bien le peut on savoir al plor
« Qu'il firent a la departie.
« Or l'a si cruëlment servie
« Qu'en fu la commande a ardoir
« Et avoeques li son bel hoir.
« Par foy! chou est trop grant pitiés.
« Honis soit qui en amistiés
« Se fiëra ja mais nul jour,
« Se ele muert a tel dolour! »
Ensi par le païs disoient, (f. 25 b)
Et tuit de duel se debrisoient.

Encor ne set pas la novele
La roïne, car on li cele.
Dedens sa chambre se gisoit
Ne de tout chou mot ne savoit,
Se n'estoit pas ses cuers a ese.
Bien pense qu'ele avra mesese,
Ne set ou, ne quant, ne comment ;
Mais ele le savra briement.
Quant ele ot jeü tout son mois,

3593 de *M*] *manque*

On li fist faire tous ses drois.
Honerablement se leva,
Et a son droit se releva.
Mout eurent grant pité de li
Cil qui bien savoient l'anui
Que prochainement doit avoir.
Li jours passa duskes al soir,
Que ele ne s'en donnoit garde.
Les li le senescal regarde,
Se l'apele, et il vient a lui.
« Senescal, » fait el, « en anui
« Est mes cuers de la demouree
« Mon signeur, qui m'a tant amee.
« Vos messages qu'est devenus ?
« Bien deüst estre revenus.
« Je m'esmervel que il ne vient.
« De male nouvele se crient
« Mes cuers, tout de voir le saciés ;
« Ja mais nul jour ne sera liés
« Devant que verrai mon signeur,
« Qui m'a faite si grant honneur
« C'ostee m'a de mon servage
« Et espousee en mariage.
« Bien pens qu'il atent le quaresme ;
« Je n'i atench plus prochain terme.
« Pour Dieu ! se de li savés rien,
« Dites le moi, si ferés bien. »

QUANT li senescax l'entendi, (f. 25 c)
Par un peu de duel ne fendi ;
Tant li fait pitiés le cuer fondre
Qu'en grant piece ne pot respondre.
Par les ex li issent les lermes,
Tant qu'il n'en est ne fins ne termes ;
Tout le visage en a couvert.

Un petit a son cuer ouvert
Pour parler, puis si li a dit :
« Douce dame, se Dix m'aït,
« I n'i a plus mestier celee.
« Tant est de vous la cose alee
« Que li rois mesires vous het.
« Ne sai quel raison il i set.
« Bien a uit jours qu'en euch noveles.
« Mais, pour chou que ne sont pas beles,
« Le vous avons nous tant celé ;
« Mais or vous sera revelé.
« Mesires nous a fait savoir,
« Si chier que nous volons avoir
« Nos vies sans recevoir mort,
« Que nous, ou a droit ou a tort,
« Vous metons ardoir en un fu
« Et chou que de vous est issu.
« Et plus, que, se vive vous trueve,
« De mort nous metra a l'esprueve.
« Ves chi quaresme qui verra,
« Que tournois plus ne le tenra,
« Se convient que isnelement
« Faisons le sien commandement.
« Que trois jours n'avés mais respit.
« Mais or ne metés en respit
« Que de vostre ame ne pensés, *(f. 25 d)*
« Car li cors est a ce tensés
« Que il convient que il soit ars.
« Je nel volsisse pour mil mars ;
« Mais bien sai, se ne le faisoie,
« Que prochainement en morroie. »

QUANT la Manekine a oïe
Tel nouvele, si esbahie
Est que trestous li cuers li sere.

Pasmee est keüe a la tere,
Et s'eut le cuer en si grant paine
Que grant piece perdi s'alaine.
Li senescax l'a relevee,
A qui sa dolour desagree.
Et quant ele fu revenue,
Si cria deus mos : « Dix, aiuwe !
« Dont vient chou que cis hom me conte ?
« Morrai ge dont a si grant honte ?
« Qu'ai ge mesfait, biaus sire Dix ?
« [Dont me revient ore cis dix ?]
« Dont me revient ceste durtés
« Ou mesires s'est ahurtés,
« Qui m'avoit faite tele honneur ?
« Or me refait metre a doleur,
« Qui m'avoit si de cuer amee.
« Or m'est si s'amour bestournee
« Qu'il me het plus que riens qui vive.
« Que ferai ge, lasse, caitive ?
« Mais puis que de moi est ensi,
« Mes dous fix c'a il desservi ?
« Qu'a il mesfait, ne pour quel tort
« Devera il rechevoir mort ?
« Par foi ! je ne sai que je die,
« Fors c'a tort perderons la vie. »
Quant une piece s'est menee
Ensi, dusk'a tere est alee.
Li senescax ne se perchoit,
Duskes a tant que il le voit,
Qu'ele li vaut le pié baisier.
Isnelement s'est mis arrier,
Se li a dit : « Ja puis honour,
« Dame, ne me doinst Dix nul jour (f. 26 a)
« Que vous m'atoucerés le pié !

3691 sent

« Voir, trop m'averiés avillié. »
« Si ferai, sire, par couvent
« Que laissiés vivre mon enfant,
« Et de moi faites vostre gre.
« Ainsi acomplissiés mon gre. »

Li senescax pleure et souspire,
Ne set que il li doie dire.
Mout li desplaist ce qu'ele pleure,
Mout grant pitiés le courut seure,
Se li dist que il parlera
As deus chevaliers, et fera,
S'il puet, tant qu'ele ert respitie.
La Manekine l'en mercie.
A tant s'est departis de cele
Qui son courous mie ne cele,
Si s'en vient a ses compaignons :
« Signeur, » dist il, « quel le ferons?
« Autre conseil nous covient prendre.
« Trop seroient peu no cuer tendre,
« Se nous faisiens celi ardoir
« Qui donné nous a son avoir.
« Bon feroit tel voie trover
« Que la peüssiens delivrer,
« Si ke li rois ne le seüst
« Et que de riens ne nous neüst.
« Je vous dirai que j'ai pensé,
« Se vous en estes apensé.
« Orains de ce me ressovint,
« Que, quant ele en cest païs vint,
« Que par mer vint en une nef,
« Ou n'avoit ne voile ne tref.
« Se vous volés, nous l'i metrons.
« Ensi de mort le demetrons.

3735 respitee — 3751 ressouient

« Se Dix veut, bien le garira;
« Et s'il veut, ele i perira.
« Et pour eskieuer le desroy
« Que porions avoir du roy,
« S'il vous plaist chou que je devise,
« Ferai faire tout a sa guise (*f.* 26 [b])
« Une ymage a un ymagier
« Si bien comme il pora taillier,
« Et une autre qui iert samblant
« Nostre damoisel son enfant.
« Quant nous les avrons mis en mer,
« Un grant feu ferons alumer :
« Les ymages ens geterons
« Si soutilment que nous ferons
« Tous ciaus du païs entendant
« Que c'est ma dame et son enfant.
« Ainsi faindre le nous covient;
« Car tex pités au cuer m'en vient
« Que je pour riens ne l'arderoie :
« Je cuich que mort ains soufferroie.
« Or me dites vo volenté,
« Se vous estes entalenté. »
Il respondent : « Bien le volons.
« De ce faire ne nous dolons,
« Mais que nous le puissons si faire
« Que de lui n'en aions contraire.
« Car mout redoutons son courous;
« Il nous fera morir trestous,
« Se il se puet apercevoir
« Que nous n'aions fait son voloir.
« Mais miex est que en aventure
« Nous metons que tel creature
« Et qui tant nous a fait de biens
« Mesissons en si fors liiens.

3765 un; ert

« Nous nous acordons a vo dit.
« Mais or soit hasté sans respit,
« Car mesires venra par tans,
« Si est du haster lieus et tans. »

Ainsi devisent la besoigne.
Tout erranment sans plus d'aloigne
Ont fait a un bon ymagier
Deus bones ymages taillier,
Une petite pour l'enfant,
Et pour sa mere une plus grant.
Mais avant leur ot fiancié
Ja par lui ne seroit nonchié. *(f. 26 c)*
Legierement le fiancha
Pour la dame ; que fiance a
Que sa dame sera sauvee.
Pour chou li faires li agree,
Se les eut en peu d'eure faites
Et en leur samblance pourtraites.
Et li senescax ne delaie,
Qui de pitié eut au cuer plaie.
Entre lui et ses compaignons,
Si tost com li jours fu escons,
Deseure un palefroi amblant
Ont faite monter maintenant
La roïne qui tient son fil ;
Ainsi la mainent en escil.
Deus jours et deus nuis chevauchierent,
Entre voies peu arresterent.
A Beruïc vinrent par nuit,
Car ne voloient pas que tuit
Cil de la vile les veïssent,
Que il au roi ne le deïssent.
A l'ostel au provost descendent,

3814 ot

Car il sevent bien et entendent
Que ele amoit mout le provost.
Pour chou li senescax tantost
Li a reconté leur afaire,
Ainsi comme il le voelent faire.
S'en eut li prevos tel anui
Que ne vous avroie dit hui
Sa grant ire ne sa dolour,
Car il l'amoit de grant amour.
Et il bien amer la devoit,
Qu'assés de biens fait li avoit.
Quant ele li cria merci,
De pitié a le cuer noirci.
Mais autrement estre ne puet ;
La paour du roi les esmuet
Tant qu'en rivage l'ont menee,
Ou la nef estoit aprestee,
Cele propre ou ele ert venue
Quant a joie fu retenue. (f. 26 d)
En celi propre le ront mise,
Dont grant pitiés lor cuer atise.
Mout fu loeques li congiés griés,
Des biaus ex pleurent de leur ciés.
N'i eut entr'aus ne ris ne jeu
Quant ele leur a dit : « A Dieu !
« Biau signeur, je vous rench mercis
« Quant par feu n'est mes cors peris.
« Je vous requier que de par moi
« Saluës mon signeur le roi,
« Et se li dites sans desserte
« Fait de moi et de son fil perte.
« Certes, je l'aim plus que riens nee.
« Et puis que ma mors li agree,
« J'aim miex morir qu'il me mostrast
« Samblant dont il me courechast.
« Car je fuisse en trop grant doleur,

« Se je fuisse avoec mon signeur
« Et il me moustrast laide chiere.
« J'aim miex morir en tel maniere.
« Que Dix le pechié l'en pardoinst
« Et honeur et santé li doinst !
« Quant il de moi se departi,
« Envis quidaisse que parti
« M'eüst tel jeu a si brief tens.
« Bien voi l'amour d'omme c'est vens.
« Or me doinst Dix la soie amour !
« Car en cele n'a point d'irour. »

Ensi prent congié la roïne
A ciax qui sans nule haine
Le metent en peril de mort.
Par tel traïson, par tel tort
Cuidoit que li rois sa mort voelle.
Et il n'iert riens dont tant se duelle ;
Si tost comme orra la nouvele,
Mal iert tournee sa rouele,
Durement s'en devra doloir.
Quant ele eut dit tout son voloir,
A la vierge l'ont commandee,
Puis l'ont en la mer esquipee, *(f. 27 a)*
O lui son enfant que ele aime.
Mainte fois caitive se claime,
Et il se sont de li parti.
A peu li cuers ne leur parti
De la pité que de li ont.
A Beruïc revenu sunt,
Mais lueques petit sejornerent.
Anchois qu'il fust jours, s'en tornerent,
De deus journees firent une,
Par nuit chevaucent a la lune,

3876 nert — 3878 ert — 3881 lon — 3888 Benuic

A Dondeu revinrent par nuit.
Sans grant noise faire et grant bruit
Ont tant fait qu'il ont les ymages,
Que cil ot fait qui en ert sages.
Car si bien leur erent samblans,
Qûe s'il orent vies dedens;
Nus ne cuidast que ne fust cele
Qui est en mer en la nacele.
Il samble que l'ymage pleure
Et prit Dieu que il la sekeure.
Quant il les orent devers aus,
Mout en est liés li senescax.
Si toŝt comme li jours esclere,
Un grant mont d'espines atrere
Fist en un lieu les le castel,
Se ne fu mie a chascun bel.
La novele ert ja tant alee
Que li communs de la contree
Estoient venu a Dondieu
Pour esgarder le malvais jeu (*f.* 27 [b])
Que la roïne avoir devoit,
Ensi que cascuns le cuidoit.
Quant virent les espines traire,
De toutes pars oïssiés braire
Et criër a mout haute vois :
« A ! rois d'Escoche, malvais rois,
« Que vous a ma dame mesfait
« Qui tant de bien vous avoit fait !
« Certes, nous ne cuidommes mie
« Qu'ele ait ceste mort desservie. »
Ainsi dient ; mais plus assés
Seront par tans de duel lassés,
Quant les espines alumer
Voient et par trestout fumer,
Et il voient le senescal
Descendre du castel aval,

Qui faisoit porter par samblant
A ses compaignons le samblant
De la roïne et de son fil
Pour mettre les a tel escil,
Et il voient que li serjant
Sont par derriere et par devant,
Qui ne voelent que si engrès
Soient qu'il le voient de pres,
Pour chou qu'il ne s'aperceüssent
Ne la guile n'aperceüssent ;
Et voient ces deus chevaliers
Et par devant et par derriers
Les ymages prendre et saisir
Et par dedens le feu flatir,
Et il quident tout vraiement
Ce soit leur dame et son enfant.
Adonques sans plus detriier
Commencierent tout a criër,
Et disoit cascuns : « Las, caitis !
« Pour coi sui ge a ce jour vis !
« Que nous perdons le milleur dame
« Qui onques maintenist roiame,
« Ne ne savons par quel raison
« Ele est morte a tel desraison, *(f. 27 c)*
« Mes que par le voloir le roy,
« A qui Diex doinst si grant desroy
« Qu'encore a un jour se repente
« De la dolour, de la tormente
« Qu'il a fait a souffrir celi
« Qui assés l'amoit plus que li,
« Et avoeques li son enfant,
« Qui n'a c'un mois tant seulement !

3940 Et] Qui — *Comme le parchemin est mutilé, les premières lettres des vers* 3952-9 *font défaut :* Ele, Me, A qu, Qu'en, De, Qu'i, Qui, Et.

« La plus tresgrant descouvenue
« A faite ki ainc fust veüe,
« Ne ja Dix joïr ne l'en doinst ! »
Maint en i a qui doleurs poinst
Si grant que souvent se pasmoient.
Ainsi de duel se debrisoient,
Et sur le roy metent le fait
Ou il n'avoit de riens mesfait.
Bien i parut quant il le sot.
A sa mere mal gre en sot,
Car en la fin point ne se cele
Teus traïsons, ains se revele
Pour chiaus honnir qui faite l'ont.
De chiaus qui en Escoche sont
N'en i eut nul joiant ne liet,
Fors que cele qui ot cachiet
Le murdre et la grant traïson
Dont ele eut si grant marison.
Mais quant cele oï la novele,
Mout li pleut et mout li fu bele.
Vraiement cuide c'arse soit,
De chou forment s'esjoïssoit.
Mais de li et du senescal,
Qui n'erent mie paringal
De volenté ne de corage,
Ne du commun ne du barnage
Qui en Escoce sont dolant,
Et de cele qui va nagant
Avoec son fil dedens la nef
Ou il n'a ne voile ne tref,
Vous voel ici laissier le conte.
Du roi m'estuet que je reconte (f. 27 d)
Et que retraie ma matere
De la ou le laissai arriere,
A Creel ou ot les noveles
Qui ne li furent mie beles.

Or dist li contes et retrait
Que, puis k'il fu au roy retrait
Que cele ou il avoit sa cure
Gisoit d'une tel creature
Com vous avés devant oï,
Ains puis ses cuers ne s'esjoï.
Mout desiroit, se il peüst,
Par si que honte n'en eüst,
Qu'il peüst des tournois partir
Et vers Escoce revertir.
Mout li demouroit li quaresmes,
Pour chou que chou estoit li termes
C'on ne devoit plus tournoiier,
Ains en aloient tuit arrier
Li chevalier a leur osteus;
Encor est la coustume tex.
Toutesvoies, au plus qu'il puet,
Par son sens couvrir li estuet
L'ire k'il a au cuer dedens,
Que ne s'en perchoivent les gens.
Dusk'au quaresme le couvri,
Que a nului ne descouvri
Son corage ne son samblant,
Fors ke as deus tant seulement
Qui furent as lettres escrire
Et ki les misent en la cire.
Mais icil dui le confortoient,
Qui son corage bien savoient.
Ainsi le quaresme atendi.
Quant fu venus, plus n'atendi,
Ains a pris congié as barons.
Assés leur donna de biaus dons;
Maint palefroi et maint destrier,
Maint garniment bel et entier

Donna, dont il li seurent gre.
Ainsi fist a cascun son gre. (f. 28 a)
Puis prent congié, a tant s'en torne,
Or n'a talent que plus sejorne.
Li quens de Flandres le convoie,
Car aussi estoit chou sa voie.
Parmi Vermendois s'aceminent,
Et par leur jornees cheminent
Tant que il ont Artois passé.
Ne se tinrent a si lassé,
C'outre ne voisent sans demour.
En Flandres vinrent au tierch jor
De Creel dont erent meü.
Au conte a durement pleü
Li samblans que li rois li fist;
Mout volentiers le retenist
En Flandres quinze jours u uit
Pour estre en joie et en deduit.
Mais il n'en puet venir a cief,
Car encore estoit il mout grief
Au roi de chou que tant demeure.
Il ne quide ja veïr l'eure
Que il la Manekine voie,
Et se c'est voirs dont il s'esfroie.
Las ! n'est pas ainsi comme il cuide !
Fait li a sa mere une wide
Dont il garde ne se donnoit.
Quant li quens de Flandres perchoit
Que riens ne li vaut sa proiiere,
Trois jours li fist mout bele ciere,
Tant que sa nes fu aprestee
A Dan, lueques ert aancree.
Duskes la fu il convoiiés
Du conte, qui n'ert mie liés

4044 conte] roi — 4054 sest

De ce ke si tost se depart.
Offert li a et tost et tart
Son pooir et sa signerie.
Li rois boinement l'en mercie.
Quatre destriers donner li fist ;
N'enn i eut nul qui ne vausist
Cent livres d'estrelins u plus.
Li quens n'en fist mie refus ; (*f.* 28 *b*)
Ains li redona des oisiaus,
Faucons et ostoirs et girfaus
Bien afaitiés, ou set ou uit.
Mais il en eut pau de deduit :
Autre besoigne a l'uel li pent,
Dont encor garde ne se prent.

QUANT sa nef fu apparillie
Et de vitaille bien cargie,
Errant a pris congié au conte,
Et puis après en sa nef monte,
Et avoec lui si chevalier
Qui vinrent o lui tournoiier.
Li maronier qui i estoient,
Qui outre mener les devoient,
Tendent les voiles haus et grans ;
Et li vens si se fiert dedens,
Qui estoit grans, fors et isniaus ;
Se va durement li vaissiaus.
Li senescaus d'Escoce estoit
Au port ou il se sejournoit.
Quant il vit entrer le quaresme,
Il set bien que sans plus lonc terme
Sesires arriere venra,
Plus en France ne se tenra.
Si dist au plus de ses barons :
« Boin est, » fait il, « que nous alons

« A Beruïc contre le roy
« (Par lueques venra il, je croy),
« Se li demanderons comment,
« Pour quoy ne par quel maltalent
« Nous a fait nostre bone dame
« Et son biau fil geter en flame.
« M'ire n'en iert ja apaisie,
« Si m'avra la raison noncie :
« Mout nous en doit a tous peser.
« Car tel roïne recouvrer
« Ne poriëns en tout le mont
« De toutes celes qui i sont. »
« Certes, » font il, « vous dites voir,
« Si boine ne poons ravoir. *(f. 28 c)*
« Nous desirons mout a oïr,
« Pour coi il l'a faite morir.
« Mais alons et si nous hastons,
« Et a Beruïc l'atendons.
« Tant com plus pres du port serons,
« Plus tost ces noveles savrons. »

Ainsi s'aprestent li pluisour
D'aler encontre lor singnor.
A Beruïc en sont venu,
Et par la vile rettenu
Les ostex ou il descendirent.
Leur signeur trois jors atendirent
Au quart est venus au rivage
Li rois, avoec lui son barnage.
Mout tost le seut li senescax,
Et li baron qui leur chevax
Firent enseler, si monterent,
Encontre leur signeur alerent

4099 Benuic — 4105 est

Dusk'al rivage ou il estoit.
Liés fu li rois quant il les voit,
Assés fu lueques salués.
Et il ne s'est plus delués,
Ains apele son senescal
Et les deus autres parigal.
De chou dont li cuers plus li serre
Leur veut demander et enquerre.
« Or me dites, » fait il, « signor,
« Que fait cele en qui j'ai m'amour
« Mise sans ja mais departir ?
« A maint mal m'avés fait partir (*f. 28 d*)
« Par les lettres que vous feïstes,
« C'outre la mer me trameïstes.
« Mais quant Dix le veut, je le voel
« (Nepourquant durement m'en duel),
« Car il couvient souffrir en gre
« Ce que il vient a Dieu a gre.
« De chou bien la conforterai,
« Ja pour chou mains ne l'amerai.
« Mais or me soit de vous retrait,
« Comment li est et qu'ele fait. »
« Sire, » li senescax respont,
« Pour le signour de tout le mont !
« Enne savés vous bien commant
« J'en ai fait tout vostre commant ?
« Je ne sai par quele raison
« Me mandastes tel desraison.
« Pour chou que savoir le volons,
« A il ici tant de barons.
« Se il vous plaist, si nous dirés
« Comment vous fustes si irés
« Que vous nous mandastes tel cose.
« Hardis est qui recorder l'ose. »

4141 Mises

« Je vous mandai, » li rois a dit,
« De moi meïsmes fu escrit,
« C'a grant honeur fust maintenue,
« Tant que verriés ma revenue ;
« Et la creature de li
« Gardissiés bien sans faire anui,
« Dusk'a tant que je revenroie ;
« Et adonques conseil avroie,
« Que je feroie de tel hoir.
« Car vous me feïstes savoir
« Que c'ert la plus laide figure
« Que onques mais fourmast nature,
« Une beste toute velue.
« Par moi fu la lettre leüe,
« Dont j'euch au cuer ire et pesance.
« Mais rendés moi sans demorance
« Cele qu'a garder vous laissai,
« Ou tous vis vous escorcerai. »

Quant li senescaus entendi (f. 29 a)
Chou que li rois li respondi,
Si grant paour et si grant ire
A au cuer qu'en grant piece dire
Ne li puet chou qu'au cuer li gist ;
Nonpourquant en la fin li dist :
« Si m'aïst Dix, sire, en la lettre
« Ne fis onques tel cose mettre :
« Retrait vous eüsse menchonge.
« Ains i mis, nel tenés a songe,
« Que la roïne un fil avoit,
« Plus bel enfant nus ne savoit.
« Mandai vous que tous liés fuissiés,
« Et certainement seüssiés

4185 peur a — 4191 mencoingne

« Que ma dame ert saine et haitie
« Et de sa porteüre lie.
« Et vous sur chou me remandastes,
« Que de vo seel seelastes,
« Que, si tost que veü avroie
« Vos lettres, se je ne voloie
« Morir a honte et a doleur,
« Que je fesisse sans demeur
« Ma dame ardoir, sans demoree,
« Si tost comme ele ert relevee,
« Et sa creature avoec li.
« Que ne m'en fachiés nul anui,
« Se il m'est mestiers ne besoins,
« Vos deus consilliers a temoins
« En trai, que laissastes o moi.
« Vos lettres veïmes tout troi,
« Ne de chou deceü ne fumes,
« Vostre seel bien conneümes.
« Quant je vi itel mandement,
« J'euch mout le cuer grain et dolent;
« Et nepourquant si grant pitié
« Nous tint as cuers pour s'amistié
« (Je vous en dirai tout le voir),
« Que ne la volsimes ardoir,
« Ains l'avons mise en une nef
« Ou il n'a ne voille ne tref. *(f. 29 b)*
« Tout ainsi seule com vint cha,
« Tout ainsi seule s'en reva,
« Fors qu'ele a avoec son enfant ;
« N'en maine avoec li plus de gent.
« Et pour chou que nous vous doutames,
« A veüe faire n'osames
« Che que je vous ai ci retrait,
« Ains fu si celeement fait,

4197 *corrigé de* hardie — 4203 et a *M*] et

« Nus ne le seut fors sans plus quatre.
« Car pour la verité abatre
« Et pour chou que nous pensions
« Vostre maltalent arions,
« Se vous saviiés cest afaire,
« Feïsmes deus ymages faire,
« Et si les meïmes en fu
« Si soutilment que avis fu
« A tous ciaus de ceste contree
« Que ma dame fust embrasee,
« Et encor le cuident il bien.
« Je ne vous ai menti de rien.
« Ne sai dont vient la decevance
« Dont nous vient itele grevance,
« Car onques tex lettres ne fis
« Dont vous m'avés fait le devis,
« Ne cele onques ne m'envoiastes,
« Ainsi comme or le devisastes.
« Je ne sai dont si grant mervelle
« Puet venir; je m'en esmervelle.
« Faites de moi chou qu'il vous plest.
« Je vous ai dit comment il est. »

Li rois entent ceste aventure.
Tant li est au cuer aspre et dure
Que il ne se puet soustenir,
A tere le convint venir.
Si est ses cuers en grant prison
Que il ne puet dire o ne non,
Ains se siet aussi que pasmés,
Et ses senescaus de delés.
Li baron et li chevalier,
Qui estoient sur le gravier, (f. 29 c)
Assés tost la novele seurent;
De la grant pitié qu'il ont pleurent.

Cil qui cuidoient c'arse fust
Et par le commant du roi fust,
Quant il entendent que anui
Ne torment n'a eü par lui,
Ains voient que par traïson
A eüe tel desraison,
Si dolant sont qu'il se descirent,
Li pluiseur leur ceviaus detirent.
Mais leur doleurs n'est pas itele
Com l'a le roy, c'ainc mais autele
Doleur nus hom ne demena.
Si grans doleurs son cors pena
Que nus conforter ne le puet;
Maintes fois pasmer li estuet.
Quant il de pamisons revient,
De li regreter ne se tient.
« Dous cuers, bele tresdouce amie,
« Vous qui estiés mes cuers, ma vie,
« Vous de qui me venoit ma joie,
« Vous de qui tousjours atendoie
« A avoir souslas et deduit,
« Vous qui aviés le cuer vuit
« De tout malisse et plain de bien,
« Vous en qui il ne faloit rien,
« Vous qui estiés et sage et digne
« Pour estre du monde roïne,
« Vous que je tant avoie amee,
« Vous qui estiiés m'espousee,
« Coment ne par quele aventure
« Me vient ceste mesaventure ?
« Dont puet venir la traïson
« Dont vous a si grant desraison
« Estes cachie fors de l'estre
« Dont vous dame deüssiés estre,

4272 pluiseur *M*] pluiseu — 4282 estes

« Qu'encore en est il peu falu
« Que n'avés esté arse en fu ?
« Arse ? Dix ! Et pour quel mesfait ?
« Comment pensoit nus que tel fait (f. 29 d)
« Vausisse par lettres mander
« De celi qui tout commander
« Me peüst quanques bon li fust ?
« Ne ja, voir, si greveus ne fust
« Ses commans que ne le feïsse,
« A quel que cief que j'en venisse.
« Or estes en mer, en tourment
« Ou, espoir, noïe ! Comment
« Serai ge ja mais nul jour liés ?
« Si sui pour vous desconsilliés,
« Voir, que ne sai mais que je face.
« Ne ja nostre signeur ne place
« Que j'aie joie, et vous dolour !
« Ne seroit pas loial amour,
« Se je ne partoie as tourmans ;
« Bien sai que vous les avés grans,
« Se ce n'estoit fors de quidier
« Que je vous aie fait vuidier
« Le païs par ma volenté.
« Certes, ainc n'en euch volenté !
« Se vous de chou ne me creés,
« Amie, a tort me mescreés.
« Car je n'en euch onques talant,
« Bien en mousterrai le samblant ;
« Qu'enchois que soit passés uns mois
« Ferai qu'ainques mais ne fist rois.
« Car mes gens et toute ma tere
« Lairai, et si vous irai querre
« Et parmi tere et parmi mer.
« Ja mais ne finerai d'aler,
« Tant que noveles en orrai.
« Se mauvaises sont, j'en morrai ;

« Et se Dix veut que je vous raie,
« Ainsi porra garir la plaie
« Que j'ai au cuer sans ja rissir,
« Se vous ne l'en faites issir.
« Las! par qui porai ge savoir
« Par qui esmuete tel avoir
« Ai perdu comme femme et fil,
« Dont je meïsmes en escil (f. 30 a)
« Irai sans revenir ja mes,
« Se je ne la truis loing u pres?
« Mes cuers m'amoneste et opose
« Ma mere m'a fait ceste cose ;
« Car je ne sai qui la haïst
« Tant que tel traïson feïst,
« Fors li ; mais ele le haoit,
« Ne nule raison n'i veoit.
« Bien croi que ce m'a fait ma mere;
« S'en avrai lonc tans vie amere
« Et cele qui nel desservi.
« Mais se ele vous a servi
« De tel ju, et savoir le puis,
« Ja Dix joie ne me doinst puis,
« Se je ne l'en fas repentir
« Et greveuse prison sentir ! »

Ainsi se tourmente li rois,
Ainsi est ses cuers mout destrois,
Ainsi pleure, ainsi souspire,
Ainsi est ses cuers souspris d'ire,
Ensi se tourmente et confont;
Et ses jens avoec lui refont
Si grant duel qu'il ne pueent plus.
Mout se tienent tout a confus.
En tel doleur, en tel tourment
S'en sont alé communalment

A Beruïc a lour ostex.
Ainc ne fu veüs si grans deus
Qu'il demainent aval la vile;
Communalment pleurent sans gile.
Li rois est alés ou castel,
O lui chevaliers grant tropel.
Cel jour n'i eut ne ris ne jeu.
Chevaliers ne serjans ne keu
N'i mengierent, nul n'en sovint.
Car grans courous au cuer les tint.
Li rois son senescal apele,
Qui son courous mie ne cele,
Si li a dit sans demourance :
« Le messagier qui vint en France (f. 30 b)
« Me faites errament venir!
« A parole le voel tenir. »
« Sire, » fait il, « mout volentiers. »
Mandé l'a par deus escuiers.
Tost alerent, tost retornerent
Et le messagier amenerent
Devant le roi isnelement
De la paour qu'il a tramblant.
Bien pense qu'il a mal erré,
S'a de paour le cuer serré.
Li rois le voit, si li enquiert,
Quant du senescal partis s'iert
Pour aler en France tout droit,
Par quel cemin alés estoit.
« Et si ne me soient celés
« Li hostel ou fus hostelés
« Et au venir et a l'aler.
« Pour tant te voel quite clamer.
« Se tu dis voir, garde n'avras;
« Se tu mens, par tans saveras,

4377 nil

« De quel mort muert qui est pendus :
« Par el ne seras desfendus. »

Le roy entendi li messages,
Si a respondu comme sages :
« Sire, » fait il, « trestout le voir
« Vous dirai, quel qu'en doie avoir.
« A l'aler jui ciés vostre mere,
« Qui mout me moustra bele ciere.
« Ne sai pour coi ele le fist ;
« Quarante sols donner me fist.
« Par malisse, ensi le devin,
« Me fist boire de son fort vin
« Tant qu'en la teste me monta.
« Ainsi folie me donta,
« Si fist de moi a son plaisir.
« En sa garderobe gesir
« Me fist la nuit dusk'au demain,
« Que je me levai assés main.
« Quant je me vi en cele cambre,
« De paour tramblerent mi membre. (f. 30 c)
« De traïson tant me doutai,
« En ma boiste ma main boutai.
« Le seel vi le senescal :
« Ainc puis ne pensai a nul mal,
« Ains quidai que par l'amistié
« De vous m'eüst loeques coucié.
« Aussi tost com je vauch mouvoir,
« Le vi devant mi apparoir.
« Mout me pria que ne laissaisse
« Que je par li ne retornaisse,
« Et je li euch lués en couvent.
« De chou li tin ge bien couvent ;
« A vous alai, par li reving,
« Dont l'endemain pour fol me ting.

« Tant bui la nuit que je fui yvres,
« Dusk'al demain n'en fui delivres,
« Et jui la derreniere fois
« La ou j'euch jeü l'autre fois,
« Com cil qui nul mal ne doutoit
« Ne qui a nul mal ne pensoit.
« Puis que vostre seel eüsse,
» Pour riens je ne m'aperceüsse
« Que on peüst changier la lettre.
« Mais puis que n'i vausistes metre
« Les mox que vit li senescax,
« Je croi bien que la desloiaus,
« Vostre mere, les fist cangier;
« Mais je nel peüsse cuidier.
« Si m'aït Dix, se le seüsse,
« Pour morir souffert ne l'eüsse.
« Je vous en ai dit tout le voir.
« Faites de mi vostre voloir ! »

Or set li rois tout vraiement
Que sa mere ce mariment
Li a pourquis et pourcacié,
Si jure que ele a cachié
Ce ki li sera au cuer grief.
N'avra mie seule mescief
Cele qui ele a essillie,
Anchois en avra sa partie. (f. 20 d)
Erranment a machons mandés,
Bien cinc cens en a assamblés,
Si les maine en une faloise
Vers la mer, ou vile n'adoise.
Adont le plus maistre apela,
Tex paroles li redist la :
« Maistres, » fait il, « je vous requier
« Que de piere et de bon mortier

« Me faites ci une grant tour,
« Qui soit reonde tout entour.
« Les murs faites bons et espès,
« De quinze piés ou plus d'espès.
« Faites la moi et haute et lee,
« En bas ne faites nule entree,
« Bien haut faites une fenestre,
« Par ou on verra dedens l'estre,
« Et si gardés k'en trente jours
« Soit toute parfaite la tours. »
Li maistres respondi briement
Que la tours iert faite erroment.
Qui donques veïst machonner,
Les uns les pieres tronchonner,
Les autres taillier au martel,
Et les autres tost et isnel
Faire le bon mortier de caus,
Les autres drecier escafaus
Pour le mortier faire millor,
Les autres commenchier la tour,
Le fondement pour la tour faire,
Et ces machons criër et braire :
« Cha de la piere ! or cha mortier ! »
Il deïst bien, sans espargnier
Pensent de cele tour parfaire.
Tant se hasterent tuit du faire
Et tant firent k'en trente jours
Fu toute parfaite la tours.

Dont s'en vint li maistres au roi,
Si li a dit : « Sire, par foy,
« Faite est la tours que vous deïstes.
« De son grant plus fort ne veïstes.» *(f. 31 a)*

4482 ert — 4487 cauch

Respont li rois : « Chou est bien fait. »
De son argent paiier a fait
Le maistre, tant qu'il en fu rices;
Ne li convint puis estre chiches.
Après chou que la tour fu faite,
Se mere, qui pas ne s'en gaite,
A mandee priveement.
Che fu fait si celeement,
Qu'ele nule riens n'en savoit,
Duskes a tant que ele voit
Le senescal qui la vient querre,
O li des barons de la tere.
« Montés, » font il : « li rois vous mande. »
Et ele pour coi leur demande.
Mais il ne li ont mie dit,
Ains le font monter sans respit.
A l'eure que leur dist li rois
Vinrent a la tour demanois.
Li rois illuecques les atant.
Estes les vous venus batant.

Quant li rois sa mere a veüe,
Mout en a grant pitié eüe ;
Mais tant li nuist sa traïsons
C'ore est venue la saisons
Que ele en avra son loiier.
Malvais fait son cuer apoiier
A traïson, qu'en la parfin
N'en avra on ja bone fin,
Et traïteur et traïson
Het Dix plus qu'autre mesproison.
Et puis que Dix traïteur het,
Qui quanques on fait voit et set,

4506 niches — 4531 traïteur *Mi* trateur — 4534 fai

Mout est cis fax qui s'i embat;
De son tor meïsmes s'abat.
Lonc tans en puet on bien autri
Grever et faire mout d'anui;
Mais quant plus en fait on des maus,
Plus cruëlment torne sour ciaus
Qui ont pourcacié le malisce.
I fait bon eschiuer tel visce. (*f. 31* [b])
Cele mie ne l'eschiua,
Dont a malvais port arriva.
Car li rois l'a fait emmurer
Dedens la tour, u endurer
L'en convint lonc tans male vie.
Car onques puis jour de sa vie
N'issi hors de cele tourele;
Ne n'eut viande qui fust bele
Fors sans plus de l'iauwe et du pain,
Que on li portoit cascun main
Et avaloit par la fenestre.
Illueques le fist li rois estre,
Ou bel li soit ou li desplaise.
N'avra mie seule mesaise
La Manekine ne ses fix,
Qui sont en mer en grans perix,
Ains en a tout son col cargié
Cele qui li a pourcachié.

Quant li rois l'eut mise en la tor
Et eut devisé quel atour
Il voloit que on li portast
Et par une corde avalast,
Et il eut fait commandement
A ciaus qui li vint a talent,
Que il icele tour gardaissent,

Et dessour leur vies gardaissent
Que nus ne l'ostast de laiens
Qui ne caïst en mals liiens,
Il ne volt dont plus demorer.
Jours n'ajourne que de plourer
Ne soit saous deus fois u trois
Pour cele dont il est destrois.
Pour aler le querre et cerkier
Fist une nef apparillier,
La plus isnele et la plus fort
C'onques mais fust veüe a port;
Et dist qu'avoeques lui iront
Ses senescax et cil qui l'ont
Mise en la mer, pour ce qu'il crurent
Les lettres dont deceü furent, *(f. 31 c)*
Se veut qu'il en aient anui,
Pour chou les merra avoec lui.
Mais de lui, qui son oirre atorne,
Se taist mes contes et retorne
A parler de la Manekine,
Qui en mer de plourer ne fine.

Or me retrait la verité
Que plaine de necessité,
D'anui, de tourment, de dolour,
De griés pensers, d'ire et de plor,
Se departi ainsi d'Escoche
La Manequine en une coche,
En une petite nacele.
O lui n'a dame ne pucele,
Vallet, serjant ne chevalier,
Fors que son fil qu'ele a mout chier.

4568 gardassent — 4592 plors

Souvent de son anui se plaint,
Et en tel guise se complaint :
« Dont me revient, vierge Marie,
« Che dont je sui si esmarie ?
« Dont me revient chou, douce dame,
« Que devant hier estoie dame
« De la riens que je plus amoie,
« Et desseur ma teste portoie
« Couronne d'or comme roïne ?
« Dont me puet venir la haïne
« Que mesires a envers moi ?
« Je l'amoie autant comme moi,
« Et je bien amer le devoie,
« Car par li honneree estoie.
« Et puis qu'il m'avoit honneree
« Tant que sa foy m'avoit donnee, *(f. 31 d)*
« Que tousjours foy me porteroit,
« Et ja tenue le m'avoit
« Une grant piece sans mentir,
« Comment peut il puis consentir,
« Sans chou que ne l'ai desservi,
« Que il m'ait de tel ju servi,
« Qu'il commanda que on m'arsist ?
« Comment li pleut, comment li sist ?
« Comment puet il a nes un fuer
« Avoir envers moi si dur cuer
« Au samblant que moustré m'avoit ?
« Je ne sai, voir, ne sai que doit,
« S'on ne li fist bourde entendant.
« Mais bien deüst si entendant
« Avoir le cuer, qu'il ne creüst
« Cose dont il tant me neüst.
« Voir, je ne voi nule raison
« Pour coi j'aie tel desraison,

4627 b. a entendre

« Fors que droite male aventure,
« Qui me ra mise en l'aventure
« Ou j'avoie autrefois esté.
« Bien m'a fortune amonesté ;
« Sa grant force et son grant pooir
« Bien m'a moustré, qu'ele mouvoir
« Fait tousjors en tournant sa roe
« Ou ele tout le monde enroe.
« Tout le mont a sa roe tient,
« Si voi or bien qu'il en avient.
« Cil qui sieent au plus haut siege
« N'en sevent mot devant c'ou piege
« Chieent ki est desous ses piés,
« Ou on est honis et blechiés,
« Dolens, maleüreus et las ;
« Orains ert haus, et ore est bas.
« Ainsi avient il a pluisours.
« Or ra en la roe pluisours,
« Qui de bas muevent et tant montent
« Que tous les plus hautains surmontent,
« S'en sont souvent si lié et baut,
« Quant de bas sunt monté en haut, *(f. 32 a)*
« Qu'il avient que en petit d'eure
« Trebusce chou desous deseure,
« Et revienent au premier point,
« Ou pis ; car il sont as cuers point
« De la pesance que il ont
« De chou que vilainement sont
« Trebuscié en un peu de tans
« De la ou avoient lonc tans
« Pené pour monter sour la roe
« Qui ore leur a fait la moe.
« N'est pas tele roe seüre,
« Fols est qui trop s'i asseüre.

4636 fortume

« Je m'i estoie asseüree;
« Se m'a a son voloir tournee.
« Premierement deseure estoie,
« Ne de nul mal ne me gardoie;
« Mais de mes biens tost me demist,
« Quant mon pere en corage mist
« Qui n'estoit resnables ne biaus.
« Seur moi en tourna li meriaus,
« Qu'a dolour en fui mehaignie
« Et hors du païs escillie;
« En mer fui mise, ou or resui.
« En ce point sous sa roe fui.
« Puis ne sai par quele pitié,
« Fors que par la Dieu amistié,
« Que a la roe me repris
« Et tant me ting qu'en plus haut pris
« Que je n'avoie onques esté
« Me remist par sa volenté.
» Quant je refui si haut montee,
« Je refui si asseüree,
« Que ja recaïr ne quidai.
« Ainsi de sens mon cuer vuidai.
« Mais on dist pour cest examplaire,
« Ensi com j'ai oï retraire,
« Que chievre ne doute coutel,
« Devant qu'il la fiert en la pel.
« Et se dist on, si com je pense :
« Mout remaint de chou que fox pense. *(f. 32 b)*
« Assés remaint de ma pensee ;
« Car fortune me ra tensee
« De mon fol cuidier, et remise
« La ou ele m'avoit reprise,
« S'en ai plus que devant malaise.
« Car quant on a esté en aise,

4696 fortume

« Plus anuie après li meschiés
« Et mout plus est a souffrir griés.
« Bien voi qu'en cest mont n'a fors painne,
« Car fortune a son voloir maine
« Les gens, puis que Dix li consente.
« Moi a ele fait mout dolente;
« Car de grant joie et de rikece
« M'a mis en doel et en tristece.
« De la riens que je plus amoie
« Et de tous les biens que j'avoie
« Ne m'a laissié fors que mon fil,
« Qui est avoec moi en peril,
« Et ma robe et icest anel
« Que je voi en mon doit mout bel.
« C'est cil que li rois me donna
« Quant de s'amour m'araisonna;
« Par cest anel m'eut il couvent,
« Que ja mais jour de son vivant
« Ne seroie de li haïe.
« Mais ce covent ne me tient mie;
« Chou est la riens dont plus me poise,
« Car j'en sui en grief briketoise.
« Mout est vaine l'amour du monde;
« Nus biens n'est, se Dix ne l'abonde.
« Vierge Marie, douce dame,
« Vous estes l'estoile et la game
« Par qui bonne gent sont sauvés.
« Je vous pri que vous me sauvés
« Et priiés pour moi vostre fil
« Que il me get de cest peril
« Et k'il me face encor savoir
« Dont ce vient qu'il m'estuet avoir,
« Et k'il voelle son yretage
« Rendre mon fil, dont a outrage (f. 32 c

4703 fors *M*] for

« Sommes cachié et sans desserte.
« Onques mais femme n'ot tel perte.
« De tout chou vous pri et requier,
« Voelliés ent vostre fil priier. »

Ainsi demaine sa complainte
La Manequine, qui a mainte
Raison en soi de li complaindre.
Et ele ne s'en veut pas faindre,
Ains se complaint et se demente
Com cele qui est mout dolente.
Assés a de raisons pour coi.
Se Dix ne fust avoeques soi,
Qui le tient et ki le conforte,
En la mer fust de courous morte.
Mais Dieus le soustient, si le garde,
Si k'ele n'a de la mer garde.
En la mere Dieu se fioit,
Qui tousjours gardee l'avoit.
N'a pas les orisons perdues
Que tousjours avoit maintenues
De la douce vierge priier,
Car au besoing li ot mestier.
Son douch fil tant pour li pria,
Que sa nef conduite li a.
Maugré perieus, malgré tormens,
Malgré tous les contraires gens,
Est au dousime jour venue
En douce iauwe et de mer issue.
Droit en une riviere vint
Qui parmi Romme son cours tint.
Le Far le doit on apeler;
De Romme va droit a la mer.

4735 Sommes *M.* Somme — 4745 Ases — 4762 est

Ou Far droit a sa nef tornee
Par nuit, et quant vint l'ajornee,
Trois povres pescheeurs de Romme,
Qui n'avoient mie grant somme
D'or ne d'argent ne de vitaille,
Se leverent matin sans faille.
Leur hostieus prenent et leur rois,
Si entrent ou Far demanois, (*f.* 32 d)
En lour batel vers la mer vont.
Tant alerent que choisi ont
La nef seule qui vient contre iaus.
Avant que levast li solaus,
Aperchurent qu'il n'i a ame
Fors tant seulement une fame.
Li uns l'a a l'autre moustree,
Assés l'ont tout troi esgardee;
Et tant esgardent cele nef,
Qu'il voient sans voile et sans tref,
Sans gouvrenal, sans aviron,
Costoier le Far environ,
Mout se merveillent que puet estre.
N'eurent pas apris qu'en leur estre
Viegne nef sans gouverneeur;
N'i voient nul conduiseeur.

Li uns ses compaignons apele.
« Signeur, » fait il, « gaaigne bele
« Nous a hui cest jour Dix tramise.
« Pescié avons : en ceste prise
« Une nef gaaignie avons
« Et chou que nous dedens veons.
« Il m'est avis que femme i voi.

4769 pecheurs — 4770 n'avoient *M*] nauoit — 4786 Costoie — 4788 quant — 4789 gouuerneur — 4790 conduiseur

« Or i alons veoir tout troi !
« Se saisissons ceste gaaingne,
« N'i a mestier autre bargaigne. »
Il respondent : « Ce nous est bel. »
A tant ont tourné le batel,
Et tant nagent qu'il sont venu,
Et a crox pris et retenu
Le batel ou la Manequine
Estoit, qui de plourer ne fine.
Durement mervillié se sont,
Quant en son giron veü ont
L'enfant qu'ele porté avoit,
Qui encor pas deus mois n'avoit
Et rioit ou giron sa mere,
Qui pour li avoit vie amere.
Li plus sages des pesceeurs
A dit as deus autres : « Signeurs, (f. 33 a)
« Or me laissiés parler a li.
« Bien voi qu'ele a eü anui.
« Se vous outrage ne folie
« Li disiiés, a vilonnie
« Le vous poroit on atourner ;
« Et il se fait bon destorner
« De faire dont on soit blasmé.
« Je croi que Dix nous a amé,
« Quant il nous envoie tel trueve ;
« Si en faisons tant que reprueve
« N'en aions, et che vous lo gié,
« Si vous pri que vostre congié
« Escoutés, et je parleray,
« Et dont ele est li enquerrai. »
Il respondent : « Nous nous tairons
« Et vostre volenté ferons,
« Mais que nous partissons tout troi

4813 pesceurs — 4815 laissiés *M*] laissi — 4825 iche ; ge

« Au gaaig. » « Bien le vous otroi, »
Dist il. « Autant voel qu'en aiiés
« Com je ; or ne vous esmaiiés. »
« Donques, » font il, « l'otrions nous.
« La parole metons sur vous. »
Ensi dient li pescheeur.
De l'un des trois ont fait signeur
De parler a la Manekine,
Et il ne cesse ne ne fine,
Devant qu'il est venus a cele
Qui se siet dedens la nacele.
« Damoisele, » fait il, « ou dame,
« Ne sai mie le quel, par m'ame !
« Cil Dix qui maint en trinité
« Vous mete en plus grant sanité
« Que je ne vous voi, dame ciere,
« Si comme il pert a vostre ciere ! »
« Biaus preudons, et icil vous doinst
« Grant joie au cuer, dont je n'ai point. »
« Bele dame, che poise moi.
« Mais par amors vous quier et proi
« Que me dites dont estes nee,
« Et quele aventure menee (f 33 b)
« Vous a par mer si seulement
« Qu'il n'a avoec vous c'un enfant,
« Qui de nourice eüst mestier :
« Car je croi que de tel mestier
« Ne vous estes mie chevie.
« Tel robe ne si bien taillie
« Com vous avés n'ont pas norices,
« Ja d'avoir ne seront si riches.
« Se il vous plaist, ne vous irés ;
« Dont vous estes vous me dirés. »

4837 pescheur — 4850 n'ai *M*] na

LA Manequine li respont :
« Voir, biau preudom, mi torment sont
« Si aniëus a raconter,
« Je ne le poroie conter.
« Se vous mon anui saviiés,
« Amender ne le poriiés,
« Si me vaut mix que je me taise
« Que racontaisse ma mesaise.
« Mais dites moi (de cest païs
« Ou venue sui m'esbahis)
« Quel vile est ce que voi si grant
« Seur ceste riviere seant;
« Et ki vous estes voel savoir.
« Se vous volés ma nef avoir,
« Je la vous doing par tel couvent
« Que vous me menés sauvement
« A vile; car d'estre en la mer
« Ai ge trestout le cuer amer. »
« Bele dame, jel vous dirai,
« Car de vostre anui grant ire ai.
« De ce païs ne doutés mie
« Que on l'apele Rommenie.
« La vile que vous esgardastes,
« Dont vous orains me demandastes,
« Est par son non clamee Romme.
« Et se volés savoir quel homme
« Vous ont ci arrestee et prise,
« Faite vous en iert la devise.
« Nous sommes tuit troi pesceeur
« Et de pissons engingneeur. *(f. 33 c)*
« Autre fief n'avons n'autre tere.
« Hui venions du pisson querre

4892 ert — 4893 pesceur — 4894 engingneur

« Pour avoir sempres a mengier,
« Car nous en avons bon mestier.
« Mais nous ne pescerons mais hui,
« Ains vous en merrons sans anui
« Tout droit a Romme en nos maisons.
« Pour vous nostre pescier lairons,
« Si irons la vostre nef vendre,
« S'avrés des deniers a despendre,
« Et avoec ma femme serés ;
« Ja vilenie n'i'avrés.
« Tant com duërront li denier
« Vous ferons nous bien aiesier,
« Vous et l'enfant que vous portés.
« Mais de ce duel vous deportés
« Que vous avés u cuer empris.
« Dix est encore en paradis,
« Qui bien joie rendre vous puet,
« De ce douter ne vous estuet.
« Car saciés, selonc nos pooirs
« Ferons trestous les vos voloirs. »
La Manekine ot et entent
Qu'ele est en main de povre gent
Qui li voelent estre preudomme.
El ne fust si lie pour Romme,
Pense qu'avoec aus se tenra,
Son pain querre li convenra ;
Mais ele Dieu mout en aueure.
As pescheeurs dist sans demeure :
« Biau signeur, grans mercis vous rent
« De chou que deboinairement
« M'avés ci endroit apelee.
« Quant il a Dieu plaist, bien m'agree
« Qu'en vostre compaignie soie.
« Donrai vous ma robe de soie

4920 Ele — 4924 pescheurs

« Pour autre de mains de value,
« Et la nef ou je sui venue.
« Fors cest enfant et cest anel
« Prenés trestout, il m'en est bel. *(f. 33 d)*
« Mais se l'anel me toliiés,
« A tousjours morte m'ariiés,
« Car je n'ai nul autre confort
« De mon anui ne de mon tort.
« Mais tout mon autre avoir prenés,
« Et a vos maisons me menés,
« Ou je puisse du pain avoir.
« Ne ne vous caille de savoir
« Qui je sui ne de quele terre.
« Ne me voelliés or plus enquerre,
« Se vous volés mon talent faire.
« Je vous requier de cest afaire. »
Et il li ont tuit otroiiet
Ainsi comme ele l'a proiié,
Si n'en puet miex faire a s'onneur,
Faire le sien preu et le leur.
Après ces paroles retornent,
Et d'aler a Romme s'atornent.
Li batel erent aroutés,
As avirons les ont hastés.
Mais anchois k'il viegnent a Romme,
Dix, qui tout son voloir assomme,
Leur envoia teles noveles
Qui mout fu as pescheeurs beles
Et bonnes a la fourvoïe
Que fortune a luec envoiie.

En Romme avoit un sinator,
Rices ert et de grant atour.

4950 et lonneur — 4953 acoutes — 4958 pecheurs bele

En Romme si rice n'avoit,
Ne plus large nus n'i savoit;
On le tenoit au plus preudomme
Qui fust en la vile de Romme.
Larges, deboinaires et frans,
Piteus et courtois et donans,
Plains d'aumone et de carité,
Grans sires ert en la cité.
Vieus hom ert et auques d'eage,
En lui ot vaillant omme et sage,
Amés ert de Dieu et du siecle,
En boine vie usoit son siecle. *(f. 34 a)*
Dis ans avoit morte ert sa fame,
Qui mout ot esté bone dame.
De sa femme filles avoit
Que il mariëes avoit,
Et deus qui ne l'estoient mie.
Celes li tienent compaignie,
Celes maintienent son ostel
Si bien qu'en Romme n'ot otel.
Cil preudon, dont oï avés,
Se fu cel jour matin levés.
Quaresmes ert, si jeüna.
A son ostel li ennoia,
Errant son escuier apele,
Si commanda metre sa sele,
Et erroment tost se penast,
Son palefroi li amenast,
Et si remontast sour le sien.
« Va tost, » dist il, « et tost revien ;
« Si nous irons la hors esbatre
« Deus lieues lonc u trois u quatre
« Deseur le Far, et si verrons

4965 Qn — 4976 ote — 4980 tienent *M*] tient — 4982 ostel — 4986 ennoia *M*] enuoia

« Se nul pesceeur trouverons.
« Se nous i trouvons bon poisson,
« J'en acaterai a fuison. »
« Sire, » dist il, « tost et isnel
« Sera fait chóu qui vous est bel. »
De son signeur a tant se part,
Des seles mettre li est tart.
Tost les a mises, puis les frains
A si tost mis comme il puet ains.
Puis prent les chevax de son gre.
Sesires l'atent au degré,
Se monta, quant le vit venu,
Deseur son palefroi crenu.
Vers la mer s'en va cevauchant
Et selonc la mer esbatant.
Vers l'iauwe a tournee se chiere,
Se coisist enmi la riviere (*f.* 34 b)
Les pescheeurs qui en menoient
Celi que il trové avoient
Dedens le batel esplouree.
Li senatours a regardee
La dame, l'enfant, le batel
Que il en mainent si isnel,
Se li prent talens qu'il demant
Dont leur est venu et commant.

« Signeur, » dist il, « cil Dix vous gart
« Qui tous les biens donne et depart,
« Vous et celes que vous menés !
« Je voi bien que vous vous penés
« De li en la vile mener.
« Mais qu'il ne vous doie grever,
« De cele femme voel enquerre

4996 pesceur — 5012 enmi *M*] emi — 5013 pescheurs

« Ou l'avés prise n'en quel terre.
« Ele ne samble pas des vos,
« Vos femmes n'ont pas tex surcox.
« Bien voi a chou que samble en li,
« Qu'ele ait eü assés d'anui.
« Or dites, se Dix vous ament,
« Dont vous vient ele ne comment. »
A ceste parole s'apont
Li miex enparlés et respont :
« Sire, de chou qu'enquis avés,
« La verité vous en sarés.
« Quanques j'en sai vous en dirai,
« Que ja de mot n'en mentirai.
« Nous troi estiiens hui isnel
« Entré dedens nostre batel
« Pour venir en l'iauwe pescier,
« Car d'argent avions mestier.
« Vers la mer nous en alions,
« Encor pau de jour veïons,
« Quant nous coisimes ceste nef,
« Sans aviron, sans mast, sans tref,
« Sans gouvrenal et sans conduit,
« Se le cuidames trover vuit. (f. 34 c)
« Cele part nous ademeïsmes,
« As nos cros le batel preïmes.
« Mais quant nous dedens regardames,
« Ceste dame ci i trouvames
« Et un enfant avoeques lui.
« Bien pert qu'ele a eü anui.
« Mout dolente et mout esplouree
« La trovai et mout esgaree.
« Quant je la vi, n'i deluai;
« Isnelement le saluay,
« Puis li enquis de son afaire.

5041 estiiens *M*] estiies

« Mais je ne la peuch onques trere
« A chou que ele se dontast
« Tant que son anui me contast.
« Tant me dist, trop li seroit grief
« A moi reconter son meschief.
« Do'u païs et de la contree
« Et de Romme la bien fremee
« Me demanda l'estre et le non,
« Et je li dis sans contenchon.
« Puis nous proia que en la vile
« La menissons sans nule gile
« Et menissons en nos hostex.
« Pour chou nous donna ses catex,
« Sa nef et trestoute sa robe ;
« Pour chou, che dist, qu'ele est trop noble,
« Volra une plus simple avoir.
« Ensi poons tout son avoir
« Avoir, fors sans plus son enfant
« Et un anelet reluisant
« Que ele a en sa destre main.
« Et encor vous fa ge certain
« (Ne sai que doit ne que puet estre)
« Qu'ele n'a point de main senestre,
« Ne savoir ne puis s'aventure.
« Or convenra que ele endure
« Sa povreté avoeques nous.
« Car aussi m'aït Dix li dous,
« Je ai de lui si grant pitié,
« Que, se je n'avoie mengié
« En deus jours se n'eüsse pain
« Fors a passer dusques al main,
« Se jou sa mesaise veoie
« Le milleur part l'en partiroie.

« Or vous dit ai comment l'avon,
« Comment lui et le sien savon. »
Adont respont li senateurs :
« Se Dix m'aït, » fait il, « signeurs,
« Vous m'avés ci conté mervelles ;
« Ainques mais ne vi ses parelles.
« Bien samble estraite de grant gent,
« Car ele a le cors bel et gent.
« Et vous n'avés pas mout d'avoir,
« Dont ele puist assés avoir
« De vestemens et de peuture
« Pour li et pour sa creature,
« Et si li estuet pourcachier
« Son pain et pour Dieu depriier.
« Ce sera pitiés et damages ;
« C'a Romme a de fols et de sages.
« Li fol plain d'outrequiderie
« Li feront, espoir, vilenie ;
« Pour ce ke bele le verront,
« Leur volenté faire en volront,
« Et si est, espoir, jentiex femme
« Et de grant tere a esté dame.
« C'est grant pitiés et grant doleur,
« Quant jentil femme pert s'oneur,
« Puis qu'elle voelle a bien entendre.
« Se vous estes de pitié tendre,
« Et vous li volés sa mesaise
« Oster et metre le a aise
« Si com bonne femme convient,
« Tex pitiés pour li mon cuer tient
« Que jou a vous l'acaterai
« Et a honeur le meterai.

5095 dirai — 5096 auon — 5115 si *manque*

« Mais que il en li ne demeure,
« Bien sera, si Dix me sequeure,
« Et son enfant ferai nourir,
« Ainsi com li iert a plaisir. *(f. 35 a)*
« Mais or li requier jou et prie,
« S'ele veut bone compaignie
« Et bon hostel a son voloir
« Mieus que povreté, ki doloir
« Fait ciaus qui aprise ne l'ont
« Quant par meschief venu i sont,
« Et ele veut que je l'acat,
« Qu'ele me die sans barat
« S'ele le vaurra maintenir
« En bien et avoec moi venir.
« Avoec mes filles, s'ele veut,
« Sera. Car li miens cuers se deut
« De la pitié que j'ai de li.
« Bien pert qu'ele a eü anui.
« Or me responde son pensé,
« Se ce est mix sa volenté
« D'estre asseür en ma maison,
« Que ja ou ele ait desraison.
« L'un de ces jeus chi li depart,
« Or m'en responde son esgart. »

La Manekine entent et oit
Chou que li sinateurs disoit,
Que dou rivage a li parole.
Ne respondi pas comme fole,
Ains li dist : « Sire, li vrais Diex,
« Qui sa volenté fait es ciex
« Et en tere a sa volenté,
« Vous doinst u cuer la volenté

5130 ert — 5155 Dix

« Que me jetés de cest essil
« Ou j'ai esté en tel peril !
« Dont tout vostre plaisir voel faire,
« Fors tant, ce vous voel je retraire,
« Que du cors honnie ne soie.
« Car du tout ne sui mie moie,
« Ains ai signeur qui je pramis
« A tenir loiaté toudis,
« Se li terrai, que ja pour tort,
« Pour paine, pour peril de mort,
« Ne li mentirai ma fiance.
« De chou soiiés bien a fiance, *(f. 35 b)*
« Ne ja mon anui ne mon grief
« Ne gehirai pour nul meschief.
« Car, se je mon anui contoie,
« Ja, voir, creüe n'en seroie,
« Si aime mix ensi souffrir
« Tant que Dieu venra a plaisir.
« Mais s'il a en vous tel pitié,
« Tel francise, tele amistié,
« Que vous pour Dieu me volliés prendre
« Et de vilonie desfendre,
« Et que vous ne voelliés enquerre
« Dont je sui ne de quele tere,
« Et que vous voelliés cest enfant
« Faire nourir pour Dieu le grant :
« De Dieu vous en merciërai,
« Et en vous tant me fiërai,
« Que je ferai vostre plaisir
« En bien pour bon gre desservir. »

QUANT li senateurs entendi
Ce que ele li respondi,

5190 quele

Se li a dit : « Se Dix me voie,
« Ainsi mes cuers le vous otroie,
« Comme vous le m'avés requis.
« Mais de tant voell je estre apris
« Que vous me dites vostre non,
« Comment nous vous apeleron.
« D'autre rien plus ne vous demant,
« Fors que vostre non seulement. »
Cele, qui choile son couvine,
Li dist : « Sire, la Manequine
« M'a on mainte fois apelee
« Ou païs dont je sui tournee. »
« Onques mais tel non n'oï dire,
« [Manequine, » respont li sire.]
« En cest païs nul tel n'en a. »
« Sire, cist qui le me dona
« Vit en moi aucune occoison
« Par coi il me donna tel non. »
Li senateurs les pesceours
Apele, si leur dist : « Signours,
« Pour combien, se il vous est bel,
« Avrai la dame et son anel (*f. 35 c*)
« Et l'enfant qui est avoec lui ?
« Or ne me faites lonc anui. »
« Sire, vous l'avrés pour cent mars,
« Que nous meterons en trois pars,
« Si en avra cascuns le tiers.
« Et sachiés, que li disiriers
« Ne fust de lui metre a honour, —
« Pour chou c'on vous tient au millour
« De toute la vile de Romme,
« Disons nous si petite somme.
« Mais bien savons que iert a eise,
« Se de son cuer n'a la mesaise,

5210 Signeurs — 5215 laueres — 5217 tierc — 5223 ert

« Et de chou sommes nous tuit lié. »
« Voir, ja n'i avra bargignié, »
Dist li senateurs, « longuement.
« Venés en maison pour l'argent,
« Et se me delivrés l'avoir
« Que je doi pour l'argent avoir. »
Adonques sans plus estriver
S'en vont droit vers lui arriver,
Si ont mise celui a tere
A qui li quers de dolour sere.
Encor li est bien avenu
Selonc le mal qu'ele ot eü.

De son ceval est descendus
Et dusques a la nef venus,
Entre ses bras celi requeut
Ki d'errer par la mer se deut.
Pitiés tant le sien cuer donta
Que sour son cheval le monta,
Et il prist le sen escuier,
Si est sus montés par l'estrier.
Tant fu courtois qu'en son devant
Porta il meïsmes l'enfant.
Le petit pas ensi l'en maine
Parmi Romme, ki estoit plaine
De bourgois, si comme estre doit
Romme qui si grant vile estoit.
Avant qu'a son ostel venist, *(f. 35 d)*
Fu d'aucuns priié qu'il deïst
Cui li enfes est et la dame.
Et il respont : « Ne sai, par m'ame !
« Ne sai dont vient ne dont est nee ;
« Par aventure l'ai trouvee. »

5233 ont *M*] on — 5242 le] de

Ainsi respont as demandans,
Tant qu'a l'ostel est descendans.
A son hostel vient, si descent.
Assés fu qui rechut l'enfant.
Li senators la Manekine
Mena en la sale perrine.
Ses filles vinrent contre lui,
A qui durement abeli
La venue la Manequine,
Et cascuns l'onneur li destine.
Et li peres se leur sermone
Et de teus mos les arraisone :
« Beles filles, je vous requier,
« Ainsi comme vous m'avés chier,
« Que vous ceste dame honnerés
« Et li faites ses voulentés.
« Faites li de tout son voloir,
« Se vous volés mon gre avoir. »
Eles respondent bonement :
« Sire, vostre commandement
« Volons faire de chief en chief.
« Du faire ne nous sera grief.
« Que bien puist ele estre venue ! »
A grant joie l'ont recheüe
De leur pere, si l'ont menee
En une cambre a rechelee.
Illuec la servent et confortent,
Et son estevoir li aportent.
Mengier la font, mais petit fu.
Ses lis apparilliés li fu,
Se la firent aler dormir,
Dont ele avoit mout grant desir.
Et si li ont pour son enfant
Mandé tost et isnelement
Une nourice, et ele vient. *(f. 36 a)*
L'une des deus filles, qui tient

L'enfant, maintenant li delivre,
Si li ont dit qu'ele li livre
Trestout quanqu'il volra avoir ;
Et eles li feront avoir.
Ne de laiens ne se movra ;
Avoec eles le nourira,
Ainsi com sa dame volra ;
S'ainsi le fait, bien en jorra.
Et cele leur a creanté
De faire la lour volenté.

Or est la Maniquine a Romme
En le maison au plus preudomme
Qui soit en toute la cité
Et de plus grant humilité.
As pesceours cent mars paia,
Et par itant les apaia.
Mout enama la Manekine
De loial amour et de fine,
Et mout grant honour li porta
Et doucement le conforta.
Quanqu'il cuidoit qu'ele vausist,
Errant apparillier li fist.
Ele ne fu pas outrageuse,
Felenesse ne aniëuse ;
Ainsi com tousjours ot esté :
Plaine de biens et d'onnesté,
De sens et de grant courtoisie,
Sans orguel et sans vilonnie
Se maintint lonc tans en tel point,
Tant que Dix le remist a point.
Quant ele se fu respassee
De la mer, qui l'avoit lassee,

5298 le] ne — 5304 preudo*n*ne — 5307 A

Mout bel commencha a servir
Et tout l'ostel a maintenir.
Les cles au sanateur porta,
Et si simplement se porta,
En set ans qu'ele laiens fu,
Ne vesti (car biau ne li fu)
Dras de couleur, ne vair ne gris; *(f. 36 b)*
Ses robes estoient de gris.
Et nepourquant, s'il li pleüst,
Assés plus rices les eüst;
Mais il ne li pleut ne ne sist.
Ne onques en set ans ne rist,
Ne ne dist un mot de canchon;
S'en furent en grant cusenchon
Celes qui avoec li estoient,
Qui leur cuers plus a aise avoient.
Par mainte fois le conforterent,
Et mainte fois li demanderent
De son couvin et de son estre,
Que c'estoit ne que poroit estre
Que rire ne jouer ne quiert
Si jone femme comme ele ert.
Mainte fois tout ainsi li disent;
Mais onques a chou ne la misent
Qu'ele leur volsist son mescief
Dire ne son duel ne son grief,
Dont durement se mervillierent
Tout cil qui avoeques li erent.
Li senatours meïsmement
S'esmervilla mout durement.
Mais tant de bien coisi en lui,
Qu'il ne vaut onques que anui
Li demandast ou son contraire,
Ains li laissa son voloir faire.

5329 Ens — 5334 Ases

Tous les jours aloit au moustier
Pour escouter le Dieu mestier
O les filles le senatour,
Qui l'amoient de grant amour.
Devant une ymage mout bele,
Qui ert de la vierge pucele,
Estoit mout souvent as jenous.
Mout li sanloit cis mestiers dous.
Et ses fix amenda et crut,
Car a croistre riens ne li nut,
Car tout quanques li fu mestiers
Ot sans dangier et volentiers.
Et il fu si biaus a devise, (f. 36 c)
Que nature avoit en lui mise
Si grant biauté comme ele peut.
En Romme si bel enfant n'eut,
Et li senatours itant l'aimme
Que par amours son fil le claime.
Sa mere ne le haï mie;
C'estoit ses confors et sa vie,
C'estoit ses biens et ses souslas.
Par mainte fois le claime las
Entre ses dens, et regretoit
Celui qui engendré l'avoit.
Mais en Dieu toute s'entente a.
Tant se tint a lui qu'il tenta
Son grief, son anui et son tort,
Et se l'en envoia confort.
De li et de son fil Jehan,
Qui amenda plus en un an
C'uns autres en deus ne feïst,
Et du senatour qui chierist
Et honneure lui et sa mere,
Voel ici laissier ma matere
Et se reparlerai du roi,
Qui fait atorner son conroy

Pour querre sa feme et son fil.
Dont il se mist en grant peril
Et par la tere et par la mer,
Qui grief li fu a endurer.

Li rois a Beruïc s'en torne,
Mout li poise que tant sejorne.
Sa nef a faite apparillier, (*f. 36 d*)
De becuit et de vin cargier.
Tuit li baron d'Escoche sont
Avoec lui, qui mout dolant sont
De chou que il ainsi se part.
De pité eurent bien leur part,
Que pour leur dame que pour lui,
Qui par traïson ont anui.
Et li rois si leur devisa
Et ciaus que il vaut avisa
A garder ses gens et sa tere,
Que nus ne les grieve de guerre ;
Si fait laissier par ses castiaus
Serjans, arbalestes, quariaus
Et chevaliers a grant plenté,
Tant com lui vint a volenté.
Quant il eut sa cose atornee
Et sa nef fu toute atornee
De pain, de vin et de viande
Tele comme la mer demande,
A ses barons a congié pris
Comme courtois et bien apris.
Mainte larme i eut dont ploree
Et mainte robe desciree.
Mout sont dolant de leur signour,
Qui faite leur eut mainte honnour.

5413 castias — 5418 toute] tourne

Ja mais ne quident qu'il reviegne ;
Pour che n'i a nul qui se tiegne
De plourer et de grant duel faire.
Et li rois, qui vit leur contraire,
Lui disime de compaignons
Entre ou batel as avirons,
Dusk'a tant qu'il vint a la nef
Ou il ne faut voille ne tref.
Son senescal mena o lui
Et dis chevaliers, qui anui,
Maint duel, mainte paine, maint grief
Avront ains que vienent a cief
De la queste qu'il ont aquise ;
Mais de chou durement les prise.
Qu'il porterent or et argent, (f. 37 a)
Tant c'onques mais si peu de gent
N'en porterent itant d'avoir ;
Ce leur puet grant mestier avoir.
Li maronnier tost s'ademirent,
Leur voiles croisiés au vent mirent,
Et li vens dedens se feri,
Qui les maine tost et seri.
Li baron furent au rivage,
Et regardent leur signerage
Qui s'en va aventures querre ;
Maint en i a qui li cuers serre
De chou qu'ensi aler l'en voient.
Au plus qu'il pueent le convoient
Des ix et au viser s'aerdent,
Tant que de lui le veoir perdent.
Car eslongiés fu en peu d'eure.
Adont s'en revont sans demeure
Plain de courous en leur ostex ;
Ne le verront mais de leur eus,

5438 vienent *MJ* vient — 5445 sadrecierent — 5446 misent

S'avra eü mainte pesance,
Maint anui et mainte grevance.
Mais cele qui li eut chou fait,
En la tour dure vie trait.
Seule est et s'a peu a mengier,
Une fois le jour a dangier.
N'onques puis ne fu desmuree,
Anchois fu laiens acoree;
Mais avant lonc tans i dura
Et maint anui i endura.
Ele a sa part et sa desserte
De la folie et de la perte
Qu'a son fil par traïson fist,
Dont il en tel peril se mist
Comme vous avés entendu.
En sa nef est ou sont tendu
Li voile, qui par mer les maine.
En mer furent mainte semaine.
Car Dix, qui fait a son plaisir,
Ne li laissa pas son desir
Trover si tost comme il volsist;
Maint torment endurer l'en fist.
A paines ot il ou mont ille
Ne deseur le mer bone vile
Ou il ne queïst et cercast
Et noveles n'en demandast
De s'amie qu'il a perdue.
Demandant va, s'on a veüe
Une femme a tout une main.
Mais onques au soir ne au main
N'en pot oïr nules noveles
Qui li fuissent bonnes ne beles.
Et quant il en un païs iert
Et il ne trueve che qu'il quiert,

5472 De la *M*] De — 5477 mer] nef — 5478 En *M*, E; maite

Erranment en mer s'en reva.
Partout u fortune veut va.
En tante tere, en tant païs
Ala, que je tous m'esbahis,
Comment nus hom pour nul amour
Vaut souffrir itant de dolour.
Car par plus de quarante fois
Fu par tourmente si destrois,
Qu'il ne savoient ou il erent;
Dont maint païs divers cherkierent.
Maint païs et mainte contree
Virent, qui n'estoit habitee
Fors de tygres et de lyons,
De serpens et d'escorpions
Et de tant d'autre sauvecine
Qu'entr'aus avoit malvais covine.
Par plus de cent fois peri fussent,
Se il de Dieu secours n'eüssent.
D'Ynde la Grignor par de la
Dusk'a septentrion de cha
Ne demoura vile nes une
Ou ne les demenast fortune.
Ains ne finerent en set ans,
Assés porent avoir d'ahans.
Maint duel, maint anui, maint mescief,
Maint torment, maint courouch, maint grief
Et maintes diverses pensees (*f. 37 c*)
Eurent dedens les set anees,
N'onques au roy voloir ne prist
Que en son païs revenist,
Tant comme il oïst nomer terre
Ou il ne la fust alés querre.
Mais quant il eut en tant de lieus
Esté et passé mains perieus,

5496 fortume — 5511 fuissent — 5528 maint

Et tant païs cerkié et quis,
Tant demandé et tant enquis,
Et il ne seut mais ou aler
Ne ou noveles demander,
Ne il ne puet en nule guise
Oïr noveles de se prise,
Et se furent parti de Frise
Et dedens mer leur nef remise,
Dont ne set mais li rois que faire
Ne de quel part il se puist traire ;
Dont cuide bien que soit perie
Cele qui il a tant cerkie ;
Dont se commence a dolouser
Et mout fondament a plorer
Et a regreter icelui
Dont il a souffert maint anui.

« Ha las ! dous cuers, tresdouce riens,
« Vous qui estiiés tous mes biens,
« Tous mes souslas, tous mes confors,
« Tous mes deduis, tous mes depors,
« Mes cuers, mes voloirs, ma santés,
« Vous de qui iere talentés
« De servir trestoute ma vie
« Sans fausseté, sans tricerie,
« Or croi je bien vous estes morte.
« C'est chou qui plus me desconforte.
« Je vous ai quis en tant païs,
« Que des or mais sui esbahis
« De vous querre, car de quel part
« Ne sai aler, se Dix me gart.
« En quel païs ne en quel terre
« Vous irai ge cerkier ne querre ?
« Je cuich que j'ai partout esté, *(f. 37 d)*
« Tant que nous fuisson tempesté

« Quarante fois, se Dix ne fust,
« Qui nous a sauvés en cest fust.
« Et comment m'en irai arriere
« Sans vous, tresdouce amie ciere?
« Ja mais nul jour joie n'avroit
« Mes cuers, quant il li souverroit
« Que je vous ai ensi perdue.
« Certes, ja mais n'iert maintenue
« Tere par moi, se ne vous truis,
« Ne sans vous joie avoir ne puis,
« Anchois vaurrai morir de duel,
« Se vous estes morte, mon voel.
« Après vous ne quier un jour vivre.
« Se je or savoie a delivre
« Que mort eüssiés receüe,
« A brief terme seroit venue.
« Mais encor ne sai vostre mort,
« S'en ai un petit de confort;
« Ne de vostre vie ne sai,
« Se rest chou dont je plus m'esmai.
« Ensi par contraire pensee
« Est ma consiënce tourblee.
« Car j'ai de vostre mort doutance;
« D'autre part rai une esperance
« De vostre vie, douce suer.
« Ensi ai deus pensers u cuer,
« Se ne sai le quel croire doie,
« Fors que de tant que mout m'esfroie
« Chou que je vous ai lonc tans quise
« Ne n'ai nule novele aprise
« Dont espoirs me doie venir,
« Que j'acomplisse mon desir,
« S'en est mes cuers en tel contraire,
« Que des or mais ne sai que faire.

5588 penser — 5592 Nen — 5594 iacomplise

« Ne sai ou aler n'ou venir,
« Ne sai quele voie tenir.
« Si durement sui desvoiiés,
« Ja mais ne serai ravoiiés,
« Se la mere Dieu ne m'avoie, (*f.* 38 [a])
« Qui tous les fourvoiiés ravoie,
« Pour que il en voellent priier.
« Dont ne me doi ge detriier
« De li priier, car autrement
« Ne puis avoir recouvrement
« De ma joie que j'ai perdue.
« Pour chou que ele m'en aiue,
« Li voel recorder le salu
« Qui maint crestiien a valu.

« AVE *Maria* : os tu, dame,
« Par qui est sauvee mainte ame?
« Cui li angles nomma Marie,
« Dont au premier fus esmarie
« Pour la clarté qu'en lui veïs,
« Et pour chou qu'en lui apreïs
« Les plus mervilleuses noveles
« Qui ainc fuissent, et les plus beles
« A tous ciaus qui crestiien sont,
« Qui en vous de cuer fiance ont.
« Car trestout estoient dampné
« Cil qui estoient d'Adan né;
« Mais vous de celui dampnement
« Nous avés savé savement
« Par cele sainte anontion
« Dont je vous refas nontion.
« Mais assés tost aseüree
« Fustes quant vous eut saluëe

5608 aiuwe

« Et il dist *Gratia plena.*
« Courtoisement vous araisna,
« Que de grasce vous clama plaine,
« Voir, il dist voir, plus que fontaine
« Qui par sourjon d'iawe souronde.
« En la mer n'a mie tant d'onde,
« Comme il a dedens vous de grasce.
« Car chascuns, puis que il li place
« Et il vous en prie de cuer,
« N'en est escondis a nul fuer.
« Cascun en donnés son plaisir,
« Puis k'il soit dignes du saisir.
« Ne ja pour grasce c'on i truise, *(f. 38 b)*
« Ne sera c'on ne la retruise
« Si plaine que ja n'iert wuidie
« Ne hostee ne espuisie.
« Pour chou plaine vous apela.
« La verité ne vous cela,
« Bien vous en moustra la raison,
« Quant il dist *Dominus tecum.*
« Et che fu autretant a dire,
« Que cil qui est et rois et sire
« Et de paradis et du mont
« Et de toutes les riens qui sont
« Estoit en vostre compaignie.
« Pour chou fustes vous bien garnie
« De la grasce qu'il vous proumist,
« Quant cil sires en vous se mist,
« Ou il n'avoit se grasce non,
« Si grant grasce, qu'il vous fist don
« De lui ; plus ne nous peut donner.
« Qui porra chou guerredonner ?
« Nus, s'il n'i envoie sa grasce.
« Ensi couvient que il parface

5631 plaine *M*] paine — 5643 nert — 5650 sires — 5657-8 grase

« Chou que il commencié nous a.
« Si fera il, se en nous n'a
« Teche, par quoy nous le perdons.
« Se nous a vous nous aerdons,
« A qui li angles le pramist,
« Quant pour vous conforter vous dist
« Que Dix estoit avoeques vous,
« Nos grans anuis guerpirons tous.

« Quant li anges vous ot chou dit,
« Se vous beneï sans respit
« Et vous dist *Benedicta tu.*
« Et pour voir si estoies tu.
« Avant que onques fuissiés nee,
« Fustes vous si bon'eüree
« Que de tous pechiés fustes monde.
« Pareille n'eüstes u monde.
« Onques pareil u mont n'eüs.
« Deseure *In muliëribus*
« Fustes de lui bonne eüree (*f. 38 c*)
« Et de bien faire asseüree.
« Tele vous fist comme pour soi.
« Car il s'aombra dedens toi
« Sans pechié et sans vilenie,
« Comme cil qui par signourie
« S'i mist sans fraindre et depecier
« Le vaissel qu'il ot fait entier.
« Sans fraindre la verginité
« Prist dedens vous humanité.
« Ensi de Dieu enchainte fus,
« Car a son voloir digne fus.
« Et la tresbonne Elysabel
« Poursieui ce salu mout bel.

5668 vous] lui — 5683 Cele ; foi

« Quant ele senti son enfant
« De ta venue esjoïssant
« Pour le vrai Dieu qui ert en toi,
« Isnelement salua toi
« Et puis celui que tu portoies,
« Dont sont venues toutes joies.
« Pour lui dist *Et benedictus.*
« Ne dist mie ce mot sans plus,
« Mais puis *Fructus ventris tuï.*
« Ensi beneï el celui
« Qui fu en ton ventre li fruis,
« Par qui tous li biens est estruis.
« Li bon, qui en infer estoient,
« Mout lonc tans atendu avoient
« Le fruit, dame, que tu portas.
« En lui portant te deportas,
« Et bien t'i deüs deporter,
« Car nule ne peüst porter
« Tel fruit fors que seulement toi.
« Car li vrais Dix, qui mist en toi
« La souvraineté de tous biens,
« Vaut que il meïsmes fust tiens.
« De vous, qui estiiés s'ancele,
« Fist sa mere, et vierge pucele
« Fustes et après et devant.
« Vierge fustes en concevant,
« Vierge en portant, vierge enfantastes, *(f. 38 d)*
« Et vierge celui alaitastes
« Qui ert vos peres et vos fieus.
« Mout par fu humles et bontieus
« Quant il en vous, qui il fourma,
« De car humaine se fourma.
« Par chou poons nous bien savoir,
« Qu'il a en vous tant de savoir,

5708 Mout] Qui — 5723 fius *ajouté d'une main postérieure.*

« Tant de valour, tant de bonté,
« Que n'en poroit estre conté
« La disme part, non la centisme.
« Ja n'iert confondus en abisme
« Nus qui de bon cuer vous requiere.
« Car par vostre sainte priiere
« Fait vostre fix vostre talent,
« Que nus ne doit tenir a lent,
« Mais a hastiu de ciaus aidier
« Qui de vostre aïde ont mestier.
« Theofilus bien s'en perchut,
« Que li dyables tant dechut
« Que il le besa en hommage,
« Et prist de lui en tiemoignage
« La lettre de son sanc escrite,
« Par tant le quida avoir cuite,
« Mais non eut, car vostre secours
« Pour lui secourre vint le cours.
« Si tost comme il fu repentans
« Et a vous requerre entendans,
« Vous li aportastes la carthre,
« Dont s'ame eüst esté en cartre,
« Se ne fust vostre fors pooir.
« Tant n'eurent dyable pooir,
« La chartre ne leur tosissiés,
« Et que vous ne la rendissiés
« Celui, dont l'ame ert envaïe,
« Se ne fust vostre grant aïe.
« Par sa requeste li aidastes,
« Tant que de tous maus le jetastes.
« N'avés pas celui seulement
« Ne celui fait recovrement ;
« Mais generalment trestous ciaus (f. 39 a)
« Qui de cuer vous servent sont saus.

5732 nert — 5751 pooirs — 5762 sont *M*] son

« Dame, ainsi comme sans mescroire
« Voel la grant bonté de vous croire,
« Vous pri que vous me consilliés
« De chou dont sui desconsilliés.
« C'est de m'amie et de ma drue,
« Qui par traïson m'est tolue.
« Priiés vostre fil qu'il li plaise
« Que il m'aliet ceste mesaise
« Et qu'il par tans me voelle aidier,
« Ensi comme j'en ai mestier. »

S'orison a a tant finee.
Et cele qui est afinee
De si grant bonté, de si fine,
Qu'ele est de paradis roïne
Sa requeste n'oublia mie
Ne cele qui tant l'a servie.
Son douch fil pour le roi pria,
Et il errant li otria
A poursieuir sa volenté
De chiaus qui estoient tenté
Et que il vit bons et loiaus.
Vers Romme est tornés lor vaissiaus,
Ne des ore mais n'aient garde,
Puis ke la mere Diu les garde.
Après s'orison s'aperchut
Li rois c'uns seris vens leur crut,
Qui leur vaissel fait esploitier.
Tant les a fait cis vens coitier
Que de la mer au Far entrerent,
Et a un matin s'i trouverent.
Droit le jour de pasques flouries,
Qu'es arbres sont les fleurs flouries,
Vint li rois de Romme el gravier,
[Qui maint tourment, maint peril fier]

Avoit eü mainte semaine
En mer, qui n'estoit mie saine.

Quant il seut que a Romme fu,
Selonc son anui liés en fu.
Son senescal a apelé,
Son voloir li a revelé. (*f.* 39 b)
« Senescaus, » dist il, « biaus amis,
« Puis que Diex ici nous a mis,
« Un petit i sejorneron.
« La semaine passer lairon
« Que Dix rechut pour nous la mort.
« [A nos ames querrons confort,]
« S'irons le joedi absolu
« De nos pechiés estre absolu,
« La ou l'apostoile sera;
« Car mout tres bon estre i fera.
« Alés tost et isnelement
« Querre ostel ou nous belement
« Puissons estre contre cel jour. »
« Sire volentiers, sans sejour. »
A tant sans faire plus lonc conte
Son cheval fait traire, si monte
Et chevauce par la cyté,
Ou il vit mainte riceté.
Mout li avint bele aventure.
Tant a chevauchié l'ambleüre
Que il vint devant la maison
Ou cele ert que longue saison
Avoit li rois cerkie et quise.
Li senescaus l'ostel avise
Et voit le sanatour seant
A une fenestre devant
Par ou en la vile regarde.
Et li senescaus le regarde.

Mout li ressamble bien preudom;
Pour ce si l'a mis a raison.
« Sire, » dist il, « li rois des cix
« Qui est en tere apelés Dix
« Vous doinst joie, par tel couvent
« Com je vous metrai en convent,
« Que vous cel ostel que je voi
« Prestés a mon signeur le roy,
« Qui rois est d'Escoce et d'Illande.
« Fors que l'ostel ne vous demande :
« Assés avra son estavoir,
« Mais que la maison puist avoir. »

Li senatours a respondu : (f. 39 c)
« Sire, bien vous ai entendu.
« Saciés, se ne sont mi parant
« Ou mi voisin ou mi amant,
« Ou povre gent qui ont besoigne
« Que je pour Dieu du mien leur doigne,
« Autre gent cest ostel ne prendent;
« Mais icele gent du mien prendent.
« Et nepourquant, quant il est rois,
« Ne seroie mie courtois,
« Se l'ostel li escondissoie;
« Si m'aït Dix, mix ameroie
« Que ma maison fust arse en cendre.
« A vostre voloir poés prendre
« Sales et chambres et estavles.
« Vins, viandes, et bans et tavles,
« Quanques il li sera mestiers
« Li ferai avoir volentiers. »
Li senescaus merchi l'en rent,
Arriere est retornés errant

5831 li *manque* — 5836 cõuent

A son signeur, qui au rivage
L'atent; si li dist son message,
Que il li a pris tel hostel,
Qu'en toute Romme n'ot autel.
« Mout me samble de bone vie
« Cil qui l'ostel a en baillie
« Ou nous nous devons herbegier. »
Li rois est montés sans targier,
Quant il sot ses hostex fu pris.
D'aler la ont lour conseil pris.
Li sanatours, qui otria
L'ostel au roi, ne detria,
Anchois apela sa menie,
Qui ert bele et bien ensignie;
Si leur fait les maisons niier,
Deseure et desous netiier.
Puis va vestir sa bele robe
En une cambre bele et noble,
U la Manequine a trouvee
Et ses filles, qui ont ouvree
Une omosniere bele et riche; (f. 39 d)
Tele n'eut li dus d'Oterriche.
E li senateurs les salue.
Puis leur dist, que plus ne delue:
« Mes beles filles, erroment
« Soient pris vostre parement.
« Car Dix un hoste nous envoie
« A qui je voel faire grant joie.
« Car bien doit on cex honerer
« Cui Dius veut de tant honerer
« Que il soient roi apelé,
« Com cil est, ne vous soit celé,
« Qui ma maison veut et demande.
« Il est rois d'Escoche et d'Irlande. »

5894 ert — 5895 maisont

Quant la Manequine l'entent,
A peu que li cuers ne li fent.
Tel doleur la destraint et sere
Que cheüe est pasmee a tere.
Et li senateurs le regarde,
Qui de chou ne se donnoit garde,
Si le relieve et l'a tenue,
Tant que ele fu revenue.
Et si tost comme ele revint,
De dolour faire ne se tint.
Qui luec la deüst devourer,
Ne se tenist pas de plourer.
Li senateurs, qui se mervelle
Durement de ceste mervelle,
Le conforte, et si li requiert
Qu'ele li die chou qui iert,
Pour coi souspire, pour coi pleure,
Pour coi de tel duel se deveure.
Quant parler puet, si li dist : « Sire,
« Or me convient il a vous dire
« Une partie de l'anui
« Que onques mais ne dis nului.
« Sachiés, se cis rois qui ci vient
« Me puet veoir et il me tient
« Et il en a lieu ne pooir,
« Je croi qu'il me fera ardoir,
« Non mie, certes, pour mesfet (f. 40 a)
« Que je li aie onques jour fait;
« Mais il avient souvent a court
« Que tex ne peche qui encort.
« Une fois en sa court manui,
« Et mout de bien trouvai en lui;
« Mais par mesdisans fui grevee
« Et si tresdurement mellee

« Qu'il me commanda a ardoir.
« Mais Diex fist tel pitié avoir
« Celui cui il le commanda
« Que de cest tourment me jeta
« Et me mist par nuit en la mer,
« Dont Dix me laissa escaper
« Et venir en vostre maison,
« U j'ai esté longue saison.
« Or vous ai dit une partie
« De ma grieté qui m'est partie,
« Et encor tant vous en dirai
« Que ja de mot n'en mentirai.
« Je l'aim plus que ne fas riens nee,
« Car mout grant amour m'ot mostree,
« Avant qu'il onques tenist conte
« De moi faire torment ne honte.
« Mais, se il vous plaist que ma vie
« Soit des ore mais alongie,
« Je vous pri que il ne me voie;
« Car, se il me voit, je morroie. »

Li senators, a que qu'il monte,
S'esmervelle mout de ce conte,
Se li respont : « Or vous taisiés,
« Bele, et vostre cuer apaisiés.
« Puis que vous estes en ma garde,
« Vous n'avés chaiens de lui garde.
« Se je cuidaisse cest afaire,
« N'eüst pas chaiens son repaire,
« Mais puis que je l'ai en couvent,
« J'en aquiterai mon couvent,
« Et vous ne vous mouvrés de chi.
« Mes deus filles, que je voi chi,
« Ci endroit vous compaigneront (f. 40 b)
« Et a vostre talent feront.

« Se volés faire mon voloir,
« Confortés vous de ce doloir,
« Qu'en duel ne puet on gaaignier
« Fors son cors de mal aengier. »
« Sire volentiers, si ferai.
« A vostre conseil m'i tenrai.
« Se je lui veoir ne cremisse,
« Riens plus volentiers ne veïsse.
« Mais assés m'en vient mieus tenir
« Que a grigneur torment venir. »

A tant le senateur escoute
Et ot le roi, lui et sa route,
Qui ja dedens sa court descent.
A tant de sa chambre descent,
Ou il laissa la Manekine,
Et ala tant que il ne fine
Devant que il conut le roy,
Si le salue sans derroy ;
Et li rois son salu li rent.
En la sale entrent a itant,
Ou les tavles estoient mises
Et deseur les hestaus assises.
Si tost com li rois i entra,
Jehanet son fil encontra,
Qui en la sale se jouoit,
Comme cil qui set ans avoit.
Mout ert biaus enfes et apris.
Vers son pere le cours a pris,
Se li dist « Sire, bien viegniés! »
Ensi comme il fu ensigniés.
« Dous enfes, » ce respont li rois,

5969 mi tenrai

« Li sires qui est rois des rois
« Vous doinst vie et amendement!
« Car mout a en vous bel enfant! »

Li rois mout durement l'esgarde,
Et quant il plus s'en donne garde,
Plus l'aime et plus li embelist.
Son hoste apele, si li dist :
« Or me dites voir, biaus dous ostes, *(f. 40 c)*
« Se cis enfes ichi est vostres. »
« Oïl, sire, voir, il est miens;
« Je l'aim plus que je ne fas riens. »
Adont ne seut li rois que dire,
De sa grieté ses cuers sospire.
Li senatours bien s'en perchoit,
Qui parmi ses ex issir voit
Les larmes, cheoir sur sa face
Plus cleres assés que n'est glace,
Si li a dit : « C'avés vous, sire ?
« Vostres cuers me samble plains d'ire. »
« Biaus ostes, je le vous dirai,
« Pour coi a mon cuer tele ire ai.
« Quant je regardai cest enfant,
« D'un mien fil m'alai apensant,
« Que j'euch, bien a passé set ans.
« Ja peüst bien estre aussi grans,
« Comme est cis chi, se il fust vis.
« Mais si jovenes me fu ravis
« Par traïson c'onques nel vi.
« L'enfant et sa mere perdi,
« Dont j'ai au cuer duel et anui.
« Orains, quant j'esgardai cestui,
« Se me sovint de cele perte,
« Dont la verité ai ouverte.

« C'est la raison pour coi plourai,
« Quant jou cest enfant esgardai. »
« Sire, » dist il, « ce croi je bien,
« Je ne vous en mescroi de rien.
« Avenu est a maint preudome
« Que d'ire et d'anui ot grant somme.
« Ainsi esprueve Dix sa gent,
« Tant comme il li vient a talent. »

Entre tex paroles fu pres
Li disners, et li premiers mes
Estoit ja sur les estavlies,
Et les escuëles drecies.
Se levent et puis vont seïr.
Li rois le senateur seïr
Fist delés lui et a sa table. (f. 40 d)
Maint mes de poisson delitable
Eurent, dont je ne fach devise,
Car aillours ai m'entente mise.
Li enfes de laiens s'en tourne,
Dusk'a sa mere ne sejourne,
Tristre la trueve et esplouree.
Mais a l'enfant mie n'agree :
De cel sens, comme il en lui a,
Erroment demandé li a :
« Ma dame, pour coi pleures tu ?
« Vien veoir le roi qu'est venu !
« Il a bele gent la aval.
« Vous plourés, si faites trop mal. »
La mere ne li respont mie;
Si durement est courechie,
Que les filles le senatour,
Qui l'amoient de grant amour,

6034 ont — 6044 poison — 6051 comme il a en lui a

Ne li pueent donner confort.
Ele pleure et pense si fort
Que ele a nului n'entendoit.
Li enfes, qui petit pensoit
A son anui n'a son tourment,
Regarde l'anelet luisant,
Ou li dyamans ert assis,
Qu'ele avoit en son doit assis.

CEL anel li rois li donna
Le jour que il le couronna.
Et quant li enfes le coisi,
Couvoitié l'a, si le saisi
Par la main et l'anelet prent;
Nel donnast pour cent mars d'argent.
La Manekine nul regart
N'en prist, et Jehanet s'en part.
De la chambre errant s'en avale,
Ne fina, se vint en la sale
Ou li senateurs et li rois
Se seoient al plus haut dois.
La sale ert nete et baloïe,
De quariaus de tieule entaillie
Bien ouvree par escekiers. (f. 41 a)
Et li enfes, qui fu legiers,
Jete deseur le pavement
L'anel, et puis si le reprent.
Une eure avant et autre arriere
S'en va jouant en tel maniere.
Tant le jeta de toi en moi
Qu'il est venus devant le roy,
Que seur la nape le jeta.
Et li rois la main i geta,
Si le prent et si le regarde
Et mout ententieument l'esgarde.

Tant l'esgarde, es le vous cheü
En ceu k'i l'ait ailleurs veü.
Li senatours s'en aperchoit
Que il tout son mengier laissoit
Pour l'anelet et pour l'enfant,
Si a dit a l'enfant : « Va t'ant. »
Mais li rois li requiert et prie,
Que li enfes ne s'en voist mie,
Ains le laist illuec delés lui ;
Car il ne li fait nul anui.
Tant li pria qu'il fu laissiés.
Et li enfes en fu mout liés.
De l'anel plus ne li souvint,
Que li rois dedens sa main tint.
Ains ne le fina d'esgarder
Duskes a tant q'il dut laver,
Et pour un peu qu'il ne l'avise.
Bien pense que d'autele guise
Ert li aniaus que il donna
Celi qu'a honeur couronna.
Mais d'autre part le fet mescroire
Chou qu'il ne puet cuidier ne croire
Que il fust illueques venus.
Tant fu de ce penser tenus,
Que de sa bouce n'ist parole.
A chief de piece l'aparole
Li senateurs, ki s'esmervelle
Et de son grant penser l'esveille ;
Si li dist : « Sire, s'il vous plest, (f. 41 b)
« Volentiers savroie que c'est
« Que vous si tresententiument
« Regardés l'anel a l'enfant,
« Que vous le mengier en laissiés ;
« Et vis m'est, vous vous abaissiés.
« Mout volentiers savoir voldroie
« Dont ce vient qui si vous asproie. »

« Biaus ostes, je n'en puis noiant.
« Se vous ne m'alés avoiant
« De cest anel que je voi chi,
« Ne quant ne comment il vint chi,
« Je ne serai mais hui a aise
« Ne n'avrai cose qui me plaise.
« Et de l'enfant vaurroie oïr,
« Se vous me volés esjoïr,
« Se il est fix de vostre fame. »
Li senateurs respont : « Par m'ame !
« Ma feme en ses flans le porta,
« Et li aniaus qu'il aporta
« Est sa mere, n'en doutés mie.
« Le voir ne vous en choile mie. »
Pour femme et pour fil les tenoit
Pour chou c'achetés les avoit.

Or ne set mais li rois que dire.
De bien parfont ses cuers souspire.
Les tavles furent ja ostees
Et si eurent les mains lavees.
Mais son hoste ancor enquerra,
A tant mie ne le laira.
Car li aniaus si li ensegne
De s'amie la vraie ensegne.
L'anel ne set comment mescroire
Ne la verité comment croire :
Se ses hostes ne l'en avoie,
Ja n'en enterra en la voie.
Pour chou l'apele et si li dist :
« Biaus hostes, de par Jesucrist,
« Qui est sires de paradis,
« Et de par tous les siens amis

6150 ses

« Et de par sa tresdouce mere, (*f.* 41 c)
« Qui n'est escarse ne avere
« De sa pité ne de sa grasce,
« Vous requier jou que il vous place
« A moi dire sans couverture
« La verité et l'aventure
« De l'enfant, et de cest anel
« Que je regart luisant et bel.
« Il m'est tout vraiement avis
« Que li aniaus fu miens jadis
« Et que je le donnai m'amie,
« Dont j'ai trait lonc tans male vie.
« Pour chou vous conjur que le voir
« Me diiés, car je quich savoir
« Que de mon duel ou de ma joie
« Savés le sentier et la voie. »

Li senators ot et entant
Che dont il se va mervillant.
Car la Manequine se deut,
Et tant se crient qu'ele ne veut
Que li rois le sace en l'ostel,
Qu'ele n'eüst piëur hostel.
Car ele quide qu'il le hee
Plus que nule riens qui soit nee,
Et pour chou li senateurs n'ose
Dire le voir de ceste cose.
D'autre part entent que li rois
Est de sa demande destrois,
Si ne set que ce senefie.
Ne seit se il le voir en die,
Ne ne le set comment celer.
Pour chou que il s'ot conjurer,
Une grant piece a chou pensa,
Tant que en le fin s'apensa,

Que tout le voir en jehiroit;
Laiens bien le garandiroit,
Se il li voloit nul mal faire.
Adont li a pris a retraire :

« Sire, vous m'avés conjuré
« D'oïr noveles; mes juré
« M'avrés, avant que je vous conte, (f. 41 d)
« Que anui ne tourment ne honte,
« Duel n'outrage ne vilonnie
« Ne ferés, pour riens que je die,
« Nului, et tel don me donrés,
« Que vous vostre ire pardonrés
« Celui dont je vous conterai;
« Autrement riens ne vous dirai. »
Et li rois errant li fiance,
Com cil qui est en desirance
De savoir dont vient li aniaus
Et li enfes qui tant est biaus.
Le senatour asseüra
Et tout quanqu'il vaut li jura.
Et quant li rois juré li ot,
Du dire nul detri n'i ot.
« Sire, » dist il, « en cest quaresme
« A set ans, ensi com je l'esme,
« Que je m'aloie esbanoiier
« Et deseur le Far rivoiier,
« Si vi amont l'iauwe venir
« Trois povres hommes et tenir
« Les leur batel une nacele,
« Et dedens une femme bele.
« Bel atour et biau vestement
« Avoit et o soi un enfant.

6205 Duel ne tourment ne v. — 6220 eesme

« C'est cis enfes que vous veés,
« Ja de chou ne me mescreés.
« Et bien saciés que cis aniaus,
« Qui est si luisans et si biaus,
« Iert en son doit, n'autre richece
« N'avoit od soi ; mais grant destrece,
« Doleur et tourment et ani
« A assés parti dedens li.
« Mout li enquis de son afaire;
« Mais onques ne le peuch atraire
« A chou que ele se dontast
« Tant que son anui me contast.
« De son contraire euch tel pitié,
« Que jou pour la Dieu amistié,
« Ainsi com me fu bel et gent, *(f. 42 a)*
« Paiai pour li cent mars d'argent
« As pescheeurs qui l'en menoient,
« Qui seule trouvee l'avoient.
« Mais anchois qu'ele le volsist,
« Sachiés que creanter me fist
« Que ele n'avroit vilonnie,
« Et se me dist qu'ele n'ert mie
« A li, car ele ert mariëe
« Et d'un sien amant espousee,
« A qui ele foi porteroit,
« Et anchois ardoir se lairoit,
« Que ele li mentist sa foy.
« Pour chou fist convenant a moi
« Qu'ele n'avroit de nului garde.
« Et je ensi le pris en garde
« Et le mis en ceste maison,
« Ou ele n'eut ainc desraison.
« Car si par est sage et aprise
« Et de toute bonté esprise

6245 pescheurs

« C'onques mais ne vi sa pareille.
« Mais d'une cose ai grant mervelle,
« Que ele a ja chaiens esté
« Set ans, et yver et esté,
« Mais onques une fois n'i rist,
« Ne un mot de canchon n'i dist,
« Ne ne vesti dras de couleur.
« Tousjors en dolour u en pleur
« Ou en grieté ou en pensee
« Est toute sa vie tornee.
« N'onques ne seuch raison pour quoi,
« Fors que tant, mentir ne vous doi,
« Orains me dist une besoigne,
« Dont ele forment se ressoigne,
« Ne onques mais n'en seuch autant.
« Quant je li alai or contant
« Que li rois d'Escoce venoit
« Et chaiens herbegier devoit,
« Pasmee a la tere chaï.
« De ce durement m'esbahi,
« Si le relevai sans demeure, *(f. 42 b)*
« Et si le ting dusqu'a cele eure
« Que de pamisons fu venue.
« Demandai li pour qu'ert cheüe
« De tel doleur, de tel tourment.
« Et ele m'i respondi tant,
« C'or n'i avoit mestier celee,
« Si me dist qu'en vostre contree
« Et avoeques vous fu jadis;
« Tant com vous pleut, ses bons amis
« Fustes ; mais puis par mesdisans,
« Que ja ne seront bien disans,
« La commandastes a ardoir ;
« Mais Dix fist tel pitié avoir
« A ciaus qui chou devoient faire
« Qu'a tel mort ne le voldrent traire,

« Anchois dedens la mer la misent.
« Ains de s'onnour ne la demisent.
« Mais Dix la conduist et mena
« Tant qu'ele chaiens assena,
« Ou je l'ai tenue a honour
« Pour l'amour de nostre signour,
« Com cele qui est bone et sage.
« Mais encor, pour vous faire sage,
« Se vous onques mais la veïstes
« Ne se vous tel tort li feïstes
« Comme ele me conta orains,
« Vous di : pert sur li uns mehains,
« Qu'ele n'a point de main senestre,
« Et mout bien samble colpee estre.
« Mout par fu plains de crualté,
« Par qui si grans maleürté
« Li avint, comme du puig perdre.
« Je ne la peu onques aerdre
« A chou que me fesist certain
« De son mal ne de son mehain,
« Fors tant qu'ele me dist son non.
« Ne sai s'ele dist voir u non :
« Manekine se fait clamer
« Cele qui ja vint par la mer.
« Et saciés, maintenant savés (f. 42 c
« Dont vous tant conjuré m'avés.
« Plus ne sai ne plus n'en puis dire.
« Mais or vous requier que vostre ire
« Li soit des or mais pardonee ;
« Car vostre foi m'avés donnee
« Que ele n'avra de vous garde.
« Fols est chil qui sa foi ne garde. »

QUANT li rois ceste aventure ot,
De la tresgrant joie qu'il ot
Et de la pitié de s'amie,
Qui cuide que il l'ait haïe,
A si le cuer estroit liié,
Qu'enchois que il l'ait desliié
En maniere qu'il puist parler
Peüst uns hom a piet aler
De tere sis arbaletrees.
Du cuer li sont amont montees
Les larmes, si pleure de joie
Et de la pitié ki l'asproie.
Mais au plus tost qu'il peut parla
Et le sanatour apela.
Avant que il s'en fust gaitiés,
S'est devant lui ajenoilliés ;
Dont li senators ot grant honte,
Qui ne set encor que ce monte.
« Sire, » dist il, « pour Dieu merchi !
« Que faites vous ? levés de chi !
« Il n'avint onques mais a roy,
« Que il feïst si grant derroi,
« Ne que il de tant s'avillast,
« Que devant moi s'agenoillast. »
Au plus tost qu'il pot l'a levé.
« Hostes, or ne vous ait grevé, »
Dist li rois, « ichou que j'ai fait.
« Car tel service m'avés fait
« Que ne l'avroie desservi,
« Se je vous avoie servi
« Un an de vos sollers oster.
« Car Dix me veut par vous oster

6360 Se *M*] S

« Le grignour duel, la grignour paine *(f. 42 d)*
« Qui onques fust en car humaine
« Sans mort. » « Sire, » dist il, « comment ? »
« Jel vous dirai, » fait il, « briement. »

Dont li commence a raconter
Chou que m'avés oï conter,
Comment et par quel traïson
Ele eut eü tel desraison,
Comment il l'avoit espousee
Et comment ele fu trouvee,
L'ama tant qu'il en fist roïne,
Et che fu de bonne amor fine,
Comment il s'en ala en France
Pour enquerre los et vaillance ;
Comment ele li fu ravie
Par sa mere qui l'ot haïe ;
Comment il l'a quise set ans,
Dont il a eü tant d'ahans.
Trestout li a dit et conté,
Et sa valeur et sa bonté,
Et comment de vrai cuer l'amoit,
Et se ne set qui ele estoit
Ne comment eut la main perdue ;
Qui fille ert ne dont ert venue,
De chou la verité ne set.
Trestout a dit quanqu'il en set
Au senateur, qui se mervelle
Durement de ceste mervelle ;
Se li dist : « Se de voir seüsse,
« Sire, que je roïne eüsse
« Et fil de roi en mon manoir,
« De quanques je peüsse avoir

6389 A

« Les eüsse fais honnerer,
« Si me voelle Dix bien donner !
« Mais ele onques riens ne m'en dist ;
« De tant durement me mesfist.
« Se jou ceste cose seüsse,
« Mout a envis sousfert eüsse
« Qu'ele ne fust de chaiens dame.
« Et nepourquant saciés, par m'ame !
« Tout a son voloir a esté (f. 43 a)
« Et en yver et en esté.
« Mais puis qu'ensi va la besoingne,
« Dire li irai sans aloigne
« Chou qui li plaira durement.
« A vous l'amenrai maintenant.
« Et se vous avoec moi veniés,
« Tout maintenant le verriés
« Pasmer, quant ele vous verroit,
« Pour chou qu'ele vous douteroit.
« Se convient c'on avant li die
« Comment ele vous fu ravie,
« Et comment vous l'avés lonc tens
« Quise a dolour et a tourmens. »
Li rois a son dit bien s'acorde,
Ne riens son oste ne descorde,
Si demeure dedens la sale
O ses compaignons, qui ont pale
La coulour des maus c'ont soffert.
Mais par tans seront aouvert
Leur cuer de chou qui leur plaira.
Car leur sires les apela,
Si leur dist qu'il ot achevé
Chou qui tant les avoit pené.
Adont leur conta tout ainsi
Com vous avés devant oï.

6420 O] Q'; ont *M*] ot — 6421 c'ont *M*] cot — 6426 aura

Dont cascuns a si liés se tint,
Que de leur maus ne leur souvint.
Mout desirent que il la voient,
Car lonc tans tendu i avoient.
Tant la desirent que il croire
Ne pueent que soit cose voire,
Diënt ke ja ne le kerront,
Dusk'a tant que il le verront.
Entre tex paroles l'atendent
Et au roy escouter entendent.

Li bons senators ne demeure,
Ains vient liés a cele qui pleure,
Se li dist : « Dame Manequine,
« Ne savoie mot que roïne
« Eüst set ans mes cles portees. (f. 43 b)
« Tant sont les noveles alees
« Que li rois vous set bien chaiens.
« Des ore est du celer noiens.
« Mais son maltalent vous pardone
« Et bonnement congié vous done
« Que vous venés parler a lui.
« Je croi peu vous feroit d'anui. »
Adont li commence a conter,
Si com m'avés oï conter,
Ainsi com li rois s'aperchut
Par l'anelet que il connut,
Que li enfes porté li ot.
Encor ne savoit ele mot
Que il li fust ostés du doit.
Sa main regarde, et si i voit
Que li aniaus mie n'i fu.
Mervelle soi comment li fu

6458 i *manque*

Ostés. Mais ele n'en tient conte,
Ains escoute chou que li conte
Li senateurs de son signeur.
Bien li aconta la doleur
Qu'il eut eüe de li querre
En tante mer, en tante terre,
Et comment il l'avoit perdue.
Tout li conta, qu'il n'i delue,
Comment sa dame l'a traï
Et si cruëlment le haï.
Tout li a dit et revelé,
Que il ne li a riens celé.
De quanques li rois li aprist,
Trestout li a conté, et dist :
« Et tex noveles vous aport,
« Bien vous doivent doner confort. »

Quant ele oï ceste novele,
De joie li cuers li sautele.
Quant ele a oï que ses sires
A pour li souffert tantes ires
Et que par cruël traïson
Ot eüe tel desraison,
Dont Diex l'a ore assouagie, *(f. 43 c)*
Ne quidiés que plus soit irie.
Sa doleurs fuit, joie li vient
Erroment, que plus ne s'en tient ;
S'est mis en un plus bel atour,
Car les filles au senatour
Orent robes de mainte guise,
Se l'ont en la plus bele mise.
Et eles pour la sieue amour
Se misent en plus bel atour,
Car mout sont lies de s'onneur.
A tant es vous le senateur,

La Manequine par la main
Em maine les lui main a main,
Et ses deus filles de leur gres
S'en vont après tous les degrés.
Tant sont avalé que il vienent
La ou d'aus la parole tienent.
Quant li rois voit venir s'amie,
Dont il eut souffert aspre vie,
Et ele revoit son signeur,
Qui faite li eut mainte honeur,
Mout en fust li departirs griés.
Li rois keurt vers li eslaissiés,
Se l'a plus de cent fois baisie,
Anchois k'il li puist dire « Amie »
Et ele lui tout ensement.
Bras a bras furent longuement,
Avant que il parler peüssent.
Or ne quidiés pas qu'il n'eüssent
Les cuers en pitié et en joie;
Si ont tele que ne poroie
Conter la grant joie qu'il eurent.
D'aus entrebaisier ne saveurent,
Tant que leur revint la parole.
Dont li uns a l'autre parole.
« M'amie la bien esprovee, »
Dist li rois, « bien soiiés trouvee !
« Et la vierge que je priai,
« Par qui ma queste chevie ai,
« Soit beneoite de son fil, (f. 43 d
« Qui tante paine et tant peril
« Nous a fait escaper sans mort
« Et puis nous a donné confort ! »
« Sire, » dist ele, « che soit mon !
« Beneois soit il de son non,

6516 entrebaissier

« Et beneois li senateurs
« Qui m'a faites tantes honneurs,
« Qui en sa maison m'a gardee
« Et de vilenie sauvee ;
« Et ses deus filles qui ci sont,
« Qui set ans acompaignié m'ont
« Et vostre fil que veés chi
« Si deboinairement nouri,
« Que onques ne li fali riens.
« Moi et lui ont fait tant de biens,
« Que je conter ne le poroie,
« Quant lonc tans pensé i aroie.
« Se m'amés, merciiés les ent ! »
« Je les en merci ensement,
« Amie, et se leur doins un don
« De leur serviche en gueredon :
« C'ambedeus les mariërai,
« Et tel tere leur partirai
« C'onques nus hom de leur lignage
« Ne l'eut si boine ne si large. »
Leur peres l'en a merciié,
Qui mout en eut le sien cuer lié,
Et les puceles a jenous
L'en merciierent ambedous.
Mais li rois les en releva,
Cui leur ajenoilliers greva.
Li compaignon le roi que font ?
Si lié et si tresjoiant sont
C'onques mais ne furent si lié.
A honni et a essillié
Se tenoient jehui matin ;
Mais ore sont au droit chemin
De leur voloir, de leur desir.
Or ont il trestout leur plaisir.

6529 Et benois soit — 6563 *corr.* *MJ* Meisment

Meïsmement li senescax (f. 44 a)
En par est si liés et si baus
Que onques mais ne fu en voie
Dont li venist autant de joie.

Entre tex paroles s'assiet
Li rois, et delés li assiet
Celi qu'il ne quidoit ja mais
Veoir de soi estre si pres;
Si s'entrecontent les ahans
Que il eurent en ces set ans.
Assés sevent de quoy conter,
Et desireus sont d'escouter
Comment il leur ert avenu.
Tant a a parole tenu
La Manequine son signour
Qu'ele seut dont vint la dolour
Et la traïsons que sa mere
Li fist, qui en a vie amere.
Duskes au souper ne finerent,
Car volentiers s'entrescouterent;
Et li senateurs, qui tousjours
Mist son sens en toutes honors,
Manda des grans signours de Romme
Tant que il en eut si grant somme
Que toute la sale fu plaine
De gens qui n'estoit pas vilaine.
Tout chou fist il pour faire honour
Le roi, que il tient a signour.
Et li rois mout bon gre li sot
De chou que ainsi le congot.
Maïs cele honneur ne perdi mie.
Pour lui fu ses filles merie,
Ainsi con vous orés u conte,
Se il est qui tant vous en conte.

A mon conte voel retorner.
Ja estoit eure de souper,
Se souperent tout par loisir,
Tant comme il leur vint a plaisir.
Mout furent servi ricement
En biaus vaissiaus d'or et d'argent.
Plus liement manja li rois (f. 44 b)
Qu'il n'ot fait passé a maint mois ;
Et la Manequine ensement
Menja celui jour liëment.
Quant les tables furent ostees,
Et il eurent leur mains lavees,
Et li Rommain alé s'en furent
A leur hostex dont venu furent,
Li senescax s'en vint au roy,
Qui s'amie avoit delés soi,
Et entre ses bras son enfant,
Qu'il baise menu et souvent.
Ambedeus les arraisonna
Et un tel conseil leur donna
Qui leur atourna a grant bien.
Mout se fait bon tenir au bien.
Or escoutés du bon preudom,
De quoy il les mist a raison.

« Rois d'Escoce, grant gre savoir
« Devés Dieu, qui joie ravoir
« Vous fait a vostre volenté
« De grant grieté en grant santé.
« Dous amis, si en devés faire
« Tel cose qui li voelle plaire.

6604 maint *M*] main — 6614 baisse

« Ves ichi la sainte semaine
« Que il souffri pour nous tel paine,
« Et si fu en la crois fichiés
« Et de fer en cinc lieus perchiés.
« S'il vous a fait vostre talent,
« Vous ne devés mie avoir lent
« Le cuer de faire penitance ;
« Car c'est une riens qui avance
« Celui qui le fait. De l'amour,
« Dont nus ne puet faire clamour,
« Tenu vous estes ambedoi,
« Maugré vostre, si com je croi,
« Que vous ensamble ne jeüstes ;
« Mais c'ert pour chou que ne peüstes.
« Mais des or i poés jesir,
« Se il vous en vient a plaisir.
« Mais par mon los la consiree (f. 44 c)
« En ferés tant que soit passee
« La passions nostre signeur,
« Pour chou qu'il vous tiegne en honeur.
« Ves chi le joedi absolu,
« Que de leur maus sont absolu
« Tuit cil qui sont vrai repentant
« Et de leur pechiés jehissant.
« En ceste vile icelui jour
« Iert l'apostoiles a sejour
« Et fera la beneïchon.
« S'il vous plest, ce jour i eron,
« De nos pechiés serons confès.
« Car trop par est cruëx tes fes,
« Si se fait mout bon descargier
« De chou que l'ame puet cargier. »
« Sire, » la Manequine dit,

Le vers 6629 *se trouve après* 6630. — 6643 consireee — 6644 pasee — 6659 dist

« Pour Dieu, ne metés contredit
« A faire chou que il vous loe ;
« Car pour bien faire le vous loe. »
Li rois respont : « Ma douce amie,
« Che conseil ne blasme je mie,
« Car il est mout courtois et biaus.
« Bien devons laissier nos aviaus
« Ceste semaine pour celui
« Qui alegié a nostre anui.
« Pour chou qu'en bien nous maintegnons,
« Lo bien que nous nous en tegnons. »
Ainsi fu cele consiree
D'aus deus bonement acordee.
Li senateurs mout liés en fu.
Entre tant aprochie fu
La nuis, et li jours fu falis.
Li rois et sa femme en deus lis
Jurent toute cele semaine.
Encor soufrirent autre paine,
Qu'il ne volrent en nule guise
La semaine vestir chemise ;
En langueurs, en aflictions,
En omosnes, en orisons
Furent pour l'amour de celi (*f. 44 d*)
Qui eut alegié leur anui.
Il se proverent comme sages,
Se ne leur en vint nus damages.
Ensi le joedi atendirent,
Que vers l'apostoile vertirent.
Mais d'aus deus et de leur bon oste
M'estuet que je ma parole oste.
Car ma matere se m'aigrie
A parler du roy de Hongrie,
Dont je me sui teüs lonc tans.

6670 nous nous *M*] nous — 6671 consiree *M*] consire — 6681 langues

Or m'en restuet estre contans
De lui, se je voel acever
Ma matere et a fin mener.

La verités si me retrait
Que, quant si grant honte et tel lait
Ot fait li rois sa fille faire,
Que par tourment le vaut desfaire
Et en fist le commandement,
Si comme avés oï devant,
De l'ire fu en tele errance,
Que il ne vint a repentance,
Se furent li set an passés.
Mais adonques fu il assés
Par repentance qui li vint,
Et du grant mesfait li souvint
Qu'il fist faire sa fille a tort.
Ceste pensee mout le mort,
Si tost comme il fu repentans,
Qu'il ne fu semaine passans
Qu'il ne plourast pour le pecié
Dont il se sent si entechié.
Un jour le senescal manda,
Celui a qui il commanda
Qu'il en un fu arsist sa fille,
Dont la repentance l'escille.
A celi li rois se complaint.
Et li senescax peu l'en plaint,
Ains li dist que plus grant mesfet
Ne pooit nus hom avoir fait,
Que sans raison et pour bien faire (*f.* 45 a
Avoit fait souffrir tel contraire
Celi que il ot engenree.
Tante fois li ot remembree,
Que li rois si se repenti.

A poi li cuers ne li menti,
Quant l'en souvint, par mout de fois.
Tant fu courechiés et destrois
Qu'il haoit quanques il avoit
Ne conforter ne s'en savoit.
Quant li senescax, qui liés fu
De chou que repentans en fu,
Le vit en si grant repentance,
Se li dist qu'a tel mesestance
Comme il li commanda a faire,
Ne fist mie sa fille traire,
A tel torment n'a tel martire,
Comme il orra encore dire,
Anchois l'avoit en la mer mise,
Et si li conta en quel guise.
Li rois, qui ceste cose oï,
Assés petit s'en esjoï.
« Toutesvoies, » dist il, « feïstes
« Bien quant ardoir ne la feïstes.
« Mais ele est noïe en la mer,
« Se m'en doi las, dolent clamer.
« Car ele avoit droit et je tort.
« Se je n'en quier a Dieu confort,
« Je sai bien que m'ame est perie.
« Mais a tant ne le lairai mie,
« A Rome a l'apostoile irai
« Et ce pechié li gehirai,
« Si en prendrai ma penitance.
« Comment k'il me tourt a grevance,
« Je doi bien comparer tel fais.
« Trop durement me sui mefais.
« Dix, s'il li plaist, le me pardoinst!
« Car c'est la riens qui plus me point. »
« Sire, » ce dist li senescax,

6736 que — 6744 Ases

« Ainsi porés vous estre saus.
« Et je, qui la mis en la mer, (*f. 45 b*)
« Redoi le cuer avoir amer ;
« Si m'en voel avoec vous aler
« Et a l'apostoile parler. »
Respont li rois : « Ice me plest,
« Mais or n'i ait dont point d'arrest.
« Faus est qui en pecié demeure,
« Puis k'il s'i set, une seule eure.
« Et il a ja set ans passés
« Que li maus fu par moi brassés ;
« Se n'i a mais riens du targier.
« Mais faites vostre nef cargier. »
« Sire volentiers, bonement.
« N'i avra plus delaiement. »

Atant li senescax s'en part.
De l'apparillier li est tart.
Erromment dusk'a la mer vint,
Le milleur nef qu'il vit retint,
Si l'a tost faite apparillier,
De vin et de bescuit cargier.
D'yauwe, de vitaille et de cars
I mist tant qu'il n'en fu escars.
Puis dist au roi sans demouree,
Que sa nef estoit atornee,
Se n'i faloit fors a entrer.
Et li rois eut fait assambler
Ses barons pour prendre congié,
Et se leur a dit et nonchié
Pour coi il veut a Romme aler.
Ciaus qu'il vaut fist o lui aler ;
Et ciaus que il li pleut eslist

6773 targier *M*] tager — 6779 la *M*] *manque* — 6793 eslit

A garder, tant qu'il revenist,
Son roiame et sa signorie.
Et as autres commande et prie
Que il ensamble se concordent,
Et il bonement s'i acordent.
Puis prent congié, plus ne demeure.
Al departir tenrement pleure,
Et li baron, qui mout l'amoient,
Se ne fust chou qu'il le blamoient
De chou que a sa fille ot fait, (f. 45 c)
Dont il or ceste voie fait.
Grant piece en ot esté haïs
De tout le commun du païs,
Mais or voient qu'il s'en repent.
Pour chou la voie a Romme emprent
Qu'il en veut prendre penitance
Pour oster s'ame de grevance.
Pria leur qu'il li pardonaissent
Et le vrai Dieu pour li priaissent :
Issi fisent de leur bon gre.
Ensi s'en part tout a leur gre.
O lui trente compaignons maine,
Rices hommes de leur demaine.
Et li senescax de Hongrie,
Icil demourer ne volt mie.
Des batiaus entrent en la nef
Ou il ne faut voile ne tref.
Les voiles croisiés au vent metent
Li maronier qui s'entremetent
De la nef par la mer coitier.
Uns vens, ki les fist esploitier,
Grans et isniaus se fiert es voiles.
Tant vont au vent et as estoiles,
Qu'en trois semaines sont venu
Ou Far et de la mer issu.

Or escoutés bele merveille,
Comment Dix as siens appareille
Ce qu'il n'oseroient requerre.
Bien deveroit on de cuer cuerre
S'amour, sa grasce, s'amistié,
Qui si est plaine de pitié.
On dist que qui preudomme sert,
Que son service pas ne pert.
La Manequine Dieu servi
Et la mere Dieu autressi ;
Du tout se mist en leur manaie,
Pour chou fu sanee la plaie.
Car tout droit en icest quaresme,
En icel tans, en icel terme
Que li rois d'Escoce trouva (*f.* 45 *d*)
Cele dont il si se prouva,
Que il avoit quise set ans,
Dont il ot souffert tant ahans,
(Puis après l'ot trovee a Romme
En la maison au bon preudome,
Droit le jour de pasques flouries
Qu'en mains lieus sont les crois boissies,
Ainsi com vous avés oÿ
Furent celui jour resjoï),
Droit cele semaine peneuse,
Qui estoit a leur cors peneuse
Pour la penitance qu'il font
Pour chou quant retrouvé se sont,
Arriva li rois de Hongrie
A Romme en la cité garnie.
Ce fu tout droit par un mardi.
Un hostel bel et bien garni

6834 pite

Saisirent ses gens dedens Romme.
Tex comme il convient a tel homme,
Mout par fu rices ses hostex,
En Romme n'ot gaires d'otex.
Mais ce ne fu pas en la rue
O il peüst avoir veüe
Sa fille, n'il ne cuidoit mie
Qu'ele fust a cel jour en vie.
Son oste apiele, si enquiert
De l'apostoile, que il quiert,
Se il estoit en la cité.
« Dites m'ent, » fait il, « verité. »
Ses ostes, qui n'i detria,
La verité dite li a :
« Sires, l'apostoiles Urbains,
« Qui de tous max visces est sains,
« Ensi comme nous le creons
« Pour les biens que en li veons,
« Fera la beneïchon sainte,
« Dont sera sauvee ame mainte,
« Tout droit le joedi absolu.
« La seront de lui absolu
« Trestout cil qui devant lui ierent, *(f. 46 a)*
« Qui confès et repentant ierent.
« Se vous estes a cele presse,
« Vous i orrés mainte confesse.
« Car chascuns dit haut ses peciés,
« Dont ce jor se sent entechiés ;
« Puis s'est assaus de tous ses fais
« Dont il se sent cel jour confès. »

QUANT li rois de son oste entent
Ice, si le laissa a tant

6864 dostex — 6883, 6884 erent — 6887 dist

Et pense que il i era.
Ce jour l'apostoile dira
Le pecié, dont li cuers li serre,
Pour coi il issi de sa terre,
Trestout ainsi comme il pensa.
La nuit vint et li jours passa ;
S'ala coucier dusqu'au demain,
Que il se leva assés main.
Ce jour a Roume sejorna
Dusk'au demain qu'il ajorna,
Que cil de Romme se leverent
Et vers Saint Piere s'en alerent.
Et ainsi cascun an faisoient,
Illuec l'apostoile trouvoient ;
A Saint Piere erent absolu
Tousjors le joedi absolu.
Ainsi comme il suelent i vont,
L'apostoile trové i ont.
Li rois, cui repentance aigrie,
Qui estoit sires de Hongrie,
I ala, et ses senescax
Et si compaignon avoec aus.
Li rois ot bele compaignie :
Trente chevaliers de maisnie
Avoit de Hongrie amenés ;
Ciaus a avoecques lui menés.
Dusqu'a Saint Piere le menerent,
Illuec l'apostoile trouverent.
Li rois d'Escoce, d'autre part,
I ala, non mie trop tart,
Et delés li la Manequine, (f. 46 b
Qu'il aime de bonne amour fine.
Li bons senateurs ensement
Ala avoec aus bonnement.

6897 Trestout *manque*

Ses deus filles n'i demourerent,
Avoec la Manequine alerent,
Qu'eles de grant amour avoient
Amé, et encore l'amoient.
Li senescax d'Escoche aussi
Ne se vaut pas mettre en oubli,
Et il et tuit si compaignon
S'en vont a la beneïchon,
Tout belement et sans derroi
Vont après lour signor le roy.
Li senescax, qui s'en deporte,
Jehan son jone signeur porte
Si pres du roi que il le voie;
Car de lui veoir a grant joie.
Tant l'aime que il ne le set,
Et sa mere pas ne le het.
C'iert leur joiaus, c'ert leur deduis,
C'iert li destors de leur anuis.
En tel maniere et en tel guise
S'en sont venu dusk'a l'eglyze,
U li apostoiles Urbains
Estoit, et avoec li Romains
Tant que n'en sai dire le conte;
Ne de ce ne quier tenir conte
Fors tant que plains fu li moustiers,
Qui mout estoit grans et pleniers.
Quant les gens furent assamblees
Et de toutes pars aünees,
L'apostoiles les sermona
Et de Dieu les arraisona.
Bien leur reconta la grant paine
Que Dix souffri cele semaine.
Quant il ot finé son sermon,
Si leur dist que, qui le pardon

6951 moist's

Vaurra avoir, qu'il soit confès
Et repentans de ses mesfais.
« Et se ci en a nul presant (f. 46 c)
« Qui en soi sente fais pesant,
« En penitance je li carge
« Que il devant tous s'en descarge ;
« Puis ferai l'assolution
« Bien selonc nostre entention. »

Quant li rois de Hongrie entent
Che, plus ne se va alentant.
De la ou se seoit se lieve,
Comme cil qui ses pechiés grieve.
Tuit li Romain se tinrent coi,
Trestuit se tinrent sans desroi,
S'escoutent que cil vaurra dire
Qui s'est levés devant l'empire.
Adont commence sa confesse
Li rois devant toute la presse.
« Pour Dieu ! » dist il, « sire apostoles,
« Or escoutés bien mes paroles,
« Et si me donnés penitance,
« S'il vous plaist, de ma mesestance.
« Car un pechié vous jehirai
« Dont a mon cuer grant ire en ai.
« Il avint ou tans cha arriere
« Que bele et de bonne maniere
« Eu femme et fui o li dis ans,
« Que nous n'eüsmes nus enfans,
« Fors une fille, la plus bele
« C'onques fu, dame ne pucele.
« Cele fille ot a non Joïe.
« Sa mere ne me vesqui mie

6979 apostoiles — 6988 nous n'eusmes *M*] husmes

« Lonc tans, puis que ele fu nee ;
« Mais ains qu'ele fust trespassee,
« Li euch couvent que me tendroie (*f. 46 d*)
« De mariër ne ne prendroie
« Ja mais femme en tout mon vivant,
« Se ne trouvoie son samblant.

« A tant du siecle trespassa.
« Puis sa mort un lonc tans passa
« Que je ne me vols mariër.
« Mais tant me vinrent tariër
« Mes gens, ki vaurent que je fame
« Preïsse, et disoient que blasme
« Avroie, se ne les creoie
« Et se je fame ne prenoie
« Pour avoir hoir malle après moi,
« De qui peüssent faire roy.
« Tant me disent que je leur dis
« Que, se on pooit avoir quis
« Païs u on trouvast samblant
« Feme a cele que j'eu devant,
« Je la prendroie volentiers
« Pour acomplir leur desiriers.
« Dont fu partout quise et cerkie ;
« Mainte tere en fu reverchie,
« N'onques ne trouverent son per.
« Quant mes jens l'oïrent conter,
« Dolant et courechié en furent,
« Tant que il un jor aperchurent
« Ma fille et si le regarderent
« Et dedens leurs cuers aviserent
« Qu'ele sa mere ressambloit,
« Fors de tant que plus jone estoit.

6993 quele — 7001 voel

« Li duc, li conte et li baron
« De toute Hongrie environ
« Fisent a moi venir les vesques,
« Les grans prelas, les arcevesques.
« Icil m'amonesterent rage :
« Car il volrent c'a mariage
« Preïsse ma fille Joïe.
« Quant j'euch ceste novele oïe,
« A mout grant folie le ting
« Et le plus sage a fol en tin.
« Mais il l'eurent si pris en gros (*f. 47 a*)
« Qu'il me disent que j'ere fols,
« Se je leur conseil refusoie,
« Puis que je femme ne voloie
« Fors que du samblant a la mere.
« Encor fust la besoigne amere,
« Sur eus prendoient les pechiés,
« Se de riens estoie entechiés ;
« Disent qu'a vous en parleroient,
« Et la pais mout bien en feroient.

« Adont leur demandai respit,
« Ou du faire u de l'escondit.
« Je l'eu dusqu'a la candelier.
« Mais ains que peüst aprochier
« Li termes que je vous devis,
« Fui de si fol voloir espris
« Que plus qu'il ne volrent le vols.
« Tant fui en la folie enclox
« Que jou a ma fille le dis.
« Mais ele, qui ert a devis
« La plus bele de son eage
« Que on seüst et la plus sage,
« Me dist pour riens ne le feroit,

7057 riens *M*] rens

« Son cors avant ardoir lairoit.
« Dont me parti par maltalant ;
« Mais itant li dis je avant
« Que cele besoingne feroie,
« Que ja pour riens ne le lairoie.
« Ensi atendi le respit
« Que j'avoie a mes barons dit.
« A la candelier repairierent
« Et de mon voloir me proiierent,
« Si leur otroiai esroment
« Ce dont j'avoie grant talent.
« A tant fu ma fille mandee
« Pour faire de nous assamblee.
« Quatre conte querre l'alerent,
« La u nous estiens l'amenerent
« Mout dolante et mout esploree.
« Quant uns vesques li eut moustree
« Chou qu'on voloit qu'ele feïst, (f. 47 b)
« Si respondi et itant dist
« Que ele n'estoit mie disne
« D'avoir roi ne d'estre roïne ;
« Car tous ses membres n'avot mie.
« A itant devant nous deslie
« D'un cuevrecief son brach senestre,
« Si sanglent, plus ne pooit estre.
« Car ele avoit colpé son poing
« Pour le redout et pour le soing
« Qu'ele avoit que ne l'espousaisse.
« Adont fu de si haut si baisse
« La ressoigne que je cuidai.
« De l'ire que eu, g'en widai
« Issi mon cuer de tout savoir,
« Que je ne vols onques avoir

7062 p. r. *M* pourens — 7072 estions — 7075 que on — 7088 ge en ; widai *a été corrigé de* vuidai — 7089 Issi] Si

« De li ne pité ne merci.
« Mon senescal que veés chi
« Commandai que ele fust prise
« Et en un fu a la mort mise.
« Il n'osa refuser mon bon,
« Anchois le prist, vausist u non.
« Et nepourquant si grant pitié
« L'em prist, si comme il m'a nuncié,
« Qu'il ne le volt a si grant tort
« Faire morir de cele mort,
« Ains la mist en la mer par nuit,
« Sans mast, sans voille, sans conduit.
« Puis fist alumer un grant fu,
« Dont li païs mout dolans fu ;
« Car il cuidierent que Joïe
« Ma fille fust luec essillie,
« Et je meïsmes ensement
« Le cuidai lon tans vraiement.
« Nepourquant ne m'en puet caloir,
« Car on puet bien de vrai savoir
« Que ele est noïe en la mer.
« Dont je me puis dolans clamer.
« Car sans raisons et a grant tort
« Et pour bien faire ai mise a mort
« Ma fille, en cui Dix avoit mise (f. 47 c)
« Biauté, bonté, sens et franchise,
« Cele ki le mal ressoingna
« Tant que du puing se mehaigna,
« Et puis le fis a le mort mettre.
« Bien devroie de duel remetre !
« Sire apostoiles, repentans
« En sui et a vous jehissans,
« Se vous en requier penitance
« Pour oster m'ame de grevance. »

7097 pities

Joïe son pere entendi,
Lieve soi, que plus n'atendi.
Ains que l'apostoile parlast
Ne qu'al roi nul conseil donast,
S'est ademise par la presse.
De joie et de pitié engresse
Vers son pere prent a aler,
Car mout desire a lui parler.
Li rois d'Escoce, qui ce voit,
S'esmervelle mout que ce doit,
Et tuit cil qui la connoissoient.
Car en li pas veü n'avoient
Qu'ele tout ainsi s'esmeüst
Que compaignie o li n'eüst;
Se regardent que volra faire.
Et ele, sans nul demour faire,
A son pere vient, qui pres ert
De la ou l'apostoiles ert.
Quant pres de lui fu, si l'acole
Et en tel guise l'aparole :
« Biaus dous peres, rois de Hongrie,
« Je sui vostre fille Joïe,
« Cele sui que vous engenrastes,
« Cele sui c'a tort essillastes,
« Cele qui fu mise en la nef
« Ou il n'avoit voile ne tref,
« Dont vous estes si repentans.
« Or ne soiiés si dementans,
« Car vostre fille avés trouvee,
« Qui Dix a de maint mal sauvee. »

7131 pere *M*] *manque* — 7135 Et *M*] E

QUANT l'entent li rois de Hongrie, (*f.* 47 [d])
Se li respont : « Ma douce amie,
« Ne seroit pas legier a croire
« Que iceste cose fust voire.
« Si m'aït Dix, tant le volroie
« C'a paines croire le poroie.
« Femmes s'entressamblent assés,
« Si ne sai se vous me gabés.
« Ja pour riens ne vous en querrai,
« Duskes a tant que je verrai
« Le lieu dont la main fu colpee
« Et pour moi a doleur colpee. »
« Sire, » dist ele, « ja pour tant
« Ne m'irés plus desconnoissant.
« Ves ichi u brach le moignon
« Dont je colpai le puig en son,
« Se devés bien a ceste enseigne
« De moi croire la vraie enseigne.
« Saciés de voir, je sui Joïe,
« Dont tante gent fu esbahie. »
Or ne se doute mais li rois
Que chou qu'ele dist ne soit voirs,
Devant li s'est ajenoilliés.
En peu d'eure li fu moilliés
Ses vis des larmes qui li cieent,
Par pitié maintes en i chieent.
« Bele fille, » dist il, « merchi
« De cuer plus de cent fois vous pri
« De la grant laidure et du tort
« Dont je vous cuidai mettre a mort
« Par cruël outrequiderie
« Et par ma grant foursenerie.

7161 *corr. M.*] sentressamblen

« Merci vous en pri et demant,
« Ne le doi avoir autremant. »
Joïe son pere relieve,
Et au cuer durement li grieve
Ce que agenoilliés se fu.
« Sire, » dist ele, « grans maus fu
« Quant devant cele qu'engenrastes
« A jenous merci querre alastes.
« La merci que vous me priiés (f. 48 a)
« Vous doing, et Dix soit grassiiés
« Qui a nous vous amena chi
« Pour querre de ce fait merchi !
« Je le vous pardoing bonnement. »
Dont s'entrebaisent maintenant.

Li rois d'Escoce entent et ot
Ce que il onques mais ne sot,
Que sa femme ert fille de roy
Et fu jetee a tel desroy
Hors de sa tere par son pere,
Qui en a penitance amere.
Et entent que, pour soi hoster
De vilenie, volt colper
Son puig, qu'il ne sot onques mes ;
Ne li anuie pas cis mes.
Car, se il ert devant en doute,
A che cop li a Diex derroute.
Plus liés que dire ne porroie
Se leva, cascuns li fist voie ;
Au pere sa femme est venus.
« Sire, bien soiiés vous venus, »
Dist il, « et Dix me doinst sa grasce
« Tant que il a vostre cuer place
« Que je vostre bons genres soie !
« Je le sui, et mot n'en savoie.

« Certes, pas ne m'eüst neü,
« Se piech'a l'eüsse seü. »
Dont respont li rois de Hongrie :
« Sire, Jhesus vous beneïe!
« Mais, s'il vous plaist, or m'esponnés
« Chou dont vous ci m'arraisonés.
« Se c'est voirs que soiiés mes genres,
« Ne devés pas estre des menres,
« Car de deus teres iert roïne
« A brief tans iceste roïne,
« De Hongrie de par son pere,
« D'Ermenie de par sa mere,
« Se devra bien assés avoir
« Qui tel femme devra avoir.
« Tant desir a oïr sa vie, (*f.* 48 *b*)
« Coment Dix le m'a garandie,
« Qu'il n'est nus ki le peüst dire,
« Ne clers qui le seüst descrire. »
Dont li conte li rois d'Escoce
Comment ele vint en Escoche,
Comment ses provos l'amena,
Comment a sa court l'assena,
Comment o sa mere le mist,
Comment amours pour li le prist,
Comment ele s'estoit menee,
Comment ele s'estoit celee,
Comment ainc mais ne seut son non,
Comment il li mist le sournon
Que Manekine la clamoit,
Pour chou que une main n'avoit,
Comment l'ama tant qu'il le prist,
Comment et quex noeces en fist,
Coment sa mere le haï,
Comment ele puis le traï,

7229 ert — 7233 sauoir — 7238 le *M*] *manque*

Comment en France s'en ala,
Et comment grosse le laissa,
Comment ele fu delivree,
Comment fu faite et seelee
La lettre que si consillier
Li durent en France envoiier,
Comment ala li fox messages
Qui n'esploita pas comme sages,
Coment ala, comment revint
Et comment puis pour fol s'en tint,
Quant la traïsons fu seüe
Que la male dame ot meüe
Par la lettre ki fu cangie,
Comment a tort fu escillie,
Comment en mer fu en peril
Mise et o li son petit fil,
Et comment a Romme s'en vint,
Comment li preudons la retint,
Comment a fait norir l'enfant.
Puis li a reconté briement,
Comment il l'a set ans gardee, (f. 48 c)
Ne ne savoit dont ele ert nee,
Comment de France retourna,
Comment du grant duel s'atorna,
Quant il entendi les noveles
Qui ne li furent mie beles,
Comment fist sa mere enmurer,
Comment pour li vaut endurer
Les paines k'il en eut set ans
Par tant perius, par tant tormens,
Comment il l'ot trouvee a Romme
En la maison du bon preudomme,
Coment ele douta de lui
Que il ne li feïst anui,
Comment par son fil s'aperchut,
Comment son anel reconut,

Comment li senateurs conta
Chou que son duel arrier bouta,
Et comment li bons senatours
L'atorna de ses bons ators,
Comment devant li la mena,
Que quatre jors seulement n'a;
Comment entr'ax deus s'acorderent,
Si ke leur max en houbliërent.
Trestout li dist et aconta.
Et li bons senateurs porta
Entre ses bras le bel enfant,
Si en fist son aioul present,
Et dist : « Sire, ves ci le fil
« Qui jones fu mis en peril.
« Mais Dix l'envoia en ma garde,
« Se n'a eü de la main garde.
« Il est de vostre fille fix,
« Vers qui Dix a esté bontius. »
Li rois de Hongrie le voit,
Entre ses bras l'enfant rechoit,
Si le baise et si le conjoie
Plains de leeche et plains de joie.

Quant li rois de Hongrie entent
La nouvele de son enfant,
Comment Dix de mort le gari (f. 48 d)
Et donné li ot a mari
De grant tere signeur et roy,
Et ot l'anui et le desroi
Que il ot pour s'amour soufferte,
Et ot comment il reut sa perte,
Et ot la joie qu'il en ot,
Et ot que il n'en savoit mot
Dusk'a cel jour qui fille ele ert,

7308 bontieus

Ne pour coi mehaignie s'ert,
N'onques pour chou ne le haï :
De la mervelle s'esbahi.
Ce ne fu mie de mervelle,
C'onques mais ne fu sa pareille.
Tant en est liés ne set qu'il die ;
Il ne set le quel plus merchie.
Ou le roi ou le senatour.
Tant li ont fait andui d'onnor,
Que devant aus s'ajenoillast,
Se li rois d'Escoce laissast,
Qui par les flans l'ot embracié.
Tant se sont luec entrebaisié,
Entreacolé, entrejoï,
Qu'ainc mais nus tel joie n'oï.
Tant fu bele cele acointance
Que bien doit estre en remembrance ;
Car, ainsi que u conte truis,
Tele ne fu ne ainc ne puis.
Car se li roi s'entracointoient,
Li senescal s'entrebaisoient,
Qui par deus fois avoient mise
Leur dame en mer en tele guise ;
Or l'ont ensamble retrovee ;
Mout plest a cascun et agree
Chou que ses compains li reconte.
Des autres chevaliers reconte,
Qui pelle et melle ensamble estoient
Et boinement s'entrebaisoient :
Pour l'amour ciaus a qui il sont,
Qui luec entracointié se sont,
S'entreconjoïssent et aiment, *(f. 49*
Ami et compaignon se claiment.
Meïsmement li apostoles,

7346 tel — 7357 meismesment

Qui a oïes ces paroles
Et vit l'acointance les soy
De ces deus ki sont si grant roi,
Et oï comment ce puet estre,
Dont se segna de sa main destre.
Car a miracle le tenoit,
Et durement s'esmervilloit
Comment luec furent acevé
Tant mal et a bien ramené.
Car en un moment apaisié
Vit illueques maint cuer corcié :
Li uns de sa fille perdue,
Que il ra lueques conneüe
De grant tere roïne et dame,
Et li autres rois de sa femme,
Que il perdi par traïson,
Dont il eut mainte grief saison,
Et li senescal ensement,
Qui se tenoient a dolent
De leur dame que mise avoient
En mer, dont si dolant estoient.
D'autre part voit le senatour,
Qui avoit pour la Dieu amour
Fait l'enfant garder et sa mere,
Et si ne savoit qui ele ere,
Et or voit en un peu de tans
Esjoïr tous les plus doutans,
Et voit devant lui si deroute
De cascun et s'ire et sa doute.
Bien set, se de Dieu ne venist,
Ja ceste cose n'avenist ;
Dieu en auoure hautement,
Et tout li Romain ensement
Qui dedens le moustier estoient

7384 E. plus tous les dous tans

Et le mervelle regardoient.
Maint en i eut qui s'en saignierent
Et maint qui Dieu en grassiërent
Et maint qui estoient si lié (f. 49 b)
Qu'il en ploroient de pitié.

Entre tel joie, entre tel feste,
Si comme ichi vous manifeste,
Erent dui clerc a la fontaine,
Ou l'iauwe couroit clere et saine.
Assés siet pres de cele eglize
La fontaine que je devise.
Li clerc qui alé i estoient
Un grant seel d'argent portoient,
Que il voloient d'yauwe emplir
Pour les fons de l'yglize emplir.
Car a cel tans coustume estoit,
La ou l'apostoiles estoit,
Le jour du joesdi absolu,
Quant il estoient absolu
Qui de leur max erent confès,
Les fons beneïssoit après.
Pour chou estoient mis en paine
Li clerc d'aler a la fontaine.
Pour aporter de l'iauwe as fons
Baissié se sont a jenoillons
Pour leur seel faire puisier.
Dedens l'iauwe l'ont fait puisier,
Si l'ont a aus sachiet tout plain,
Et voient dedens une main
Qui se tenoit dedens leur iauwe.
Ariere ont regetee l'iauwe ;

7398 Si *manque. Comme le parchemin est mutilé, les dernières lettres des vers* 7418-9, 7424, 7428-34 *font défaut :* sier, ain, ne, maniere, vuidierent, uidierent, ns, ns, t, eillent.

Puis repuisent a la fontaine,
Qui mout ert de bele iauwe plainne.
Mais la main en leur cauderon
Rentra, u volsissent u non.
Dont le regeterent arriere.
Trois fois u quatre en tel maniere
Le seel qu'il orent vuidierent,
Car sans la main avoir quidierent
De l'iauwe ; mais ce fu noiens,
Tousjours se relanchoit devens.
Li clerc, qui de chou se merveillent,
Ensamble entr'aus deus se conseillent,
Que il de cele main feront, (f. 49 c)
Se avoec aus l'en porteront,
U s'il iront a l'apostole
Dire le voir de leur parole.
A ce s'acordent, puis s'eslaissent.
En la fontaine la main laissent
Et le seel par de dencoste;
N'ont nule paour qu'on leur oste,
Car la fontaine ert enfrumee
Et de haut mur avironnee.
Et li clerc s'en vont sans demor,
Ne fisent arrest ne sejour
Devant qu'a l'apostoile vinrent,
Et a tel parole se tinrent :
« Sire, entre nous deus estions
« Alé, si com nous solions,
« A la fontaine sous Saint Piere.
« Se vous disons bien, par saint Piere,
« Veü i avons grant mervelle.
« Car nous ne poons nostre seille
« Emplir de l'iauwe c'une main
« Ne s'i mette tousjours de plain.

7423 repuissent — 7442 nul; que on — 7449 nous *M*J nou

« Par quatre fois l'avons ostee
« Et par quatre fois raportee
« Et en la fin l'avons laissie.
« L'iauwe ne poons avoir mie,
« Se nous avoec ne le prendons.
« Dites nous que nous en ferons. »
Li apostoles en es l'eure
Leur dist que sans plus de demeure
Revoisent querre cele main
Et leur cauderon d'yauwe plain.
« Et si le m'aportés bien tost;
« Alés tost et revenés tost! »
Li clerc si font, tost repairierent,
Devens la fontainne puisierent,
Le seel puis sacent amont,
Et la main dedens veüe ont,
Qui par desseur l'euwe flotoit.
Dont s'en retornent a esploit.
Dusk'a l'apostoile ne finent *(f. 49 d)*
Et le seel devant lui clinent,
Si ke li papes le main vit,
Dont il a mervillier se prist,
Qu'il la vit blance et couloure.
S'ele fust maintenant colpee,
Ne fust si fresce ne si vive.
De joie tous li cuers avive
A l'apostoile, qui bien panse
Que Dieus veut faire demoustrance
Que cil qui de son cuer le sert,
Que son service pas ne pert.
Les deus rois qui encor parloient
De chou qu'entracointié s'estoient,

7457 Par *M j est enlevé avec le parchemin.* — 7465 Reuoissent — *Le commencement des vers* 7467-74 *est mutilé; il manque :* Et, A, Li clerc, Deve, Le, Et l, Qui, Do

La bonne roïne Joïe
Que li doi roi ont tant joïe,
Ensement les deus senescax,
Les barons qui sont avoec aus,
Le senatour et les Romains
A fait tous seïr qui ains ains.
Prie leur que nus ne parole,
Tant comme il tiegne sa parole,
Et il si font, taisent soi tuit,
En peu d'eure ont laissié le bruit.
Et li apostoles commence
Chou dont il veut faire moustrance.

« Or m'entendés, » fait il, « signeur,
« Li grant, li moiien, li meneur;
« Mervelles avés hui veües,
« Se vous les aves conneües,
« De ceste dame qui est chi,
« Qui pour Dieu tant se malbailli,
« Qui de tel saig son cors saigna
« Que de son puing se mehaigna.
« Hui en cest jour oï avés
« Que il a ja nuef ans passés;
« Puis a eüs mains fors liiens.
« Ainsi esprueve Dieus les siens.
« Tant s'est en son bien maintenue
« Qu'ele en est a bon port venue,
« Et s'a le sien signeur trouvé,
« Et s'a hui son pere trouvé, *(f. 50 a)*
« Merci querant du grant mesfait
« Qu'il li avoit sans raison fait.
« Encor croi, Dix ne se tendra
« A tant, mais mout plus li rendra.

7507 saina — *v. 7515 après 7516 dans le ms.*

« Car dui clerc ore a l'iauwe aloient
« Pour les fons que emplir voloient,
« Mais ains, pour pooir qu'il eüssent,
« Ne pour cose que il seüssent,
« Ne peurent leur seel emplir
« Que ceste main que je remir
« Ne venist en leur cauderon.
« Saciés, n'est mie sans raison.
« Se il plaisoit nostre signeur
« Que il li fesist tele honneur
« Qu'ele peüst sa main ravoir,
« Dont poroit cascuns bien savoir
« Qu'il fait bon tel maistre servir
« En bien pour son gre desservir.
« Se vous pri que ne laissiés mie
« Que vous a la vierge Marie
« Ne priiés trestout a jenous
« Que ele en prit son fil le dous.
« Sans plus Ave Maria dites,
« Et par itant en soiiés cuites. »
Quant il ont oï l'apostole
Qui de tel cose leur parole,
Si firent son commandement,
Et li dui roi meïsmement
Priierent la vierge Marie
Que ele celui n'oublit mie
Qui tousjors l'a tant aoree,
Tant servie, tant honoree.
Joïe, qui la besoigne ert,
Bonement de cuer la requiert.
Li bons apostoiles, anchois
Qu'il meïst a la main les dois
(De chou vous fa ge mention),
Fist toute l'asolution

7538 douc

Ensi comme au jour apartint. (*f.* 50 *b*)
Puis prent la main et si la tint
Entre les sains dois humelement,
Dont il levoit le sacrement.
Puis a la roïne apelee,
Et li dui roi li ont menee.
Li papes prent son brach senestre,
Ou jadis soloit la mains estre,
Si a regardé son moignon,
Qui ert tous raçuiriés en son.
Par raison estre ne peüst
Qu'ele ja mais son puig reüst,
Mais Dix, qui bien seut son corage,
Li volt rendre tout son damage.
Si tost comme li puigs toucha
A son lieu, Diex le rassauda,
Qui mires est deseur nature.
Ne emplastre ne loieüre
N'i convient mettre puis cele eure,
Car en peu d'eure Dix labeure.
Aussi fort et aussi aidant,
Aussi bel, aussi manoiant
Comme il ert quant ele l'osta,
Au jour que ele le colpa,
Trestout autel li rendi Diex.
Puis envoie une vois des chiex
Qui a parlé a l'apostole,
Et si haut noncha sa parole
Qu'anbedui li roy et Joïe
Et trestoute lor compaignie
Oïrent bien que dist la vois,
S'escoutent et se tindrent cois.

7579 Dix — 7583 le

« Urbain, » dist la vois, « or entans,
« Et ne soies pas alentans
« De faire le Jhesu commant.
« Il vous mande que maintenant
« Que vous avrés fait le servise,
« Que vous issiés de ceste yglize.
« Puis soit vostre voie tornee
« A la fontaine ou fu trouvee
« La mains dont Dix cele a garie (*f.* 50 c)
« Qui maint jour a esté marie.
« Quant a la fontaine venrés,
« Dedens un grant poisson verrés.
« Faites le prendre et retenir
« Et après devant vous ouvrir;
« Vous trouverés en sa mulete
« En la guise d'un gant pourtrete
« Le liu ou la mains a esté
« Par maint yver, par maint esté.
« Lueques a la virge Marie
« Gardee la main de s'amie.
« Bien en devés grant joie faire.
« Car mout i a biau saintuaire.
« Li poissons ou Far assena,
« Ensi que Dix l'i amena;
« Par un sourgon l'a fait venir.
« Ainsi le volt faire avenir
« En l'onnour du hautisme non.
« Esturjon a non par son non.
« Les deus rois o vous retenrés
« Et ensamble o vous les menrés.
« Et itant sache bien Joïe

7591 seruice — 7592 ygilize — *le v.* 7613 *se trouve après* 7614 — 7614 Esturjon *M*] Esturlon

« Que des or mais sera joiie,
« Et cil avoeques pour s'amor
« Qui moustree li ont amour. »
A tant se tut. Cil qui l'oïrent
A mervelles s'en esbahirent.
Dieu en grasciënt bonement.
L'apostole meïsmement
De ce mandement Diu loa,
Et le biau miracle loa.
Adonques canta le servise
C'on fait le jor en sainte yglize;
Devotement et de cuer fin
Le poursiui dusk'en la fin.
Li dui roi en orisons furent
Et tuit cil qui avoec lui furent,
Qui a Diu sevent mout boin gre
De ce k'il leur sert a leur gre.

QUANT li maistres ot le servise *(f. 50 d)*
Finé, est issus de l'iglize.
Cantant *Te Deüm laudamus*
Sont a la fontaine venus,
S'ont veü le pisson dedens,
Qui a mervelles estoit grans.
Li apostoiles l'a fait prendre,
Et deseur un praiel estendre.
Illueques sans plus deluër
Le fisent devant aus tuër,
Et puis après ouvrir le firent.
Quant fu ouvers, trestuit sentirent
Une odeur si bonne et si douce
Qu'a chascun le sien cuer adouce.

7625 Dix — 7627 seruice — 7628 yglize *M*] *manque* — 7635 seruice

L'apostole prist la mulete
Qui la main avoit bele et nete,
S'a dedens la forme trouvee
Ou la mains s'estoit reposee.
Faite ert par itel maiestire
Que il n'est nus qui sace dire
De coi ele est, n'en quele guise
Ele puet estre lueques mise.
Mais mout par avoit douce oudeur
Et si ert de mainte couleur.
A Saint Piere s'en retournerent,
A grant feste la le porterent;
Encore est a Romme veüe,
Se par nos pechiés n'est perdue.
Assés fu qui le poisson prist
Et qui en quisine le mist.
Quant li papes du saintuaire
Eut fait chou que il en dut faire
Et il se fu tous desvestus
Des dras que il avoit vestus,
Si comme la vois li a dit,
En a mené sans contredit
Les rois et avoec aus Joïe,
Que il a durement joïe,
Le senateur, les senescax,
Et tous cex ki sont avoec aus
En a mené sans lonc demour (*f.* 51 [a])
Et les filles au senatour,
Et pour l'amour d'aus tant Rommains,
Que tous fu de bones gens plains
Li plus grans palais qu'il eüst.
Or ne quidiés pas qu'il n'eüst
Bones viandes et noveles :
Si eut il tant et de si beles
C'on en donna a povre gent,
Qui cousta cinc cens mars d'argent;

Car Dix abonda leur viande :
Cascuns a plus qu'il ne demande.
Lueques fu l'esturjons mengiés
Qui fu de la main enengiés.
Se tous leur mes vous devisoie,
Hui mais ichi arresteroie.
L'apostoles les honoura
Et mout bel disner leur donna.

Quant les tavles furent hostees
Et il ourent lor mains lavees,
Se les mena esbanoiier
L'apostoles en un vergier.
De Dieu i eut maintes paroles,
Qui ne furent nices ne foles ;
Et mainte bele recordance
I ot de la grant mesestance
Que la roïne avoit soufferte,
Qui Diex avoit rendu sa perte.
Quant luec eurent esté assés
Et li jours fu auques alés,
Li dui roi le pape priierent
Et tous ciaus qui avoec lui erent,
Que avoec aus soient as pasques.
Ne lour escondi pas li papes,
Ains dist volentiers i seroit
Et quanqu'il poroit lor feroit,
Souslas et joie et compaignie,
Et cascuns des rois l'en mercie.
A tant d'illuec se departirent
Et vers lour ostex revertirent.
Li senateurs tel manantie (f. 51 b)
Avoit, que li rois de Hongrie

7687 Luec — 7710 quanques il — 7715 *corr. M*] mantie

I vint, et tuit si chevalier
Se peurent laiens herbegier.
Or sachiés que li senatours
Leur fist chou qu'il peut biaus ators.
La nuit as tenebres alerent.
L'endemain la crois aourerent
Ou cil morut qui par sa mort
Destruist la plus cruële mort
Qui ainc peüst estre pensee.
Car quant cele mort ert passee
Dont il couvient cascun morir,
Puis les recouvenoit morir;
Morir, voire, sans estre outrés
En tenebres, en obscurtés,
Dont nus ne fust ja mais issus,
Se li fix Dieu, li vrais Jhesus,
Ne fust des cix venus a tere.
Car par sa mort vainqui la guerre
Que li deables ot a homme
Seulement par un mors de poume
Qu'Adans li premiers hom menja,
Dont de l'amour Dieu s'estranja,
Et lui et toute sa lignie;
Ne onques ne fu ralignie,
Devant que tel pités en prist
A Dieu que char humaine prist,
Et que il en volt celui jour
En crois souffrir mort et dolour,
Et par icelui saint passage
Toli au dyable l'usage
Qu'il avoit des nos ames prendre,
Pour que nous li voellons desfendre.
Car qui desfendre ne se veut,
N'est mervelles, se il se deut.

7724 Destruit — 7742 qui — 7749 vient

Comment aidera Dieus celui
Qui n'a nule cure de lui ?
Diex nous a baillies ses armes,
Dont poons desfendre nos ames ;
Se nous nous en volons covrir, (f. 51 c)
Nous n'avons garde de perir.
Se nous de cuer nous confessons
Et volentiers les max laissons,
De ciaus c'avons fait repentans,
A aumosne faire entendans,
Plains de pitié et de concorde,
D'amistié, de misericorde,
Nous serons si tresbien armé
Que ne porons estre entamé
De l'anemi ki nous aguete.
Je lo bien cascun qu'il se guete ;
Car qui bien ne s'en gaitera,
Li dyables l'agaitera.
Au jour que il perdra la vie
Le prendra, plains de felonnie,
Et en tel lieu l'avra mené,
Mieus li venist qu'ains ne fust ne.
Pour ce alerent sans demourer
Celui jour la crois aourer
Duskes au jour du diëmence ;
Humle et en simple contenance
Se tint toute la compaignie,
Comme bonne et bien ensignie.

Au jour de la surrection,
Que faut la sainte passion
Dont je vous ai tochié devant,
Eurent riche apparillement

7753 baillie — 7771 menee — 7772 nee

Li rois d'Escoce et de Hongrie.
En une bele praerie
Qui ert de Romme a l'un des ciés
Furent maint pavillon dreciés.
Assés fu qui a leur requeste
Lour fist avoir ce k'a la feste
Apartieunt. Li bons sanatours
Leur fist avoir tous les ators.
Quant le jour fu fais li servises
Que on fait es saintes yglyzes,
Li dui roi le pape en menerent,
Les cardonnaus n'i oubliërent;
N'en toute Romme n'ot bourjois (f. 51 d)
Qui ce jour ne fust o les rois.
Maintes dames, maintes puceles
I furent celui jour, mout beles;
Mains biaus pensers i fu donnés
Et mains biens fais gueredonés.
Ce jour leur courones porterent
Li dui roy, qui mout s'entramerent.
La bone roïne Joïe
Fu celui jour mout esjoïe,
Mout amee, mout honneree
Et mout ricement couronnee.
Se quatre ans m'estoie avisés,
Ne vous avroie devisés
Tous ciaus qui celui jor i furent;
Car trestout cil de Romme i furent.
Ce jour n'i eut nule desfense.
La veïssiés mainte despense,
Mainte bele boutillerie
De bon vin plaine et bien garnie.
Enmi les pres, par d'autre part,
Se vous i meïssiés esgart,

7791 seruices — 7797 Mainte dame mainte p.

Veïssiés en cinquante lieus
Les grans caudieres sur les feus,
Plaines erent de pluiseurs cars ;
D'autre part sur les carbons ars
Tant rost que je n'en sai le conte.
De ce ne quier plus tenir conte.
Cent et cinquante chevalier
Servirent ce jour al mengier.
Ce jour a tel joie passerent
Que nule angoisse ne penserent,
Et après souper s'en partirent
Et des pres tuit se departirent.
Cele nuit jurent, ce me samble,
En un lit andui tout ensamble,
Li bons rois d'Escoce et Joïe,
Qu'encor jeü n'i avoit mie,
S'avoit uit jors qu'il l'ot trouvee ;
Pour Dieu en firent consiree.
Or sachiés bien que cele nuit (f. 52 a)
Orent assés joie et deduit,
Comme cil qui tant s'entramoient
Et qui tant s'entredesiroient.
Perdu s'entrestoient set ans,
Dont tante paine, tans ahans
Eurent eü ; or sont au port
Venu de joie et de confort.
Tant de joie ont que ne poroie
Dire la moitié de leur joie.

Quant les pasques furent passees
Et les festes furent alees,
Se n'i eut fors du retorner.
La ne voelent plus sejorner.

7821 ost

Leur nes au port retorner firent,
Bel et richement les garnirent.
A l'apostole ont congié pris
Comme courtois et bien apris.
Li apostoles leur donna,
Et de Dieu les arraisonna,
Qu'il siuent ses commandemens,
Car il leur a fait bontés grans.
Il bonnement s'i acorderent,
N'onques puis ne s'en descorderent.
Les deus filles au senatour,
Qui moustree eurent tante amor
La bone roïne Joïe,
Ainques puis nul jor de lor vie
Ne se volrent partir de li :
Tousjors furent puis avoec li.
Et ele bien les maria,
Cascune a tel signeur donna
Que de grant richece et d'avoir
Eurent tant com volrent avoir.
Cascune d'eles fu contesse
Et de deus duceés duchesse.
Quant a leur pere congié prirent,
A grant pitié s'en departirent ;
Convoia les dusk'a la mer.
Joïe, ki le dut amer,
Prist a lui congié en plourant, (f. 52 b)
De la grant bonté merciant
Que il li ot faite et moustree
Tant comme ele fu esgaree.
Et li dui roi tantes mercis
Lui rendirent que a envis
Se peurent de lui departir.
Tant de jens eut au departir

7850 la — 7856 fais — 7871 prisent — 7877 quil — 7880 Leur

Que trestuit cil de Romme i erent.
Duskes au port les convoiierent;
Car mout durement les amoient
Pour les biens que en aus savoient.
Quant a tous eurent congié pris
Comme courtois et bien apris,
Ensamble entrent en une nef
Ou ne faloit voile ne tref,
Eus et toute leur compaignie.
Bien sai, la roïne Joïe
N'oublia mie son enfant,
Car il n'est riens qu'ele aime tant
Fors tant seulement le sien pere.
Mais a cele amour ne compere
Nule amour qui fust de gens nee.
Bien l'a li uns l'autre moustree,
Li rois a li et ele au roy;
Souffert en a maint grant desroy.
Li maronier les voiles metent,
D'aus aceminer s'entremetent;
Li vent s'i fiert, qui les esmoet.
Tant com li senators les poet
Veoir, volentiers les esgarde,
Et est montés sour une angarde,
Lui et mains autres avoec lui;
De la regarde son anui.
Car li partirs mout li anuie
De ciaus, que Jhesucris conduie.
Quant ot perdu d'aus la veüe,
Il et la jent qui ert venue
Illuec a Romme arriere alerent,
A leur ostex s'en retornerent.
Et li rois sont dedens la mer, (f. 52 c)
Qui mout s'entrevaurrent amer.

7903 fiert *M*] fier

Droit vers Hongrie s'aceminent.
Tant vont nuit et jour qu'il ne finent
Devant c'a Hongrie arriverent.
Lié furent quant il s'i trouverent.

Nouvele, qui en petit d'eure
Va par le païs sans demeure,
S'espandi parmi la contree
Que Joïe estoit recouvree
Et qu'ele ert de sa main garie.
Durement en fu la gent lie.
Li rois de Hongrie manda
Ses grans barons et assambla
En la millour cité qu'il ot.
Grant feste et tresgrant joie i ot.
Cascuns a son pooir s'esforce
De conjoïr le roi d'Escoce.
Quant il eurent oï conter
Et les mervelles raconter
Que vous m'avés oï retraire.
Tel joie ont, ne sevent que faire.
Et li rois de Hongrie a tous,
A debonaires, a estous,
Fist faire au roi d'Escoche hommage ;
Dist qu'il ert rois de grant aage,
Si se vaurra en pais tenir
Avoec aus, et si maintenir
Que s'ame a icelui roi place
En cui toute bontés n'esface.
S'a fait saisir le roi d'Escoce
De Hongrie aussi com par force.
Car il et Joïe s'amie
Leur pere ne voloient mie

7921 Nouveles — 7928 et] i — 7936 ont *M*] ot — 7944 toutes

De son roiame dessaisir;
Mais ainsi li vint a plaisir
Que il tant priiet les en ot
Que mais point d'escondit n'i ot.
Si en firent sa volenté,
Et tout li prince entalenté
Furent de la besoigne faire; (*f. 52 d*)
Se li firent tuit sans contraire.
Li dui roi, avoec aus Joïe
Et tuit li baron de Hongrie,
S'en aloient de vile en vile,
Et cil de la vile sans gile,
La ou li roi venir devoient,
Les cauchies encortinoient
De dras d'or et de soie d'Inde;
Li un sont blanc et li autre inde.
Li pavement erent jonkié.
Ne vous poroit estre noncié
La joie, la feste, l'oneur
Que il font leur novel signeur
Et leur dame la retrouvee,
Qui Dius leur avoit retornee.
Dont il erent tuit si joiant
Et a fester si manoiant
Qu'en cascune vile, en cent lieus,
Veïssiés manieres de jeus
Biaus et plaisans et honerables
Et a regarder delitables.
En demi an ainc ne finerent,
Ainsi parmi Hongrie alerent
En joie, en honeur, en leeche,
En souslas et en grant baudece.
Et si tost comme il onques peurent,
Et comme il apparillié l'eurent,

7965 *d'abord il y avait* iongie

Par la volenté de Joïe,
Du roi d'Escoce et de Hongrie,
Font en une nef sans escars
Mettre qui vaut cent mile mars,
Que d'or, que d'argent, que de soie,
Que de joiaus, que de monoie.
Puis envoiierent tuit a Romme,
Au senateur, au bon preudomme,
Qui envers aus estoit prouvés
Comme bons et bien esprouvés,
Et il vers aus se reprouverent :
Que tant du leur li envoiierent
Qu'il en fist rice son lignage (*f.* 53 *a*)
Et a s'ame grant avantage.
Car mainte bele aumone en fist,
Ensi tousjors en bien se mist.
Comme preudons se tint lonc tans.
Mais de lui ne sui plus contans,
Fors tant que il ot puis noveles
Par maintes fois, bonnes et beles,
De ses filles et de leur dame,
Dont il amoit le cors et l'ame.
A tant me vaurrai de lui taire,
Et des deus rois vaurrai retraire
Qui estoient devens Hongrie,
Avoec aus la bele Joïe.
Dou senateur noveles eurent
Par ceus qui envoiés i eurent,
Si en furent joiant et liés
Et li cuer ses filles haitiés.

Un jour seoient al mengier;
A tant es vous un messagier.

7986 vaut *M*] vau — 8008 aus *manque*

De son aler ne s'est tenus,
Devant c'a la table est venus
Ou la roïne pot veoir
Et les li les deus rois seoir.
A jenous se met li messages
Et puis a parlé comme sages.
« Dame, » dist il, « je vous salu
« De par Dieu qui nous a valu,
« De par les barons d'Ermenie
« Qui de vous ont novele oïe,
« Dont grant joie leur est creüe,
« Car il sevent que revenue
« Estes. Ice mout les conforte;
« Qu'il cuidoient que fuissiés morte,
« Dont il menoient vie amere.
« Car de par vostre bone mere
« Devés avoir toute la tere.
« Pour ce vous sui ge venus querre.
« Venés i! Il vous recevront
« Et a vostre signeur feront
« Joie, feste, hommage et honnour. (f. 53 b)
« Or ne le metés en demour!
« Car a veoir mout vous desirent,
« A envis de vous se consirent. »
Joïe li a respondu :
« Vallet, bien vous ai entendu.
« Alés mengier, et ja par tens
« Avrés de ceste cose assens. »
Il si fait, d'illuec se leva;
Il ert assés qui l'assena
La ou durement fu a aise;
Ne li faut cose qui li plese.
Bien orent oï derainier
Li roi le dit au messagier.

8027 Icei — 8047 derengier

Si tost comme il orent mengié,
A conseil se sont arengié,
Les aus la roïne Joïe
Et tuit li baron de Hongrie.
Assés fu briés icis consaus.
Le message apelent a aus,
Diënt que il ne lairont mie
Qu'il ne voisent en Ermenie,
Et se li disent certain jour.
Li messages plus lonc sejour
N'i fist quant oï tel sentense,
De retourner arriere pense.
Mais anchois que il s'en partist
La roïne donner li fist
D'or et d'argent a son plaisir.
Puis ala son cemin saisir.
Tant ala que en Ermenie
Conta nouveles de Joïe
A ciaus qui envoiié l'avoient.
De la novele mout s'esjoient.
Maint appareil et maint atour
Firent faire contre le jour
Que leur dame venir devoit;
Cascuns endroit soi se grevoit.
Mais encor sont dedens Hongrie
Et avoec aus mainte jent lie.
Li rois avoec aus, la roïne (*f.* 53 c)
De biauté et de bonté fine.
Si vous dirai que pourcacha
La roïne et qu'ele cacha.

Li senescax qui en Hongrie
Eut grant tere et grant signorie,

8073 encore

Cil dont avés oï parler,
Qui Joïe mist en la mer,
Et ensement icil d'Escoce
Qui puis la remist en la coche :
Cil dui de lor senescaucie
Avoient mout grant signorie.
Cil dui nule femme n'avoient,
Mais de cuer durement amoient
Les deus filles au senatour,
Qui bones et de bel atour
Estoient; pour chou les amerent,
Ne il leur cuers si ne celerent
Que la roïne nel seüst
Et qu'ele ne s'en perceüst.
Lie en fu, et bien i parut,
De leur volenté ne leur nut,
Ains pourcacha tant et pourquist
Que ces deus mariages fist,
Et fist donner a mariage
A tousjours com leur yretage
Dous ducheés as damoiseles
Que mout furent bones et beles.
Mais pour chou de li ne se murent;
Toute leur vie avoec li furent,
Et ensement li senescal
Comme bon et fin et loial.
Mout furent d'aus beles les noces,
Assés i ot mittres et croches,
Dus, contes, chevaliers, evesques
I ot et bien dis arcevesques.
De Hongrie i ot damoiseles
Et dames, qui mout furent beles,
Qui mout grant joie demenerent.
Li dui roi mout les honererent,

8107 noeces

Qui mout durement les amoient (*f. 53 d*)
Pour le bien qu'en eles savoient
Et pour l'amour del bon preudomme
Qui tant de bien leur fist a Romme.
Car langue ne poroit retraire
Tant d'oneur com preudom set faire.

Quant les noeces furent passees,
Et il eurent bien compassees
Lour grans cités et lour castiaus
Et partout eü leur aviaus
Et tous les Hongres receüs
Que devant ai ramenteüs,
Leur oirre refont aprester,
La ne voelent plus arrester.
En tel main laissierent la tere
Que nus n'i conquist riens par guerre.
Puis s'en vont sans plus d'arrest faire.
Leur journees ne voel retraire ;
Tant vont par mons et par valees,
Et par forès longues et lees
Qu'en Ermenie sont venu,
Ou il furent bel receü
Des Ermins qui les atendoient,
Ki leur venue bien savoient.
Receü ont a grant onneur
Leur dame et leur novel signeur,
Et Jehan leur bel damoisel
Rechurent mout bien et mout bel.

Mout furent li Hermin joiant
Et d'oneur faire manoiant

8128 *d'abord il y avait* assester

Celi que il perdu avoient,
De cui le leur tenir devoient.
Sans signeur avoient esté,
Et maint yver et maint esté,
Si eut entr'aus grans maltalens.
Mais li rois ne furent pas lens
De metre par le païs pais;
De tous maltalens firent pais.
De leur nouvel signeur l'amour
Fist de maint maltalent amour.
Tous maltalens s'entrepardonnent (f. 54 a)
Et d'aus gouverner pooir donnent
Le roi d'Escoche, et sans outrage
Li firent de leur fiés homage.
La fu la roïne Joïe
Durement amee et joïe,
Et il bien amer la devoient,
Car en li bonne dame avoient.
Et il si font; tant l'aiment tuit
Que par les viles a tel bruit
De la feste que chascuns fait
Que ne poroit estre retrait.
Les rues sont encortinees,
Et duskes vers tere clinees
Les courtines d'ambedeus pars.
Se la fuissiés, de toutes pars
Veïssiés dras d'or estendus
Et as fenestres pourtendus,
De soie, de vair et de gris;
Riens n'i pert fors chou que devis.
Tant divers jus i veïssiés
Que mout vous esmervillissiés.

8154 lamour

Par tous les liex u li roi vont
Tex jus et tex apparaus font.
Tout l'iver en tel joie furent,
Dusk'au quaresme ne recrurent.
Demi an furent en Hongrie
Et demi an en Hermenie.
Mais des or mais vient en corage
Au roi de veoir le barnage
Que dedens Escoche laissa
En duel qui pour lui les plaissa.
Son corage dist a s'amie.
Ele ne l'en destourne mie,
Ains li dist : « Or i envoions,
« Et a ceste pasque i soiions. »
Dont ont les senescaus mandés,
Qui par mariage assamblés
S'estoient as deus suers de Romme,
Qui s'entramoient com preudomme.
Au mandement leur signeur vindrent *(f. 54 b)*
Et ce ki leur fu dit retindrent,
Et li rois leur dist qu'il se metent
En mer et d'errer s'entremetent,
Tant que il viegnent ou païs
Dont il se parti esbahis ;
Puis facent savoir les noveles
Qui mout seront a pluiseurs beles :
« Que a la pasque la serons,
« A Beruïc arriverons.
« Dites leur que la nous atendent. »
Li senescal, qui chou entendent,
Sont mout de ceste voie lié.
Pris ont de leur signeur congié

8186 plaisa

Et de leur dame, puis s'en vont.
Pour aus compaignier mené ont
Tex jens comme il volrent coisir.
Puis s'en vont sans prendre loisir.
Juskes a la mer ne finerent.
Illueques petit sejornerent,
Bon vent orent et bone nef
Qui par mer les maine souef.
Tant furent en mer nuit et jour
Sans tourment et sans nul sejor
Que a Beruïc droit au port
Arriverent a grant deport.

Li senescax qui d'Escoche ert
Dolans du païs partis s'ert,
Mais en joie i est retournés.
Gentement et bien atornés
Sont monté desseur leur cevax
Et maint compaignon avoec aus.
Ensi dedens Beruïc vont.
Tant chevaucent que venu sont
Ou chastel, et manderent tost
Les grans bourgois et le prevost.
A paines fu reconeüs,
C'a piece mais ne fu veüs
Li senescaus, uit ans avoit
Que en Escoce esté n'avoit.
Li premiers qui le reconnut, (*f.* 54c)
Ce fu li provos, qui courut
Pour lui acoler et baisier.
Mais son cuer ne pot apaisier
De la doute qu'a de sa dame,
Qu'il amoit plus que nule fame,

8220 *corr. M*] Arriuent

Et de son signeur ensement.
De doute n'eut apaisement,
Devant ke les noveles seut.
Mais onques mais tel joie n'eut
Comme il a du bia conte oïr
Qui la vile fait resjoïr.
Tout leur conta li senescax
Les grans paines et les travax
Que il eurent en mainte tere
Pour leur dame cerkier et querre,
Et après comment dedens Romme
La trouverent ciés le preudomme,
Comment par son fil la connurent,
Et comment en quel joie furent
Duskes au joedi qu'il alerent
La ou l'apostole troverent.
Adont leur conta la confesse
Qui fu dite devant le presse,
Par quoy la cose fu seüe
Dont lour dame i estoit venue,
Et pour coi ele ert mehaignie.
Puis leur dist, ne leur choile mie,
Le biau miracle que Dix fist,
Qui de sa main restor li fist.
Du poisson et du saintuaire
Lour a trestout conté l'afaire,
Puis la joie que il menerent,
Tant comme a Romme sejournerent ;
Comment de Rome se partirent,
Comment as Romains congié prirent,
Comment les filles au preudome
Pour leur dame laissierent Romme;
Comment il les ont espousees
Et quels terres leur sont doñees ;

8260 i *manque* — 8270 prisent — 8272 dames

Coment il vinrent en Hongrie (f. 54 d)
U leur dame ot esté nourie;
La grant joie c'on fist de li
Et au roi d'Escoche pour li;
Comment du regne se demist
Li rois, et ses jens faire fist
A tous hommage au roi d'Escoche
Sans guerre, sans hustin, sans force;
Puis après comment de Hongrie
S'en alerent en Hermenie,
Qui leur dame est de par sa mere.
Tout le voir, toute la matere
Leur dist des jeus et des grans festes
Qui pour leur dame furent faites
Et pour l'enfant et pour leur roy.
Après lour dist com li dui roy
Estoient andoi d'un talant.
Tousjours ensamble erent manant,
Comment ensamble la verront,
Comment devant tramis les ont
Pour dire chou que il savoient,
Et que il ses barons avoient
De chou dont il sont en doutance,
Et comment sans plus d'arrestance
Il doivent as paskes venir
Et a Beruïc court tenir.
De tout chou leur conta et dist
Le voir, que de riens n'i mesprist,
Dont il les fist tous mout joians
Et mout durement mervillans.
De chou que il leur a retrait
A paines croient il le fait;
S'il ne fust a preudom tenus,
Ja n'en eüst esté creüs,

8288 dames — 8292 essamble

Mais pour le bien de lui le croient,
Et de ses nouveles s'esjoient.

En peu d'eure par la contree
Fu ceste nouvele contee ;
Li uns a l'autre la porta
Et a l'autre se deporta.
Partout s'espant, partout revele, (f. 55 a)
Partout set on ja la novele,
Que l'afolee et l'essillie
Revient de tous anuis garie,
Et leur sires qui desraison
Eut de li par grant traïson.
Or sachiés, cil qui se pasmerent
Pour leur dame quant il cuiderent
Que ele fust jetee ou fu,
Si com devant retrait vous fu,
N'en eurent pas au cuer ireur,
Mais si grant joie que grigneur
N'eurent onques nul jour eüe ;
Qu'ainques mais n'eurent conneüe
Leur dame, mais or la connoissent :
De la joie qu'il ont s'envoisent
De Beruïc apparillier.
Riens ne leur puet tant anuier
Com la pasque qui tant demeure.
Il ne cuident ja veoir l'eure
Que il voient leur signerage
Venir de la mer au rivage.
A Beruïc trestuit l'atendent
Et a grant feste faire entendent.
Et en Escoche et en Irlande
Li senescaus partout le mande :
Ensement li Cornouaillois
I acoururent demanois.

En ces trois teres n'eut evesque,
Duc ne conte ne arcevesque
Qui n'i venist de lié corage.
Tendre firent seur le rivage
Pavillons pour estre dedans,
Car la vile ne fu si grans
Que tuit i puissent herbegier;
Maint en i a sur le gravier.
Ainsi en joie sans derroy
Atendent leur dame et leur roy,
Que piech'a n'avoient veüs,
Dont mains courous orent eüs.
Mais tous courous loins d'aus s'en fuit, *(f. 55 b)*
De joie demainent grant bruit,
Et encor plus grant demerront
Quant il a leur eus le verront.
Car mout leur estoit grief li croires
Que tant de coses soient voires,
Com li uns a l'autre reconte,
Ainsi com li senescax conte.

Ensi comme ot dit as messages
Li rois, qui ert loiaus et sages,
Ainsi le fist; en Hermenie
Laissa bonne gens bien garnie
Qui le roiame garderont
Et en Escoce envoieront
L'or et l'argent et l'autre avoir
Qu'il devront au roiame avoir.
Puis vinrent li roi au rivage,
Ou mainte nef et mainte barge
Fu cargie de grant avoir,
Tel que n'en puis nombre savoir.

8352 Atendente — 8354 maint

As Hermins prisent sans derroy
Boinement congié li dui roy.
Ensement la bone roïne,
Qui de corage est enterine,
A pris congié as demourans,
Qui de son depart sont dolans.
Puis entrent dedens lor vaissiaus
Qui sont bons et fort et isniaus.
Jehan mie n'i oublia
Sa mere, qui s'amour i a.
Derriere li se le laissast,
Trop grans courous son cuer plaissast;
Mais ele nul talent n'en a, *(f. 55 c)*
Tousjours avoec li le mena.
C'ert li plus biaus enfes du monde
Tant comme il dure a la reonde,
Si l'ama comme son enfant.
Par mer vont, et il eurent vent
Qui les en maine sans demeure.
Tante nuit, tant jour et tante eure
Oirrent par mer que les perchurent
Icil qui a Beruïc furent.
Trestuit keurent sour le rivage
Pour recuellir leur signerage,
Qui des nes es batiaus entrerent
Et as avirons tant siglerent
Que des nes issent el sablon
Ou il trouverent maint baron
Qui criërent a haute vois :
« Bien viegne mesire li rois !,
« Et bien soit madame venue
« Qui par traïson fu perdue!
« Bien soit nos damoisiaus venus
« Qui avoeques li fu perdus!

8380 sont *M*] son — 8398 recuellier

« Ensement li rois de Hongrie,
« Lui et toute sa compaignie
« Soit bien venue en cest païs !
« Des or ne seront esbahis
« Li chevalier qui ont esté
« Sans signourage maint esté.
« Or nous fait Dix nostre voloir.
« Des or ne nous devons doloir. »

Ainsi recuellent leur signeur
Tuit li baron a grant honneur,
Si lié, que dire nel poroie,
Quant lonc tans pensé i avroie.
Leur cheval sont tret fors des nes.
Quant tuit se sont entracolés,
Si montent sans plus d'arrest faire.
N'est nus qui vous seüst retraire
Le lorain et le palefroy,
La sambue et l'autre conroy
Que Joïe la boine i ot (*f.* 55 [d])
Et les dames qu'avoec li ot.
Puis vont chevaucant par la presse
De gens qui estoient engresse
De li veoir et esgarder.
Mais or la pueent esgarder
Plus bele c'onques mais ne firent.
Quant il en li les deus mains virent,
Du biau miracle se saignierent
Et durement se mervillierent.
Dusk'en la vile ensi s'en vont,
Ou tant d'apparaus veü ont,
Tante grant courtine de lin,
Tant drap de soie Alixandrin,

8422 entracole — 8427 i *manque*

Tant couvertoir et tant drap d'or,
Tant vair, tant gris et tant tresor,
Tante douce herbe par les rues
Sour les chaucies estendues.

Li rois de Hongrie, qui voit
Comment sa fille amee estoit,
A paine pooit nului croire,
Mais or voit que la cose est voire,
Si se mervelle mout comment
Li sires de tel tenement
Le volt prendre, et si ne savoit
Qui ele ert ne dont ele estoit.
Mout durement Dieu mercia
De l'onneur que faite li a.
Au castel vienent, si dessendent.
Li jours de pasques ert, s'entendent
A aler trestout au moustier
Pour escouter le Dieu mestier,
Et lour sauveor recuellirent,
Puis a lour ostex revertirent,
S'i appareillent et atornent,
Et puis a la court les rois tornent,
Qui mout par fu grans et pleniere.
Gens i eut de mainte maniere,
Et si avoit cascuns sa fame,
Que honerer volrent lor dame.
De leur viandes ne des vins (*f.* 56 a)
Ne voel des ore estre devins.
Cel jour simplement se porterent,
Les dames point ne carolerent;
Pour leur sauveour que rechurent
Simplement contenir se durent;

8472 Ce iour simplement se continrent (*comp.* 8469)

Assés i peurent recouvrer,
Car lueques volrent sejorner
Uit jours ; tant dura cele feste.
Onques plus bele ne fu fete,
Si grans, si joians ne si lie
Ne de tant de gent si joïe ;
Si festee, si carolee
Ne fu onques puis demenee.
Plus deviser ne vous en voel,
Ma matere a fin mener voel.

Quant li uit jour furent passé
Et il furent trestout lassé
De feste faire, congié firent
Et en leur païs revertirent,
Et li roi d'illuec se tornerent
Et par le païs cevaucierent.
Avoec aus fu tousjors Joïe,
Mainte dame en sa compaignie.
Par les viles vont sejornant,
Puis de l'une en l'autre tornant.
De la mere le roi enquist
La roïne, et on bien li dist
Un an avoit que morte estoit
Dedens la tour ou ele estoit.
A Joïe mie n'agree,
Encor fust par li desmuree,
Tant est plaine de courtoisie,
S'ele l'eüst trouvé en vie.
Mais de li souffrir li estuet,
Puis c'autrement estre ne puet :
Ele s'abati de son tour,
S'en est venue a malvais tour.

8501 de lic

Quant li roi eurent le païs
Veü et a leur voloir mis,
Sejourner vinrent a Dondieu. (*f.* 56 [b])
Car c'estoit d'Escoce le lieu
U Joïe amoit miex manoir,
Pour ce i vaurrent souvent manoir.
Et quant il voellent, ailleurs vont,
Comme cil qui maint manoir ont.
Ceste vie lonc tans menerent,
Et ensamble lour vie userent
Li roi et la roïne ensamble
Et li senescax, ce me samble,
Et les filles au senatour.
Tuit cil s'entramerent d'amor.
Et la roïne eut puis enfans
Pluiseurs, si com je sui lisans;
Deus filles eurent et trois fix,
Envers qui Dix fu mout bontix.
Car les filles furent roïnes
Et tousjours vers Dieu enterines,
Et li troi malle furent roy,
Puis essaucierent bien la loy.
Ensi com j'ai dit se continrent
En bien, tant c'a bonne fin vinrent.

Par ce rommans poés savoir,
Vous ki le sens devés avoir,
Qu'en cascune necessité
C'on a en sa carnalité
Ne se doit on pas desperer,
Mais tousjours en bien esperer

8527 condinrent — 8531 Que

Que de chou qui griefment nous point
Nous remetra Dix en bon point.
Anemi est mout engigneus
Et de nous avoir couvoiteus,
Si fait sen pooir de nous mettre
En desespoir, pour nous demetre
Hors de priiere et d'esperance
Que Dius nous ost nostre grevance.
Se vous tentation avés
Ou aucun grief en vous savés,
Prendés garde a la Manequine,
Qui en tant d'anuis fu si fine
Que par deus fois fu si tentee, (f. 56 c)
N'onques puis n'eut cuer ne pensee
De cheoir en nul desespoir,
Ains ert tousjors en Dieu espoir
Et en sa beneoite mere
Qui de pitié n'est mie avere.
Tant se tint en bien, tant pria,
Q'assés plus qu'ele ne pria
Li rendi Dix en petit d'eure.
Pour chou lo que chascuns labeure
A soi tousjors en bien tenir.
Car si grans biens en puet venir
Qu'il n'est nus ki le seüst dire,
Ne clers qui le seüst descrire.
N'il n'est riens que Dix hee tant
Comme le fol desesperant.
Car icil qui se desespoire,
Il samble qu'il ne voelle croire
Que Diex n'ait pas tant de pooir
Qu'il puist alegier son doloir.
Mout est fox qui en a redout,
Car Dix puet bien restorer tout.

8537 est] sont

Toutes pertes et tous tormens
Et tous pechiés petis et grans
Puet bien Dix et veut pardonner,
Mais que on li voelle donner
Le cuer et c'on se fie en lui
Et que on croie que sans lui
Ne puet venir biens en ce monde.
Nus biens n'est, se Dix ne l'abonde.
Il fait bon tel maistre servir
Et sa volenté poursiuir ;
Se li prions que tex nous face,
Qu'il nous voelle doner sa grasce,
Et que de desespoir nous gart
Que nous n'aillons a male part.
Et vous, priiés Dieu qui tout voit
Que il celui grant joie otroit
Qui de penser se vaut limer
Pour la Manequine rimer.
Dix li doinst joie et bone vie, *(f. 56 d)*
Amen cascuns de vous en die.
Ici endroit Phelippes fine
Le rommant de la Manekine.

Explicit le romant de la Manekine.

LE ROMAN EN PROSE

DE

LA MANEKINE

PAR JEAN WAUQUELIN,

D'APRÈS LE MANUSCRIT DE TURIN L IV. 5

CHAP. I

* * *

(*f. 71 bis* r) * * *

rais . . . .
ace . . . .
viva . . . .
esleu . . . .
proës . . . .
resse . . . .

(v) * * *

. . . . v . .
. . . . velle
. . . . s
. . . . et de
. . . . ossy
. . . . us
. . . . se

(*f. 72* r) et mauvaise traïson ont esté dechups et traïs, et les traïsons congnultes par la permission divine, a celle fin que tous prinches et vaillans seigneurs peussent et seussent a leur gouvernement pourveir. Et combien que ceste histoire ait esté aucunefois romanciiee par rime, neantmains pour l'embelissement d'icelle, affin que plus patentement elle fuist congnulte, et pour hoster la constrainte de la retoricque qui aucunefois y chiet, comme sevent ceulx qui dece congnoissent, je l'ay composee par la maniere qui s'enssieült. Si supli benignement a tous ceulx qui ceste histore liront, que mon ygnorance leur plaise moy pardonner et le debonnairement corigier, et le bien qui y est a Dieu atribuër et du pourfit d'icelle mondit seigneur consoler et loër.

CHAP. II

Conment le roy Salomon de Hongrie fu mariëz a la fille de l'empereur Henri d'Alemaigne.

(V. 49-59).

Fortune, la mere de tritresse et de consolation, n'espargne grant ne petit. Car a tous elle donne seloncq ce qui lui plaist, c'est assavoir a l'un prosperité et a l'autre adversité. Et ce bien nous apparra en la deduction de ceste histore jadis composee en rime par ung nommé Phelippe de Fini. Laquelle se conmenche en telle maniere : Jadis ot ung roy en la terre de Hongherie, moult vaillant homme et prudent, tresbien adrechiés en touttes proësches et vaillandises [1]. Lequel, selonc ce que j'ay peult ymaginer par aultres histores, (v) fu nommez Salomon et regnoit ou tamps de l'incarnation de nostre seigneur Jhesucrist mil soissante quinze ou environ. Cestui roy en sa jonesse ot grandes guerres a l'encontre de l'empereur Henri d'Alemagne, mais finablement ledit empereur lui donna sa fille en mariage, par lequel mariage la pais se fist, et estoit la damme nommee Gisle, femme de tresgrant prudensce, de toutte valleur et de toutte courtoisie plaine. Et au verité dire, se honneur et valleur de damme eust esté perdue par le monde, si l'eust on retrouvé en elle tant en courtoisie tant en gentillesse comme en touttes nobles et vaillables conditions dont elle estoit aournee et paree. Et aveuc ce elle estoit tant belle et tant plaisant d'estat, de contenance et de reghart, que son pareil ne seust on ou trouver. Ne il n'estoit homme, si la veist, que de quelque tribulation que il fuist tourblez, qu'il n'en fuist releeschiés et resjoïs pour la tresbelle biauté et doucheur dont nature l'avoit paree. Et se de ses biautez, bontés et conditions je vous voloye dire ce que les histores en tesmoignent, je quide a mon essiënt que je vous tenroye

1. vaillandise

trop, et que il vous polroit tourner a anuy, ou que vous polriés penser que ce fuist fable, si m'en tairay a tant. Mais a celle fin que on sache de qui je voel traitier, j'ay mis cel antecedent pour mieulx ma matere poursieuwir et declarer. Laquelle dist que cestui roy Salomon, selonc ce que diient les histores et tiesmoignent, des Hongres fu le troixysme roy Xpestiien, dont le premier fu nommez Estievene, le second Piere, et le tierch fu cestui dont est le procès.

CHAP. III

(*f. 73* r) Conment la roÿnne de Hongherie trespassa de ce siecle, et de son ordonnance.

(*V. 60-116*).

Le roy Salomon de Hongrie, mariés et adjoins a ceste noble damme comme vous avez oÿ, fu l'espasse et terme de dix ans aveuc elle, que ils n'eurent nuls hoires fors une seulle fille. Laquelle fille a sa nativité, par la grant joye que les Hongrois et tout le paÿs d'environ y rechupt, fu nommee Joiie. En laquelle Joiie nature par la disposition divine mist [1] tant de biens que elle passa la mere en biauté, en bonté, en valleur, en siënche et en conditions. Car c'estoit la plus belle creature, la mieulx fourmee de tous membres que nulle riens sceuwist ou peuwist deviser ne regharder, souhaidier ne penser. Et de tant que sa mere passoit touttes aultres dammes, passoit elle sa mere en toute maniere, ne a son vivant ne fu damme tenue si sage, si belle, si bonne ne si france, comme estoit celle fille Joiie. Si ne fait point a croire du contraire que elle ne fuist moult amee du pere et de la mere et ossy de tous les barons et nobles du paÿs, et sans faulte je quide que ossi estoit elle. Or vint que apriès le terme de dix ans acomplis la mort, qui n'espargne roy, duc, conte ne prinche, ne ne regharde forche, puissance, valleur ne eage ne aultre chose, fors a sa seulle et singuliere volenté, vint assaillir ceste noble damme, la mere de ceste Joiie, tellement que en son premier sault elle le fist couchier en son lit moult tristre et moult malade, et puis li tolli la vie du corps. Mais ainchois (v) que elle passast cestui dolereux pas, et que encores elle se gisoit ou lit mortel, le noble roy Salomon, qui tant l'amoit que homme

1. nature mist

ne peust plus, le vint visiter et consoler ce qu'il peult. Et se vous demandez se il y avoit nuls medechins, vous poez bien croire que si. Et comme le roy fuist en sa presence, il lui dist en telle maniere : « O halas, ma tresdouce amie chiere, moult me desconforte ceste povre et matte chiere si palle et si amatie que maintenant je vous voy avoir, en laquelle se miroiient tous vaillans coers d'hommes. Halas, que feray dolant! Hay my, ma treschiere amie, qui estes en vostre fleur de jonesse et maintenant nous vollez laissier! Certes, il n'est point encorez heure que departir nous deussiemes li ung de l'autre. » « Ha sire, » dist la damme; « je vous pri, pour l'amour que vous avez a moy, que il vous plaise vous conforter. Vous savez que jonesse ne viellesse ne tollent la Dieu vollenté. Car souvent muert tout le premier qui quide vivre le darain. Puis que c'est le bon plaisir de nostre seigneur, bien nous doit plaire, ne sa bonne vollenté ne nous doit dolloir. Je say de certain que une bonne fois me convient morir, et que je ne puis aller au contraire. Car ainsi est il ordonné du createur. Et pource, mon treschier seigneur, je vous priie que vous laissiés vostre lamenter, et prendez en vous confort comme vous le devez faire, vous qui estes nobles et puissans rois. Je vous laisse ma fille et la vostre tant belle et tant bien adrechie que mieulx on ne polroit souhaidier. En laquelle vous arez du reconfort assez; car bien le polrez mariër a aucun qui vous sera baston et substentation en vostre anchienneté. » « Halas, ma treschiere compaigne, » respont le roy, « il (*f. 74* r) n'est riens qui me puist reconforter. Car je avoy espoir que encores nostre seigneur Dieux nous pourverroit d'aucun fils pour nostre regne tenir apriès nostre mort. Car je say [2] de certain que les Hongrois sont tant durs et obstinez en leur perversité, que jamais ne soufferoient que femme les [3] dominast, mais me doubte que tantos apriès vostre mort il volront que je reprenge femme pour avoir generation masle qui le regne tiengne après moy, et par ainsy nostre belle fille n'y ara ne preu ne pourfit. » Et quant la dame l'eut de ceste chose bien entendut, se li dist en tel maniere.

2. fay
3. le

CHAP. IV

Conment la roynne fist faire serment au roy de non soy jamais remariër, se non a une ossy belle comme elle estoit.

(V. 117-176).

« Mon treschier seigneur, » dist la damme, « comme ja je vous ay dit, je sçay de certain que morir me convient et que jamais de ceste maladie je n'aray aultre remede que la mort, qui pais m'en fera. Mais puis, sire, que ensi est que vous m'amez tant comme vous me dittes, laquelle amour vous m'avez ja moustré mains jours, je vous priie a mon darain que vous m'ottroiiez ung seul don en guerredon de tous les biens et plaisirs [1] que je vous fich oncques en ma vie. » « Certes, damme, » ce respont le roy, « il n'est riens en ce monde dont je peusse finer que nul homme peust faire a femme que pour vous je ne feisse, si le vous acorde benignement, et sachiés que du tout en tout il vous sera fait et acompli. Si poëz dire vostre bon plaisir et vollenté. Car je ne sçay homme ne femme pour quy le contraire deusse estre fait. » « Bien grant merchi, sire, » respont la damme. « Puis que vous le m'avez ainsi promis, tant suy je plus sceure et plus joieuse, et si en prenderay (v) la mort plus liiement. Sire, je vous requier et priie, s'il advient que les prinches et les barons [2] de vostre terre et de ce paÿs de Hongherie ne veullent point souffrir que la domination demeureche a ma fille, et que il vous veullent a aucune haulte damme remariër a intention de avoir fil qui puist regner apriès vous sur eulx, de laquelle chose je me contente assez, il vous plaise moy acorder de non prendre femme, s'elle n'est de otel samblant comme moy et comme j'ay esté jusques a present, et que vous vous ghardez de assambler de menre de samblance et d'estat que je n'ay esté jusques a chy. Car che seroit une chose tresmal decent et non digne de loënge, se vous decheiés de honneur et de reconmandation, veu et consideré que vous estez le plus noble roy et le plus puissant qui soit au jour d'huy regnant. »

1. plaisir
2. barrons

Laquelle requeste lui accorda tout prestement le roy et lui jura par son serment a tenir bien et lealment. Et quant il eult ce fait. il se parti de la chambre. Et la bonne damme demora en pensant au salut de son ame, si se confessa et ordonna comme prudente[3] et sage que elle estoit, et ne volt oncques une seulle heure reposer tant que elle eult rechupt tous sez sacremens, comme bonne fille de sainte eglise que elle estoit. Apriès lesquelles ordonnances elle trespassa moult gloriëusement et noblement en la congnoissance de son benoit createur, comme celle qui tresententivement l'avoit servi toutte sa vie en acomplissant lez oeuvres de misericorde. Helas, les pleurs et cris, grans gemissemens et baptemens de palmes qui se faisoyent en la chité et en tout le paÿs, quant la nouvelle fu sceuwe et espandue de sa fin. Certez, il n'estoit si dur coer, s'il veist le peuple du plus petit jusques au (*f. 75 r*) plus grant plourer, lamenter et gemir, tordre leurs poins. et leur face taindre et pallir pour la dolleur que ils avoiient de la mort de la bonne damme, que il ne le convenist plourer et muër couleur de doleur et de pité. Et dist l'istore que le roy estoit a tel dolleur que il n'estoit apaine nul qui le peuist conforter ne consoler, et de fait il se pasma par troix fois, tellement que on doubtat de sa viie. Niëntmains la damme fu ensevelie moult honnorablement, et du commandement du roy fu le service fait si grandement, que oncques ou paÿs de Hongriie ne fu veu le pareil. Et dit que sa tombe fu toute faitte d'argent et d'or et aournee de germez et de pierres pretiëuses tant richement que oncques le pareil ne fu veue. Et a son enterement furent presents tous les evesques, prelas et abbez du paÿs et tant de princes que sans nombre. Et de ces presences ychi furent faittes les epitafies[4] autour de sa sepulture en memoire d'icelle et de sa mort par ymagez d'ivoir eslevez hault et richement[5]. Et quant tout le service fu fait et acompli, cascun se retray en son lieu, si non aucuns grans barons qui demorerent dalez le roy pour lui tenir compagnie et pour le reconforter et consoller. Car il estoit si tresdesconfortez que plus ne pooit, et non mie sans cause, car il avoit perdu la non pareille du monde de biauté, de sens et de valleur.

3. prudent
4. epitafie
5. haulx et richemens

CHAP. V

Comment tous les barons de Hongherie s'assamblerent un jour pour leur roy remariër.

(V. 177-220).

De la mort de la roÿnne se reconforta le roy au mieulx que il peult; et tant que il le conmencha (v) petit a petit a oubliër et se tenoit moult coiiement et douchement en son estat aveuc sa fille Joiie, laquelle il amoit et tenoit moult chierement [1], et tout pour l'amour de la mere. A laquelle mere il tenoit tresbien tout ce que promis lui avoit. Car il fu assez longette espasse que oncques a femme ne a soy remariër ne pensa, mais prendoit son deduit en cacheries et volleries moult gratiëusement, la ou il menoit sa fille. A laquelle il faisoit tenir estat comme a elle appertenoit, et lui tenoiient compagnie moult de nobles dammes et damoiselles, filles et femmes des grans seigneurs du paÿs moult richement et puissanment. Et pour l'amour d'elle faisoit le roy moult de biaulx dons et de biaulx presens a ceulx et a celles qui li tenoient compagnie, et desquelx ou desquelles elle se looit. Et veritablement ossy elle crissoit de jour en jour en meurs et en viertus et en biauté et en bonté. Et dist l'istore que de sa biauté ne seuwist on faire comparison. Et se elle estoit belle et douce de corps, encorez estoit elle cent mille fois plus belle et de viertus et de toutte bonté. Et ossy elle avoit ung usage qui moult faisoit a loër et a reconmander, qui tel estoit. Tous les jours elle alloit aourer une ymage de nostre damme, laquelle elle aouroit par devotion et par devote orison et proiieres en l'onneur de la gloriëuse vierge, en laquelle elle avoit mise toutte son esperance et intention Et la se deduisoit et affaitoit tellement que la grasce du saint esprit estoit tellement infuse en son corps que elle estoit droit exemple au peuple, et sambloit parfaittement que elle crust de jour en jour en vertus gloriëuses. Et veritablement ossi faisoit elle, combien que elle ot moult de maulx a porter, comme (*f. 76* r) vous orés en l'istore. Et tout ce souffroit nos-

1. *Après ce mot, le manuscrit répète :* et doucement en son estat aueuc sa fille Joiie

tre sire Jhesucrist pour elle esprouver et faire luire subz le candelabre devant sa benoitte fache; car il est escript : *Non coronabitur*[2] *nisi qui legitime*[3] *certaverit*, c'est a dire : Celi ne sera point couronnez, se legitimement il n'a estrivé et combatu les anemis de l'ame, et c. Or vous lairay je ung peu d'elle, et vous recorderay des barons et princes du païs de Hongherie. Lesquelx s'assamblerent ung jour, ensi que il avoient et ont encores d'usage, pour le gouvernement de la chose publicque[4] a ung jour determiné[5], pau plus pau mains environ ung an apriès la mort de leur bonne damme de laquelle dessubz est dit. Et quant ils furent tous assamblez, li ung de eulx tous qui des besoingnes du païs devoit ouvrir la matere conmencha a parler, et dist en telle maniere ou samblable : « Mes seigneurs compagnons et amis, vous savez que nous avons ung roy en cestui païs moult noble et moult puissant, lequel par la mort est despareillié de la plus vaillant damme, que je croy que oncques nature fourma, en laquelle mort nous recepvons ung tresgrant domaige. Or est ensy que de ceste damme ychi nostre roy n'a euu nul hoir, si non une fille, laquelle de biauté, de sens, de valleur passe a mon advis touttes dammes[6] et damoiselles, et quide a mon essiënt que a son pareil trouver on faulroit de legier. Mais quoy ! vous[6] savez que la noble seignourie de Hongrie est tant noble, que nullement une telle[6] dignité ne se doit gouvrener par femmez et moult en seriesmes tenus vils et blasmez se ce nous voliesmes souffrir. Pourquoy il me samble bon sauve meilleur conseil et la (v) corection de vous tous, que nous allons par devers le roy en li remoustrant cest affaire, et en li priant que a nostre los il se veulle reprendre et raliier par mariage a aucune damme ou damoiselle, a intention et pour ravoir par generation ung fil qui ceste noble et puissant terre puist gouverner après son deciès. Car nullement nous ne soufferiesmes de estre gouvernez par femmes pour pluiseurs raisons et conditions dont conmunement les Hongrois ont les usages; c'est que la dignité est telle que femme n'y a point de posession, comme ont Franchois. » Ce conseil pleut moult a tous, et fu la endroit decreté et ordonné que ensy en seroit fait. Et adont fu cestui meisme qui adont la prolle avoit remoustree chergiés de le remoustrer au roy a jour nommé et en la presence de eulx tous. Et a tant le conseil se parti, et s'en rala cascun jusques au jour qui fu dit.

2. Coronobitur
3. ligitime
4. *Ici virgule dans le ms*
5. *Ici pas de virgule*
6. *Virgule*

CHAP. VI

Conment messages furent envoiiés par touttes terres pour trouver femme qui pleust au roy.

(V. 221-281.)

Quant ce vint le huittieme[1] jour apriès, les seigneurs devant dis[2] se remirent ensamble et s'en vinrent moult honnourablement par devers leur roy. Auquel, moult notablement et par pluiseurs belles raisons et bien conduittez, il lui remoustrerent les besoingnes de son realme, en quel point il estoit, et finablement que par droitte pure necessité il lui convenoit reprendre femme pour avoir generation qui son regne fuist[3] digne de gouverner après son decès. Asquelles remoustrances le roy mist moult de altercations, car il lui souffissoit son estat, et n'estoit plus son intention *(f. 77 r)* de soy remariër, pource que il voloit tenir couvent a sa femme trespassee. Au darain, lui veant que son peuple n'estoit dece content, cremans et doubtans que aucune rebellion ne s'en mouvesist, leur accorda que il estoit contens de reprendre femme par condition que il lui en trouveroiient une ossi noble, ossi belle, ossi bonne et ossy sage, et que de meurs elle ressamblast comme avoit esté sa femme darainement trespassee ; car ce avoit il juré par sairement. « Et vous savez, » disoit il, « mes treschiers amis, que parolle de roy doit estre tenue. Si me veulliés ce acorder, et je suy contens de decliner a vostre bon plaisir faire. » Quant ces seigneurs oïrent parler le roy en telle maniere, ils en furent tresjoieulx, et leur sambla que assez on en trouveroit par le monde d'oussi belle ou plus, et pource prestement il lui accorderent et lui promirent que adce faire il y metteroiient toutte la dilligensce que mettre y polroiient. Incontinent et sans delay on eslisi douze hommes sages[4] et tresbien apris de tous langhaiges, lesquelx par pluiseurs ans et par pluiseurs fois avoiient tresbien congneu la roÿnne, et elle meisme leur avoit fait moult de biens a son vivant, si l'en amoiient mieulx.

1. viii^{em}
2. dit
3. qui fuist
4. vng homme sages (s *supprimée*)

Et a ces douze hommes chi fu donnee charge de faire la queste par touttes marches : les troix en la partie de oriënt, les troix en la partie de midi, les troix en la partie de septentrion, et les troix darains en la partie de occident. Et leur fu enjoint que le jour du noël en l'an apriès ils reseroiient tous retournez, se mort ou maladie ne les retenoit. Lesquelx douze ensy le jurerent et promirent tresvollentiers pour l'amour de leur (v) bonne damme. Car ils esperoiient, se ils en pooiient une telle recouvrer que moult de biens leur en venroit, comme il avoit fait de l'autre, si se tinrent de ceste carge mains agrevez et plus joiieulx. Et ossi il leur fu donné en charge or et argent pour faire leur despens et leur queste, ensi que au roy et a son estat appertenoit. Et quant ils furent prest, ils se partirent et mirent au chemin : mais l'istoire dist que ils se mirent deux a deux, a celle fin que ils cerquassent plus de lieux. Si poëz bien savoir et croire que en cel an ils randirent et cherquerent mains paÿs, et toutteffois, ou que ilz alaissent ne venissent, ils ne pourfiterent en riens de leur besoingne. Car en quelque marche que ils fuissent, ils ne seurent oncques trouver femme de tel estat et condition, dont ils avoiient la charge, et se y mirent toutte la dilligensce que mettre y peulrent tant par terre comme par mer. Au darain, quant ils virent que leur terme aprochoit, ils s'en retournerent par devers leur roy et son conseil au jour qui estoit dit, c'estoit le jour du noël. Ouquel jour le roy avoit fait tout son conseil assambler et tous ses barons, pource que bien savoit que a ce jour lui seroient dittes et recordees maintes nouvelles de pluiseurs marches et de pluiseurs paÿs.

CHAP. VII

Conment les barons de la terre furent advertis que le roy presist sa fille en mariage.

(V. 282-332.)

Tous ces chevaliers, seigneurs et barons, dammes et damoiselles, evesques et abbez venus et assamblez en la court du roy a la cause et ocasion devant ditte, vinrent les messages devant dis [1] que ung seul n'y failli, et si apoint vinrent que il n'y eult mie grant

1. dit

(*f. 78* r) espasse de l'un a l'autre. Car apaines venoiient il a fait que cascun avoiț sa raison comptee. Par lesquelles raisons de tous ensy comptees ils furent moult esbahis trestous conment il se pooit faire, veu et consideré les marches et les cours des rois dont ilz raportoient les ensaignes que ils avoient cerchies, et si n'avoient trouvé damme ou damoiselle de telle condition comme ils le demandoiient. Si en conmencherent tous a murmurer par laiiens, tellement que la chose fut par tout espandue et sceuwe. Niëntmains ils faisoiient tous bonne chiere et menoiient tresgrant reviel en disant pluiseurs recreations et joieuses parolles tant d'armes comme d'amours, pour les dammes et damoisellez resjoïr qui la estoiient present, pour tenir compagnie et donner recreation et plaisir a la belle, boine et sage damme Joiie qui de toutte valleur, maniere et courtoisie pasoit touttes dammes et damoiselles, de quelque eage ou parage que elles [2] fuissent. Et la estoit elle servie de pluiseurs escuyers moult gentement, entre lesquelx en y avoit ung qui le servoit de l'escuyelle, et le reghardoit de fois en aultre moult apenseement. Et tant que en le reghardant lui ala souvenir de la bonne roÿnne sa mere, et lui sambla que en maniere et en contenance ceste le ressambloit merveilleusement ; et tant busia subz que il entra en une pensee merveilleuse sur le pourpols du roy qui fait avoit querir femme au samblant de sa femme comme vous avez oÿ. Laquelle pensee donna depuis ung tresmortel encombrier a la belle, bonne et sage Joiie, ensi que vous orez en la consequence de l'istore. Si vous diray conment il fu verité que, prestement que le disner fu passé et que les tables furent hostees, (v) pluiseurs grans barons, qui avoiient la chose publicque et le gouvernement du realme entre mains, se tirerent d'une part, tandis que les jones bachellers esjoïssoiient dames et damoiselles de danses, de carolles et d'aultrez esbattemens, pour eulx deviser et prendre conseil conment on se ordonneroit de ceste chose, c'estoit du remariëment du roy. Et ensy que ils estoiient en cest appareil, sourvint l'escuyer de damoiselle Joiie dont il est dit dessubz, et comme le histore dit et tesmoigne, il estoit conte et seigneur de paÿs, et leur dist en tel maniere ou samblable : « O my treschier amy et compagnon, et vous tous, nobles hommes Hongrois! Quel chose allons nous pensant ne atendant de remariër nostre roy? Sans nulle doubte nous avons envoiiet querir saint Pierre a Romme, et nous l'avons a nostre huis, et si vous diray conment. Vous savez conment nostre roy ne voelt ne ne se puelt remariër, si non a une femme qui soit de la samblance de celle qui est trespassee, et conment pour cest affaire nous avons envoiiet en pluiseurs marches, la ou on n'a que ung peu

2. elle

pourfité. Et pource sans nulle doubte je vous dich que le roy a la plus belle fille qui soit en tout le monde, laquelle de meurs, de conditions et de valleur est assez ressamblable a la mere, si que, se la maniere se pooit trouver que il veusist sa fille espouser et prendre en mariage, nous seriesmes tous recouvrez de nos pertes. Et y me semble que en ceste compagnie a pluiseurs moult notables evesques, abbez et prelas de sainte eglise, qui cestui mariage legitimeroiient, s'il leur plaisoit, de leur auctorité spirituelle. Si veulliés surce penser, car tels est mon advis. » Et a tant se teut.

CHAP. VIII

Conment les seigneurs vinrent devers le roy et lui remoustrerent de prendre sa fille en mariage.

(V. 333-359.)

(*f. 79* r) Quant cest escuyer ot sa raison finee, ils furent moult esbahis, et non mie de merveille, car oncquez n'avoient telle sentensce veue ne oÿe. Niëntmains ils conmencerent moult fort a penser sur les parolles de cestui, et tant que l'un disoit que c'estoit ung grans sens de deux mauvaises voiies esquieuwer le plus[1] mauvaise. Et l'autre disoit au contraire, et que ce seroit trop grant desrision du pere avoir compagnie a sa fille par carnalité, car par adventure ossy trop de mal en polroit venir, s'ensi estoit que on y encourist l'ire de Dieu. Si en furent en tresgrant murmure et longhement dura. Au darain les clercqs qui la estoiient presens dirent une raison telle : c'estoit que, se le roy prendoit sa fille et que il fesist tant que a elle il euwist habitation carnelle, on envoiieroit apriès au pappe pour faire legitimer et confermer le mariage. Et de fait ils dirent que ilz prenderoiient le pechiet sur eulx et que ilz en priieroiient le roy et que, ja fuist ce que il [2] fuist deffendu en la loy, que ce fuist pechié, niëntmains il en polroit venir ung tresgrant bien, comme il estoit apparant, veu et consideré lez ordonnances et decrez [3] des Hongrois. Les seigneurs seculiers qui la estoiient presens se contenterent assez, veu que ces prelas de sainte

1. mains
2. ils
3. degrez

eglise le acordoiient par ceste maniere, et pourtant ils decreterent que ils s'en venroiient tous au roy, comme ils firent, et li [4] recorderoiient leur ordonnance. A tant s'en vinrent ils tous vers le roy, et firent tant que il le tinrent a conseil. Et puis li dirent : « Trespuissant et tresredoubté sires, pource que vous nous tenez vos feaulx subgiés et parfais amis, sommes ychi venus finablement par devers vous en vous remoustrant que bon nous samble pour le pourfit du bien conmun et l'acroissement de vostre magesté que vous reprendissiés aucune damme ou damoiselle, a telle fin que pour avoir (v) hoir masle qui apriès vous euwist et tenist la domination de nous tous. Car nous savons de certain que conmunement de bon estocq wide bon fruit, et nul milleur, plus puissant ne plus redoubté n'avons point euu de vous. Or est ainsi que nullement a ce fait chi vous ne vollez entendre, si non par une maniere laquelle vous savez, et pour laquelle parfurnir nous avons mis toutte la dilligensce que mettre on y puelt. Pourcoy, tresgrans empereres, vous qui estez le non pareil des rois, nous avons advisé en nous meismes pour vostre serment gharder et pour le bien publicque de vostre realme acroistre et moutepliier, et ce vous loons et conseillons, et adce nous arestons tous sans nul contredit, que vostre plaisir soit de prendre en mariage vostre belle fille Joiie, laquelle vault ung puissant roy, et nous ne savons si puissant que vous; et par ainsi nous disons que vostre serment sera ghardé. Et se vous vous doubtez que ce soit contre nature, non est, toutte raison consideree. Au sourplus, se vous en faitte aucune consiënce, nous prendons le fait sur nous du tout en tout, et vous en vollons porter quitte et lige devant Dieu et devant les hommes. »

CHAP. IX

Conment le roy prist delay du respondre de prendre sa fille en mariage.

(V. 360-380.)

Salomon le roy de Hongrie, oans ces seigneurs qui la sentensce devant ditte lui avoiient propposé, fu moult esbahis, et lui conmencha le visage a taindre et a palir de viergoingne et de honte,

4. leur

et fut une bonne espasse que il ne peult mot dire. Et quant i peult parler, si dist : « O vous nobles hommes jadis reconmandez entre touttez generations de sens et de valleur, ou avez vous maintenant pris ung si trespovre conseil, ne conment (*f. 80* r) osaste vous penser oncques telle offensce, a Dieu et au monde reprouvable, que ung si noble et si puissant roy comme vous me tenez et faittes (car par vous et non aultrement je vis et regne en domination) prenge sa fille en mariage, et laquelle il a engenré de son proppre sanc, et volez que en lui meisme il remeche de nouviel generation, qui est cose defendue, contre la loy de Dieu ? Sachiés que par ma foy je ameroye mieulx a morir, que il me convenist estre constraint adce faire. Si vous pri que dece ne me parlez plus, car je ne m'y polroy consentir. » Adont chils qui la parolle lui avoit propposee le reprist et dist en telle maniere : « Ha noble et puissant empereur, roy et seigneur de grant seignourie, ces povres gens ychi (bien puis dire povres s'il sont denuëz et orphenes de pasteur) ne polroiient souffrir que ils eussent domination sur eulx qu'il ne fuissent de bon sang. Et pourtant, chier sire, ils vous priient cest affaire et le vous loënt, et aveuc ce ils em prendent tout le meffait sur eulx. Et il leur samble et voirs est que on puelt bien faire un petit mesquief pour eskieuwer ung plus grant. Sans nulle doubte, sire, faire le vous convient, puis que vos prelas de sainte eglise le vous loënt, et sachiés de verité que vos prinches et barons, chevaliers [1] et escuyers vous seront contraires, se vous ce ne faittez. » Adont le roy, veant que tout son peuple du plus petit jusques au plus grant tout lui looiient cest affaire, et que ja de fait il le volloiient constraindre adce [2], il s'avisa que il leur feroit une nouvelle requeste pour la chose prolonghier. Car on dist conmunement que un jour de respit cent mars vault. Si leur dist en telle maniere ou samblable : « Mes vaillans, prudens et saiges conseilliers, je voy bien que le bien et acroissement de moy et de mon realme vous desirez sur toutte rien, et que ce que vous me dittez, c'est en intention de mieulx valloir. Je suy content de condescendre a vostre (v) vollenté. Mais je vous priie que dece faire vous nous donnez seullement ung respit jusques a la purification nostre damme qui sera le second jour de fevrier. Auquel jour, s'aultre conseil ne vous sourvient, je suy prest et appareillié de faire cestui, ou de renonchier a la dignité, et arez la puissance royalle en vostre main. » Ce conseil pleut a tous, et lui fu [3] acordez et jurez de tous, et ossi il leur bailla son serment solempnel.

1. chevalier
2. *La virgule est devant* adce *dans le ms.*
3. fui

Si se departirent a tant, et s'en rallerent cascun a leur cascune, en intention de revenir au jour de termyne, comme ils firent et que vous orez chi apriès. Et le roy demora aveucq sa fille, laquelle il amoit sur toutte rien comme pere aime son enfant, si le faisoit servir et honnourer comme a son estat appertenoit, mais son corage se tourna d'une aultre volenté, ensi que vous orez.

CHAP. X

Conment le roy enamoura sa fille d'amour concupiscencielle et carnelle, dist l'istore.

(V. 381-430.)

Il advint ung jour que le roy pensoit merveilleusement adce que ses hommes lui avoiient conseillié, et tant que il lui print vollenté de aller veoir sa fille en ses cambres et que il lui toucheroit aucunement du fait. Si se parti tout seul de sa chambre et s'en vint a ung matin a la cambre de sa fille. Laquelle estoit ja levee et vestue d'une cotelette tant gentement qu'i sambloit que ce fuist une ymage faitte et entaillie pour gens regharder. Car on veoit la fachon de son corps tant gentement formé, que n'estoit coer d'homme, s'il le veist qui ne la desirast. Et encores d'aventure elle se pignoit d'un pigne d'ivoire, si estoiient ses cheveulx telz qu'ils sambloiient de fin or tresgitté tant faitichement que mieulx on ne seroit deviser. Et encorez lui advint d'aventure que, quant son pere entra en sa chambre, elle rougi comme ung peu honteuse, qui le rendi tant belle que c'estoit une droitte (*f. 81 r*) merveille. Niëntmains elle se tourna vers son pere et se gitta en genouls en li saluant et disant : « Monseigneur, vous soiiés li tresbien venus ! » Adont le roy, en le prendant par la main, laquelle estoit belle, blanche et douche, lui dist : « Ma fille, Dieux vous doint bon jour ! » Et en ce disant il le leva et l'assist sur les piés d'un lit dalez lui, si le conmencha a regharder moult ententivement, conment nature l'avoit fourmee du plus hault jusques au plus bas. Et lui conmencha a sambler que oncques nature n'avoit si belle creature fourmee, non mie Helaine par qui les Troiiens furent destruis, de laquelle il avoit par pluiseurs fois oÿ recorder les fachons et manieres, et bien lui sambloit que il n'y avoit point de comparison a sa belle fille Joiie. Si le regharda par si grant affection, que il ne se donna gharde quant ung dart amoureux lui vint ferir au coer si soutillement que il le conmencha a convoitier tresardanment, comme se ce ne fuist point sa fille. Et fu tellement soupris de l'amour d'elle que a ceste fois il ne lui osa dire la cause pourquoy il estoit la venus (car il n'eult sens ne hardement du faire, pource que raison se mist par une maniere oblicque audevant), mais prist congiet a elle, comme feroit ung amant a sa damme, et elle lui donna moult gratiëusement en le baisant, comme celle qui nullement ne pensa adce que son pere pensoit, mais, comme bonne fille devotte et prudente et sage comme elle estoit, adce [1] que a son pere devoit. Après lequel departement elle se remist en son estat, ensy que a elle appertenoit, et son pere, d'un dart d'amour ferus, s'en aloit. Lequel dart lui avoit tellement feru parmy le coer, que il en fu en tresgrant dolleur, et tellement que ung tresgrant meschief en advint, ensi que vous orez assez prochainement. Mais je vous diray ainchois conment le roy se dementa de sa mescanche et de la doleur que amours et raison lui firent endurer et souffrir.

(V)

CHAP. XI

Conment le roy se demente a par lui de l'amour que il avoit a sa fille.

(V. 431-502.)

Ung jour estoit le roy en sa chambre pensant a sa fille, ne ravoir ne contenir ne s'en savoit. Si se conmencha moult fort a dementer a par lui. Car raison se mettoit audevant de ses pensees, et tant qu'il conmencha a dire : « Ha moy maleureux, chaitif et fol! bien me puis tel clamer, quant je me suy moy meismes adce constraint de convoitier et amer ce aquoy je ne doy par droit nullement advenir. Ha fortune dolereuse et parverse! et toy amour! conment astu telle oultrecuidance que d'une telle amour si vilaine me constrains a amer, ce que est contre Dieu et contre raison! Ne sestu point que c'est ma fille et que je l'ay engenré? Ce saige de certain que, quant prinches et rois orront cest affaire raconter, jamais honneur ne loënge j'en aray, mais me sera reprouvé a tous jours, tant que le siecle durera. O vous prinches Hongrois! conment vostre honneur yra a declin, se ensi est que je acomplisse vostre

1. adce] et

volloir! En ce dur parti m'avez vous mis et en ceste folle pensee. Folle pensee! Vray Dieu, qu'ay je dit? Ne m'en ont donnet congiet li prelat et li clergiet qui scevent que ce monte? Et qui plus est, m'en ont priiet, et quant il le m'ont veu reffuser, il m'ont fait manecier de mes princes et de mes barons? » Ensi le contralioient amours et raisons. Une fois se maudissoit, aultre fois se rappelloit et disoit que il estoit bien fol de soy dolloir quant tout le pechiet et le meffait ils en prendoiient sur eulx et meismement quant la biauté, faiticeté et plaisance deduisant [1] de sa fille lui venoit audevant. Adont le refrapoit au coer l'estincelle d'amour en convoitant le delit de sa fille, et puis raison revenoit audevant soudainement, qui le reprendoit et redarguoit; mais tantost gharde ne s'en donnoit que il retrebuchoit ou desir carnel, tellement que il ne s'en savoit ravoir. Et par tant de fois tumoit et reversoit en ces pensees que nuls *(f. 82 r)* ne le vous saroit dire ne escripre, mais alloit, venoit, pensoit et busioit comme tous soupris. Et tant que du tout en tout il fu tellement aveulis par concupiscence que raison se departi de li, comme celle a laquelle il ne voloit plus entendre ne oïr. Et demora en la posession d'amours, qui le constraindi tellement que il conmencha moult fort a penser en li meismes conment il parleroit a sa fille; car encores n'en avoit il le hardement, mais sambloit que il la cremist et doubtast. Au darain, en pansant et en devisant en soy meismes de la biauté, gratiëuseté et maniere de sa fille, amours le induisi adce que il se determina du tout que il en parleroit a sa fille et lui diroit tout ce que il avoit enpensé, le mal et le dolereux martirs que amours li faisoit souffrir et endurer pour l'amour d'elle. Et si le pensa, ossi le fist il moult cremeteusement; car il estoit si tres espris de l'amour d'elle que nullement raison n'avoit en li puissance ne advis.

CHAP. XII

Conment le roy vint a sa fille, et lui dist que il lui convenoit estre roÿnne de Hongrie.

(V. 503-538...)

Finablement le roy ainsi atains et ferus de l'aguillon d'amours s'en vint ung jour en la chambre de sa fille. Laquelle le rechupt

1. pl'anse deduisa

moult honnourablement, ensi que fille doit son pere recepvoir. Et le roy le prist par la main, si le mena a part seoir sur une couchette qui estoit a l'un des lez de la chambre. Et pource que il fist samblant que a elle il voelle parler a part, tout cascun se tira ariere, a celle fin que on ne leur empeuchast par faire noise ou aultrement. Et lors le roy le conmencha a reghardcr et a adviser, si perchupt telle chose qui moult l'embrasa et aluma. Et tant que il lui dit ensi comme paoureusement : « Ma tresbelle fille, veulliés moy escoutter et entendre ace que je vous voel dire et propposer, et ne vous voelliés point dece tourbler. Car je ne vous diray chose qui par raison vous doive desplaire. » « Monseigneur, » respondi la damoiselle, (v) « de chose que il vous plaise a dire je ne me doy nullement dolloir, car vous estez mon pere et mon seigneur, si me poëz conmander et dire tout vostre bon plaisir et volloir, et je suy preste comme vostre fille dece escoutter et de obeïr a vostre bon conmandement. » Et ce disoit elle de bonne vollenté, comme telle qui jamais ne pensast adce que son pere pensoit. Si lui respondi le roy et dist : « Grant merchi, ma belle fille, que si tresgratïeusement m'avez respondut, et je ne vous diray ja riens que vous ne doiiés faire pour moi. Sachiés, ma tresbelle fille, que par le gre et ottroy de tous les prelas, abbez, evesques, prinches et barons de ceste terre je vous ay mariëe, et vous ay donné baron, par lequel vous serez couronnee roÿnne et damme de terre la plus honnouree qui soit vivant. Lequel baron n'est point trop loing de vous, mais vous est tresprivez, et si vous diray qui il est. Il est verité, ma belle fille, que j'euch vostre mere en mariage, laquelle de son vivant de biauté et de bonté estoit la non pareille, dont il advint que a son trespas je li euch encouvent que jamais jour de ma vie je ne reprenderoye femme en mariage si non que elle fuist de son samblant de bïauté et de bonté. Or est ensi que les prinches de ceste terre et tous les seigneurs veullent que je soiie remariiés, en instance de avoir generation masle qui ceste terre apriès mon deciès tiengne et gouverne. Lesquelx pour le serment gharder que j'euch a vostre mere ont fait toutte la dilligensce que faire se puelt, et toutteffois il n'ont trouvet femme ou monde qui ressamble en riens vostre mere, si non vous qui estez sa fille. Et pource que ils ne veullent point que vous perdez la dignité de la couronne de cestui royalme, et pour mon serment gharder, il ont determiné et ordonné que je vous aye et prenge a femme et a espeuse. Et dece je ay l'ottroy du clergiet qui le linage et parenté de nous deux hosteront et le meffait sur eulx prenderont. Et convient que cestui fait soit acompli a ceste feste de la chandeller, que on dist la purification nostre dame. Car ensy...

***

CHAP. XIII

(V. 543-553... 568-594.)

(f. 82 bis r) La d[amoiselle, quant elle eult apris la vollenté] son pere et que il estoit soupris [d'amour] d'elle par convoitise carnelle, fu moult honteuse et, qui plus est, moult tristre et esbahye, et tellement que le sang de son corpz soudainement lui monta au visage, et puis devint toutte palle et froide comme marbre, ainchois que ung seul mot elle peuist respondre. Au darain elle, qui du tout en tout avoit mis son esperance en nostre sire et en la gloriëuse vierge Marie sa benoitte mere, apriès ce que en son coer elle eult requis sa debonnaire aide, elle respondi a son pere et dist en telle maniere : « O mon treschier pere, offenser nostre seigneur est une chose deffendue et, qui plus est, c'est une chose inhumaine de prendre la guerre a l'encontre de Dieu. Vous savez que je suy vostre fille et que vous m'avez engenree, et conment reprenderiés vous vostre engenrure ? O pere, pere, laissiez ce fol penser ! Car il n'est . .

* * *

(v) . . . . donner. Et [sachiés bien de verité,] qui pert son ame, il pert tout. » A[dont le ro]y veant que sa fille ne prendoit point bien en gré ce que il lui avoit dit, l'embracha et la volt baisier, et la fille mist sa main audevant, pource que elle veoit bien que il s'escauffoit ou delit de la veue d'elle, et ossy ce fist elle a celle fin qu'il s'en hontiast, mais non fist, ains s'en couroucha ung petit et entra en plus grant desir que devant. Si li respondi comme tous yrez et enflamez, et dist : « Par ma foy, ma belle fille, vous m'avez respondu trop follement, si sachiés de verité que je le feray, puis que j'en ay le congié. Mais se vous estez telle que vous me refusez ma vollenté, il vous tournera de legier a tresgrief contraire, et pource jamais jour de ma viie je ne vous en parleray mot. Car a ceste candeller dont nous ne sommez pas loing, mais que tous mes prinches et prelas soiient revenus qui ce me font *(f. 83* r) faire et le me conseillent, je vous espouseray et serez ma femme et roÿnne de Hongherie. » Joiie, oans son pere, lui respondi : « Ha pere, pere, Dieux par sa grasce vous pourverra de milleur conseil entre chi et dont. Tel jure de son marchiet qui depuis en lait. Je ne vous quide point tel que vous deussiés faire tel chose dont vous seriez a tousjours du monde blasmez et repris. » Le roy, oans conment sa fille le reprendoit de sa follie, comme tous plains d'ire et de mautalent, se departi de la chambre sans ung seul mot dire a sa fille, ne a personne qui la fuist present, ne oncques congiet ne donna ne prist. Et la damoiselle demoura; laquelle s'en entra en ung retrait que elle avoit dalez sa chambre pour soy lamenter et dolloir et pour faire sa priiere a la vierge glorïeuse que elle avoit tousjours en sa pensee, si dist en telle maniere ou samblable.

CHAP. XIV

Des lamentations Joiie, et conment le roy proceda avant a parfurnir son emprinse.

(V. 595-628...)

« A ! glorieuse vierge mere, et roÿnne du chiel et des angles, vray reffuge des desollez, ton benoit et douls plaisir soit de reconforter ceste povre, lasse, dollente, ensi, vierge, que tu sces et congnois que besoing m'est. Tu sces, vierge, que je suy la plus dollante qui oncques fuist, et par droit je le doy bien estre quant je suy adce menee que mon proppre pere qui de son sang m'a engenree et mis au monde me voelt espouser et nochiier. O vierge, la grant derision ! Ne conment l'osa il oncques penser? Certes je sçay de certain, puis que il en a la vollenté, que il le achevera ; et encorez par espetial puis que ses gens li conseillent. Mais sans nulle doubte j'ameroye mieulx a morir vierge, se c'estoit le bon plaisir de vostre chier enfant, que y me fausist faire chose qui fuist contre sa loy. Et bien me samble que c'est contre son conmandement, car on ne doit a aultrui faire chose que on ne volroit faire lui (v) meismes. Et je sçay de certain que faire le me feront maugré moy, se en moy n'a aucune chose parquoy il le puissent laissier. Vierge, je vous pri que vous priiés vostre chier enfant que a ce besoing il m'envoiie son benoit saint angle pour moy conseillier, et me doint otel conseil que il donna a la bonne Judich contre la malisce et perversité Holofernes, parquoy ces faulx conseilliers qui mon pere ont adce tourné se puissent retraire de leur vollenté et ordonnance. Vous savez mon coer et ma pensee; et se oncques je vous fich service qui vous fuist en riens agreable, si me soucourez a ce besoing. » Ensi se dementoit en plourant moult piteusement la bonne damoiselle Joiie, que il n'estoit homme ne femme, s'il la veist, que pité ne l'en presist, et demoura en ses chambres, pensant conment elle se cheviroit, tant que le tamps passa et que le terme de la chandelier conmencha a venir. Et de fait il fu venus. Et vinrent a la court tous chevalliers, escuyers, evesques, prelas et abbez, tous lesquelx furent rechups en tresgrans honneurs et bien festiëz de par le roy, car c'estoit son plaisir que la cour fuist tresgrandement honnouree. Car riens n'y estoit espargniet, or, argent, jeuwiaulx ne parures ne nulle quelconque chose qui fuist, mais estoit tout tant larghement ordonné que oncques le pareil ne fu veuwe. Et ce avoit et faisoit faire le roy, pource que tresbien cuidoit son desir acomplir, ne ne li challoit se sa fille l'avoit escondit ou non. Car il avoit si sa pensee ace fourmee, que il lui sambloit que de legier il l'aroit tournee a sa vollenté, et que pensees de femmes sont tost muëes et tournent et retournent comme le vent. Mais il orra assez prochainement une aultre notte qu'il ne pense, car la belle Joiie fist a la samblance de la nonnain que se esracha ung oel et l'envoya a ung seigneur qui le prioit d'amours, pource que il lui disoit que par son douch et gratiëux regart il estoit soupris de son amour. Ensy fist elle, car elle se . . . .

* * *

CHAP. XV

(V.... 697-736.)

* * *

(f. 84r) « mon pere sauver, et toutteffois je le sench tel que destruire me fera, se ta benoitte pité et grasce ne s'i estent. Car il sera bien que ce araige fait, affin que je ne le aye, et ossy que il ne me puist avoir. Je sçay de verité que besoing ne m'est de moy affoller, ou cas que je le veusisse prendre en mariage. Mais, vierge, pource que il me samble et vray est que c'est contre l'ordonnance de ton

chier enfant, suy je ace menee que je me voel affoller, si que, vierge, veulle ma main conduire et mener par ton douls plaisir. » Et enssi que elle se lamentoit, elle oÿ le huëe et le noise de ceulx qui ja estoiient venus en sa chambre qui le demandoiient. Et pource tout prestement elle, qui tenoit le coutiel devant dit en la droitte main, mist son puing senestre sur le bort de la fenestre qui estoit subz la riviere devant ditte, et leva le coutiel, et puis le ravalla tellement sur son poing que elle le fist voller dedens la riviere. Et le sang prestement lui sailli du brach a grant randon, si que de la dolleur que elle senti elle quey pasmee contre terre, la ou elle fu bonne pieche ainchois que elle se relevast. Et chi dist l'istoire que ung grant poisson que on nomme esturgon prist et englouti la main de la damoiselle, tantos que elle fu keuwe en la riviere. Dont il advint une merveilleuse merveille, comme vous orrez chi apriès au plaisir de Dieu par lequel conseil ceste chose fu conduitte.

CHAP. XVI

Conment la damoiselle fu menee en la salle devant les barons pour espouser son pere.

(*V. 737-780.*)

Quant damoiselle Joiie fu revenue a li, elle se drecha au mieulx que elle peult, et prist ung de sez ceuvrechief, duquel elle envolepa son mongnon pour estanquier et retenir le sang qui tresfort le affoiblissoit, et tellement que sa tresbelle couleur fu incontinent palle et matiie, et sambloit (v) parfaittement que ce ne fuist elle point. Et puis lui vint volenté de issir de la cuisine, et s'en rala en sa chambre ensy que elle estoit venue. La ou elle trouva quatre grans seigneurs qui le demandoiient et atendoiient pour le mener devant le roy et les barons, et estoiient ja tous effreez dece que trouver ne le savoiient. si en furent moult joieux quant ils le virent, et lui firent honneur et reverence comme a leur damme et roÿnne, et puis lui dirent : « Ma treshonnouree damoiselle, puissant et redoubtee damme, nous vous aportons nouvelle dont vous devez estre lie et joieuse : car au plaisir de Dieu vous serez roÿnne de Hongherie. Faittez bonne chiere et ne vous doubtez de rien, car il est ensi ordonné par tout le clergié de cestui regne. Vostre bon plaisir soit de vous en venir en la salle, la ou vostre pere et tout son barnage vous atent, lequel par nous vous mande que sans nulle demeure vous vigniés parler a lui. Pourquoy, tresredoubtee damme, ne veulliés en ce mettre nuls reffus; car on ne vous puelt faire plus d'onneur que de vous donner la couronne d'or et de vous couronner sur nous tous. Or vous en venez a vostre plaisir, se vous mariieront les prelas, c'est assavoir les evesques et les abbez, et vous confermeront aveuc nostre seigneur le roy. Et se vous vous doubtez pour paternité, sachiés que il en feront tant que nullement tort ne vous reprendera. » Adont la pucelle leur respondi que elle estoit toutte preste et que volentiers yroit pour oïr leur intention. « Et par espetial de monseigneur mon pere, puis que il me mande. Or alons », dist elle, « de par Dieu ce soit! » A tant ils se partirent de la chambre, elle qui moult estoit palle et descoulouree et ses pucelles aveuc elle a dextre de ces quatre seigneurs, et s'en vinrent en la grant salle, la ou li pluiseurs l'atendoiient qui moult l'amoiient et desiroient pour le tresgrant bien dont il le sentoiient plaine et avisee. Et la avoit tant de peuple que il convenoit rompre la presse a force de gens, ou aultrement elle ne peuwist oultre; et non mie de merveille, car c'estoit la non pareille chose que on eust oncques veu (*f. 85 r*) avenir, si y avoit telle murmure que apaine y peuwt on [1] oïr Dieu tonner.

CHAP. XVII

Conment le roy jura que sa fille seroit arse et le conmanda a son seneschal.

(*V. 781-845.*)

Damoiselle Joiie, venue en la presence son pere, prestement elle le enclina tout juis en lui saluant, et ossy toutte la compagnie, et cascun lui fist honneur et reverenche comme a elle appertenoit. Adont le roy s'aprocha d'elle et le prist par la main si le leva, et adce qu'il le leva il perchut son mongnon ensi envollepé comme dit est, mais il quida qu'elle se fuist ung peu blechie, et l'acola et baisa. Et puis conmencha a parler a elle et lui recorder toute l'ordonnance de ses barons, enssy que ja vous avez oÿ par chi dessubz, et puis li demanda, pource que il le vit si trespale, quel

1. on *manque*

mal c'estoit que elle sentoit, affin que remede on y mesist. Asquelles parolles elle ne disoit mot, mais escoutoit tout. Et quant elle dubt respondre, si dist : « Tresgrans sirez et redoubté seigneur et pere, j'ay assez bien entendu touttes vos parolles et tout ce que vous me avez dit. Mais je vous respons que nullement je ne doy ne ne puis parvenir a telle dignité que d'estre roÿnne de Hongherie ; ce seroit contre les estatus des Hongrois meismes, et vechi la cause pourquoy. » Adont elle devollepa son mongnon et dist : « Veés ychi, seigneurs, je n'ay que une seulle main, pourquoy je ay failli a vostre realme, et vous savez que le roy ne puelt avoir femme s'elle n'a tous ses membres, seloncq vostre proppre ordonnance. » Quant le roy et ceulx qui la estoiient autour virent le brach et perchurent que la main en estoit hostee, ils furent moult esbahis et moult tourblez, et la joiie que ils avoiient tout prestement tournee en pleurs et en grans gemissemens. Si en eulrent ossi li pluiseurs si grant pité que ils en conmencherent a plourer a grossez larmes. Et le roy, qui bien vit clerement que ensi elle estoit tout de gre mehagnie et affolee, sans regharder que elle le euuist fait par sa lealté, (v) en entra en une tresgrant felonnie et matalent, et jura que, foy que il devoit a Dieu le tout puissant, que ce meffait elle comparoit angoisseusement, car elle en moroit a doel et a honte, elle qui enssi avoit offensé l'imperialle magesté. Si le fist tantost prendre et saisir par ses bediaulx, et conmanda que elle fuist mise en chartre tresobscure, jusques adce que il aroit determiné conment il en volroit faire. Si se departirent tous les seigneurs de la court, que plus n'y demorerent, et s'en ralerent en leur lieux, comme tous confus et honteux de la piteuse adventure qui leur estoit advenue. Et bien fu adont la parolle averie de celui que escripsy : *Ultima gaudii occupat luctus* et c., c'est a dire que pleurs occupent tousjours les daraines ordonnances de joiie. Ensy advint il de cestui roy de Hongherie, lequel au premier estoit tant joyeulx que plus on ne pooit, si fu au darain si tourblés que nuls ne le pooit rappaisier. Et bien y parut; car prestement que il ot fait mettre sa fille en chartre, il manda son senescal, auquel il dist et fist tres exprez conmandement que ainchois [1] le tierch jour de cestui conmandement sa fille si fuist arse sans y mettre quelconque respit ne contredit. Mais a celle fin que pitié ne l'en prenge, il se parti de la chité ou il estoit, et la ou la chose devant ditte [2] estoit advenue, et s'en alla en ung chastiel qui priès d'illoecq estoit. Mais ainchois que il se parti il enjoindi audit seneschal a faire ce que dit est, sur paine capitale a estre faitte de li et de tous ceulx

1. ainchois apries
2. dit

de son linage qui dece deffendre le volriient. Lequel seneschal li jura ace faire sans nulle faulte, mais il en fist plus sagement que le roy ne li eust conmandé.

CHAP. XVIII

Conment le seneschal s'avisa de sauver la vie a la belle Joiie, dist l'istore.

(*V. 846-938.*)

Apriès ce que le roy se fu partis et tous les barons et que cascun s'en fu rallez a sa cascune, le seneschal et le (*f. 86* r) prouvost demourerent en la chité du conmandement du roy pour mettre la bonne Joiie a mort cruëlle. Laquelle estoit en la prison; mais le chartrier qui le ghardoit avoit mis sa fille aveuc elle pour le reconforter et tenir compagnie, et d'un tresprecieux onghement pour sa plaiie gharir et senner lui avoit donné, et aveuc ce il leur donna tresbien a boire et a mengier du tout a leur vollenté, esperant que la chose se muëroit aultrement que le roy n'avoit ordonné. Mais sans nulle doubte elle n'avoit talent de boire ne de mengier, car elle avoit tant de doel que plus n'en pooit porter. O les grans cris et pleurs qui se faisoiient par la chité, et meismez par toutte la contree, quant on seult que la fille du roy devoit morir si honteusement ! Certes je quide qu'il n'est homme nul qui le vous sceuwist dire ne escripre. La crioient ces povres femelettes a hault cris la grant dolleur et le grant meschief de leur perdition, car c'estoit tout leur reffuge et toutte leur sustentation, et ce leur crevoit le coer que c'estoit pour le bien qui en elle estoit, dont la dolleur leur estoit plus grant, si maudissoiient ceulx par qui c'estoit. Et meisme le seneschal, qui estoit ung homme remplis de toutte prudence, estoit en tresgrant effroy et en tresgrant anuy, et si grant que en deux nuis il ne dormi ne reposa, mais pensoit en li meismes conment il s'en ordonneroit. Car il savoit de certain que s'il acomplissoit le conmandement du roy, que ce seroit pechié et que point elle ne l'avoit deservi, et ossi il en querroit en l'indignation du peuple et de tous ceulx qui jamais en orroiient parler. Et si savoit ossi bien que on fait faire tellefois en courouch aucune chose dont on se repent apriès et en est on courouchiés; et se ensi advenoit du roy, comme licite estoit, il en seroit après courchiés et lui en saroit mauvais gre. En apriès il lui sambloit que, se il l'envoiioit en aucune marche, et son roy le seuwist a son revenir [1], il l'en seroit mauvais gre et le polroit par adventure faire morir par sa grant (v) fureur qui moult faisoit a cremir. En ce point estoit le seneschal que il ne savoit que faire. Au darain, lui vans que de tous sens lui en estoit apparant de mal venir, il s'apensa que il feroit le mains mauvais et que point morir ne le feroit si cruëlment que le roy avoit conmandé; mais le mettroient en la mer en une petiotte nef sans aviron et sans voille, et le conmanderoit on en la gharde de Dieu, mais il le convenoit faire si secrettement que nul n'en sceuwist rien. Et proppos a que il lui donroiient vins et viandes assez pour vivre une quinzaine, a celle fin que, s'il plaisoit a Dieu que elle arivast quelque part, que elle euwist dequoy soy soustenir et vivre. Et pour mieulx son fait et son penser couvrir il propposa de faire en une certaine place assez priès de la chité ung grant mont d'espines, la ou il bouteroit le fu, tantost que la bonne Joiie seroit esquipee en mer, et il feroit entendant au peuple que la elle seroit arse et destruitte.

CHAP. XIX

Conment la damoiselle Joiie fu mise en la nachelle toutte seulle en la gharde de Dieu.

(V. 939-1020).

Ensi comme il le pensa le fist il. Et pource plus tos esploitier il manda tout prestement le chartrier qui le ghardoit en la prison. Lequel y vint sans faire nulle atente ; car il cremoit et amoit le seneschal. Tantos que le chartrier fu venus devant le seneschal, il le mist a raison et lui demanda se il s'oseroit fiier en lui pour le salut de la fille au roy. Et il lui respondi que sy. Adont il lui fist jurer son serment, que par lui ja ne seroit sceuu chose que il lui deist ou conmandast a faire ; a laquelle chose faire il le aideroit de tout son pooir. Et ensi le jura li chartriés. Et quant il lui en ot donné son serment, se lui recorda toutte la chose, ensi que propposet l'avoit. Dont le chartrier fu tresjoieulx, et lui dist que ace avoit il assez penset. Et lors le seneschal lui dist et conmanda que

1. *Dans le ms., la virgule se trouve après* seuwist

il songnast de la nef, ains que le jour apparust, *(f. 87 r)* et le pourveist tresbien de vins et de viandes. Laquelle chose fist et exploita tout ensi que conmandé li fu ledit chartrier. Et quant il ot tout prest, il s'en revint au seneschal et lui dist que tout estoit prest et que la nef estoit ja au port pour le esquiper en la mer. Dont le seneschal fu assez joiieulx, mais non mie trop, car il doubtoit moult de [1] la damoiselle, et euwist mieulx amé aultrement s'il peusist. Adont li seneschal fist appareillier troix chevaulx, sus l'un desquelx entour la miënuit ils firent monter la damoiselle, et ils monterent sus les aultres, et puis se partirent eulx troix seullement de la chité a celle heure, a celle fin que ils ne fussent apperchups du peuple qui par adventure ne l'eussent point souffert. Si cevaucherent tant que ils vinrent jusques a la mer et que ils trouverent la nef devant ditte. Quant ils furent la venus, ils le mirent jus du pallefroy. Et lors la damoiselle leur demanda que c'estoit que ils volloiient faire, car encores ne lui avoit dit le seneschal ne le chartrier. A che mot le seneschal le inclina et lui dist : « Ma treschiere damme, sachiés que monseigneur vostre pere, nostre tresredoubté roy, pour l'offense que vous li avez fait de vous affoller a celle fin que de le non avoir en mariage, m'a fait exprès conmandement de vous avoir mis a exil et a mort, dedens hui le jour qui est le troisime de son conmandement, par fu. Et ce me a il conmandé sur ma vie, et de moy et de tout mon linage. Mais sachiés, ma tresdoubtee damme, que la pité que j'ay au coer de vous et de vostre malle adventure ne me laisse souffrir dece faire ne que par tel tourment ne vous meisse a la mort. Et pource je vous metteray en la main de Dieu, lequel vous ghardera et conduira a son bon plaisir en ceste nef, la ou je vous metteray toutte seulle sans aviron ou sans mast ou voille. Si me veulliés ce pardonner par vostre pité, car par la foy que je doy a Dieu le tout puissant, a monseigneur le roy vostre pere et a vous, che poise moy que ensi le fault faire. Et vous (v) savez que vostre pere est moult felon et crueulx quant il est en son yre, et se vous acertefie que je sçay de certain que, s'il savoit que arse ne fuissiés, j'en morroy honteusement ; si veulliés prendre en gre ce que j'en fay, car c'est pour l'amour de Dieu et de vous. » Adont la damoiselle li dist : « Par ma foy, seneschal, je ne sçay point par quelle destinee je suy adce menee, car oncques en ma vie je ne fich ce que j'ay fait fors pour pechiet esquieuwer, ne je ne quide point que oncques fuist fille de roy qui fuist a tel dolleur menee, et pour bien faire ! Et si vous dich que tous ceulx qui ce ont conseilliet a mon pere ont fait tresgrant pechié. Loëz en soit mon bon Dieu que toutte seulle m'en yrai ; je ne l'ay point desservi, mais je aime

1. de *manque*

mieulx a estre noiie, se Dieux l'a permis, que arse. Et de tant vous remerchie je et vous en sçay bon gre, en priant a Dieu debonnairement que tout ce il voelle a mon pere pardonner et a vous et que il lui doint joiie et honneur et a vous ossy! » Adont conmencherent ils tous a plourer tant fondanment, que les grosses larmes lui cheoiient des yeulx. Et ensi, en soupirant, plourant, lamentant et regretant l'un l'autre, disant tant de piteux mos que creature ne le saroit dire et recorder, il le mirent en la nacelle, en laquelle ilz le laisserent en la gharde de Dieu, auquel il le conmanderent. Et puis le bouterent en l'iauwe le plus avant que ils peulrent, et les ondes de l'iauwe l'orent tantos eslevee et boutee ensubz du port si loing que plus veir ne le pooient. Las, quel dolleur! las, quel pleurz et pité sans comparison! Quel dur coer esse qui ne plouroit a oïr recorder telle pité, que d'une telle damoiselle, fille de roy, estre mise et menee a telle dolleur et a tel vité sans compagnie nulle, sinon de Dieu, qui toudis le conduisit et gharda par sa pité, enssy que vous orrez assez prochainement?

CHAP. XX

Conment le seneschal fist alumer le fu pour faire entendant que il avoit fait ardoir la fille du roy.

(V... 1022-1032... 1057-1068).

* * *

(f. 87 bis r) comme ils es . . . .
la chité. Et tout p . . . .
d'espines et de tilleux et . . . .
appareilliez et s'en yssi aulx . . . .
et le senescal aveuc li et n'estoii. . . . .
Et quant ils furent venus au lieu. . . . .
ils deschergerent leurs habillemens. . . . .
feu si grant que ce sambloit que ce f . . . .
qui ardist, et tantos que le fu fu ens . . . .
en la chité et conmencha moult fort a soy. . . . .
dire : « Ha lasse my! la bonne, la belle, la mille. . . . . . .
nasqui de mere [1], conment este vous morte a doel . . . . . .

1. mer

honteusement et dollereusement pour la vaillan. . . . .
de vostre coer. Ha, bonne gens, vous avez perdu vostre d. . . .
moiien, vostre confort. Ha! que maudit soit qui oncques . . . .
le conseil! » Et ce disoit il si hault que les gens d'aval . . . .
l'ooiient de leurs lis et de leurs chambres qui se lev . . . . .
car le jour conmenchoit a apparoir, si sailloient hors d. . . .

* * *

(v) * * *

. . . . t que se
. . . . geroiient quant
. . . . .ant le fu fu passez, li
. . . . roy, auquel il recorda que
. . . . fille ensi que conmandé lui avoit
. . . . lui seult tresbon gre, car il estoit
. . . . s despuis il s'en repenti et en prist
. . . . tresgrande, comme vous orez en l'istore
. . . . mais je vous lairay a present a parler
. . . . Hongrois, et vous parleray de la bonne
. . . . seulle s'en alloit en la gharde de nostre sire
. . . . r, la ou les ondes de la mer le gittoiient ensi
. . . . le apportoit.

* * *

CHAP. XXI

Conment la bonne Joiie se maintint sur la mer et conment elle aborda sur lez marces du realme d'Escoche.

(V. 1069-70... 1174-1252).

Quant [1] la bonne damoiselle Joiie se vit ensi esquiper en la mer [2], et ja estoit si advant que elle ne veoit que chiel et

1. ..nt
2. ..er

(f. 87 ter r*)* yauwe . . . .
point. . . . .
a la . . . .
vais . . . .
pros . . . .
a m . . . .
et po . . . .
creat . . . .
estre . . . .
et de g . . . .
de la p . . . .
dura . . . .
dest . . . .
fou. . . . .
d . . . .

* * *

(v) . . . . s, la
. . . . mer
. . . . en
. . . . que
. . . . ar
. . . . eu
. . . . mas
. . . . irs
. . . . iiere
. . . . fuist
. . . . ement
. . . . ne
. . . . elle

* * *

(f. 88 r*)* sur la rive de la mer, c'est assavoir de saillir et de choller, comme on fait en assez de lieux en ces marches et ailleurs. Et y estoit venus le prouvost de la chité pour les debas gharder et deffendre. Si advint, a celle heure que il se juoiient sur ces dicques de mer, que ils conmencherent a veoir celle nacelle, et si ne veoiient homme ne femme ens. Car la demoiselle se seoit tout bas, qui ne s'osoit lever ne drechier, mais atendoit la grasce de Dieu. Et se n'y avoit voille ne riens, mais s'en venoit comme s'une aultre nef le traînast; et tant vint que elle fu moult priès d'eulx. Le

prouvost qui la estoit et qui l'avisoit, cuidant que ce fust aucune nef qui fust escappee d'aucun lieu, le fist prendre par les gens d'environ. Mais quant ils le prinrent, ils trouverent ceste tant belle damoiselle qui estoit ens. Dont ils furent si esbahis qu'ils ne seurent que penser, et disoient li ungz a l'autre que c'estoit fantosme; car oncques plus belle creature n'avoiient veue, et ossi elle estoit vestue de drapz royaulx. Et l'avoit fait le seneschal ensi vestir, a celle fin que, s'elle arivoit a quelque port, que on lui feist plus de biens en l'onneur de gentillesse, et ensi en advint. Quant le prouvost, qui la estoit tant esmerveilliés de ceste adventure, le vit tant belle et tant bien paree, il conmencha a parler a elle moult gratiëusement et sagement, en le saluant de Dieu premierement que bonne adventure lui donnast, et l'apella pucelle, pource que bien lui sambloit que ensi en estoit. Adont la damoiselle lui dist : « Sire, celi que vous avez nommé vous veulle oïr par sa douche grasce, et vous doint joiie de tout ce que vous volriés avoir joye. » A ce mot li prevost se approcha d'elle, et lui conmencha a demander qui elle estoit et dont elle estoit et conment on l'apelloit. Si ne li respondi la damoiselle aultre chose fors tant seullement que elle estoit une povre chaitive gentil femme, comme il le pooit bien veoir; ne plus riens de son estat ne lui volt congnoistre, mais elle (v) lui pria que il lui pleuwst de sa grasce aidier a yssir du dangier la ou elle estoit et que elle peuwst la estre entre eulx enquerant et demandant son vivre, en quelque lieu que mieulx leur plairoit, pour l'amour de Dieu, et que ce fuist en lieu la ou son [3] honneur fuist ghardee. « Par ma foy, » dist le prouvost, « belle! puis que chi vous estes arivee, vous serez menee devant nostre seigneur le roy, qui vous fera du bien a sa volenté. Et je quide que si fera il, car il est ung moult biau jonne baceller, saige et bien apris, et s'a une moult vaillant mere, aveuc laquelle vous demorez. Et se la vous parvenez, il ne vous faura riens, se Dieux plaist. » « Grant merchis, sire, » dist la damoiselle. Adont le leverent ils, et perchurent que elle n'avoit que une main, si n'en savoient que penser. Si le mena li prouvost en sa maison pour le aisier et remettre apoint, et fu toutte la nuit aveucq sez deux filles qui moult le festiërent et congoïrent, pource que elles [4] le veoient de tant biel maintieng et gratiëux, tant belle et tant douche que nulle plus belle creature n'avoiient oncques veu. Quant ce vint l'endemain au matin, le prevost se leva et fist lever la damoiselle, de laquelle il ne peult oncques savoir le nom, et le fist monter sur ung moult riche palefroy, si se parti de Beruïch et conmencha a

3. leur
4. elle.

cevauchier et la damoiselle aveucq li, tant que il vint a une chité que on nomme Dondieu, la ou le roy pour lors se tenoit. Et y vint a heure du disner, si descendi au perron et print la damoiselle que il mena aveuc li, tant que il vint devant le roy, auquel il le presenta moult gratiëusement, et le roy le rechupt tresnotablement, comme celle auquel sambloit qu'elle fuist de tres bon lieu yssue.

CHAP. XXII

Conment le roy d'Escoche enquist a la damoiselle et conment elle li [1] respondi gratiëusement.

(*V. 1253-1323.*)

Vous devez savoir que moult y eult de parollez dittes et (*f. 89* r) retournees en la reception de la damoiselle Joiie, desquelles escripre seroit une moult longhe chose et qui polroit tourner a anuy. Car c'estoit une chose moult nouvelle, et bien le moustra le prouvost de la cité de Beruïch au roy et a son conseil. Neantmains quant le roy eult espasse de parler a elle, il lui conmencha a demander de son estat et qui elle estoit, en lui promettant que il lui feroit du bien tant que elle s'en loëroit. Mais auttre chose elle ne lui respondi fors tant seullement que elle lui dist en telle maniere : « Sire, tous ceulx qui bien me font et feront, il font et feront aulmosne, car je sui trespovre et sans nul avoir. Et vous dy que je suy venue parmy la mer, a tresgrant dolleur et dangier, d'une estrange contree, la plus [2] dolante, la plus kaitive et la plus lasse qui soit au jour d'huy vivant. Et sachiés que, s'i plaisoit a mon bon createur, je volroiie que je ne fuisse plus. Si que, mon treschier seigneur, ne m'en enquerez plus, car je ameroye mieulx a morir que mon anuy a recorder ne a dire. » Et ace que elle disoit ces parolles, lez grosses larmes li quoyent des yeulx; laquelle chose reghardoit le roy, dont il avoit tresgrant pité, mais bien li sambloit que c'estoit une fille de bon lieu yssue, car son maintieng et sa parolle le desmoustroiient. Quant le roy vit que elle plouroit si tresfort et que elle ne lui voloit dire son estre ne la cause de sa dolleur et exil, comme tous meus de pité et de compassion, il

1. le
2. plus *manque*

l'envoiia a la roÿnne sa mere, en lui mandant que elle lui feist tout le bien que elle polroit et le tenist bien et douchement emprès elle sans lui de riens enquerre de son estat, jusques adce que elle sentiroit et verroit que elle seroit plus reconfortee et remise en son bon point premerain. Car il savoit de certain, comme son ymagination lui jugoit, que elle estoit de tresbon lieu yssue, et que c'estoit par aucune mauvaise fraudulation (v) que elle estoit ensi escachie et deboutee. Lequel mandement du roy fist et acompli la roÿnne sa mere, et conmanda a ses demoiselles de par le roy son fils que ellez le honnourassent par touttes les manieres que elles savoiient et pooient. Qui ensi le firent, car a leur pooir elles [3] le congoïrent, amerent et honnourerent, et tout ce que elles [3] pooient penser que bon lui estoit elles lui firent et acomplirent. Et le prevost qui la le avoit amenee demora pour celli jour en parlant de ceste matere et de pluiseurs aultres. Mais quant le roy seult que la damoiselle n'avoit que une main, encorez fu il plus esmerveilliés que devant, et pensa que par tres grant outrage la main lui avoit esté hostee.

CHAP. XXIII

Conment le roy d'Escoche mist a nom a la belle Joiie la Manequine, lequel nom lui demora par longhe espasse de tamps.

(V. 1323-1346).

Quant ce vint l'endemain au matin, le prevost de Beruïch qui la damoiselle avoit amenee print congiet au roy et a la roÿnne sa mere et ossi a la damoiselle Joiie, de laquelle il ne savoit le nom, et quis se departi de Dondieu et s'en revint a la chité de Beruïch dont il estoit gardiien de par le roy. Et Joiie la bonne et belle damoiselle demora en la court de la roÿnne, la ou elle estoit tresbien amee, tresbien servie et tresbien honnouree. Et ossi elle se contenoit tant gratiëusement que ce sambloit une droitte ymage, et si savoit toutte l'onneur que savoir on polroit. Mais dece estoiient la roÿnne et ses damoiselles tresanoieuses [1] que

3. elle
1. tresanoieuse

nommer elles [2] ne le savoiient, et nullement adce ne le pooïent donter que elle leur veusist par nulle voiie du monde dire son nom ne sa region ne pourquoy elle estoit en ce point. Car tantos que on li demandoit, elle plouroit si fondanment que elle ne pooit parler ne dire *(f. 90 r)* mot, pourtant on [3] ne l'en osoit parler. Or advint ung jour que il print volenté au roy de venir veoir madamme la roÿnne sa mere en ses chambres, les damoiselles et ossy celle dont il ooit souvent parler pour pluiseurs causes, tant pour sa biauté comme pour sa faiticheté et pource que elle savoit toutte l'onneur qui apertenoit a savoir a damme ou a damoiselle [4]. Si vint celle part, et quant il eult sa mere saluët et honnouré et touttes les damoiselles, il conmencha moult fort a regharder et a adviser ceste damoiselle qui tant estoit belle et gratiëuse que a merveilles, ne apaines ses yeulx n'en pooit hoster. Et tant que de fait il l'aprocha et le prist par la dexstre main, car aultre n'avoit elle, et le fist asseoir malgré elle sus les piés d'une couche, et puis lui conmencha a demander et a enquerir tout son estat, au mains que son plaisir fuist que elle leur desist conment on le nommoit, a celle fin que il le seussent conment apeler. Mais elle conmencha si fort a larmiier que le roy le laissa en pais, et le rapaisa au mieulx que il peult. Et quant il vit que aultre chose extraire de li ne polroit, si lui dist : « Par ma foy, damoiselle, puis que aultre chose de vostre estat savoir ne poons, raison nous ensaigne que nous vous apellons par aucun non, a celle fin que nous en sachons conment parler. Si ay reghardé en moy meismes que, puis que vous ne avez que une main (je ne say la cause dont ce vient) que je vous metteray nom, selonc ce que l'escripture dist que *mancus* c'est a dire homme qui n'a que une main et *manca* c'est une femme qui n'a que une main, et pource je vous mech a non *Manca* qui sera a dire en Ronmant Manequine. Et ensi vous destine jou avoir a nom de ce jour en advant, puis que de vous nous ne savons aultre nom. » La pucelle ne mist adce nul contredit, comme celle a qui ne calloit de chose que on li desist, et ossy le nom lui affreoit tresbien pour la cause devant ditte (v) [5], et lui demora grant tamps et grant espasse, ensi que vous orez en l'istore, pource que aultrement nommer ne se volloit pour le desplaisir qu'elle avoit de son pere dont elle se doelloit grandement.

2. elle
3. on] quels
4. damoiselles
5. *ici le ms. répète* et cestui nom lui (v) affreoit — ditte

CHAP. XXIV

Du maintieng de la damoiselle Joiie nommee a present Manequine estant en Esçoche, dont le roy l'enama par amours.

(V. 1347-1416.)

La damoiselle Joiie maintenant nommee Manequine, estant ou realme et en la maison du roy d'Escoche a son aise au reghart de la grant mesaise et misere qu'elle avoit souffert par chi devant, ne demoura pas longhement que elle se maintint si gratiëusement et si courtoisement, que elle conmencha moult a plaire a cascun, et n'estoit personne, home ne femme, qui ne prendist plaisir a elle reghardér. Car elle avoit une tant belle et si gratiëuse maniere que merveilles, et se savoit tant bien gharder de mesdire que il n'estoit personne qui en sceuwist nul quelconque mal dire, s'il ne volloit mentir, mais couroit d'elle par tout le paÿs si grant renommee que cascun en parloit en bien et en honneur. Et la grant aise la ou elle estoit li faisoit tresgrandement revenir sa biaulté. Et ossy le roy qui tant vaillant et debonnaires estoit avoit conmandé que tout son plaisir lui fuist administré en touttes manieres. Et avoit ses pucelles qui le servoiient, comme on faisoit la roÿnne sa mere. Lesquelles l'amoyent et honnouroient tant, que tous ceulx qui parler en ooiient l'amoient, prisoient et honnouroiient, et disoiient que elle venoit d'un gentil coer quant si sagement elle se maintenoit en paÿs estrange. Et finablement ils en disoiient tant de bien que ceulx qui oncques veu ne l'avoiient l'amoiient en coer et en corage pour les biens seullement qu'y [1] disoiient d'elle ceulx qui autour d'elle repairoiient. Et pour sa tresfaitice *(f. 91 r)* gratiëuseté le roy l'avoit toutte enamouree et l'aloit souvent veoir pour soy deduire et esbattre aveuc elle, et pour l'amour d'elle sejournoit souvent a Dondeu plus que il n'euwist fait se elle n'y fuist point. Et si juoit souvent a elle as eschès, as tables et as aultres jeulx tresdelitables, dont elle estoit la droitte maistresse et enseigneresse, et y prendoit le roy tel plaisir que merveilles. Finablement tant y

1. quils

ala le roy et vint, que en fin il s'en tint pour fol, pource que il fu ferus d'une maladie joieuse qui lui vint par ung dart d'amours tant soutilment fichiet en son coer. Dont il ne se seult hoster jusques adce que tout le courps de sa douche dolleur eult prins son courps et sa volee au plaisir et volenté d'amours. Ainsi [2] avient d'amours; car, quant la flesche est volee parmy les yeulx jusques au coer, jamais nul jour n'en ystera, tant que elle ara fait son emprinse. Dont il a convenu maint et maintes eulx dolouser souvent et gemir et eulx queir et verser en maintes dures et pesans pensees. Et quide a mon éssiënt que c'est une dolleur tant dolereuse, que ja homme ne l'endurereoit se il ne lui plaisoit; mais le plaisir que on y prent fait le peril et la dolleur souffrir et porter. Si vous volray ychi remoustrer conment ceste dolleur puelt plaire, qui est une chose bien estrange et merveilleuse, que doleur puist plaire. On sent au coer nuit et jour tristresse et dolleur, si plaist. On ayme de bonne volenté et de bon coer, et conment puelt il avoir en vraye amour chose que on puist apeler doleur ? Maintenant le vous diray je, si que je quide se vous savez riens aperchevoir que vous direz que je dich verité.

CHAP. XXV

Quelle chose c'est d'amer par amours, et dont vient que doleur d'amours plaist, dist l'acteur.

(V. 1417-88.)

(v) L'escripture nous ensaigne et aprent que amours est une vollenté par laquelle mains coers d'hommes et de femmes sont temptez. Si vous diray par quel usage ce vient. Ce ne sont aultre chose que les yeulx de creatures humainez ens esquelx le coer croit, et le coer a tellement domination seur les yeulx, qu'i les envoiie par tout ou il voelt, et tout ce que ils voiient il convient [1] que le coer croye. Et les yeulx de creature sont [2] par droitte nature si fols que ce qui mieulx leur plaist ils reghardent, sans reghardcr a nulle discretion de raison, fors seullement ce qui plaist

2. Ains

1. convoitent

2. son

au coer, et sont si subtillement enté en la creature que il sont lumiere au coer, ne le coer ne puelt en nulle maniere veoir si non par yeulx. Or est ainsi que li yeulx sont convoiteux par le ordonnance de nature de regharder tout ce qui est biel et plaisant et par espetial belle estature. Dont vient telle [3] volenté et telle nature que par droitte forche les yeulx sont constrains de aller la ou celle nature et celle volenté les envoiie. Et lors par[4] celle volenté qui est ditte le coer regharde parmy les yeulx ce qui lui plaist le mieulx, et la ou il se delitte et prent son plaisir, et parmy tant il est prestement saisis. Car les yeulx li presentent et requierent que il regharde che qui sera en son reghart. Et lors li coer qui garde ne s'en donne est assaillis parmy les yeulx d'une convoitise plaisant et desirant, dont souvent il est plaiiés et navrés de pensees diverses. Et plaist ceste dolleur pour le parfait desir et plaisir que on a ou regart de la chose qui tant plaist et que on est toudis atendant de conquerre ceste plaisanche. Telle est la doleur que on puelt avoir en amer par amours. Et la cause pourcoy on l'apelle amours, c'est pource que on aime ce dont puelt venir ung contraire tresdur, et mesmement dece *(f. 91 r)* que on desire. Et ce qui fait ce mal porter liëment. c'est une esperance que on a de acomplir sa vollenté du desir. Et par ceste esperance sont les durs[5] et grief maulx, paines et travaux que on puelt avoir en amour plus doucement portez et souffers. Et pource que esperance amaine les aucuns a leur intention, et les aultres y fallent est [6] ceste amour ditte douce et amere [7], et l'apelle on douce dolleur. Si est droit que d'amours on se loe et plainge pour les raisons devant dittes. Et par ainsy vous poëz apperchevoir conment ceste doleur d'amours plaist. Or revenons a no pourpols.

3. celle
4. par *manque*
5. dars
6. en
7. aimere

CHAP. XXVI

Conment le roy d'Escoche doulousa en amant [1] la belle Joiie, dist l'istore.

(V. 1489-1801).

Maintenant en descendant a nostre pourpols nous devons remoustrer l'estat et ordonnance de ce bon roy d'Escoche que il maintint en amant la belle Joiie, dont l'istoire dist en telle maniere. Il advint ung jour que le roy avoit esté juër es chambres des dammes, la ou il s'estoit esbaniiés a la damoiselle Joiie par moult de manieres d'esbattemens, et avoiient entre eulx recordés pluiseurs gratiëux mos, comme font et doivent faire tous gentils coers. Si s'estoit retrais en sa chambre pour aller dormir et reposer. Mais quant il fu couchiés, il conmencha a penser a la damoiselle par moult de manieres. Et en ce penser il conmencha a soy tourner et retourner, ne nullement endormir ne se pooit. Et tant que il conmencha a dire a lui meisme : « Or sui je bien plains de folie quant tant je puis, et si ne puis riens, et par espetial je ne puis mettre raison en ma pensee, et si ne puis mon coer gharder que je ne pense malgré moy a ceste damoiselle, pource seullement que son tresgratiëux maintieng et sa tant belle chiere me plaist oultre mesure, et si me croist [2] ceste pensee, et de nuit et de jour hoster ne m'en puis, ne je ne dure point se (v) aveuc elle je ne suy a sejour. O vray Dieu! » disoit il, « je ne quidoiie point que amours eust telle puissance que moy faire ensi decliner, moy qui sui puissant et redoubté. Et touttefois raison m'aprent que, se je poursieus mon desir jusques a outrance, il y a deux meschief, dont l'un m'en puelt venir, ne faillir nullement je n'y puis. Le premier si est : se j'en fay ma damme par amour et que en elle je passe le apetit de la char, ce me sera reprouvé, et dira on que je seray faulx et desloyal et tresvollaige et de peu de discretion de avoir deflouré une tant noble et amanieree damoiselle, et espoir ossy elle est de tel lieu issue que j'en vaulroye mains. A l'autre

1. alaant
2. croit

lez, se je le prens en mariage, espoir oussy au contraire qu'elle a la main coppee pour aulcun mauvais fait, et on l'a mis en cest exil, la ou elle fu trouvee, pour purgier ses demerites, combien que je ne le quide point. Car elle est tant gratiëuse, que par la gratiëuseté que je voy en elle oncques ne le desservi, comme il est advenu pluiseurs fois d'aucun [3] qui a eult grandement a souffrir et a porter par mauvais conseil ou enort, comme par adventure puelt estre de cestui. Et veritablement y pert tresbien a son maintieng et adce que elle moustre, que elle soit de tresbon lieu yssue. » Et ensi comme il disoit ces parolles ou telles, si pensoit a la biauté d'elle et a sa fourme, a sa contenanche, et en ces pensees il s'enfouwoit et boutoit tellement que nullement ravoir ne s'en pooit. Et qui tout son estat de ce cas recorder vous volroit, je quide que longhement mettre y convenroit, car ne nuit ne jour il ne pensoit a aultre chose. Et se d'aventure on le mettoit en aulcune aultre ymagination, si revenoit il toudis par elle, et en ce il s'afermoit du tout que il le prenderoit en mariage, mais il cremoit trop fort que il ne despleut a son peuple et a ses amis, pource (*f. 93 r*) que elle estoit estranghe et que on ne savoit qui elle estoit. Pareillement en telles ymaginations et pensees estoit la damoiselle Joiie du roy que nullement hoster ne s'en savoit, et de fait elle s'en reprendoit en elle meisme, car pource que elle estoit ensi escachie, il lui sambloit que jamais il ne le prendroit en mariage, car il ne le congnissoit, ne ossi elle faire congnoistre ne se volloit. Et, qui plus est, elle s'estoit adce determinee que ja sa songnant ne seroit pourtant, enchois elle ardoir se lairoit. Si en estoit en telles pensees, que le plus souvent le dormir, le boire et le mengier en laissoit. Et est assavoir que en ce parti ils furent par le terme d'un an enthier, ainchois que riens ils en deissent l'un a l'autre. Ouquel terme ils firent moult d'amoureulx reghars et parlers, et tant que la mere du roy s'en perchupt, qui moult dolante en fu, comme bien elle le moustra, ensi que vous l'orez tout maintenant.

3. daucuns

CHAP. XXVII

Conment la mere du roy d'Escoche deffendi a la Manequine que elle ne se juast plus au roy.

(*V. 1801-46*).

Tant se poursieuwirent ces deux vraix amoureux en doulz reghars plaisans et gratiëux que la roÿnne, la mere au roy, qui plaine estoit de toute mauvaise pensee et art diabolicque, s'en perchut, et tant que elle vit clerement que ils se entreamoiient merveilleusement (car se l'un amoit l'autre, ossy faisoit l'autre l'un), sy s'apensa prestement que s'elle puelt par nul tour elle leur fera de leurs amours ung destourbier, et fera tant que leur amour se deffera. Et pour a son intention parvenir, elle manda la belle Mainequine que tos et hastivement elle venist parler a elle, et espia ung jour que son fils le roy estoit allez voler, a celle fin que il ne le (v) destournast a faire ce que elle avoit enpensé. Tantos que la damoiselle oÿ le mandement, comme celle qui tresobeïssant estoit a la roÿnne et qui cremoit a elle courouchier, y vint et le salua, ensi que a elle appertenoit, moult honnourablement. Mais la roÿnne oncques ne li rendi aultre salut, fors de prime face quant elle le vit elle crosla la tieste en le reghardant assez fellement, et puis li dist en telle maniere : « Se Dieux m'aït, ma damoiselle [1] Manequine, il me samble que mon fils le roy trop volentiers se meth en vo chemin, et me samble que, s'il le fait volentiers, encorez le faitte vous plus, et samble que vous amez li un l'autre je ne sçay de quelle amour. Mais je vous en dich tant : se vous ne vous en deportez et que de sa personne ne vous absentez, je y metteray telle remede que ja ne vous en loërez. Et ce vous deffens je si chier que vous amez vostre vie. Conment osez vous, qui estez ychi venue je ne say conment, compagnier ensy mon fils, qui est ung puissant roy? Je me donne bien grant merveille conment vous l'osez penser! Et pource je vous promech, se plus vous le faittes que tart en venrez au repentir. Car se je vous y treuve, foy que je doy a Dieu, je vous en feray ardoir, qui qui le voelle veir. Si vous advisez surce, car ja de-

1. damoisselle

portee n'en seriés. Laissiez vos jeulx et par espetial a mon fils le roy, et si vous juëz as aultres! Et ossy il trouvera assez d'aultres sans vous pour juër et esbattre, desquelles on sera et le nom et la venue et dont il ara plus d'honneur que il n'ara de vous, qui n'estez que une povre chetive, se ne fuist sa debonnaire grasce, par laquelle vous vivez en sa court a son honneur, non point pour chose que il sache [2] que vous le vailliés [3]. Si vous advisez sur ce point, ou aultrement je y pourveray, dont vous ne me sarez ja gre et dont ung tresgrief mal vous en polra venir. » A ce mot (*f. 94 r*) li respondi la damoiselle et li dist : « Ma tresredoubtee damme, je vous priie pour l'amour de Dieu que il vous plaise a mettre pais en vostre coer, et ne veulliés enchargier nulle rancune encontre moy pour ce cas. Car je vous jure et promech par la foy de mon corps que oncques monseigneur le roy ne me dist ne requist chose dont me peuist venir aulcun blasme. Mais l'ay trouvé bon, juste et loyal preudomme en toutte maniere, et ossy au plaisir de Dieu je n'ay point volenté que il treuve en moy aultre chose que on ne doye trouver en une preudefemme. Si me samble que vous faittes mal et pechié qui m'en blasmez ou se mauvaise m'en tenez, car oncques ne le desservi. Ha ! ma tresredoubtee damme, se mon tresredoubté seigneur, qui par sa tresgrant courtoisie me donne et fait donner tout ce que besoing m'est, se jue ou voelt juër a moy, je ne li dois ne ne puis escondire, puis que c'est son bon plaisir. » « Et par ma foy, » dist la roÿnne qui plus fu esmutte que devant pour la gratiëuse parolle que avoit rendue la Mainequine, « se vous ne vous en tenez, vous en venrez a mauvaise fin. » « Damme, » respondi la damoiselle, « puis que c'est vostre volenté, je m'en tenray de ce jour en advant. » Si se departirent l'une de l'autre a tant. Mais la damoiselle [4] fu en grant anuy, ce ne fait point a demander. Car sa besoigne gisoit en tresperilleux parti, pource que elle sentoit la roÿnne qui, ensi que dit est, lui estoit contraire.

2. *ms. point*
3. *ms. virgule*
4. damoiseille

CHAP. XXVIII

Conment la damoiselle se plaindi au roy de la deffense que sa mere lui avoit faitte.

(V. 1847-94).

La damoiselle Joiie maintenant nommee Mainequine, tant dolente que plus ne pooit, retourna en sa chambre, si se conmencha moult fort par elle a plaindre et a dolouser, et disoit : « Halas! moy dollante! conment polroy je ja jour de ma vie escondire a mon chier seigneur et amy ma compagnie? (v) Lequel m'a par sa tresgrant debonnaireté fait si grant honneur que il m'a gitté de dolereuse povreté, quant par la mer je vinch et arivay en son realme. Et par ma foy, je le doy mieulx amer que je ne fay sa mere, laquelle par sa crudelité m'a fait une deffense si tressamere. Mais foy que je doy a Dieu mon createur et a la vierge Marie sa mere que je croy, serch et aime, je li conteray toutte ceste deffense, et comme je sui haÿe pour l'amour de li, a celle fin que, si lui plaist ma compagnie pour soy recreer en aucun esbattement gratieux, il me sera bien deffendre a l'encontre de sa mere, ne ja pour elle ne le lairay. » En ce point demora la damoiselle et en ceste vollenté jusques au troisime jour, que le roy revint ens es chambres des damoiselles, touttes lesquelles lui firent reverenche et honneur comme a li apertenoit. Et elle lui fist honneur, mais ce fu ainsi que en soy hontiant, ne ne fist samblant de lui reghardér, mais se tenoit deriere touttes les aultres. Et le roy, qui pour aultre que pour elle n'y venoit, le reghardoit, et avoit merveille dont ce venoit que elle ensi se hontioit, si passa avant pour en venir vers elle. Et lez aultrez lui firent touttes [1] voye, et ensy comme il l'aprochoit, elle conmencha a trambler, pource que il lui souvint de la deffense que la roÿnne, la mere du roy, lui avoit faite. Laquelle chose veans, le roy fu moult esbahis, et bien lui sambla que elle fuisist a mesaise, ossy comme elle estoit. Si lui demanda tout prestement en disant : « Damoiselle, vous fault il quelque chose? Il m'est advis que vous avez aucune chose au coer qui vous desplaist, car je vous ay veu changier la couleur de visage ace que je

1. toutte

suy chi entrez. Je vous priie, par la foy que vous me devez, que vous me dittes se il vous fault riens, et je vous promech par ma foy que ce sera amendé a mon pooir. » Adont la damoiselle se gitta en genouls pour soy excuser, et lui dist : « Sire, pour Dieux, pardonnez-moy, et vous plaise moy laissier en ce point; car de vous je me doy loër *(f. 95 r)* sur tous les hommes du monde. » A che mot le roy le print par la main et le fist drechier et lui conmanda de rechief que elle lui diie la cause de son desplaisir. « Car, » disoit il, « je perchoy clerement que vous n'estez point a vostre aise comme vous soliés. » La damoiselle veant que le roy nullement ne le lairoit, tant que il seroit ce que il desiroit, lui dist : « Ha! mon tresredoubté sire, pour Dieu, pardonnez moy, puis que il fault que je vous diie! Sachiés que la raison pourcoy j'ay paour a esté pource que ma tresredoubtee damme vostre mere la roÿnne m'a manechiet de mort cruëlle, se elle jamais scet que je me jue a vous ne que je vous tiengne en nulle maniere compagnie en parolle ne aultrement. Si vous priie, treschier sire, que dece vous veulliés deporter, car je ne volroye par nulle maniere faire chose dont je peusse offendre madame la roÿnne vostre mere. Et ossy vous ne le devez en nulle maniere courouchier et par espetial pour une telle chaitive comme je suy. Si veuilliés adce remediier pour l'amour de Dieu, non point pour l'amour de moy, et vous contenir de bien en mieulx, ensi que vous avez conmenchiet. »

CHAP. XXIX

Conment le roy d'Escoche proumist a la Mainequine que il le feroit roÿnne.

(V. 1895-1957....)

Quant le roy d'Escoche entendi la damoiselle ensi parler, il conmencha ung peu a penser, et puis dist : « Par ma foy, damoiselle! je quide bien que vous dittes verité et que madamme ma mere se soit perchupte de mon affaire. Mais je vous pri que pource point ne vous esbahissiés, et si n'en donnez a vostre coer nulle mesaise. Car je espoir que au plaisir de Dieu bien vous gharderay de elle et que ja mal ne vous fera. Mais pourtant que si avant avez parlez de la besoigne, dont il me samble que madamme a ouvert la matere, je vous diray, et jamais celé ne vous sera, la cause pourquoy je me suy plus affectez a vous que a nulle que je voye [1] (v) ne veisse oncques en ma vye. Si vous pri que ce y vous plaise moy pardonner par vostre grasce que si longhement le vous ay celet et que ensi je me enhardis de le vous dire. Car veritablement ce fait parfaitte amour qui me constraint adce. Ma douche damoiselle, il est verité que par l'inspiration de vraye et parfäitte amour, qui enflame et atise tous vraix leäulx coers a lui servir par douls penser, mon coer et mon corps sont espris et en volenté de vous amer parfaittement pour les gratiëulx maintiens, doulz reghars, plaisans mos et toutte faitichetez dont nature par sa debonnaire disposition vous a fourmee et enbellie. Et tellement me suy mis et donnez que jamais jour de ma vie ne m'en quiers partir, mais vous voel amer et estre a vous comme le vostre du tout en tout, en vous amant plus que moy meismes. Car, par la foy que je vous doy, depuis que je vous euch mon coer donné, je ne seuch une seulle nuit reposer sans penser d'heure en heure a vostre gratiëux samblant, lequel je desire sur touttes les chosez du monde. Et n'entendez point que ce que je vous dich soit aultre chose que verité. Car se c'est vostre bon plaisir, je vous feray de mon proppre corps honneur et vous espouseray. S'i vous plaist moy prendre en mariage et que je soye vostre seigneur, vous serez madamme. et vous feray porter couronne en mon palais royal devant tous les barons d'Escoche, qui qui le voelle vir, ma mere ne aultre. Si me voelliés, ma tresdouche damoiselle, de ce fait respondre vostre bon plaisir. et je vous en prie. » La damoiselle, veans et oans la parolle du roy, fu moult resjoÿe en coer. Car il lui disoit ce que son coer le plus desiroit. Niëntmains, comme sage et prudente que elle estoit, se gitta en genouls en disant : « Mon tresredoubté seigneur, vostre nom soit loëz par tout! et pour Dieu ne vous desplaise se de ce fais je vous respons seloncq mon povre et petit sens. Mon treschier seigneur, il n'est point bien appertement

(f. 95 bis r) ***

1 voise

CHAP. XXX

(V. ...1995-2055...)

* * *

d. . . . .
tresb. . . . .
mes barons. . . . .
du roy d'Englet. . . . .
tierch jour ouquel j. . . . .
devant moy. Si vous dich. . . . .
eulx tous et ne faittes nul sa. . . . .

(v) * * *

. . . . t
. . . . sceult que
. . . . .oit traitier le
. . . . .fu venus le roy se
. . . . .vint en la chambre de la
. . . . t ordonnee car elle atendoit
. . . . .it et tantos que le roy entra

(f. 95 ter r) * * *

ca. . . . .
de. . . . .
estoiie . . . .
sonner . . . .
lies. Et. . . . .
faittes ce que. . . . .
ou se che non je le v. . . . .
cappelain demanda. . . . .
avoir damoiselle Maineq. . . . .
roy oy sire. Et vous damois. . . . .

de prendre le roy. » « Oïl, » respon. . . . .
prestement il print leur deux m. . . . .

(v) * * *

. . . . a
. . . .
. . . . .ne
. . . . , ...iier
. . . . .rt et
. . . . .elle heure
. . . . ÿnne vit les
. . . . .leur demanda
. . . . .st la damoiselle
. . . . .pondi que oïl et pource
. . . . , ...us priie par vous que vostre
. . . . .pagnie a son disner par
. . . . .la roÿnne : « Je n'y metteray ja
. . . . . , ...il de Dieu qui oncques ce conseil

CHAP. XXXI

(V..... 2079-2359.)

(f 95 quater r) * * *

re. . . . .
dist . . . .
ensy c. . . . .
message. . . . .
que touttes. . . . .
pentecouste en . . . .
tenir compagnie. . . . .
quelle chose se conmench. . . . .
ses paÿs si estoit a ault. . . . .
aulcuns en parloiient a l'en . . . .
le leur, aulcuns en estoiient. . . . .
et en blasmoyent le roy et les a. . . . .

(v) * * *

. . . . .oy
. . . . t
. . . . dant
. . . . damme
. . . . seurs fois
. . . . .appaisier
. . . . .si s'en entremist
. . . . .mais la damme estoit
. . . . .le roy et plus s'en courchoit
. . . . elle se parti de la court
. . . . sept lieuwes d'illoecq qui se
. . . . .roy veant que sa mere nullement
. . . . .t pardonner, le laissa a tant
(f. 96 r) et [1] fist preparer ses besoignes pour sa court tenir ensi que empensé avoit. Et dist l'istore que l'appareil se fist au dehors de la chité sur les prez seloncq la riviere en tentes et tres que le roy y fist preparer et drechier, et que en ceste feste ot tant de peuple que oncques mais pour ung jour n'en avoit otant esté assamblé ens ou realme d'Escoche, pource que tous desiroiient a veir la damme Manequine, dont tant parler oÿ avoiient. La fu la damme Manequine couronnee tant noblement et acompagnie des haultes dammes et damoiselles du paÿs en tresgrant honneur que plus on ne pooit, et y furent faittes joustez et tournois en grans pompes et deduis. Et quide que, qui tous les estas d'icelle feste vous volroit raconter, il y fauroit mettre treslonghement. Mais nous nous en passerons en brief, car toudis est bien servis qui a dequoy paiier, si prochederons avant en nostre matere, a celle fin que nous puissons ataindre et vous moustrer les grans miracles et viertus de nostre seigneur que il fist et moustra en ceste vaillant damme Manequine. Laquelle de jour en jour le servoit tresdevotement; car l'istoire dist que, en quelque honneur et feste que elle fuist, tousjours avoit elle en ramenbrance la benoitte passion de nostre seigneur et le tourment que y rechupt sa gloriëuse mere la benoitte vierge Marie. Pour lesquelles belles memores le gharda tousjours nostre seigneur Jhesucrist, comme vous orez assez prochainement.

1. et *(f. 96 r)* et

CHAP. XXXII

Conment le roy deffendi a sa mere que jamais ne venist en la presence de sa femme et que elle se tenist sur son doaire.

(V. 2360-2466.)

Apriès touttes ces solempnitez faittes et solempnisiés tant grandement que plus on ne pooit, les seigneurs se partirent et les dammez, et en ,rala cascun a sa cascune. Et le roy demora aveuc sa femme en tresgrant deduit et soulas et le tenoit comme son proppre corps, en honneur et en exellence de dignité [1]. (v) Et tant que de requief elle pria le roy que il lui pleuwst traitier vers sa mere, que elle se veusist a eulx racorder. Mais oncques la damme pour chose que son fils lui seuwist dire ne faire elle ne se veult refraindre de son yre et de son matalent, mais, qui plus est, plus l'en parloit on, et plus s'en tempestoit. Quant le roy vit que il n'en aroit aultre chose, il lui fist une parchon de son doaire, et lui dist ensi : « Ma treschiere damme et mere, puis que ensi est que vostre yre ne volez pardonner a moy ne a ma femme, je vous fay conmandement come vray roy d'Escoche que vous vous partez de mon realme, et vous deffent mon hostel et ma court, et vous retirez sur vostre doaire, c'est assavoir en la cité de Evolint et es apendances [2] d'icelle. Et pour vous deduire je vous donne tous les casteaulx qui sont de l'apendance, ne je ne veuls que jamais, tant que ma femme vive, vous soiiés en sa compagnie. » Lequel conmandement fist la mere du roy, car elle tout prestement se parti a touttes ses baghes, et s'en alla la ou son fils l'envoya sans nul contredit. Mais elle pensa en son coer que, s'elle puelt une bonne fois, elle les fera tous deux dollens, comme elle fist, ensi que vous orez assez prochainement. Ensi se parti la roÿnne mere du roy de la court son fils tresmal contente. Et la Mainequine demoura aveuc son mari en pais et en honneur,, la ou elle se maintint si noblement en servant nostre seigneur Jhesucrist et sa

1. dignité *manque*
2. apendance

glorieuse mere, que cascun ne parloit que du bien d'elle. Et pource que on apeloit la mere du roy roÿnne et ceste Manequine ossy roÿnne, a celle fin que on sceuwist de laquelle on volloit parler quant on venoit en parolles d'elles et de leur fait, on disoit de la femme du roy « la bonne roÿnne » et de sa mere « la vielle roÿnne », et par ainsi savoient ceulx qui les congnissoient de laquelle on volloit dire. Et dist nostre histoire que ceste bonne roÿnne se fist tellement amer de touttez manieres de gens, des plus grans, des plus petis et des moiiens, que c'estoit merveille, et disoiient que leur roy fu tresbien (*f.* 97 r) conseillié le jour que la volenté lui vint de le prendre en mariage. Et savoiient tous tresmauvais gre a la vielle roÿnne que elle se tenoit ensi en son argu et que elle faire paix a eulx ne volloit. Ensi dont, le roy mariés a ceste tant vaillant damme, l'istoire dist que ils furent ensamble sur le terme de noef mois ainchois que la damme conchupt nul enfant, mais au bout de ce terme on se perchut que elle estoit enchainte, dont le roy fu moult joiieux et ossy furent tous ceulx du paÿs. Mais che ne demora ghaires que leurs joiies furent tourneez en anuy, et par une malle adventure qu'il advint par la vielle roÿne mere du roy, et vechi conment.

CHAP. XXXIII

Conment le roy d'Escoche prist congié a la roÿnne sa femme pour passer mer et venir en France a ung tournoy.

(*V.* 2467-2523, 2541-88.)

En ce tamps Phelippe, le noble roy de France, fist par tous paÿs criër et denonchier ung moult noble tournoy en la ville de Ressons. Lequel denonchement se fist en Escoche par devers ce noble roy ychi qui la belle Manequine avoit espousee; et comme je quide par aultre hystore, en le nommoit Cononus, en Franchois Conon. Quant cestui roy Conon oÿ ceste besoigne, il pensa prestement que pour son pris a monter et son honneur a croistre il yroit veir ceste feste, en laquelle se feroit congnoistre a tous gentils hommes; car il savoit de vray que la en y aroit la plus grant partie de tous les Xpestiiens. Et ensi comme il le pensa, le fist. Car tout prestement il s'en vint a sa femme qui ja estoit moult enchainte, et lui dist ce que il avoit envolenté de faire, en li demandant congiet de y aller. Laquelle chose oant la damme fu en coer moult tourblee, car elle cremoit ce qui lui advint, et bien lui conmencha le coer a grandement dolloir, si dist au roy : (v) « Ha! mon tresredoubté seigneur, mon volloir et le vostre doivent estre ung, et bien me poëz conmander ce que il vous plaist. Mais par ma foy, mon treschier seigneur, ceste voye que vous vollez entreprendre me estraint durement le coer, et vechi la cause : vous savez que je suy seulle en ce paÿs, ne je n'y ay parent ne linage, et si savez bien que vostre mere n'est point encorez de moy contente, et qui plus est, je suy enchainte de vous. Pourquoy je me doubte grandement que, quant vous serez exent de ce paÿs et que vous serez en France, que je n'aye aucune grevance de mon corps. Car puis que vous serez de moy absent, on ne fera conte de moy; et bien y a raison, car tout mon bien, tout mon honneur et tout mon confort vient de vous. » Ace respondi le roy et li dist : « Par ma foy, ma tresdouche amie, ne vous doubtez en nulle maniere. Car ainchois que je m'en voise, je vous quide laissier en si bonnes mains que vous n'arez gharde d'homme ne de femme qui vive, de ma mere ne d'aultre. Vous savez, ma treschiere damme, que, tandis que je sui encores jonne chevaliers, il convient que [1] je meche paine d'acroistre mon honneur, et je ne vous demande seullement congié que de deux mois. » « Par ma foy, sire, » dist la damoiselle, « ce soit a vostre bon plaisir. Mais je eusse mieulx amez que vous fuissiés demourez. » Et ce disoit elle si fort plourant, que il n'estoit homme, s'il la veist que pité n'en euwist. Adont le roy fist venir troix anchiens chevaliers moult renommez de touttes valleurs, desquelx l'un estoit seneschal de la terre d'Escoche, l'autre d'Irlande et l'autre de Cornuaille, et en ces troix chevaliers chi se fioit le roy plus que en nuls hommes du monde, et par espetial en celli qui estoit seneschal d'Escoche ; et ossi il le pooit bien faire, car il estoiient tresvaillans hommes et de tresbonnes meurs. Et la quant ils furent venus devant li, il leur recorda ce que il avoit empensé de faire, et leur conmanda sa terre et son peuple et par espetial sa femme a gharder jusques a son retour. Et en ce conmandement *(f. 98 r)* faisant il leur enjoindit sur paine de mort que nullement ilz ne laissassent la mere convenir de riens et par espetiaul autour de sa femme. Et s'il advenoit qu'elle s'acouchast devant son retour, ilz lui laissassent savoir sans nul quelconcque delay. Et encorez sur touttez riens leur conmanda que ils songnassent d'elle et le ghardassent comme son proppre corpz, car ensi le voloit [2] il estre fait.

1. il convient que *manque*
2. voloient

Et ces bons chevaliers ensi le jurerent par le foy et serment de leurs corps et que bien et lealment ils le serveroiient et gharderoiient a leur leal pooir. Dont la damme en la presenche du roy tresgrandement lez merchia, et ossy fist le roy.

CHAP. XXXIV

Conment le roy d'Escoche par mer passa et en vint en Franche au tournoy de Ressons.

(V. 2524-40, 2589-2934.)

Quant le roy eult disposé de son realme et de sa femme comme dit est, il fist son appareil tresgrandement. Et dist l'istore que il eult en sa compagnie cent chevaliers, tous jovenes, fors et hardis, tous parez d'une parure tant richement que mieulx on ne seult deviser, tous lesquelx avoiient leur famillez, ensi que a eulx appertenoit. Et puis fist preparer nef et barghes pour passer oultre. Quant tout fu appareillié, il print congiet a sa femme, laquelle menoit ung merveilleux doel. Et tant que elle lui dist que son coer lui gisoit tresmal et que jamais ne le verroit que ils n'euwissent ou l'un ou l'autre rechupt tresgrant damage. Niëntmains apriès ce que le roy l'ot moult reconforté par moult de manieres, il monta a cheval a toutte sa compagnie et s'en vint a Beruïch, et puis fist mettre chevaulx et harnas en la mer si monta au plus tost que il peult. Et ne tarda ghaires que le vent leva, se feri es voilez qui ja levé estoiient, si eulrent tellement le vent a souhait que en peu de tampz il ariva en Flandres a l'Escluse, et la print port sans quelconque empeschement. Tantos que il fu la venus, il enquist et demanda ou estoit le conte de Flandres, se li fu dit que il estoit a Gand. Et prestement que il le (v) seult, il envoya devers lui en le saluant moult honnourablement, et en li priant que il lui pleuwst laissier paisiblement passer parmy son paÿs pour aller a la feste du roy Phelippe de France. Laquelle requeste lui accorda debonnairement le conte, et li pria que il venist par Gand et que il lui tenroit compagnie en laditte feste. Si le fist ensi le roy d'Escoche. Car l'endemain quant il eult oÿ messe a l'Escluse, il s'en parti, et vint a Gand la ou le conte le rechupt tresjoieusement, et disna a Gand et souppa aveuc le conte que on appeloit Robert et de sournon le Frison. Et dist l'istore que en celle nuit ledit conte de

Flandres lui acorda de estre de sa maisnie au tournoy de Ressons a quarante chevaliers, dont le roy d'Escoche fu moult joyeulx. A l'endemain ils se partirent tous ensamble et s'en allerent jusques a l'Ille la ou ils sejournerent aulcuns jours pour eulx rafreschir et mettre apoint touttes [1] leur besoingnes. Et puis s'en partirent et s'en allerent tout parmy le Vermendois, tant que ils furent a Ressons [2], la ou ils eulrent hostel a leur devis. En ceste ville de Ressons, comme diient les histoyres, fu [3] ung moult riche tournoy, et de la en fu ung aultre remis a Espernay. En tous lesquelx deux se prouva moult noblement Conon, le roy d'Escoche, entre tous les seigneurs quy y furent. Et diient les histores que il y eult grans nombres de seigneurs, comme premierement Phelippe le roy de Franche, Hue son frere, le ducq Raoul de Bourgoingne, le duc d'Orliens, le duc de Bourbon, le conte Ghodeffroy de Louvaing, Bauduïn conte de Haynnault, Robert conte d'Artois, et tant d'aultres que sans nombre. Et diënt aucuns que en ce tamps le plus grant partie de ces seigneurs se croisoiient, et en allerent conquester la sainte chité de Jherusalem, se en firent Ghodeffroy de Loraine roy, et fu sornommez de Buillon. Dieu ait les ames de tant nobles seigneurs, dont la renommee est escripte ou livre de vie, et doint bonne vie aulx vivans! Nous lairons a parler de ce pourpols et poursieurons nostre matere, c'est a remoustrer la grant traÿson que on fist a la belle Manequine, roÿnne d'Escoche, *(f. 99 r)* dont elle fu sept ans en grant povreté.

CHAP. XXXV

Conment la damme Manequine roÿnne d'Escoche s'acoucha d'un biau fil qui fu nommé Jehan par baptesme.

(V. 2935-3031.)

Vous avés bien oÿ conment le roy d'Escoche avoit laissié et mis sa femme la roÿnne en la gharde de son seneschal d'Escoche, lequel en fist toutte la dilligensce que preudhomme faire peult. Laquelle roÿnne tres le departement du roy estoit tres enchainte, et ne de-

1. toutte
2. Rassons
3. furent

mora ghares que elle eult porté tout son terme, tant que au plaisir de nostre seigneur, quant l'eure fu venue, elle se acoucha de ung tresbiau fils et tant bien fourmé [1] que nul plus biel enfant ne peuwst mieulx estre. Tantos que cest enfant fu nez, il fu portez a l'eglise et fu baptisiés et eult a non Jehan. Et de cest enfant chi fu le paÿs tant resjoÿ que merveilles, si en disoient moult de choses entre eulx, et disoiient que le roy avoit esté bien conseillié de prendre ceste femme, car il en aroit de biaulx enfans qui apriès son dechiès tresbien les gouverneroient, et en faisoiient moult de festez et d'esbatemens comme gens qui estoiient remplis de touttez joiies. Le senescal d'Escoce, veans ce grant bien qui leur estoit apparant par la nativité de cest enfant, apella ses deux compagnons, et leur dist que ce seroit bien fait de nonchier au roy l'acouchement de sa femme et la nativité de son fils, auquel s'acorderent tresvolentiers les deux. Si firent prestement escripre unes lettres, laquelle fu escripte en ceste maniere : « Treshault, trespuissant et tresredoubté seigneur, humble et obediënte reconmendation, joiie et honneur soit a vous en perpetuïté ! Comme ensi soit que par la deliberation de vostre discré conseil vous nous aiiés donné la charge de vostre paÿs et realme gharder et tenir en justice, et de nostre tresredoubtee damme vostre espouse servir et honnourer a no pooir, nous vous mandons et faisons savoir (v) que icelle no ditte redoubtee damme au volloir de nostre seigneur Jhesucrist, qui ses biens nous envoye et donne a son bon plaisir, s'est n'a ghaires acouchie et agutte d'un tresbiaul fils, auquel par son conmandement nous avons en sains fons de baptesme fait nommer Jehan. Et pource que nostre ditte tresredoubtee damme desire a savoir sur toutte rien de vostre estat et honneur, nous vous prions treshumblement comme vos leäulx chevaliers que [2] nous veulliés rescripre et que vostre retour soit le plus tos que faire polrez, si resjoïrez celle qui continuëllement pense a vostre realle majesté. Escript et c. » Quant ceste lettre fu escripte, elle fu prestement donnee a ung messagier pour le porter par devers le roy d'Escoche, et lui fu enjoint que au plus tos que il peuwist il en fesist esploit, et lui fu delivret argent pour ses despens assez et larghement. Lequel messagier se mist au chemin tout au plus tos que il peult, et conmencha a cheminer. Et dist l'istore que le castiel de Eluïnt, la ou la mere du roy demouroit, estoit sur son chemin ; si chemina tant ledit messagier que il vint a ce castiel, pensant que il yroit veoir la mere du roy et que il lui diroit des nouvelles de sa belle fille, car encores n'en savoit elle riens, et que il n'en vauroit que mieulx. Si le pensa, oussi le fist il.

1. fourne
2. che

Laquelle chose tourna a tresgrant anuy et desplaisir, comme vous orez en l'istore.

CHAP. XXXVI

Conment la mere du roy d'Escoche ouvri les lettres du senescal et en fist lors escrire unes aultres au contraire.

(V. 3032-3130.)

Le messagier venus ou chastiel devant dit, comme celi qui riens ne savoit de la haÿnne que la mere du roy avoit a sa belle fille, tantos que il eult dit et moustré qui il estoit, il fu rechups tres-honnourablement et fu menez devant la damme. Laquelle prestement lui demanda de l'estat de la damme sa fille, et ossi ou il aloit. Si li respondi que il aloit en Franche parler au roy d'Escoche son fils et que il lui portoit les nouvelles de l'acoucement de sa femme et de la nativité de son fils et que le seneschal lui envoiioit et lui avoit baillié *(f. 100 r)* lettres, qu'i portoit au roy. Quant la malle damme l'entendi, elle pensa prestement que maintenant estoit il heure de furnir ce que de piech'a elle avoit conchupt en sa pensee. Et pour ace parvenir elle conmencha a moustrer samblant audit messagier que elle en fuist tresjoieuse. Et de fait elle lui fist donner quarante sols pour les bonnes nouvelles que lui avoit aportees, et puis lui dist qu'il ne se partiroit hui mais de son hostel, car elle voloit qu'il se reposast jusques a l'endemain et aysast du tout a sa vollenté. Dont le message fu moult joyeulx et dist que il le feroit, puis que c'estoit son plaisir. A tant furent les tables mises pour soupper, si fist ceste damme cestui messagier seoir et lui fist donner a boire du plus fort vin que elle peult oncques trouver, et souvent le amonestoit de boire. Si dist l'istore que il but tant en ceste nuit que il fu si yvre que apaine seult il quant il s'endormy. Quant la damme vit que il fu ensy endormis, elle le fist porter couchier en sa gharderobe. Et aprez elle apella ung sien secretaire, auquel elle dit tout ce que elle avoit empensé. Et quant elle ot ce fait, lui et son secretaire s'en vinrent au messagier, qui dormoit si fort que pour riens il ne s'en villast, si quirent tant autour de li que ils trouverent ses lettres en une boiste, la ou il [1] les avoit mises. Et

1. ils

quant ils les tinrent, la damme fist lever le seel a un canivet sans rompre l'empraínte, et fist lire la lettre. Et quant elle vit la teneur, elle conmencha a rougir de mautalent, et puis dist au secretaire : « Tostz delivrez vous, escripsiés unes aultres lettres, telles que je vous diray : Trespuissant et redoubté seigneur, apriès humble et obediënte reconmandation, comme ensi soit que de vostre bonne grasce vous nous aiiés donné la charge de vostre realme d'Escoche, lequel seloncq nostre possibilité nous avons bien ghardé jusques a chi, et gharderons tant que il vous plaira ; mais comme tresanuyeulx vous escripsons que vostre femme la roÿnne s'est acouchie d'un treshideux monstre, car c'est la plus laide chose que oncques nature formast, et sachiés que, tantos que il fu nez, il couroit puis cha puis (v) la, que apaines l'osoit on prendre ne tenir. Se va a quatre piés comme une beste, et est tous velus comme ung ours, une grosse teste, et les yeulx rouges comme feu ardant, tous enfossez en la tieste comme s'ils estoiient boutez en ung four. Et sachiés que le peuple de vostre paÿs en est a telle dolleur que on n'en scet que faire. Si vous en escripsiés vostre bon plaisir et ce que il vous en plaist a faire. Escript et c. Le tout vostre seneschal. »

CHAP. XXXVII

Conment le messagier aporta la fausse lettre au roy d'Escoche qui estoit en Franche.

(V. 3131-3266.)

Quant ceste lettre fu escripte et resaellee du proppre seel dont l'autre avoit esté seellee, la damme le remist en la boiste du messagier, qui se dormoit tellement que oncques ne s'en perchupt. Et puis s'en alla couchier jusques a l'endemain, que le message se leva qui ja estoit hors de vin, tous esbahis dont il venoit ensi en la gharderobe de la roÿnne, et se doubta d'aucune chose. Mais quant il eult reghardé en sa boiste et que il eult veu sa lettre, il se contenta, et quida que on lui euwist fait cest honneur pour les bonnes nouvelles que il portoit. La roÿnne, qui ja estoit esvillie, se leva et vint au message, auquel elle enjoindy que il ne laissast pour riens que il ne revenist par elle, quant il retourneroit de Franche. Car elle desiroit savoir conment les besoignes de son fils se portoiient. Et il lui promist que ensi le feroit, si se parti a tant de la damme

1. une

qui le congea. Si s'en vint au port et trouva marchans qui le mirent oultre, tant qu'il descendi a Gravelines en Flandres et de la a Saint [1] Omer. Quant il fu la venus, il enquist ou les tournois de Franche se tenoiient, et on lui dist que il estoiient a Creel ou a Senlis, si se mist au chemin au plus tost que il peult, et chemina tant parmy Artois, Vermendois et Biauvoisins que il vint a Creel, la ou le roy d'Escoche sejournoit pour lors et y tenoit son estat. Quant cestui message fu la venus, il se tray au plus tos que il peult et li tendi la lettre, en lui disant tant seullement et en le saluant en son langhaige : « Sire, vostre senescal d'Escoche se *(f. 101 r)* reconmande a vous et vous envoye ceste lettre, Recepvez les a vostre plaisir.» Adont le roy rechupt la lettre sans demander nulle quelconque chose au messagier ne de l'estre du paÿs, car il lui sambloit que il en saroit assez par les lettres de son senescal, duquel il congnissoit tresbien le seellet. Si s'en tourna en ses chambres la ou ils n'estoiient que lui quatrieme [2] de chevaliers, et tantos lui, qui tresdesirans estoit de oïr des nouvelles de sa femme, laquelle il amoit sur toutte rien, ouvri celle lettre et le conmencha a lire. Mais l'istore dist que apaines l'eut il lute a moitié quant le coer li conmencha a trambler de angoisse, et de fait se laissa cheoir sus une couche a si grant doleur que il sambla a cop que li coer lui fuist faillis. Quant les troix chevaliers qui aveucq lui estoiient le virent, ilz furent moult esbahis, et ne savoiient que ce pooit estre qui lui failloit, si saillirent tous a li en li demandant : « Sire, que vous fault ? » « Ha ! mes amis,» dist le roy, « reghardez quelles nouvelles on m'a envoiiet d'Escoche ! » Et ce disoit il si fort plourant que les grossez larmes lui cheoient des yeulx, si qu'i n'estoit homme, s'il le veist, que pité n'en euwst. Adont ces troix chevaliers regharderent la lettre et le lisirent, et puis aviserent le seel, si furent moult esbahis. Niëntmains ils conmencherent a reconforter le roy au mieulx que ils peulrent, en li disant : « Sire, point n'apertient a ung roy de moustrer nul anoy, pour la cause du peuple et de ses barons, car il en seroit blasmez. Confortez vous : se Dieux vous a envoiiet ceste tribulation, il scet bien pourquoy il le fait : c'est pour veoir vostre constance et vostre debonnaireté. Souviengne vous du bon Jop qui tant eult d'aversité, et toutteffois en touttes chosez tousjours looit Dieux, qui depuis le visita tellement que il lui rendi au double tout ce que le diable tolu lui avoit. » « Halas ! mes amis, » dist le roy, « que serache de ma dolleur quant celle que tant amoye, celle en qui estoit et est tout mon confort, s'est acouchie d'une telle et si orible chose, qui tant (v) est orible que nulle chose a [3] veir ne

1. Sainte
2. iiiie
3. a *manque*

regharder ? Par ma foy, ce m'est ung dur desplaisir, et ossi a elle. Je vous pri que me veulliés conseillier quel chose j'en ay a faire, car vous veez par la teneur de la lettre que mes senechaulx me mandent que je leur en remande mon bon talent. Mais par ma foy, je ne leur sçay que remander si non par vostre conseil, car nullement je ne polroiie souffrir que on en feist nul mal a celle que tant j'ay amé, car par adventure ce n'est point sa coulpe, mais le mienne : Dieux le scet qui est juge de tout. Si vous priie que vous m'en aidiés a conseillier pour le mieulx. »

CHAP. XXXVIII

Comment le roy d'Escoche renvoya lettres a ses senescaulx que on li [1] ghardast bien jusques a son retour sa feme et sa portee pareillement.

(V. 3267-3327.)

A ces mos respondi l'un des chevaliers devant dis [2] et dist : « Par ma foy, mon tresredoubté sire, je dich que, se Dieu a fait sa volenté du fruit que madamme la roÿnne vostre feme a porté, elle n'a point pource mort desservie. Et pource je dich que sauve milleur conseil vous manderés que elle soit tresbien servie et bien ghardee treshonnourablement, et le fruit que elle a porté pareillement, jusques adce que vous serez retournez. Laquelle chose vous acomplirés bien brief au plaisir de Dieu. Car, mon treschier seigneur, se maintenant vous vous mettiés au retour, par ma foy, vous en seriez blasmez, pource que vous avez vous meismes empris les tournois, se fault que vous lez acomplissiés. Et ossy je conseilleroye que on renvoyast tout prestement le message, et que la chose fuist si cellee que parsonne nulle n'en seuwist riens. Car vous savez que nul homme ne doit tenir conte de chose dont honte lui puist sourdre.» « Par ma foy, il me samble que vous dittez bien, si le feray ensi. Et a celle fin que mieulx j'en soiie creus, je escripray moy meismes la lettre, et je quide, quant mes senescaulx le verront, que bien *(f. 102 r)* le congnisteront. » Adont le roy conmencha a escripre sa lettre, laquelle il escripsi en ceste maniere : « Conon, roy d'Es-

1. le
2. dit

coche, a nos senescaulx tels et telz salut et dilection. Pource que vous nous avez escript que nous vous mandissiemes nostre vollenté sur le fait de l'acouchement de nostre femme de la terible beste de sa porteure, nous vous mandons, si chier que vous amés nostre realle imperialité, que icelle nostre femme ghardez et visitez en touttes ses necessitez, et sa porteure ossy, jusques a nostre retour qui se fera le plus tos que nous polrons. Et ne soiiés de nous de riens en soussi; car tousjours sommes nous esperans en la grasce de nostre seigneur, qui toudis vous ait en sa sainte gharde et protection. Escript et c. » Quant il ot ceste lettre escript, il le cloÿ et seella, et puis le bailla a l'un de sez chevaliers, en lui conmandant que il le donnast au varlet qui l'avoit aportee, et lui conmandast que bien tost se meist au retour, et que il lui deist de bouche que il deist aulx senescaulx que sur leurs vies ils feissent l'acomplissement de ces lettres. Si le fist ensi le chevalier, car il s'en vint au message, auquel il charga la lettre du roy, et lui fist lors conmandement que tout prestement il se meist au retour; ne oncques aultre chose ne lui dist ne demanda, ne le messaige ossi ne lui dist aultre chose. Dont ce fu bien grant merveille, mais je quide que Dieux le voloit ensi pour esprouver le stabilité de ses vrais amis et servans.

CHAP. XXXIX

Conment le message de requief vint a le malle roÿnne, qui de requief le dechupt encore une fois par une aultre fausse lettre.

(V. 3328-3496.)

Quant cestui message ot rechupt ceste lettre du chevalier, il se mist au plus tos que il oncques peult au retour, et fist tant par ses journees que il revint en Escoche, si se tray devers la mere du roy, ensi que encouvent lui avoit euu, quant il fu vers elle l'autre fois, comme vous avez oÿ. Si en fu laditte roÿnne moult joieuse et lui fist (v) tresgrant chiere et lui demanda des nouvelles de Franche. Et il lui en dist ce que il en savoit, et qui plus est, li dist que son fil le roy avoit acquis ung tresgrant pris et los entre les barons de Franche, et se lui avoit ariere bailliet sez lettres pour porter a son seneschal d'Escoche. Et encorez lui avoit il chargiet que il lui desist de bouche que, tantos que il lui bailleroit ses lettres, que il ne laissast pour riens et sur sa vie que il ne feist ce que la lettre devise. Adont la roÿnne ne lui enquist plus riens de tout ce. Car elle ne volloit point que il se perchust de chose que elle pensast, mais conmanda que on le tenist tout aise et que on li feist bonne chiere. Et de fait la roÿnne conmanda a son secretaire, qui tout son malice savoit, que il feist ce que faire devoit. Si le fist ensi le mauvais secretaire. Car il donna et fist tant boire ce meschant messagier et de si fort vin que il fu tout yvre et qu'i le failli porter couchier, se fu portez ou proppre lieu la ou aultrefois il avoit geu. Adont la malle roÿnne lui prist sa lettre; et quant la malle damme seult ce qui ens estoit, elle les gitta ou fu et en fist escripre unes aultres par la maniere qui s'enssieult : « Conon, roy d'Escoche, a nostre senescal salut. Nous avons recheu vos lettres et lutes. Niëntmains nous vous mandons et tresexpressement enjoingnons que tantos ces lettres veues fachiés ardoir en ung fu la Manequine et sa portee et que jamais ne nous en soit parlé. Car nous avons tant aprins de son estat et qui elle est que digne n'est de plus vivre. Et sachiés que nous sommez bien infourmé pourquoy elle a la main coppee, si vous soufisse a tant. Mais faitez que en sa mort n'ait nulle dilation, prestement que elle est relevee, si chier que vous amez vostre vie et nostre honneur. Escript et c. » Tantos que ces lettres furent ensi escriptez, la malle roÿnne les [1] reseella du seel du roy, et puis les remist en la boiste du messagier, qui dormoit si fort que oncques ne s'en perchupt. Si se parti la damme a tant jusques a l'endemain, que elle fist donner congiet au message, ne aultre chose ne li dist, fors seullement (*f. 103 r*) que il fesist bien ce que le roy son fil lui avoit chargié. Si s'en parti a tant le message qui ja estoit delivres de son yvrece, et fist tant par sez journeez que il revint a Dondeu. Et dist l'istore que quant il y retourna yl avoit demouré ou voyage troix sepmaines; mieulx eult valut pour le paÿs du roy et de la bonne roÿnne Mainequine que il eust esté noiiés. Niëntmains il donna ses lettres au seneschal, et lui dist que le roy lui mandoit que il sur sa vie ne laissast d'acomplir ce qui estoit en la lettre escript. Et le seneschal lui demanda que faisoit le roy. « Par ma foy, sire, » fait il, « je quide que il soit en bon point, mais je ne l'ay veu que une seulle fois. Il me fist donner ceste lettre par ung chevalier qui me dist ce que je vous ay chi dit de par le roy. » Et vit le senescal que c'estoit le seel du roy. Et pource que ses deux compagnons n'estoiient point la, il atendi a

1. le

ouvrir les lettres du roy jusques adce que ils fuissent venus, si les envoya querir tout prestement, et ils y vinrent sans atargier.

CHAP. XL

Conment le seneschal vint a la roÿnne lui nonchier sa mort par conmandement du roy.

(*V. 3497-3685...*)

Tantos que les deux chevaliers furent venus et que ilz eulrent veu le seellé de leur seigneur, ils firent ouvrir la lettre, et puis le lurent tout de mot a mot plus d'une fois et plus de deux. Mais sachiés que, quant ils le orent lut, ils furent si tresesbahis et en si grant angoisse de dolleur que apaines savoient ils mot dire l'un a l'autre. Si apelerent le message et lui demanderent quelle chiere fist le roy quant il lui donna la lettre que ils lui avoiient envoiiet. « Par ma foy, » respondi le message, « il fist trestristre samblant, ne aultre chose ne me conmanda fors seullement que je vous diche ce que je vous dich orez. » A tant ils se mirent en conseil, assavoir que ils en feroiient. Ouquel conseil fu ordonné que le mandement du roy seroit executé, et que par adventure il avoit tant aprins de sa femme ou paÿs de Franche, la ou il estoit, que (v) par adventure n'en voloit il plus oïr parler. Si s'acorderent ensamble que l'endemain que elle seroit relevee elle seroit executee et li et son enfant. Dont ils estoient moult dolans, mais puis que le roy le voloit, nul contredit ne s'i pooit faire. Vous poëz bien savoir que, quant ceste nouvelle fu sceuwe, le peuple en fu moult esmerveilliés, et n'estoit creature qui n'en plourast de pité et qui merveille n'en desist. Et touttefois on le cela tellement c'onques la damme n'en seult riens jusques au jour devant ce que on le devoit executer, et li fist on touttes ses droitures bien et somptueusement ensi que a elle apertenoit. Quant la damme fu relevee et que elle eult fait sa gesine, elle manda le seneschal et lui enquist des nouvelles du roy. Et en ce qu'elle lui enqueroit, elle lui disoit : « Par ma foy, senescal, le coer me gist tresmal, ne jamais aise ne seray si sera retournez mon chier seigneur, et pource je vous priie que, se vous savez nulles [1] nouvellez de li, que vous m'en dittes. J'ay

1. nulle.

bien grant merveille que je n'aÿ oÿ riens de vostre message que vous y envoiastes. Dittez moy, je vous priie, que on en dist. » Adont le senescal, oans ceste damme qui tant gratieusement parloit et si tres ygnoranment demandoit a la bonne foy de son seigneur, conmencha moult fort a plourer, et puis lui dist : « Ha ! ma tresredoubtee damme, par ma foy, plus n'a chi mestier celee ! Je ne say pour quelle raison monseigneur le roy, nostre seigneur, vous het oultre mesure. Car il y a ja bien huit jours que nous euwismes lettres de li et seellees [2] de son seel, que, si chier que nous amons nos vies, que, soit a droit ou soit a tort, nous vous faisons ardoir en ung fu, et vostre fils ossi. Et se a son retour ne vous treuve arse, il nous fera tous morir de mauvaise mort. Et pource, ma tresredoubtee damme, il nous convient faire son conmandement, et avons ordonné de vous mettre a la mort demain ; si que, ma treschiere damme, pensez a vostre ame, car le corpz a fait son terme, et convient que il soit ars. Et sachiés, ma treschiere damme, que je amaisse mieulx a perdre cent mille mars de fin argent. Mais je sçay de certain, se je ne le faisoye,

* * *

CHAP. XLI

(V... 3746-3884.)

* * *

(*f. 104 r*) « nous seroit tresbon gre de son salut et que nous le peuissiemes respiter de mort. Si vous diray que je ay surce pensé, ou cas que ce soit vostre plaisir. N'a ghaires que il me souvint conment elle ariva estrangement en cestui paÿs ne say de quelle part, car onques en sa vie ne le veult congnoistre, ne encores ne fait. Et pource je me suy apensé que nous li remetterons et le conmanderons en la benoitte gharde de nostre seigneur, lequel, si lui plaist, par sa douche grasce tresbien le ghardera. Et a celle fin que le roy ne nous en puist riens demander, je vous diray que nous ferons. Nous ferons faire deux ymages de bos, l'une [1] a sa samblance et l'autre en la samblance de son enfant. Et quant nous

2. seellee

1. lun

les arons mis en la mer et que il seront esquipés [2], nous alumerons ung grant fu et bouterons ens ces ymages, et ferons entendant au peuple que ce sont la roÿnne et son enfant. Et je quide que nous le ferons bien ensi, se c'est vostre bon plaisir, car, par ma foy, il me samble que il n'est si dur coer qui ne doiie avoir pité de lui. Et tant que a moy, je ne seray ja consentant sa mort, car [3] s'est la plus debonnaire creature qui vive au jour d'huy.» Quant les deux aultres chevaliers oÿrent ensi cestui parler, ilz en furent tresjoieulx, car ce leur desplaisoit grandement, si li dirent : « Par ma foy, monseigneur, faitte ce que il vous plaist et nous en demorons dalez vous. » Prestement que le senescal eult l'acort de ses compagnons, il manda ung tailleur d'images [4], et fist tant en haste faire ce que il avoit empensé; mais il lui fist ainchois jurer que jamais jour de sa vie a homme nul n'en parleroit, ne par lui ne seroit la chose revelee. Et furent ces ymages si bien faittes que il sambloit propprement que ce fuissent deux creatures. Tantos que ces ymages furent faittes, le seneschal et ses compagnons, eux troix tant seullement sans varlez nul, monterent a ung soir a cheval, et firent la damme, et son filz en ses bras, monter sur ung cheval, si chevaucherent tant que ils vinrent entour minuit a Beruïc et descendirent en l'ostel du prouvost de (v) la ville. Car ils savoiient bien que le prevost estoit tresvaillant homme et que il amoit la damme, car moult de biens li avoit fait, et ossy il estoit tresdollans de son anuy. Si parlerent a li et li conterent ce que ils volloiient faire de la damme, dont il fu moult anuyeulx, mais ainsi le convenoit faire pour la criente que il avoiient du roy. Adont le prouvost monta prestement a cheval, apriès ce que par moult de douches parolles il ot reconforté la roÿnne plourant moult tenrement, si conmencerent a cevauchier tous ensamble tant que ils vinrent jusques au rivage de la mer. Et dist l'istore que en celle proppre nef en laquelle elle ariva premierement en Escoche ils le remirent, mais conment ils l'avoiient ghardee [5] point ne le meth l'istoire. Se il y eult grans pleurs et grans effusions de larmes, ce ne fait mie a demander, car on puelt bien croire que si; car elle prendoit congiet a eulx tant piteusement que il n'est homme tant dur de coer qu'i ne le convenist plourer. Et la leur disoit elle : « Ha! mes treschiers amis, je vous priie ou nom de la gloriëuse mere de Dieu que vous me saluëz le roy monseigneur et lui dittes que, par l'ame que j'ay a Dieu a

2. esquipe
3. *Le ms. répète après* car : il me samble que il nest si dur coer qui ne doive avoir pité de li et
4. dimage
5. gharde

rendre, il m'a fait mettre a perdition sans cause. Je priie a Dieu debonnairement que il lui veulle pardonner. Je l'aime trop mieulx et l'ay mieulx amé que il n'a fait moy, et mieulx me plaist receppvoir ceste mort par estre perie en la mer que en feu, ne meisme que je vescusse en sa presence, par si que il me moustrast nul mauvais samblant. Halas! quant il se parti de moy, je eusse mauvaisement pensé que il m'euwst fait ce que il m'a fait. Car il me moustroit telle amour que je quidoiie que jamais faillir ne me deuwst. Dieux par sa douche pité me doinst son amour. Car l'amour du monde est tost passee.» A ces mos elle print congiet, et ils l'empaindirent en la mer, si fu tantos eslonghie du rivage; car les ondez l'orent tantos eslevee. Et elle s'asist en la nef tenant son enfant entre ses bras en soy reconmandant a Dieu le tout puissant, que par sa douche grasce le veulle souscourir.

CHAP. XLII

Conment lez deux ymages furent arses et de la dolleur que le peuple en demena.

(V. 3885...)

* * *

CHAP. XLIII

[Conment le roy pour les nouvelles qui lui estoiient venues retourna en son paÿs.]

(V. 3997-4152.)

(f. 105 r) L'istore dist que oncques, depuis que le roy d'Escoche qui estoit aulx tournois de Franche ot oÿ les nouvelles, conment sa femme, que tant il amoit que nulle rien, s'estoit agutte d'une telle creature, il ne fist nul bon samblant, et ne desiroit aultre chose fors que il peuist retourner en son paÿs pour veir celle et pour le

reconforter de son anuy; car il pensoit que ossy anoyeuse ou plus que li elle estoit de cest enfantement. Si que au plus tos que il peult et que les festes et esbattemens furent passeez il se mirent au retour. Ouquel retour li tint tousjours compagnie le conte de Flandres, tant que il revint jusques a l'Escluse, et avoit le conte de Flandres tresgrant merveille pourquoy chils rois retournoit si en haste, car nul ne savoit riens de la chose devant ditte, fors tant seullement deux chevaliers qui presens avoiient esté quant le roy rechupt les lettres que sa mere [1] li envoya soubz le seel de son seneschal, ensi que vous avez oÿ devant. Tantos que le roy d'Escoche fu venus a l'Escluse, il fist preparer sa navie, et prist congiet au conte de Flandres, en le remerciant tresgrandement de la bonne compagnie que fait lui avoit, et ossy fist il a tous les chevaliers du païs, ausquelx a son departement il donna de moult biaulx dons. Et puis monta en sez nef a toutte sa compagnie, si leverent li maronniers leurs voilles, et le vens feri ens, tellement que en peu d'espasse ils furent eslongiés du port, si singlerent tant que sur le terme de troix jours ils ariverent en la cité de Beruïc en Escoche. En laquelle chité estoit venus le seneschal, et ses compagnons devant dis, qui la atendoit le roy, car bien savoit que il devoit temprement retourner. Et avoiient ung tresgrant desir de savoir la cause pourquoy le roy avoit ensi fait ardoir sa femme, et par espetial son fils qui tant belle creature estoit que plus belle on fausist a souhaidier, et qui plus est, il n'avoit riens fourfait. Quant le roy et sa navie furent arivez, comme dit est, (v) il fu prestement qui le noncha au seneschal, et ossy a ses compagnons. Tantos que ils le seulrent, ils monterent a cheval, et s'en vinrent a l'encontre de leur roy, qui moult fu joyeulx de leur venue, et ossi furent il de le sienne, si saluërent li ung l'autre moult honnourablement et grandement. Et prestement li roy, qui tant desirant estoit de savoir conment sa femme se portoit, tira les troix senescaulx a part et leur dist : « Helas! seigneurs, et conment se porte ma treschiere amie et espeuse, celle que j'aime mieulx que moy meÿsme par mon sarment? Las! que vous m'avez fait de mal souffrir, des lettres que vous m'envoyastes en France oultre la mer! Certes, oncques depuis je n'euch bien, mais puis que il plaist a nostre seigneur, ce soit a son plaisir! Je le prens en gre, s'i li plaist. Je l'en quide tresbien reconforter, car je croy que elle en soit desconfortee oultre mesure. Et pource je vous pri que vous me dittez conment il li est ne conment elle le fait. »

1. femme

CHAP. XLIV

Conment le roy seult que il avoit perdu sa femme et son enfant par mauvaise traïson.

(V. 4153-4278.)

Quant ces troix seigneurs entendirent le roy ainsi parler, ils furent si esbahis que ils ne savoiient que penser, et reghardoiient li ung l'autre comme tous effreez sans mot dire. Adont parla le senescal d'Escoche et dist : « Ha! tresredoubté sire, qu'esse que vous nous dittez? Cuidiés vous que nous n'ayons acompli le conmandement que vous nous feistes par le message que nous vous envoiiames? Sans doubte si avons. Et pource que la verité volons savoir du cruël mandement que vous nous envoyastez, sont ychi venus tous ces barons et chevaliers pour le vous oïr recorder. » « Conment? » dist le roy. « Ne vous mandaige pas escript de ma proppre main et le seellay de mon seel, que vous me ghardissiez bien ma femme, et que tout son plaisir li feissiés? et dece que elle avoit porté en son ventre a mon retour j'en ordonneroie par bon *(f. 106 r)* conseil, pource que vous m'aviez escript que me femme s'estoit acouchie de la plus difformee creature et de la plus laide beste qui oncques fuist veue au monde? Car par vos lettres vous disiés que il estoit velus comme ung ours, et si hideux que j'averoye oreur du dire. Dittes moy ou est ma femme, car c'est tout mon desir, et que vous en avez fait. Et se vous ne le me rendez, je vous courcheray. » Ces troix chevaliers oans le roy furent plus esbahis que devant, ne apaine pooient il parler de honte et d'angoisse. Niëntmains le senescal d'Escoche reprist la parolle en disant : « Ha! tresredoubté sires, et qu'esse que vous nous dittes? Tout le contraire dece que vous nous dittez estoit escript en vostre lettre, ne ce n'estoit point de vostre main. Mais veuilliés savoir que oncques je ne vous escripsi ce que vous avez chi recordé, mais vous escripsi que madamme la roÿnne vostre femme estoit acouchie d'un biel enfant que nature fourmast oncques, et que elle en estoit delivree a tresgrant joiie et que ja elle estoit en tresbon point et que nous aviesmes fait son fils et le vostre baptisier et lui aviesmes mis non Jehan. Et surce vous nous escripsistes, vechi mes compagnons qui le sevent, que tantos vos lettres veuez nous feissiemes ardoir vostre femme et sa portee. Car vous aviés tant aprins d'elle que jamais n'en volliés oïr parler. Et a celle fin que mieulx en soiiés certain, vechi encore vo proppre lettre et vostre proppre seel. » A ce mot tira le senescal la lettre, si vit le roy son proppre seel, dont il fu moult esbahis, et advisa que la lettre estoit de telle fachon que celle que son senescal lui avoit envoiiet en Franche, et escripte tout d'une main. Et lors le lut. Et quant il l'ot lut, si fu tant esbahis de hide et de paour de sa femme, car il quida que elle fuist morte par ceste traïson, que il se laissa cheoir a terre comme tous pasmez. Adont le seneschal l'embracha, et li dist : « Sire, pour l'amour de Dieu confortez vous, et je vous diray que nous en avons fait. » Se lui conmencha a recorder tout ensi que fait en avoient, (v) conment ils le avoiient remis en sa nef, en laquelle elle estoit venue en Escoche, et des ymages que ils avoiient ars. Et quant le roy ot tout ce entendu, il fut tant dollans que les grossez larmes lui cheoient des yeulx a si grant cours, que il n'estoit homme, s'il le veist, qui n'en euwst pité. Et la autour de li plouroiient barons et chevaliers tant piteusement que nul ne le vous diroit. Et avoiient tous tresgrans merveilles dont ceste traïson pooit venir.

CHAP. XLV

Conment la traïson fu sceuwe et conment la vielle roÿnne fu enmuree.

(V. 4279-4408....)

Au darain, quant le roy et les seigneurs orent assez gemy et plouré et que il eult regreté sa femme par moult de lamentations qui longhes seroiient a recorder, ilz se partirent du rivage de la mer et en vinrent a Beruïc la ou ils ne menerent point trop grant cenbiel, car ils estoiient tous tant anoieulx que ils ne savoiient que faire. Adont le roy fist venir son seneschal devant li, et lui dist : « Mon seneschal, faittez ychi convenir le messagier qui m'aporta les lettres en France, si sarons dont ceste [1] fausse traïson sourt, car nullement je ne polroy durer tant que je le seray. » « Sire, » dist le seneschal, « tresvolentiers. » Adont y furent

1. cest

envoiiés deux escuyers, qui le prinrent et amenerent devant le roy. Mais s'il estoit moult esbahis, ce ne fait point a demander, pource que on l'en menoit ensi; car il lui sambloit que on le menast pendre. Tantos que il fu venus devant le roy, il fu mis en parollez, en lui demandant dont ce venoit que il n'avoit point aporté la lettre du roy, mais l'avoit changie conment que ce fuist, et convenoit que il euwist en li aucune mauvaiseté. Et s'il ne disoit la verité, il sceuwist tout de certain que de sa vie il n'estoit riens. Le messagier qui tous esbahis estoit dece que il ooit, ne savoit que penser, ne dont telle traïson pooit sourdre. Car jamais ne pensast que ce euust fait la mere du roy, et toutteffois il savoit bien que de son message oncques ung seul mot n'avoit parlé si non a elle. Si dist :

(f. 106 bis r) ***

a 3 . . . .
de so. . . . .

(v, ***

CHAP. XLVI

(V.... 4608-4767.)

***

. . . . ê
. . . . « je *(f. 107 r)* sache la cause, pourquoy monseigneur le roy s'est ensi courchiés contre moy, lequel je amoye plus que moy meismes. Ha ! mon treschier enfant, que poëz vous avoir meffait, vous qui estez ensi banis de vostre terre, en laquelle vous devez par droit porter couronne et estre roy apriès vostre pere, qui par sa crudelité nous a mis en ce peril ? O vray Dieu, ne veulliés souffrir que ceste mauvaise traïson demeure inpugnie, car je say de certain que il a esté par aucun cas senestre infourmé contre moy aultrement que de raison. Or n'aige aultre chose avec moy, fors tant seullement vous,

mon enfant, et cestui aniel, par lequel il m'espousa et me promist par sa foy et lealté que il me gharderoit haitie et malade. Las! il me tient mauvaisement couvent! Et par ma foy, je quide que il n'en sache rien, et que ce est par fausse et mauvaise deception que li et moy sommes dechups. Mais, mon vray pere celestiien, j'ay espoir que encore une bonne fois il te plaira que ceste mauvaisté si soit sceuwe. » Ainsi se complaindoit et demenoit la belle et bonne roÿnne madamme Manequine, laquelle, comme vous devez savoir, avoit bien cause et raison dece faire. Et quide a mon essiënt que, se ce n'eust esté la benoitte grasce du benoit saint esprit qui tousjours le ghardoit et conduisoit, elle se fuist desesperee et perdue. Mais la debonnaireté de nostre seigneur Jhesucrist, que moult acoustumeement elle servoit et aouroit de tout son coer, le visita et consolla tousjours en ses necessitez, ens esquelles nostre seigneur le volloit esprouver, comme on espreuve le fin or en la fournaise, pour le faire sa vraye eslute et amie. Dont il est escript : *Tanquam aurum in fornace probavit electos dominus* et c., c'est a dire que nostre seigneur a esprouvé ses esleus comme le or en la fournaise. Et pource quant ce fu sa debonnaire vollenté, il le visita de sa grasce tant grandement que elle, qui estoit en la misere devant ditte, il delivra du peril, ensi que vous orez. Dist l'istore que tant et si devotement elle pria la gloriëuse vierge mere de nostre seigneur que elle le visita; car par l'intercession de elle a [1] son benoit fils, malgré tous les vens et orages de la mer, justement au douzime jour elle yssi de la (v) haulte mer, et entra en une riviere moult belle, doulce et clere. Laquelle riviere passe parmy la chité de Romme et le apelle nostre hystore le Far. Dont elle fu moult joyeuse, car elle veoit les rives de la terre, que piech'a elle n'avoit veu. Mais dece que elle ne savoit en quel pays elle estoit, c'estoit ce qui plus li anuyoit, si le sceult assez tos apriès, comme vous orez.

CHAP. XLVII

Conment la Mainequine fu prinse par pescheurs maronniers avec son enfant.

(V. 4768-4882, 4928-46.)

Ensi comme dit est, estoit la Mainequine entree en la riviere du

1. a *manque.*

Far par la volenté de nostre seigneur, et estoit moult matin, ensi que on diroit une heure devant le jour. Advint a cest' heure que troix vaillans preudhommes pesqueurs s'estoiient parti de la cité de Romme en ung petiot vaissiel, comme font pesqueurs, et s'en venoient contre le flos de la mer pour peschier et prendre poisson, ensi que ils avoiient d'usage, pour leurs vies et maisnages soustenir. Lesquelx troix pescheurs vinrent tant aval la riviere que ils perchurent la nef de la damme allant sur l'iauwe a sa volenté sans nul quelconque gouvrenal, se quiderent que ce fuist aucune nef qui fuist escappee de quelque part, et pource prestement ils conmencherent a tirer celle part, et firent tant que ils le aprocherent de si priès que ils perchurent la damme qui seoit ou fons de la nef et son petit enfanchonnet tenant entre ses bras. Tantos que ils le perchurent, ils furent si esbahis que ils ne sceurent que penser, pource que ils le virent tant belle et tant plaisant que a merveille, et si estoit vestue de draps royaulx, qui plus leur donnoit grant esbahissement que aultre chose. Et finablement ils doubterent que ce ne fuist aucune phanthosme, si se conmencherent a signer du signe de la croix comme tous esbahis, et a dire : « Biaux sire Dieux, ayde! » Ne ils ne savoiient que faire, de non parler a elle, ou de eulx tirer ensubz d'elle. Toutteffois par le conseil de l'un d'eux, auquel bien sambloit que c'estoit aucune chose de pité [1], dist que il parleroit a elle et que il saroit *(f. 108 r)* qui elle estoit. Si s'aprocha de la nef, et gitta le crocq tant que il le tint, et puis li dist : « Damme, celi Dieux qui fist homme a sa benoitte samblance vous doint bonne joye et vous doint pooir de sa benoitte grasce acquerir! Ditte nous ou nom de Dieu, se c'est vostre plaisir, qui vous estes et se vous estez Xpestienne, et se vous tenez pour vostre salut la foy de Jhesucrist, car en son nom vous en faisons conmandement. » A ceste parolle la damme moult fort plourant leur respondi : « Par ma foy, seigneurs, quant a la premiere demande, je vous respons que je suy une trespovre femme desolee et destituëe de toutte humaine ayde, si non de mon benoit sauveur Jhesucrist quy jusques a chi par son douls volloir et plaisir m'a amené. Et vous dich que pour la seconde demande je suy voirement Xpestienne, et tieng pour mon salut la foy de Jhesucrist, et la voel je vivre et morir tant que il lui plaira. Mais veritablement, tant qu'est de ma joye, il n'en y a point, ainchois y a tant de doleur et de tourment que raconter ne le vous polroiie. Et sachiés de verité que le dire me feroit double paine, et ossy amender ne le polriés ne sariés, et pource je vous priie que dece en riens ne m'enquerez, se plus longhement vivre laissier me volez. Mais se

1. ? *Lacune dans le texte*

c'estoit vostre treshumble plaisir, tresvolentiers je saroye en quelle marche la benoitte disposition de nostre seigneur Jhesucrist m'a volut amener, et quelle ville c'est que je voy ychi devant moy, et ossy qui vous estes. Et se ma nef vous plaist avoir et tout ce que j'ay, c'est assavoir ma robe qui moult est riche, mais que j'en aye une menre pour moy vestir, je le vous acorde, fors tant seullement mon enfant et cest aniel que vous veez ychi en mon doit, lequel perdre pour nulle rien je ne volroye. Et tout ce vous acorde je, par condition que vous me menrez quelque part en la ville, la ou je puisse mon corps gharder honnestement et sans reproche. Et se ce vous plaist a faire, je priieray Dieu pour vous, que vous en rendera le guerredon par son tresdoulz plaisir. »

CHAP. XLVIII

Conment la Manequine fu vendue a ung riche et noble senateur de la chité de Romme.

(V. 4883-4916, 4924-7, 4917-23, 4951-5096.)

(v) Quant ces deux pescheurs entendirent la damme ensi parler, ils en furent moult esbahis. Et par la grant sagesse que ilz virent en elle, et pource [1] que elle plouroit si fondamment, ils en furent comme tous confus et esmeus en pité, se li respondirent. « Par ma foy, damme, » dist li ung, « ceste noble chité que vous veez ychi devant vous est la chité de Romme. Et nous sommes troix povres pescheurs qui hui matin nous estions levez pour nostre besoigne faire, ensi que nous avons d'usage, a gouvrener nostre maisnage, si vous avons trouvé du volloir de nostre sire. Mais veritablement puis que c'est son douls plaisir nous n'irons plus avant, ainchois vous menrons en la chité, en laquelle nous vendrons vostre nef et ce du vostre que mieulx vous plaira pour vous aidier et gouvrener. Et se aveucq aucuns de nous vous plaist la demeure, nous le vous acordons, c'est a entendre aveuc nos femmez, qui vous aideront a admenistrer ce que besoing vous sera. Car combien que bien samble que vous soiiés de bon lieu, si nous samble il que vous aiiés bon besoing de ayde. Si veulliés laissier vostre doel, et pensez de vostre enfant nourir et apaisier, car au

1. ce

plaisir de Dieu ce que nous polrons nous vous aiderons. » A ces mos les remerchia et enclina la damme, en leur disant : « Grant merchi, seigneurs ! Et Dieux le vous voelle rendre ! » Adont se conmencha elle ung peu a reconforter, et bien veoit que elle estoit escheue en mains de povrez preudhommez et que il lui convenroit querir son pain. Neantmains elle en estoit encorez tresjoieuse et en looit Dieu et sa mere. Si prinrent ces pescheurs sa nef et le atacherent a le leur, et puis se mirent par forche de aviron au retour en reconfortant la damme et son enfant et en avisant son maintieng et sa contenanche, et bien se perchurent que elle n'avoit que une main, dont li un li conmencha a enquerir de pluiseurs chosez, et dont ce venoit que elle n'avoit que une main. Mais oncques a ce pourpols riens a la verité ne l'en respondit, ains plouroit si fondanment que ils en avoiient tous pité, si le laisserent a tant de en plus enquerre, et pensoiient que bien y recouveroient. Advint ensi, comme ils tendoiient moult fort au retour, que un tresnotable riche et puissant senateur de la chité de Romme, lui et ung (*f. 109 r*) sien vallet bien montez sur deux pallefrois, s'estoit partis de la chité sur le matin, et chevauchoit sur la rivier pour sa plaisance. Et dist l'istore que il estoit moult anchiens et n'avoit point de femme, car il estoit vesve, mais il avoit quatre filles dont lez deux estoiient mariïes moult notablement et puissanment, et les deux aultres estoiient encorez a mariër, si lez tenoit en son hostel en tresgrant estat et sumptueulx. Et dist encore l'istore que c'estoit l'homme en la chité qui estoit le plus reconmandé de sens, de valeur et de richesse, et que cascun l'onnouroit et prisoit pour la debonnaireté dont estoit plains. Ensy comme cestui bourgois cevauchoit comme vous avez oÿ, il perchu ces pescheurs de loing qui retournoient, si pensa prestement que il yroit vers eulx, assavoir se il avoiient de bon poisson a vendre. Si le fist ensi, et quant il fu auque priès d'eux, il perchut la damme qui estoit entre eulx tenant son petit enfant entre ses bras, laquelle estoit vestue d'une moult riche robbe, dont il fu moult esbahis. Si s'aprocha d'eux au plus priès que il peult, et puis leur demanda quelle marchandise ilz menoient et qui estoit celle damoiselle qui si fort estoit esplouree ne dont elle leur venoit. « Car, » disoit il, « je voy bien que elle ne vous appertient de rien adcause de ses habis qui sont trop sumptueux au reghart de ceulx que vos femmes portent. » Adont li ung, qui le mieulx emparlé estoit, li respondi : « Sire, par ma foy, nous l'avons huy matin trouvee en ceste riviere sans aviron et sans voile, et le menons en la chité pour lui aidier, ensi que requis nous en a. Mais elle nous a donné sa nef et ses habis, par condition que elle en ait aulcuns de menre valeur. Et sachiés que nous li avons enquis dont elle est et qui elle est, mais nous n'en avons peu riens savoir, ne de son anuy ne nous a riens volu dire, fors seullement que elle nous a dit que plus dece ne li enquerons, car reconforter ne li en sarons. Et pource que sa robe est trop noble, nous li en querrons une de plus petit pris, ne elle ne voelt que il lui remaint aultre chose du sien fors seullement son enfant et ung anelet de fin or que elle a en son doit, par lequel elle dit que souvent elle se reconforte. Ne ja [2] n'en (v) savons aultre chose. Vous li poëz demander et enquerre, s'i vous plaist. Et bien sachiés, ne savons par quel accident elle n'a que une main. » Le senateur oans la merveille que cestui li contoit fu moult esmerveilliés, et prestement en reghardant la damme une tresgrant pité lui ala ferir au coer, car il pensa prestement que c'estoit aucune damme ou damoiselle a qui on avoit a tort fait aucun desplaisir. Si pensa prestement que i l'acheteroit a ces pescheurs, comme il fist, par une somme de deniers, ensi que vous orez.

CHAP. XLIX

Conment la Manequine ariva en ung bon hostel en la chité de Romme.

(V. 5097-5393.)

Quant le devandit senateur entendi ces troix povres pescheurs, et il vit ceste damme si fort plourant, il dist : « Par ma foy, seigneurs, ceste damoiselle ou damme, je ne sçay laquelle, me samble bien estre de bon lieu yssue, tant a son maintieng comme a ses vestemens, et si est moult belle jonne femme. Si seroit tresgrant domage se elle estoit [1] en lieu la ou son honneur ne li fuist ghardee, puisque elle le requiert, mais en querant son pain par la chité de Romme ce li seroit une dure paine ace faire, car il y a pluiseurs mauvais gharchons par la chité qui lui polroiient faire desplaisir, et je quide bien, quant le sien seroit despendu, vous n'estez point si puissans que vous le peussiés de ce peril deffendre. Et pource que ce me samble grant pité et grant doleur que une gentil femme pert son honneur, veu que elle voelt a bien entendre, s'i vous plaist elle hoster de mesaise et ossy que ce soit son plaisir, je l'acat-

2. je

1. nestoit

teray, lui et son enfant, et vous en donray ce que il vous plaira, par telle condition que elle demora en mon hostel avec mes filles, la ou elle se polra gharder de toutte mesaise, et si feray son enfanchonnet nourir tant et si souffissanment que elle en devera par raison estre contente. Si m'en respondez vostre volloir et elle ossy; car ce que j'en dich, c'est pour son preu et honneur et le vostre ossy. » Adont la damme, oans ce preudhomme parler, se conmencha moult fort a conforter, si respondi moult gratiëusement et dist : « Sire, je prie a Dieu, qui tous puissans est, que ceste *(f. 110 r)* bonté vous veulle remerir ! Puis que c'est vostre plaisir que moy de ce peril gitter, je vous pri que vous le fachiés par vostre bon plaisir, et je prïeray Dieu toutte ma vie que il vous doint sa grasce, car aultre remuneration de ce bien ne vous puis je faire. Et puis que vostre assent est en ce, je vous priie que mon honneur me soit tousjours ghardee, car j'ameroye mieulx prestement a morir en ce point que a plus vivre en deshonneur. Et la cause est pource que j'ay mary et seigneur, auquel j'ay promis leäulté, se li tenray tant que je viveray au bon plaisir de Dieu. Et bien sachiés que de par moy ne vous ne aultre ne sarez de mon estat aultre chose, car ensy l'ay je Dieu encouvent, si vous pri que plus ne m'en enquerez. » « Par ma foy, damme, » respondi le senateur, « et je le vous acorde, et veuls que tout le vostre bon plaisir soit fait enthierement. Or cha, seigneurs, menez le moy en ma maison, et je feray tant que vous serez d'elle content. » Prestement ces troix preudhommez mirent la damoiselle a terre, et le menerent en la maison au bon preudhome senateur, lequel le rechupt moult honnourablement et le fist honnourer par ses filles, qui moult estoiient sages et bien aprises. Et il delivra a cascun de ces troix peskeurs cent ducas de fin or, dont ils furent moult joyeulx, car piech'a n'avoiient fait si bon peschage comme ils avoient fait a ceste heure. Si vous lairons de eulx a parler, et parlerons de la damme et conment son mary le retrouva en la maison de ce noble senateur. En laquelle maison elle se gouverna tant sagement, que elle estoit de cascun prisie et amee, et de fait les fillez du senateur l'enamourerent tellement que elles [2] ne pooient durer sans elle nullement. Et son fils fu mis a une nouriche qui meisme en l'ostel du senateur le nourissoit, tellement que se ce fuist son fils proprement. Et de fait le senateur l'amoit tant, quant il devint ung peu grandelet, comme a l'eage de troix ans, de quatre ans, jusques a l'eage de sept ans que son pere le retrouva, que apaine buvoit ne mengoit que toudis ne fuist a sa table. Et ossi il estoit tant doucet enfant et tant biel, si gratiëux et si bien (v) amanierez

2. elle

que cascun l'amoit et festioit. Et la Manequine sa mere fu tant bien amee et creute en l'ostel dudit senateur que elle portoit les cles de toutte sa maison. Et se faisoit nommer la Mainequine, ensy que son mary le roy d'Escoche li avoit mis en non. Et avoit une coustume de tous les jours oïr la messe tresdevotement, et moult souvent plouroit et lamentoit, dont les filles du senateur souvent l'en tenchoient et reprenoiient, et ossy elles le reconfortoient au mieulx que elles [3] pooient. Ne en tout le terme de sept ans, que elle fu en l'ostel du senateur, ne polrent savoir qui elle estoit par nulle maniere quelconque. Car toutteffois que on li parloit de ce pourpols, c'est a entendre pour savoir de son estre, elle conmenchoit si fort a plourer que elle ung seul mot ne pooit dire ne proferer, et pource on l'en laissoit en pais. Car il n'estoit personne, s'i le veist en ce point, que pité n'en eust. Ensi se maintint elle en l'ostel de ce vaillant preudhomme, qui tous les biens du monde li faisoit et toutte le gouverne de son hostel habandonné li avoit. Si vous lairons ung peu a parler d'elle, et retournerons a son mary.

CHAP. L

Conment le roy d'Escoche vint et ariva en la cité de Romme en querant madamme Mainequine sa femme.

(V. 5394-5798.)

Vous avez bien oÿ dessubz conment le roy d'Escoche, après ce que il ot sa mere [1] enmuree, il se parti de son realme a tout ses troix senescaulx, et entra en mer a grant dolleur et a grant meschief : l'une, pource que ensi il laissoit son royalme en mains d'estrangiers au gouvrener, dont le peuple du paÿs estoit tant anuyeux que jamais on ne vous aroit dit les [2] piteux reclains que ils en firent, et meismement quant ils virent leur seigneur en aller; l'autre doleur, pource que il ne savoit auquel lez tourner premiers, se non en la disposition de Dieu, la ou il avoit sa ferme fianche comme vray catolicque que il estoit ; et l'autre, *(f. 111 r)* pource que toudis il doubtoit de perdre sa paine, car il avoit

3. elle

1. femme

2. le

paour que sa femme ne fuist perie et perdue par les ondes de la mer, qui sont a le fois si merveilleusez que nul ne le saroit dire, et n'est si sage qui remede y sache mettre si non la grasce de Dieu, laquelle chose il sara merveilleusement. Car nostre histoire dist que il fu le terme de sept ans en la mer, la ou il souffri tant de doleur et de paines, tant par les tempestes de la mer, tant par larons et piratres et ossy gens estranges la ou il s'embati et ariva, que y n'est homme mortel qui la moitié vous en seust dire. Et dist nostre histore que par pluiseurs fois ils ariverent entre gens si divers que ils ne savoiient se c'estoiient bestez sauvages ou gens, puis estoient tellefois entre serpens, lyons, tigres et griffons, qui tant de dangier leur faisoiient que ce seroit une droitte pité du recorder. Car des parties d'occident dont ils se partirent ils avironnerent le monde en la partie de midy, de oriënt et de septentrion. Et n'estoit ville, ille, cité ne paiis la ou ils ne tournaissent, tant que aller on y peuwist, et que enqueste dece que ils demandoiient ne feissent. Si advenoit [3] souvent que on ne les entendoit point, ne par signe ne aultrement, dont vous poëz bien croire que ils avoiient grant doel et grant anuy au coer. Une aultre fois on les recachoit et reboutoit en la mer malgré eulx, aultre fois ils estoient asalis, se convenoit que ils se deffendissent a grant meschief, et aultre fois ils estoiient en telz [4] perils par les orages qui souvent se font en la mer, et bien souvent ils perdoient et leur mast et leur voiles, et se ce ne fust la benoite grasce de Dieu, jamais n'en fuissent retournez. Mais comme dist l'apostle : *Si Deus pro nobis, quis contra nos?* et c. « Se Dieu est pour nous qui serache qui sera contre nous? » ensy estoit il du bon roy. Car quoy que celle paine il souffresist, si estoit tousjours Dieu aveuc li, qui le conduisoit et confortoit par son benoit angle. Et ossy (v) il ne l'oublioit jour que il ne le requesist et priast en larmes et en pleurs tant devotement que il pooit. Helas! lez piteux regrez que il faisoit! Je quide que, qui tous les metteroit en escript, que ce seroit une longhe chose. Mais nous nous en passerons en brief pour no matere ataindre, car la proilixité du tamps et du conte polroit bien tourner a anuy. Neantmains tant devotement et tant humblement de jour en jour et de heure en heure il requeroit la gloriëuse mere de Dieu, en laquelle il avoit sa ferme fianche, que en fin par sa benoitte intercession, comme raconte nostre histore, il fu reconfortez. Car apriès ce que ils orent tant esté sur la mer, et que plus ne savoiient ou tourner ne aller et que ils estoiient ancrez pensant auquel lez ils tourneroient, il [5] leur vint

3. adenoit
4. tel
5. ils

volenté, pource que quaresme estoit et environ la sepmaine peneuse, que ils tourneroiient leurs voiles vers Romme, et que ils yroiient veoir les sains lieux par devotion, et si se confesseroiient a nostre saint pere le pappe Urbain qui adont regnoit, ou as sains confesseurs qui la estoiient, pour estre absols de tous leurs pechiés. Et si le penserent, ossi le firent il. Car tout prestement que ceste volenté leur fu venue, par la benoitte grasce du saint esprit ung douls vens tant gratïeux que mieulx on ne seusse demander se feri en leur voille, qui les mena tellement que a une matinee sur l'ajournee ils se trouverent en la riviere du Fare devant ditte et virent la noble cité de Romme devant eulx, dont ils furent moult joiieulx; et non mie de merveilles, car ils avoiient tant souffert de maulx que onques gens tant n'en souffrirent.

CHAP. LI

Conment le roy fist prendre hostel en la maison du senateur, meisme la ou sa femme estoit loghie.

(V. 5799-5872.)

Quant le roy d'Escoche se vit entré en la riviere devant ditte, il fist yssir premier son senescal, et lui conmanda *(f. 112 r)* que il montast a cheval, et s'en alast en la chité pour lui querir un tresbon hostel et honneste et le milleur que trouver polroit. Car il se voloit reposer a son aise, car il avoit argent assez pour bien paiier, et ossy il avoit tresgrant mestier de repols. Si le fist ensi le seneschal que le roy conmanda, car tout prestement il se mist au chemin vers la chité, si fist tant que il entra ens. Et prestement que il fu ens, il conmencha a demander de son affaire et a adviser par tout la ou il polroit estre pour le mieulx. Finablement tant par l'ensaignement [1] des gens que ossy par droitte grasce de Dieu il chemina tant aval la chité, que il vint droit devant la maison du senateur, la ou celle que lonc tamps ils avoiient quis estoit. Et perchut le seneschal que le senateur se seoit a une freniestre hault, et reghardoit sur les rues de la chité, si s'aprocha de li tout prestement et puis le salua moult humblement et debonnairement, car bien lui sambloit que c'estoit ung tresnotable homme, et sans faulte ossy estoit il. Car tout prestement que il oÿt cestui qui ensi le saluoit, il se leva contre lui et lui rendi son salut moult honnourablement. Adont li

1. lensaignemens

seneschaulx lui conmencha a dire en telle maniere : « Sire, se c'estoit vostre bon plaisir, nostre seigneur le roy d'Escoche aroit volentiers vostre hostel pour soy herbengier, et tres volentiers fera tant que par raison souffir vous devera. Si m'en respondez vostre bon plaisir. » « Par ma foy, sire, » respondi le senateur, « sachiés que en mon hostel je ne loghe homme nul, se ne sont mes parens et amis, et aultres qui sont de mon linage, et ceulx ausquelx je le voel faire pour l'amour de Dieu. Mais pourtant que vous dittez que vostre maistre est roy, je seroye bien vilain se je lui refusoiie mon hostel. Et pourtant sachiés que tel que il est je le vous acorde, et veulx que a vostre plaisir vous prendez et chambres et estables pour vous aisier, ainsi que mieulx vous plaira. Et tant que est de vins et de viandes, telles que mieulx lui plaira, se pour argent on en puelt avoir, je les [2] vous feray tresvolentiers delivrer. » « Sire, » respondi le seneschal, « grant [3] merchi, et je quide que monseigneur le roy ainchois son partement vous contentera si bien que vous en (v) serés contens. Je m'en revois par devers lui, et lui diray ce que j'ay trouvé. » « Alés de par Dieu ! » dist le senateur. A tant se departi le seneschal, et s'en vint devers le roy son maistre qui l'atendoit au rivage. Auquel il reconta tout ce que il avoit esploitiet, si en fu le roy moult joiieulx. Et le seneschal le fist monter, si se departirent, et ne cesserent, si vinrent en l'ostel dudit senateur.

CHAP. LII

Conment la damme Manequine congnut au senateur que elle estoit venue d'Escoche.

(V. 5873-5977.)

Tantos que le senescal devant dis se fu partis du senateur duquel il avoit retenut l'ostel, il [1], c'est assavoir le senateur, apella prestement ses filles et sa maisnie, et leur dist que tantos et sans delay ellez reghardaissent par tout son hostel, et meissent tout bien apoint, tant en salles, en chambres comme en estables, tendissent

2. le
3. grans
1. ilz

et parassent chambres et banquiers au mieulx et au plus gentement que elles peussent. « Car, » disoit il, « j'ay encouvent maintenant a ung homme d'onneur qui de chi se depart de loghier en cest hostel son seigneur le roy d'Escoche et d'Irlande, lequel, je croy, ne tardera ghaires que il venra. » Quant damme Manequine, qui la estoit venue aveuc les filles du senateur par son conmandement pour faire ce que il leur conmandoit, oÿ parler conment le roy d'Escoche devoit venir en cest hostel, comme toutte effreee [2] de dolleur, et ossy par la souvenance de la grant traïson dont elle avoit recheu la paine, comme vous avez oÿ, elle chey comme pasmee et perdi sa forche de parler par une bonne espasse de tamps. Dont li seneschal et ses filles furent moult esbahis, si le leverent au plus tos que ils peulrent, mais elle avoit le coer si seré que elle ne pooit ung seul mot parler. Neantmains, quant sa forche lui fu revenue, elle conmencha si tresfort a plourer que c'estoit une merveilleuse merveille de veoir les grosses larmes qui li cheoient des yeulx, et detordoit ses poings si piteusement que de la grant pité que le senateur et ses filles avoiient ils plouroiient aveuc elle, en le reconfortant et en li demandant pourquoy elle si soudainement menoit *(f. 113 r)* si cruël doel. « Ha ! » disoit le senateur, « damoiselle, pourquoy tourmentés vous ensi vostre coer par si grief pleurs et gemissemens ? Certes, c'est tresmal fait ! Pour Dieu, confortez vous, et nous dittez la cause de vostre si soudain desconfort ! » Adont la damme, quant elle peult parler, si li dist : « Ha treschier sire, maintenant convient il que je vous diie verité. Et pource je vous priie que par vostre grasce il vous plaise a ce tresgrant besoing moy aidier, car par mon serment je vous diray ce que oncques a personne je ne dich. Sachiés, sire, que, quant je vous oÿch ore parler de ce roy d'Escoche, je en euch telle paour que je ne me seuch conment contenir. Car je sçay de certain que, se il vient chi et il me tient en lieu ou en place la ou il en ait le pooir, il me fera morir honteusement. Non point, foy que je doy a Dieu mon createur ! pour chose que oncques en ma vie je le desservisse en nulle maniere quelconque, mais il advient souvent en court de roy ou de princhе que tel n'encoert en nul pechié qui moult a a porter et a souffrir par mauvaise traïson. Et ce m'est advenu en sa court, en laquelle j'ay aultrefois demoré. Et sy vous promech par ma foy que en lui je trouvay moult de biens et que il m'amoit sur toutte riens, et ossy faisoige li, mais par faulx mauvais mesdisans je suy tellement vers lui grevee et si tresmerveilleusement traÿe et tourblee que il me conmanda a ardoir et a estre reduitte en cendres. Dont il advint que celui auquel il le conmanda en ot telle

2. effree

pité que il me gitta de ce dangier et me mist en ung batiel sans aviron et sans voile a tout mon petit enfanchon, lequel est de leal lit. A tout lequel vasiel par le plaisir de nostre seigneur je arivay et vinch tant que je vinch en vostre hostel et en vostre maison, en laquelle j'ay ja esté par moult loncq tamps par vostre volenté, dont je vous remerchie. Si vous priie, mon treschier maistre et seigneur, que de moy vous prenge pité et me veulliés gharder contre son ire, et je vous promech par mon serment que, combien que je sache de verité que il ne het riens tant comme il fait moy, si l'aime je plus que riens qui vive, et seullement pour la tresgrant (v) amour que j'euch a li, ainchois que il me presist en haynne. Et pource je vous priie que nullement il ne me voye, car je sçay de certain que par lui je moroye. » Le senateur, qui moult estoit esbahis de ce que elle li contoit, si li respondi que elle se asseurast et son coer apaisast. Car puis que elle estoit en sa gharde, il en feroit tant que ja nul tort ne l'en reprenroit. Et puis li disoit : « Par ma foy, ma chiere amie, se je eusse sceu cest affaire, je ne li eusse pas acordé l'ostel. Mais que je ly ai encouvent, je li tenray et m'en acquitteray, si vous diray que vous ferez. Vous ne vous mouverez de chi, vous et mes filles qui vous tenront compagnie. Or vous confortez et n'aiiés paour. Car, se Dieux plaist, vous n'arez gharde.» Et comme il parloit a elle, il oït le cliquetis des chevaulx du roy qui ja a toutte sa compagnie estoit entrez en sa court, se descendi au plus tos que il peult et le vint festiier et bienvignier, ensi que a l'ung et a l'autre appertenoit.

CHAP. LIII

Coment Jehannez, le filz du roy, salua son pere le roy d'Escoche, et conment le roy enquist au senateur qui estoit cest enfant.

(V. 5978-6043.)

Quant chils bon preudhomme senateur fu descendus les degrez de la salle, et il ot demandé et enquis lequel estoit le roy, il vint contre lui et le salua moult honnourablement, et lui dist : « Sire, vous soiiés le tresbien venus en mon povre hostel. » Adont le roy bien perchu que c'estoit son hoste, et ossi le seneschal l'en avoit ja fait sage, s'en vint vers lui et le print par la main en lui rendant son salut et en lui disant que a bonne heure le euust il trouvet. Et puis conmencherent a monter les degrés de la salle entre eulx deux et leurs gens apriès. Tantos que ils furent en la salle, Johannès le fils du roy, qui se juoit aval la salle, comme enfant que il estoit en l'eage de sept ans, s'en vint a l'encontre de son pere le roy d'Escoche, et li dist : « Sire roy, vous soiiés li tresbien venus ! » Et che dist il si hault et si cler que tous ceulx qui estoiient autour du roy tresbien l'entendirent et a tresgrant bien et a bonne doctrine le tinrent. Et lors le roy lui dist : « Mon enfant, Dieux te doinst bonne vie tousjours en amendant de bien en mieulx. Par ma foy, tu es (*f 114 r*) ung tresbiel enfant. Je prie a Dieu que il te doint sa grasce! » Helas ! il ne savoit point que ce fuist son fils, mais il le seult, ne demoura pas longhement apriès. Ensi dont, comme le roy estoit en celle salle en festiant son hoste, il gittoit moult souvent son reghart vers cel enfant et le prisoit en son corage merveilleusement, et en le reghardant il pensoit et en pensant il l'enamouroit [1] par droitte nature qui adce le amonestoit. Et tant que il dist a son hoste : « Biaulx hostes, je vous priie par vostre foy que il vous plaise moy dire se cest enfant est vostre. » « Par ma foy, » respondi l'oste, « sire, oïl. Et si vous promech que je l'aime plus que riens qui vive au jour d'huy. » A ce mot conmencha le roy si fort a plourer que les grossez larmes lui cheoiient des yeulx. Adont le senateur qui s'en perchut li dist : « Ha ! sire, vous fault il quelque chose ? Il me samble que vous n'estes point a vostre aise. » « Par ma foy, biaux hostez, » respondi le roy, « je vous diray la cause pourcoy je me doel. Quant je vich ore cest enfant, il me souvint d'un enfant que j'euch, a passé bien sept ans, et se il vivoit, il seroit comme de l'eage de cestui. Mais par fausse et mauvaise traïson il me fu hosté et ravis, si que oncques depuis ne l'enfant ne la mere je ne vich, et vela la cause de mon anuy. » « Sire, » respondi le senateur, « par ma foy, je vous en croy tresbien. On doit prendre en gre tout ce que Dieux envoye. Il est advenu [2] a mains bons [3] preudhomes moult d'anuy et de domages et de pertes sans cause et sans raison. Et ce fait nostre seigneur pour lez siens esprouver, et veir lesquelx seront justes et vrais. Vous savez, sire, que nostre seigneur a fait homme a son plaisir, si le deffait et puelt deffaire ensi que mieulx lui plaist. Tout en est en sa main et de tout ordonne a sa volenté, et pource est il eureulx qui tout puelt prendre en gre et de tout loër Dieu. Laissiez vostre doel et faisons

1. l' *manque*
2. adenu
3. bon

bonne chiere, et je vous en priie. » Et tandis que ils se devisoiient, le disner s'aprestoit, et estoient ja les tables couvertes et les premiers mes tous prestz pour servir. Si dist le senateur au roy : « Sire, quant ce sera vostre (v) bon plaisir, vous polrez aler seoir, car il est tout prest. » A cez mos fu l'iauwe aportee, si lava le roy et puis fist laver son hoste, et lui conmanda que il seist audeseure aveuc li et que il lui tenist compagnie. Si le fist ensi le bon preudhomme au conmandement du roy moult volentiers.

CHAP. LIV

Conment le roy recongnut l'aniel dont il avoit jadis espousee madamme Manequine sa femme.

(V. 6044-6154.)

Tantos que le bon roy fu assis et son hoste dalez lui, on le conmencha a servir moult honnourablement et largement, comme a eulx appertenoit, car ils avoiient tresbien dequoy. Et tandis comme ils disnoiient et que ils parloiient d'un et d'aultre, Johannès l'enfant monta les degrés de la chambre la ou dame Mainequine sa mere estoit qui moult grant doel faisoit. Tantos que il vint devant sa mere et il le vit plourant, il conmencha ossy a plourer et a demander a sa mere pourquoy elle plouroit, et lui dist : « Ha ! mere, ne plourez plus, et vous en venez en la salle la bas veoir le roy d'Escoche qui siet a table aveuc mon pere le senateur. Cuidiés, ma mere, que il est biaulx et que il a de biaux hommes aveuc li qui le servent a table. » A ce mot la damme conmencha de plus fort a plourer, et tant que les filles du senateur dirent a Johannès que il se apaisast et que il faisoit plourer sa mere. L'enfant qui ne pensoit a riens, fors adce qui li venoit devant, vit que sa mere avoit ung tresbiel aniel d'or moult reluisant en ses dois, se y gitta ses manettes et tira tant aulx dois de sa mere que il eult cel aniel. Et la damme pour l'anuy qu'elle avoit ne s'en perchut oncques. Car son doel li estoit si grant que elle ne pensoit a rien que l'enfant feist. Prestement que Johannès tint cel aniel, il se mist au descendre les degrés que il avoit n'a ghaires montez, comme vous avez oÿ, et s'en vint en la salle la ou le roy seoit au disner, et fist tant que le roy le pooit tresbien veir. Et lors il conmencha a gitter cel aniel (*f. 115* r) en hault puis cha puis la et a le recoellir comme par enfance, et tant le gitta que il quey une fois sur la table droit devant le roy et, comme je quide, en l'un des plas la où la viande estoit. Et prestement le roy le perchut, qui tantos y gitta la main et le print, et moult fort le conmencha a regharder et a aviser. Et comme plus le reghardoit, et plus pensoit, et puis de fois en aultre reghardoit cel enfant, et ne savoit que penser· Mais tresbien lui sambloit que aultrefois il avoit tenut et veut cel aniel. Et tant fort pensoit ace que il en oublioit son mengier et son boire, tant que le senateur s'en perchupt. Si dist au roy : « Sire, je quide que cest enfant vous traveille. » « Par ma foy, biaulx hoste, non fait, mais le voy tresvolentiers, si vous priie que vous le laissiés en ma presence, et vous me ferez ung tresgrant plaisir. » Ensi et par tellez paroles passerent tout le disner, mais tousjours le roy pensoit a cel aniel et le tenoit en sa main. Et l'enfant l'avoit ja oubliët, qui plus de samblant n'en moustroit, mais se juoit autour de la table aveuc lez serviteurs. Et le roy nullement sa veue hoster ne pooit ou de lui ou de l'aniel. Et tant regharda le roy cel aniel que totalement il ne peult plus mengier, tant que encores une fois le senateur le remist encores a raison, et lui dist : « Par ma foy, sire, je m'esmerveille pourquoy vous reghardez si ententivement l'aniel a l'enfant. » « Par ma foy, biaulx hostez, » ce respondi le roy, « je le vous diray. Je vous priie que vous me dittez la vraye verité, se cest enfant est vostre, et dont vient cel aniel. Car, par ma foy, je ne seray jamais aise, tant que j'en seray la verité. » Respondi le senateur : « Par ma foy, sire, ma femme porta cest enfant en ses costez, et si est cest aniel sien, et dece vous ay je dit verité. » Et ce disoit le senateur a bonne foy, car il les avoit achetté, comme vous avez oÿ par chi devant, aux pesqueurs qui trouvé l'avoiient en la mer, si les tenoit le senateur siens [1] a bonne cause. Quant le roy entendi le senateur parler, si ne seult que respondre, et lors perdit il tout son espoir, si conmencha moult fort a plourer et a soupirer, tant que apaine se savoit (v) il consoller [2]. Finablement il fist hoster les tables, apriès ce que ils orent lavé leurs mains, mais toudis pensoit a cest anel et le tenoit toudis en sa main, ne nullement samblant de rendre n'en faisoit, mais le reghardoit de fois en aultre tresententivement. Et tant le regharda que il pensa que encore une fois enquerra a son hoste sur son serment dont cest aniel lui vient. Car pour verité le coer lui dist que c'est le proppre aniel dont il espousa jadis madamme Mainequine sa femme.

1 sien
2. cōment soller

CHAP. LV

Conment le roy seult que sa femme estoit en l'ostel du senateur la ou il estoit logiés, dont il fu moult joiieulx.

(V. 6155-6404.)

Tant pensa et repensa le roy en reghardant l'aniel a l'enfant que il fu constrains de encorez une fois requerir le senateur de savoir dont cest aniel li venoit. Et tant que il l'appella a part, et puis li dist : « Mon tresdouls hostez, je vous priie et requier en l'onneur de Jhesucrist nostre bon Dieu qui sa mort pardonna et en l'onneur de sa tresglorieuse mere Marie, que il vous plaise moy dire la verité et l'aventure de cest aniel et de cest enfant. Car, par la foy que je doy a Dieu mon createur, il m'est advis que l'anel fu une fois mien et que je le donnay a une damoiselle, laquelle je espousay par le tresgrant amour que j'euch a elle et de laquelle je euch ung enfant, pour laquelle et pour lequel j'ay euut tant de mal a porter et a souffrir que nul homme du monde ne le vous diroit. Si vous priie que pour l'amour de Dieu vous me alegiés mon doel, se riens vous en savez. » Quant le senateur entendy le roy, il pensa maintenant que ce polroit estre celle femme qui estoit en sa maison, si fu moult esbahis et ne savoit que faire de li celer ou de li dire, car il lui souvenoit bien dece que elle lui avoit dit. Au darain il s'apensa que il lui diroit et que par adventure la Mainequine le doubtoit sans raison. Et pource il lui dist ensi : « Sire, vous m'avez moult douchement priiet, et je voy que vostre coer est moult destroit *(f. 116 r)*, ce me samble, et pource je vous diray verité. Mais vous m'arez encouvent par le foy et serment de vostre corps, comme roy que vous estes, vous ne vous courroucherez ne ne ferez vilonnie a homme ne a femme pour chose que je diie. » « Par ma foy, sire, biaulx hostez, » respondi le roy, « ce ne feray je, ains vous promech de faire du tout vostre bonne vollenté. » « Grant mierchi, » dist le senateur. Et puis le prist par la main en faisant serment, ensi que il le requeroit. Et quant il ot ce fait, il lui conmencha a raconter conment il avoit jadis achettee la belle Mainequine et son filz aux pesqueurs, ensi que vous avez oÿ dessubz, et conment oncques en tout le terme de sept ans il n'avoit peu savoir qui elle estoit. Neantmains tresbien en son honneur tousjours ghardee s'estoit, ne oncques veut rire ne avoir joye [1], et puis li conta conment elle s'estoit maintenue quant elle oït dire que le roy d'Escoche devoit venir a hostel layens, et conment elle [2] lui avoit plus conté de son affaire que oncques mais n'avoit fait, et conment elle avoit esté boutee hors d'Escoche et conment elle se faisoit nommer Mainequine. Et puis conment elle lui avoit priiet que [3] ne le racusast point au roy, et finablement tout ce que vous avés oÿ par chi devant. Quant le roy ot tout oÿ ce que le senateur li ot dit, si seult vrayement que sa femme estoit layens et que c'estoit son enfant qui tant l'avoit festiiet et congoÿ. Et pource de la tresgrant pité et grant joye que il ot, le coer lui sera et lia, tellement que il fu une bonne pieche, ainchois que il peuwst ung seul mot dire. Et quant il peult parler, si tendy les mains vers le chiel, et dist : « Sire Dieu, loës soyes tu et ton tresdouls nom ! car tu fais merveilles merveilleuses, et bien te doit on loër, car tu disposes de tout a ton bon plaisir. » Et quant il ot ainsy regreté et loé Dieu, si tresfort plourant que nul homme ne le veist qui pité n'en eust, il se tourna vers son hoste, et se gitta a genouls contre ly, en li disant : « Ha ! mon treschier amy, je te remerchie de ta bonté ! » Mais le senateur fu tout (v) honteux, si le prist par les bras et li dist : « Sire, pour Dieu merchi, que faitte vous ? C'est mal fait ! Point n'apertient a roy de faire ensi. » « Certes, » dist le roy, « mon treschier amy, je ne sçay conment je vous renderay le plaisir que vous m'avez fait. Car, par la foy que je doy a Dieu, se je vous avoye servi ung an de vos [4] sorlers descauchier, si n'aroige point fait pour vous ce que vous avez fait pour moy. Car par vous je suy quitte de la plus grant doleur et paine que oncques roy ne prinche peust recepvoir. » Et lors li conmencha le roy a raconter conment par fausse traïson il le avoit perdue, tout ensi que par devant il est escript, et conment il l'espousa, et que oncques n'avoit sceuwt qui elle estoit. Dont le senateur fu mouit esbahis, si li dist : « Par ma foy, sire, si je eusse sceu femme et filz de roy en mon hostel, je leur eusse fait aultre serviche que je n'aye ; si que pour Dieu pardonnez moy du petit estat que je li ay maintenut. » Et le roy ne savoit que faire ne que dire de joiie, ains baisoit et acoloit ce preudhomme tant que saouler ne s'en pooit, et lui disoit : « Ha ! mon amy, ton ame et ton corps soiient benois, et Dieux te doinst

1. avoir joye] lauoit
2. el
3. quelle
4. vo

sa grasce! » Ne je ne quide point a mon[5] esscient que nul homme vous seuwst racorder la pité que c'estoit de veir leur estat et leur contenanche.

CHAP. LVI

Conment la damme Manequine fu menee devant son mary et des piteulx reclains et recongnissance que ils firent l'un a l'autre.

(V. 6405-18, 6439.... 6527-32.)

Après ces pleurs et festiëmens le senateur dist au roy : « Sire, il me samble bon que je voise par devers elle et que je le vous amaine. Mieulx vault que je y voise seul que vous venissiés aveuc moy, car je sçay de certain que elle vous doubte et crient. Et par adventure quant elle vous verroit[1] si soudainement, elle se polroit si effreer que vous en seriés plus dolans que devant. » « Par ma foy, biaux hostez, » dist le roy, « ce soit a vostre bon plaisir. » A tant le proeudhomme. . . . .

***

(f. 117 r) damme pareillement li respondoit. Et se je vous voloiie conter leurs parolles et festiëmens recorder, ce me seroit une longhe chose, si m'en tairay a tant. Car vous devez en vous meismes penser, qui oëz l'istoire, que entre eulx ot moult de piteuses parolles et dittez et moustrees.

5. mon] nul

1. venroit

CHAP. LVII

Conment le seneschal d'Escoche conseilla au roy son seigneur qu'il ne couchast point aveuc sa femme jusques après ce que il aroit [1] rechupt du pappe absolution.

(V. 6567-6606, 6533-48, 6607-6696.)

Quant le roy d'Escoche ot festié et conjoÿt madamme Manequine sa femme et que il li ot tout son estat raconté et conment ilz avoiient par sa mere esté traÿs, laquelle il avoit fait enmurer pour morir a tourment, il fu tamps de aller soupper. Et le preudhomme leur hoste pour eulx fester et congoïr avoit fait appareillier ung tresnoble soupper, et avoit fait venir de tous les plus nobles hommes de la chité de Romme pour au roy tenir compagnie et pour ly recreer. Si laverent tous conmunement, le roy premier et la roÿnne damme Manequine ossy, et puis s'asirent l'un dalez l'autre et les seigneurs après cascun seloncq sa qualité, si souperent en tresgrant reviel. Et la roÿnne dist au roy que moult avoit esté honnouree des filles de son hoste; pourquoy le roy leur promist que il les mariëroit si notablement que ja repris n'en seroit, et leur donroit tant de terre que oncques homme ne femme de leur linage n'en tint tant. Et ossy fist il. Ensi en devisant de pluiseurs choses se passa le soupper, la ou ils furent tant larghement servi que mieulx on ne polroit souhaidier. Et quant ils orent souppé et que les tables furent hostees, et li Roumain tous rallez, cascun a sa chascune, li seneschaulx d'Escoche se tira devèrs le roy son seigneur qui festioit sa femme, et le congoïssoit de tresgrant courage et lui dist en telle maniere : « Mon tresredoubté seigneur et vous oussy ma tresredoubtee damme, vous devez tresgrans loënges et (v) merchis a nostre seigneur Jhesucrist rendre, lequel a vostre volenté vous a mis de grief paine en tresgrant repols. Et pource comme bon Xpestijen vous vous devez emploiier a faire cose qui lui soit agreable. Mon treschier seigneur, vechi la tressainte sepmaine, en laquelle il souffrit et rechupt la mort trescrueuse pour nous racetter des paines de la mort d'enfer,

1. arroit

si devez en vous meismes recorder conment piteusement et dolereusement il eult le corps perchiet en cincq lieux en la sainte croix la ou il fu estendus et atachiés. Pour laquelle chose vous, en recordant ceste piteuse pité et conment il a acompli vostre vollenté, devez faire penitanche en li priant merchi debonnairement. Car c'est la chose qui plus rapaise l'ire de nostre seigneur, quant elle est faitte deuwement ensi qu'a [2] elle appertient. Et pource, mon treschier seigneur, que ja a ung mout [3] grant tamps que vous n'avez geu l'un aveucq l'autre, pource que vous n'avez peu, et maintenant vous y poëz gesir a vostre vollenté, se vostre plaisir se volloit adce consentir que pour l'amour de nostre seigneur vous vous en peussiez [4] abstenir jusques apriès sa benoitte resurection pour esquieuwer les delis carnels qui se font en tel cas, je quide a mon essiënt que vous feriés [5] bien et que Dieu vous en sera grant gre. Et vechi a demain le joeudi absolu que nostre saint pere le pappe fera la beneichon, et que cascun qui se confessera de bonne devotion recepvera la grasce de nostre seigneur et sera quitte de tous ses pechiés. » Adont la roÿnne, oans ce preudhomme parler, dist au roy : « Pour Dieu, ne mettez contredit adce que vostre bon seneschal [6] vous conseille ; car, par la foy que je doy a Dieu, oncques plus preudhomme je ne vis. Et se sa bonne preudhonmie et son bon conseil ne fuist, je ne fuisse plus en vye, si vous pri que ce me veulliés acorder que son bon conseil lui soit fait pour l'amour de nostre seigneur. » « Par ma foy, » respondy le roy, « ma tresamee [7] compagne [8], et je le vous acorde ou nom de nostre seigneur Jhesucrist. » Ensi en innes et en devoies *(f. 118 r)* orisons et abstinenches ils parfirent la sepmaine peneuse, et se se abstinrent du pechiet de la char pour l'amour de nostre seigneur, jusques au joeudi que ils en allerent envers nostre saint pere le pappe. Mais je me tairay a present de eulx, et vous parleray du roy de Hongrie, le pere de madamme Manequine, conment il retrouva sa fille en la presenche de notre saint pere le pappe Urbain.

2. qu
3. mon
4. veussiez
5. series
6. senateur
7. tressamie
8. compagnie

CHAP. LVIII

Conment le roy de Hongrie se mist au chemin pour venir a Romme soy confesser du pechiet que il avoit parpetré en la mort de sa fille.

(V. 6697-6868.)

Vous avés bien par chi devant oÿ conment le roy de Hongrie avoit conmandé sa fille, madamme Joiie sournommee madamme Manequine, a ardoir pour le[1] desplaisir qu'elle lui avoit fait de soy trenchier la main pour non estre roÿnne, et conment le seneschal et le tourier de la chité le mirent en la mer, et le roy et le peuple cuiderent tout de certain que elle fuist arse et destruitte. Or advint que, comme l'istoire et la verité de la matere le recorde, que le roy fu en son erreur a peu priès jusques au terme de sept ans, ainchois que il se veusist recongnoistre. Mais quant ce terme fu ensi que acomplis, il se conmencha a repentir en soy meisme par tresgrant dolleur, et n'estoit jour que les grosses larmes n'en venissent aulx ieux. Dont il advint ung jour que il manda son seneschal, si se conmencha a complaindre a lui moult fort du mal que il avoit fait, en li priant que il le veusist conseillier conment il en polroit faire pour le mieulx. Et quant le seneschal vit et sceult de certain que le roy se repentoit, il en fu moult joiieux, et lui recorda la verité de l'ordonnance de sa fille, conment il ne l'avoit point arse, mais l'avoit mis (v) en mer en l'aventure de nostre seigneur et en sa garde, dont le roy fu ung peu plus joiieux, neantmains le tenoit il pour morte. Car il disoit que c'estoit une chose impossible de esquieuwer le peril de la mer sans mort, se la proppre grasce et puissanche de nostre seigneur ne le[2] faisoit. Si dist le roy au seneschal que il s'en voloit aler a Romme par devers nostre saint pere le pappe pour soy a lui reconseillier et confesser, car il savoit bien que il avoit parpetré ung tressorible pechié, se lui conmanda que il appareillast ses nef, car il volloit passer la mer. Si le fist ensi le seneschal que le roy lui eult conmandé. Et quant les vaissiaulx furent appareilliés tant grandement et tant souffissan-

1. les
2. la

ment que a li appertenoit, il assambla tous les saiges hommes de sa terre. et si leur donna tout en gouvernement jusques a son retour. Et la leur fist il jurer a faire bonne et vraye justice a cascun seloncq ce que il leur en avoit conmis, c'est assavoir a l'un plus, a l'autre mains, et ce leur enjoindi sur paine de mort. Et lors quant il eult tresbien ordonné de la cose publicque produire et mener en bon terme, il prist congié a eulx, et lui et son seneschal a tout tresgrant compagnie de nobles hommes de sa terre entrerent en leur nef. Prestement que ils furent ens, ils firent lever les voilles, si se feri li vens ens, que il eulrent si bien a leur plaisir que par la volenté de nostre seigneur, qui voloit sa bonne meschine du tout reconforter et rescoure de tous ses maulx, c'est assavoir damme Mainequine sa fille, ils ariverent et prinrent port en la riviere du Far devant nommee en mains d'espasse de troix sepmaines, comme tesmoigne nostre histoire. Et a l'eure que ils se descendirent au port de Romme il estoit la sepmaine peneuse, et estoit comme on diroit le mardi devant le joeudi absolu, ce proppre jour meisme que le roy (*f. 119* r) d'Escoche y estoit arivez le matin, dont il avoit retrouvee sa femme la journee, ensi que devant vous avez oÿ. Tantos que ils furent descendus, ils s'en vinrent en la chité et prinrent hostel tout à leur chois en la maison d'un tresnotable et riche bourgois, mais ce ne fu mie la ou sa fille estoit ne en la rue, ains fu en ung aultre lieu [3] plus priès du palais de nostre saint pere le pappe.

CHAP. LIX

Conment le roy de Hongerie se confessa au pappe et conment il retrouva sa fille Joiie en la presence du pappe.

(V. 6869-7094...)

Quant le roy de Hongherie fu logiés, ensi que dit est, il enquist du pappe, et on lui dist que il estoit en la chité et que il devoit faire l'absolution generalle au joeudi prochain. Si en fu moult joiieulx, car il pensa que il se confesseroit a lui et que il lui gehiroit tout le pechié que il avoit parpetré en sa fille. Et a celle

3. lieux

fin que mieulx et plus agreable il peuist avoir la grasce de nostre sire, il se tint en tresgrant affliction de coer, en soy repentant tresgrandement et en soy recongnissant trespovre pescheur, jusques a ce joeudi. Et tant que, quant ce vint le joeudi au plus matin, il se leva, et a toutte sa compagnie dont il estoit moult noblement aournez s'en vint au moustier saint Pierre, la ou le assamblee de nostre saint pere le pappe et des cardinaulx se faisoit, et prist son siege ensi que a li appertenoit. Pareillement le roy d'Escoche et madamme Manequine sa femme aveuc leur filz Johannez, leur gens et famillez s'en vinrent a laditte eglise et prinrent place au mieulx que ilz peulrent. Car il y avoit tant de ducs, de contes et de prinches que merveilles seroit du recorder. Neantmains furent (v) ils assis assés priès du pappe et par espetial du roy de Hongrie, pere a la damme Manequine, combien que riens ils ne savoient l'un de l'autre, ne ils ne s'entrecongnissoiient de rien. Adont quant touttes manieres de gens furent assamblés et aüné [1], nostre saint pere le pappe Urbain conmencha a remoustrer la sainte parolle de Dieu tant notablement que il n'estoit homme ne femme qui l'oïst, que il ne se esmeuist a devotion et a repentanche de tous ses pechiés. Et veritablement l'istore dist que c'estoit ung tressaint et devot homme. Et je acteur ay trouvé par aultres histoires que il fist moult de biens en son tamps, ne oncques en sa viie ne doubta la mort pour le bien de l'eglise soustenir, et bien le moustra contre le roy de Franche Phelippe, lequel il fist excommeniier en Franche et en Bourgoingne, comme diient lez histoires, pour le pechié que il faisoit de ses concubines. Chils pappe Urbains fu premiers moisnez de l'abbeye de Cligny, depuis il fu evesque d'Ostie et depuis pappe. Il tint ung conchil a Clermont en Auvergne, la ou il y eult quatre evesques, cent abbez et dix mille que moisnes que clercs; ouquel conchil mut une tresgrant controversie a le cause de l'evesquié de Cambray, laquelle cause je laisse pour cause de briefté, et veulz revenir a no pourpols. Dist nostre histoire que, tantos que nostre saint pere le pappe devant dit ot fait fin a son sermon, le roy de Hongherie se leva et vint droit devant le pappe, si conmencha a parler si hault que tous le pooient bien entendre, en soy confessant de tous ses pechiés. Et en ses pechiés recordant il vint a parler de sa fille, tant que il conmencha a recorder du tout en tout conment il avoit traitiet sa fille, tout ensi que il est contenut ou prochès de la matere, sans y riens oubliër, ne aulcune chose quelconque. Et quant

1. avnes (s *est rayée*)

il eult tout dit et conment il l'avoit [2] conmandé a ardoir, ensi que il requeroit au pappe . . . .

***

CHAP. LX

(V.... 7239-7396.)

***

(f. 120 r) la presence de tous ceulx qui oïr le volrent, le roy d'Escoche, par le gre du pappe et des cardinaulx qui plouroiient tous si fondanment pour la grant merveille qu'il veoient, recorda au roy de Hongrie, conment sa fille avoit esté trouvee en mer, conment elle lui avoit esté presentee, et conment il l'avoit espousee par vraye amour, sans ce que oncques en sa vie lui veusist congnoistre qui elle estoit, et conment il en avoit ung tresbiau fils, et conment elle lui avoit esté tolue par fausse traïson, et de sa mere et de tout ce qui est par advant contenu il lui reconta et dit, et conment il le avoit requis par le terme de sept ans, et conment il le avoit retrouvee, et du tout en tout li recorda et dist ce que advenut lui estoit jusques a cest'heure presente. Et la furent moustrez tous lez deux senescaulx qui le mirent en mer, celi de Hongerie et celi d'Escoche, lesquelx deux s'entrefaisoiient tant de fieste que plus on ne pooit. Et la estoit le senateur de Romme qui la damme et l'enfant avoit ghardé en tresgrant honneur devers le roy de Hongerie et devers le pappe, et l'en prisoient merveilleusement. Et quant le roy de Hongherie vit conment sa fille avoit esté menee et conduitte et toudis ensi ghardee par la grasce du benoit saint esprit, il tendi les mains vers le chiel, et dist : « *Dominus solvit compeditos. Dominus erigit elisos* [1]. *Dominus diligit* [2] *justos.* Vray Dieu, tu soiies loëz, car toudis sont les justes en ton reghart! » Et lors il embracha et acolla le roy

2. auoit

1. elizos

2. dirige

d'Escoche et le baisa en la bouche, et lui dist : « Mon treschier fils, benoite soit l'ame du corps qui t'a engenré, et tu soiies benis de Dieu, et te doint telle grasce que tu puisses [3] acquerir le realme que il a pourveu a ses amis. Je te loe et remercie de ta proedomie laquelle tu as moustré a ma fille. Me vechi tout tien, mon regne est tien, et qui plus est, tu seras de par ta femme roy d'Ermenie. Car il lui (v) est deuwt de droitte hoirie de par sa mere, laquelle fu fille au roy d'Alemagne, laquelle estoit de par sa mere droit hoir d'Ermenie, se lui doit par droit de hiretage esqueir, pource que plus prochain hoir ne y a. Je n'oseroye mieulx demander que ma fille estre a toy donnee. Or le gharde comme tienne, et je le te requier et priie. »

CHAP. LXI

Conment la damme par la divine puissance de Dieu recouvra sa main senestre qui coppee avoit esté par le terme de neuf ans ou environ.

(V. 7397-7502... 7556-69... 7639-92.)

Tandis que ces choses se disoiient et faisoiient, c'est assavoir ces acolemens, festiëmens et consolations, et que le pappe et les cardinaulx les reghardoiient et advisoiient en plourant par tresgrant joye de pité que ils avoiient pour la grant merveille que ils avoiient veue [1], laquelle chose ils tenoiient a droitte et parfaitte miracle, estoiient les clercqz adce conmis allez a tout ung seel d'argent a une fontaine nommee le fontaine saint Pierre qui assez priès d'illoecq estoit, et que pour de l'iauwe de celle fontaine prendre et porter en l'eglise, la ou la congregation devant ditte estoit a faire, et beneir les fons, comme d'usage a ce tamps estoit. Lesquelx clers en puisant l'iauwe, leur entra en leur vaissiel une main toutte enthiere, samblans estre coppee tout nouvellement d'aucun [2] corpz, dont ils furent moult esbahis. Neantmains apriès pluiseurs consaulx que ils eulrent ensamble, ils le prinrent et leverent et aveucq eulx le aporterent en l'eglise. Dont tout le monde la estant present fu moult esbahis, et ne savoit on penser que ce

3. puisse

1. veue] *manque*

2. daucuns

voloit estre. Au darain, laditte main parvenue en la presenche du pappe, des cardinaulx, des rois devandis et de la roÿnne, il fu dit du pappe que en verité ceste main (*f. 121 r*) estoit la main de la damme qui la present estoit et que nostre sire voloit moustrer sa viertu en celle. Et pource il leur dist : « Mes amis tous et touttes, mettons nous en [3] devotes priieres et orisons en priant [nostre benoit] sauveur Jhesucrist que par sa debo [nnaireté] il lui plaise nous moustrer . . . .
plaisir en ce cas. S. . . . .
fu conmenchie, un. . . . .
qui conmench. . . . .

* * *

(v) en apriès il prist la damme par son mongnon et remist la main a l'encontre, et de son estolle a toutte laquelle il avoit [4] la messe celebree il loiia la main et le mongnon
. . . . et puis dist : « Sire Dieu Jhesucrist qui as
. . . . congnoistre et ta tressaintisme loy
. . . . .dignes miracles, non point
. . . . .et exaltation de ton
. . . . .chi moustrer ce
. . . . .lle, quant tu dis
. . . . .acompliray
. . . . .a gharde
. . . . .de. ses

* * *

(*f. 122 r*) poisson dont il est dit devant, lequel se gitta hors de le fontaine. Si fu par le pappe conmandé que il fuist mis a mort et que en se mulette seroit trouvee la plache ou la main avoit esté ghardee du conmandement de nostre seigneur. Si en fu ensi fait. Et dit l'istoire que la mulette de ce poisson fu mise en gharde comme chose sainte et que par moult loncq tamps despuis elle fu veue et moustree en l'eglise saint Pierre de Romme. Et le poissou fu dispensés en la convive qui se fist a ceste presente refection, de-

3. en *est enlevé avec le papier.*
4. *il ne reste plus que* oit

quoy l'istore dist que c'estoit une droitte oudeur de suavité du goust qui dudit poisson yssoit.

CHAP. LXII

Conment ces seigneurs se partirent de Romme et revinrent en Hongrie.

(V. 7693-7920.)

Quant ces bons seigneurs orrent prins leur refection aveuc nostre saint pere le pappe, conme dit est, ilz se trairent ens es ghardins du palais du pappe, la ou ils furent en parlant des materes et besoignes devant dittes, en loant et remerchiant Dieu de sa pure volenté, laquelle il avoit si notablement moustree en la personne de la damme et roÿne d'Escoche. Et quant ils orent assez de ces pourpols parlet [1] et deviset, ils se tournerent cascun en son lieu. Mais le roy de Hongrie s'en alla en l'ostel ou sa fille estoit logie, la ou il fu rechups moult honnourablement du senateur. Et loist savoir que tout jusques au dimenche, qui fu le jour de la resurection nostre seigneur, ils se tinrent tous continens et ossy en toute aultre abstinenche de pechié, tousjours remerchiant et loant nostre seigneur de sa benoite grasce et viertu que ensi il leur avoit moustré. Lequel jour apriès ce que le service et divin offisce de nostre seigneur fu acomplis, ils disnerent tous ensamble, c'est assavoir le pappe et les cardinaulx, les deux rois et tous les barons, seigneurs et chevaliers que ils sceurent trouver en la chité, et dont ils peulrent fixer. Et tinrent (v) ces deux rois ce jour ung tressomptueux estat, dont [2] ils furent moult prisiés, loëz et honnourez. Et la en ce disner prinrent congiet les uns aulx aultres, car c'estoit l'intention du roy de Hongrie de retourner et de remener son biau fils le roy d'Escoche et sa fille Joiie, espeuse a ychelui roy d'Escoche, en son paiis de Hongherie pour contempler et rapaisier les nobles de son paÿs qui par le terme et espasse de neuf ans avoiient esté [3] et estoiient desolé pour la perdition que ils avoient fait de la bonne damme devant ditte ; comme il fist. Car

1. parles
2. dons
3. esté *manque*

apriès ce que ils orent prins toutte leur refection et que nostre saint pere le pappe les ot absols et beneis, ils firent par lez maronniers preparer le navie que pour monter ens au plus matin. Et adont fu ordonné que ils en menroiient les deux fillez du senateur pour icelles mariër a la discretion et volenté du roy d'Escoce, comme il fist. Car l'istoire dist que il les maria si noblement que elles furent ducesses et contesses, et que d'elles yssy une tresnoble generation. Quant ce vint le matin et que touttes choses furent ordonnees et preparees, comme dit estoit et deviset, les deux rois, la roÿnne et touttes leurs gens prinrent congiet a ceulx aulxquels ils estoiient tenus du faire, et entrerent en leur nef. Et li maronnierz leverent les voilles, si feri le vens ens, qui tantos les eult eslongiés du port. Par lequel vent au plaisir de nostre seigneur en bien brief terme sans nul quelconque empeschement dont l'istore face mention ils ariverent en Hongherie en une des chités [4] du roy, du nom de laquelle ne fait l'istore point de mention, en laquelle ils furent rechups en tresgrant joiie et honneur comme leur seigneur droiturier.

CHAP. LXIII

Conment le roy d'Escoche fu roy de Hongrie et depuis roy de Hermenie adcause de sa femme Joiie.

(V. 7921-8182.)

(f. 123 r) Tout prestement que ils furent retournez, comme dit est, les nouvelles en furent espandues par tout le paiis, c'est assavoir conment Joiie, la fille du roy qui jadis s'estoit la main coppee, estoit retrouvee, et que Dieux avoit fait telles miracles en elle que elle ravoit sa main, et si estoit mariëe a ung noble roy trespuissant qui estoit roy d'Escoche et d'Irlande. Desquelles nouvelles le peuple fu si remplis de joiie que ils ne savoiient que faire pour eulx plus resjoïr, et s'en venoiient de touttez pars pour elle veoir et bienvignier, et par espetial tous lez haulx barons du paÿs qui moult joiieux en estoiient. Et lors le roy de Hongherie fist convenir devant li tous ses pers et les barons et seigneurs de son paÿs, en la presence desquelx ils se deshireta de tout son regne,

4 chite

pource que ja il estoit tout plains de jours, et le reporta en la main du roy d'Escoche. Et conmanda a tous ceulx qui estoient la present que ils lui feissent hommage comme a leur seigneur droiturier. Lesquels le firent ensi et le rechuprent tresdebonnairement et sans contredit, et puis le menerent par touttes les chitez du paÿs, la ou ils le firent recepvoir et lui firent faire hommage, tel que au cas lui appertenoit. Ens esquelles chitez cascun faisoit tant de joiieuseté que nul ne le saroit mettre par escript, tant en faisoiient. Apriès lesquelles receptions faittes ils firent envoiier [1] une tresgrant somme d'avoir et de deniers au senateur de Romme en eulx reconmandant a li et en l'acomplissement de leurs despens; si en fu moult joiieux ledit senateur. Quant touttes ces choses furent acompliies et faittes et que ils estoiient ensi que a repols en l'une des chités [2] du paÿs, il advint ung jour que le viel roy et son biau fil et sa fille seoient au mengier, si vint ung messagier devant leur table et salua la compagnie de par tous (v) les barons d'Ermenie, en disant que ils se reconmandoiient tous a eulx et meismement a la damme Joiie, de laquelle ils avoiient ja oït la nouvelle, et lui mandoiient que elle venist relever et prendre la posession de son realme d'Ermenie, lequel lui estoit esqueuut de par sa taye, femme du roy d'Allemaigne, laquelle fu jadis fille au roy des Hermins, et ce lui mandoiient il sur leur seaulx. Quant les deux rois et la damme virent les lettres patentes que chils messagier avoit aportees, se ils furent joiieux ce ne fu mie merveilles, car de menres nouvelles est on souvent bien resjoïs. Se li donnerent don, selonc ce que a eulx il appertenoit. Et puis, quant ils le eulrent congoÿ du tout a leur volenté, ils lui dirent que ils s'en retournaist et si saluast tous les barons du paÿs, et lors lui baillerent leurs lettres, en eulx mandant que en brief terme ils seroiient ou paÿs, et feroiient tant que ils seroiient bons amis ensamble. Si se parti le message, tant que il fu retournez au paÿs, la ou il reconta tout l'estat du roy et de la roÿnne, dont tout le peuple fu moult resjoïs. Car l'istore dist que grant tamps ils avoiient esté sans avoir seigneur pour la perte de la damme Joiie, comme il est chi devant contenut. Si se conmencherent a preparer pour recepvoir leur seigneur et leur damme seloncq ce que a eulx appertenoit. Et pareillement se conmencherent a preparer les deux rois devant dis et la roÿnne que pour passer et aller en Ermenie. Mais aynchois que ils se partissent, ils mariërent les deux filles du senateur de Romme et les donnerent a leur deux seneschaulx, c'est assavoir a celli de Hongrie l'aisnee et a celli d'Escoche la maisnee, et la fu-

1. furent envoiies.
2. chité.

rent celebrees unes tressomptueuses noeches et leur furent donneez grans terres et grans seignouries; et tant que ils vesquirent, furent ducs et contes et ossi leurs hoirs. Après touttes lesquelles choses faittez et acompliies et que leurs besoingnes furent touttes prestes, ils se mirent (*f. 124* r) en tresgrant appareil et somptueux au chemin, si ne cesserent de cheminer tant que ils furent en Ermenie, la ou ilz furent rechups treshonnourablement. Car l'istore dist que sans nul quelconque contredit ils rechuprent le roy d'Escoche a seigneur ou nom de madamme Joiie sa femme et li mirent la couronne ou chief. Pourquoy il pooit dire ce que dist le psalmist : *Populus quem non cognovi servivit michi et in auditu auris obedivit michi*, c'est a dire : « Le peuple que je n'ay point congnu m'a servit, et a oÿr parler de moy il a obey a moy. » Ensi pooit dire ce bon roy d'Escoche, car oncques ne les avoit veult, ne ossy n'avoiient [3] ils lui.

CHAP. LXIV

Conment le roy d'Escoche, de Hongrie et de Ermenie revint en son paÿs d'Escoche.

(V. 8183-8420.)

Quant le roy d'Escoche ot de tout prins les hommages et feäultez et que il ot par tout mis et posez ses officiiers a sa volenté, desir et voloir lui vint que maintenant estoit il tamps que il retournast en son paÿs d'Escoche dont il s'estoit partis moult tristres et dollans, et ossy pour son peuple reconforter que moult il avoit laissiet desolet. Et pource faire et acomplir mieulx et plus deuwement a son honneur, il envoiia les deux senescaulx devandis, qui ensi que tous nouviaux mariés estoiient as filles du senateur de Romme, comme dit est, preparer et ordonner sa reception oudit paÿs d'Escoche. Lesquelx sans prolonghier apointerent leur oir, sy se mirent au chemin en mer, la ou au conmandement et plaisir de nostre seigneur il eulrent si bon vent que ils ariverent en l'ille d'Escoche en terme competent sans nul quelconque empeschement en la proppre chité de Beruïc. La ou ils furent rechups tresgrandement et festiiés pour les bonnes nouvelles que ils raporterent. Et lors tout prestement ils firent preparer tous les

3. navoijent navoent

lieux tant et si notablement comme ils peulrent. Et chi dist nostre hystore (v) que, quant les gens du paÿs sceurent les nouvelles de leur roy et de leur roÿnne et conment il leur estoit advenut, ilz furent tant joiieux que gens ne furent oncques sy, et quide a mon essiënt que apaine pooient ils croire les deux senescaulx pour la merveille que c'estoit, ne ja ne quidoiient veoir le heure que ils le veissent retourner. Ne il n'estoit jour, despuis que ils sceurent les nouvelles devant dittes, que il n'y eust plus de cent mille creatures sur les dicques du rivage en atendant le retour de leur roy et de leur roÿnne. Lesquelx roy et roÿnne apriès ce que ils eulrent tresbien ordonné de leur realme de Hermenie et y conmis a la gharde de ychelui de moult notables cappitaines, ils se mirent en mer a tresgrant estat et appareil en prendant congiet aulx Hermins. Et la estoit la roÿnne qui leur promist, que [1] en brief temps elle leur envoiieroit Johannès son fils, lequel estoit tousjours aveuc elle, car moult envis elle l'euist ossi laissiet. Dont ils furent moult joiieux, car ils avoient enpensé de en faire leur roy, comme ils firent despuis. Et a tant leverent li maronniers leurs voilles, si se feri li vens ens, tellement que au gre et plaisir de nostre seigneur en brief terme sans nul quelconque empeschement ils ariverent au port de Beruïc, ensy que promis ils le avoiient, la ou ils trouverent tant de peuple que li nombre n'en fu oncques sceuu. Et dist l'istore que tantos que le roy approcha et que ils le peulrent perchevoir, ils conmencherent tous a criër a haulte vois : « Bien viengne le roy nostre seigneur et nostre tresvaillant damme sa femme ! » Et ce disoiient ils si hault que on n'y [2] peuist oïr tonner de la grant joiie et jubilation que ils menoiient.

CHAP. LXV

Conment le roy d'Escoche fu festiiés en son paÿs, et la fin de la matere.

(*V. 8421-8588.*)

Le roy d'Escoche et madamme sa femme venus et arivez, avec eulx son pere le viel roy de Hongrie et le fil [1] damme (*f. 125 r*)

1. que] et
2. y
1. le fil] la

Mainequine nommé Johannez, ils descendirent des nef et entrerent en la chité de Beruïc. Mais a tresgrant paine peurent ils passer les rues pour la grant multitude du peuple qui y estoit, ne jamais on ne vous aroit racompté le joiie que ils faisoiient, et convint par fine forche que le roy se mesist aulx camps pour le peuple consoller de sa presenche. La venoiient ces nobles seigneurs, qui festioient leur seigneur et tout le leur lui [2] offroient, tellement que le roy de Hongrie en estoit tous esbahis, ne jamais il ne euwist crut que on lui deuist faire tant de feste. Et ces gens de tous costez s'efforchoiient de eulx mettre audevant pour veir leur dame, pource qu'elle ravoit sa main par miracle, ensy que vous avez oÿ. Dont ils looient nostre sire en joindant les mains vers le chiel, en plourant de parfaitte joiie, et la s'esmouvoiient l'un l'autre au plourer et larmiier, que il n'est homme si dur qui ne s'en atenrist pour la merveille que c'estoit. En ceste ville furent ils troix jours, et puis s'en partirent et en allerent a Dondieu et de la ens es aultres villes du paÿs, ou ils furent par tout rechupt en grant triumphe et honneur. Et chi dist l'istore que la premiere chose que la damme Mainequine demanda, ce fu de la mere du roy. Mais quant elle seult que elle estoit trespassee en prison, elle en fu moult dollante, car elle avoit en volenté de le mettre hors de prison et de li pardonner et elle remettre en estat deuu. Quant touttes ces visitations furent faittes, qui tant grandes furent quc nuls dire ne le seroit, le roy fist ung jour semonre tous ses barons et fist criier court ouverte. Laquelle fu tenue tant grandement que oncques on n'avoit veu la pareille en Escoche, et ce fist il pour paiier a son peuple sa bien revenue. Apriès laquelle feste passee et acomplie il donna congiet a tous et leur donna de moult biaulx dons, et ils s'en ralerent cascun a leur cascune. Et le roy et la roÿnne se tinrent ensamble tant (v) que nostre seigneur leur envoya pluiseurs enfans, et dist l'istoire que ils eulrent troix fils et deux fillez. Et furent ces troix fils tous troix rois de tresgrant renon, et moult exsaucerent la loy de Jhesucrist. Et les filles furent mariëes cascune a ung roy, si furent roÿnnes, l'une d'Engleterre et l'autre de Portugal. Dieux leur fache a tous vraye merchi, car ce furent tresvaillans gens. Je me tairay a tant de eulx en vous remoustrant que creature se doit tousjours retourner en ses tribulations a nostre seigneur Jhesucrist sans soy desesperer. Car qui se desespoir, il moustre signe que Dieux n'est point tout puissant. Prendez en gre ceste matere, telle que je l'ay sceuu composer au conmandement de mondit seigneur Jehan de Croÿ devant dit. Laquelle vous plaise benignement corigier et ma simplesche excu-

2. leur

ser. Et se mon nom vous plaist savoir, je suy nommé Jehan Waquelin, qui vous priie treshumblement que par vostre debonnaireté vostre plaisir soit des choses premisez acomplir que Dieux par sa douche grasce nous doint tous ensamble la parfaitte joiie de ses vrais amis et eslus la ou il vit et regne *in secula seculorum. Amen.*

Explicit.

Le Puy. — Imprimerie de Marchessou fils, boulevard Saint-Laurent, 23

SOCIETE:DES:ANCIENS:TEXTES:FRANÇAIS
MDCCC LXXV

www.ingramcontent.com/pod-product-compliance
Lightning Source LLC
LaVergne TN
LVHW010523100826
845148LV00001B/76